21世纪通识教育系列教材
21st Century Textbooks of General Education

International trade theory and practice

国际贸易理论与实务

主　编◎徐运保
副主编◎陈辉民　许　烜　万群峰
参　编◎杨璐嘉　张妙晨　周　娉
刘华容　郑晓红　唐湘博
寻晶晶

中国人民大学出版社
·北京·

图书在版编目（CIP）数据

国际贸易理论与实务/徐运保主编．—北京：中国人民大学出版社，2016.7
21世纪通识教育系列教材
ISBN 978-7-300-23125-9

Ⅰ.①国… Ⅱ.①徐… Ⅲ.①国际贸易理论-高等学校-教材 ②国际贸易-贸易实务-高等学校-教材 Ⅳ.①F740

中国版本图书馆CIP数据核字（2016）第163763号

21世纪通识教育系列教材
国际贸易理论与实务
主　编　徐运保
副主编　陈辉民　许　烜　万群峰
Guoji Maoyi Lilun yu Shiwu

出版发行	中国人民大学出版社		
社　　址	北京中关村大街31号	邮政编码	100080
电　　话	010－62511242（总编室）		010－62511770（质管部）
	010－82501766（邮购部）		010－62514148（门市部）
	010－62515195（发行公司）		010－62515275（盗版举报）
网　　址	http://www.crup.com.cn		
经　　销	新华书店		
印　　刷	北京昌联印刷有限公司		
规　　格	185 mm×260 mm　16开本	版　　次	2016年7月第1版
印　　张	18.25	印　　次	2024年8月第8次印刷
字　　数	425 000	定　　价	45.00元

前　言

进入 21 世纪，随着经济全球化、国际贸易和投资的自由化及一体化的进程加快，国际贸易的内外部环境发生了巨大的变化，贸易方式也有了许多新的发展。2008 年国际金融危机爆发后全球经济低迷，中国对外企业面临更多贸易纠纷，为持续保持或者扩大贸易优势，中国企业对既熟悉国际贸易理论和实务，又能对国际贸易风险进行合理控制的新型专业人才具有更大的需求。国际贸易理论和国际贸易实务，在贸易实践中相互融合，但在教学和研究中，可以清晰地将二者分开。二者最大的区别就是国际贸易理论多以宏观经济、区域经济作为出发点，把实现国际经济、国家经济和区域经济的福利最大化作为研究目标；国际贸易实务多以微观经济、企业经营为出发点，把企业利益最大化作为研究目标。要把国际贸易理论与实务融合编制通行教材的确很难，但是从高素质、应用型、外向经济人才培养需要的角度出发，要求有一本能把二者结合起来的融宏观和微观为一体、理论与实践相结合的综合应用型教材。因此，编写这样一本教材，让开设国际贸易课程的高校师生分享这一成果，是我们最大的愿望。

本书在编写过程中，充实了当代国际贸易发展的最新内容，力求做到基于中国实际、面向改革开放、面向现代化、面向世界。本书内容新颖、结构合理、重点突出，具有较强的系统性与逻辑性，注重技能训练，简明扼要，易于自学。本书在结构体系上做了新的探索，全书分为上下两篇，共 17 章。上篇为国际贸易理论，重点介绍国际贸易基本理论与政策措施；下篇为国际贸易实务，重点介绍商品进出口业务知识。根据新颖、精炼、科学、实用的原则，我们力求本教材具有以下特点：

（1）内容新颖、前瞻性较强。当前世界经济和国际贸易形势发生了许多重大变化，新贸易理论的出现、中国加入 WTO 之后的政策调整、《2010 年国际贸易术语解释通则》和《跟单信用证统一惯例》的生效、国际货运保险条款的变化等，使得国际贸易理论和实务课程的教学面临着新的挑战，编者在充分理解与消化这些新变化的基础上编写本教材，以期能将国际贸易的最新知识介绍给读者。

（2）注重案例引导和知识的拓展。本教材针对应用型本科高校学生的特点，力求以案例代替枯燥的说理。每章开头有“学习要点”，结尾有“本章小结”，让学生通过案例感受各章节的教学内容，并同步穿插与课程内容相关的背景知识和拓展知识，便于学生自学。

（3）技能导向，强调应用性。本教材尝试从应用型本科高校经济贸易类专业人才培养目标和从业标准的视角，设定各章节内容的学习目标。在内容安排上，适当加大了国际贸易实务的内容，各章后均安排思考练习，并从学生应用能力培养的角度，增加了实训内容，使之更符合应用型人才培养的需要。

（4）语言简明通俗，内容深度适当。本教材的编写尽量从我国对外贸易实际出发，做到语言简明扼要、通俗易懂。同时本教材对相关知识点做了一定的提炼和总结，以突出应用型本科人才培养办学理念及教学定位。

本教材配有教学课件，供广大读者参考使用。同时，本教材在编写过程中参考了国内外有关国际贸易的著作、教材及文献资料，吸收了其中的一些成果，在此一并致谢，恕不一一详列。由于编者水平所限，故疏漏之处在所难免，敬请读者批评指正。

编者

教学建议

“国际贸易理论与实务”课程是经济类相关专业的专业必修课，是一门实践性很强的综合应用型课程。本课程内容包括理论与实务两部分，理论部分介绍国际贸易基本理论与政策措施，实务部分介绍商品进出口业务知识。

一、教学要求

本课程的先修课程为政治经济学、微观经济学、宏观经济学、基础会计，后续课程为国际金融、国际结算、国际商法。本课程的教学以本教材为基础，以课堂教学、案例教学和实践教学多种教学形式相结合的方式来进行。教材共 17 章，教师可根据教学需要和学生情况适当调整教学内容。

在国际贸易理论教学中，理论分析要准确、具体、形象、生动，体现“广”和“新”。“广”，即综合人文、地理、经济、金融、法律等多学科内容，结合各个国家的文化特色和商业习惯。“新”，即联系世界经济贸易的最新发展和变化，联系时事热点来讲解，突出国际贸易的政策性、实践性，拓宽学生的知识面，培养学生的专业敏感度。

在国际贸易实务教学中，应以案例分析和实践教学贯穿整个教学过程的始终。如在学习“国际贸易货物的运输与保险”一章时，组织学生到国际海洋运输公司和保险公司参观，使学生熟悉有关环节和业务的运作过程；在学习“国际贸易货款收付”一章时，通过案例分析，使学生认识到支付方式必须与合同中使用的贸易术语相结合，并请外贸企业单证员向学生介绍各种票据，指导学生填制相关单证；在学习“国际贸易合同的履行”一章时，组织学生到外贸公司实习，让学生全面了解进出口合同的履约过程。

二、教学方式

建议本课程采用以下教学方式：

（1）启发式讲授结合多样化的教学内容展示。通过在课堂上向学生提出问题，引起学生的兴趣；同时，尽可能地发挥多媒体教学的优势，通过图文展示，以流程图、照片、讲座和纪录片等形式将进出口业务知识展现给学生，使教学过程直观形象、通俗易懂。

（2）案例式教学。国际贸易课程的讲授离不开案例，在本课程的讲授中，案例的运用主要有三种：一是引入式案例，主要用来启发思考，引入主题。二是“小案例”，即篇幅小、内容简单的案例。一般涉及几个小的知识点，通过此类案例来检验学生的学习情况，同时活跃课堂气氛，形成互动效果。三是“大案例”，即篇幅稍长、涉及面广的案例，需要知识的融会贯通和灵活运用。讲授此类案例，要给学生留够阅读时间，并组织学生分组进行讨论，形成学生自主学习、合作学习、研究性学习以及探索性学习的开放式教学方式。

（3）模拟教学和实践教学相结合，重在培养学生的实际应用能力。首先，应充分利用相应的教学软件和模拟实验室设备，让学生自己动手开展国际贸易实务操作，如签订合同、填制报关报检单、填写海运提单、修改信用证等模拟操作，让学生通过模拟实践，提高实际工作能力。

同时，学生业务技能的培养除了课堂的实训、模拟实践以外，更多地需要走出校园、走进社会。教师应带领学生参与或观摩商品展销会，指导学生参加产品推广活动，组织学生参观外贸公司、物流公司，并聘请部分外贸公司的从业人员如单证员、货运代理以及报关员等相关人员来学校开设讲座，增加学生对相关工作的体验和感触，激发学生的学习热情，提高学生的学习自觉性。

三、课程评价方法

改革课程评价方法，增加对学生实践能力的考核。以提高学生应用能力为目的，适当加大学生考勤、作业、课堂表现等平时成绩所占比例，精心设计和合理安排期末考试，增加问题分析、技能操作和案例研究等题型。建议平时成绩占总成绩的比例为30%～40%，期末考试成绩占总成绩的比例为60%～70%。

四、课内主要教学内容安排及学时分配

本课程总课时一般为54学时，各章节学时安排建议如下：

章	教学内容	教学时数
第一章	导论	3
第二章	国际分工及其理论	3
第三章	国际贸易政策	3
第四章	国际贸易措施	4
第五章	GATT与WTO	3
第六章	国际服务贸易	3
第七章	区域经济一体化	3
第八章	国际货物买卖合同	3
第九章	国际贸易术语与商品的价格	4
第十章	合同的标的	3
第十一章	国际贸易货物的运输与保险	3
第十二章	国际贸易货款收付	4
第十三章	进出口货物的检验与报关	3
第十四章	合同争议的预防与处理	3
第十五章	交易磋商与订立合同	3
第十六章	国际贸易合同的履行	3
第十七章	国际贸易方式	3
合计		54

目　录

上篇　国际贸易理论

下篇　国际贸易实务

上　篇

国际贸易理论

第一章

导　论

学习要点

1. 了解国际贸易的基本概念及分类，掌握国际贸易与国内贸易的区别；
2. 了解国际贸易的产生、发展以及对经济发展的促进作用；
3. 了解国际贸易理论与实务的研究对象、内容体系与研究方法，为学习本门课程打好基础。

引言

国际贸易是一个历史范畴，它是在一定历史条件下产生和发展起来的。全球经济一体化是当今国际社会的显著特征，其主要表现在贸易的全球化、产品的全球化、跨国公司的发展以及国家经济联盟和协调组织的发展，它的快速发展影响着国际分工合作的加强与深化，促进了超越国界和社会制度差异的世界市场的形成，扩大了经济活动的空间。在这样的形势下，国际贸易理论与实务作为研究国家间商品和劳务交换活动规律的学科，也不断发展成熟起来，逐步形成了自己的学科体系。本章主要介绍国际贸易的基本概念、分类、产生、发展、作用，以及国际贸易理论与实务的研究对象、内容体系与研究方法，使学生对本课程全貌有一个初步了解，为学习本课程打好基础。

第一节　国际贸易的基本概念及分类

一、国际贸易的基本概念

（一）国际贸易

国际贸易（International Trade）亦称世界贸易，泛指世界各国之间的商品、劳务等交换活动。它是世界各国之间分工的表现形式，反映了世界各国在经济上的相互依赖关系。国际贸易由世界各国（地区）的对外贸易构成，是世界各国对外贸易的总和。

对外贸易（Foreign Trade）亦称国外贸易或进出口贸易，是指一个国家（地区）与另一个国家（地区）之间的商品和劳务的交换。这种贸易由进口和出口两个部分组成。对输入商品或劳务的国家（地区）来说，就是进口；对输出商品或劳务的国家（地区）来说，就是出口。

英国学者 F. E. 佩里 1979 年编辑的《金融词典》中称，国际贸易是指“不同国家的商人之间所进行的商业活动，这种活动需要使用外币，并影响有关国家的贸易平衡”。也就是说，构成国际贸易的概念有三个方面的内容：

（1）必须是不同国家、地区的商人或政府之间的交易活动。

（2）交易活动中要涉及使用某种外币（外汇）。

（3）这种交易活动要涉及一国的贸易平衡，进而要影响一国的国际收支平衡。

国际贸易的概念有广义和狭义之分。狭义的国际贸易是对各种有形商品的进出口而言，即指一切有形商品的交易，如机器设备、各种农副产品等的进出口，因此也叫有形贸易。传统的商品交换主要就是指那些看得见、摸得着的有形商品贸易。随着生产的发展、科学技术的进步和交换方式的改进，商品的含义也在不断地扩大，在有形商品之外又出现了无形商品，如与进出口贸易直接有关的商品运输、保险、金融、信息以及旅游、劳务输出、租赁、技术服务、投资利息等，无形商品贸易称为无形贸易。广义的国际贸易是世界各国之间包括有形贸易和无形贸易在内的所有跨国商品交易活动的总称。

有些国家，如英国、日本等与国外进行商品买卖活动，必须跨洋过海，因此，这些国家常将国际贸易称为海外贸易（Oversea Trade）。此外，也有人用其他术语表示国际贸易，如“跨国贸易”“多国贸易”“外部贸易”等。

理解国际贸易要注意区别国际贸易与国内贸易的不同。虽然国际贸易和国内贸易同属流通领域，都是商品和劳务的交换活动，其目的都是提高经济效益和获得利润。但前者是在不同国家企业间进行的，而后者是在国内企业间进行的；后者是前者的基础、起点，前者比后者要复杂、困难，风险也大。二者的区别主要表现在以下五个方面。

1. 使用的货币不同

参加贸易的各国，实行各自不同的计价货币和结算单位，而贸易货款的清偿又多以外汇支付。选择哪种货币作为贸易双方都可接受的计价单位和支付工具，本国货币与外国货币的比价如何计算，国际汇兑的方法如何选定等都是非常复杂的国际金融问题。

2. 语言文字不同

国际贸易的买卖双方来自于不同的国家或地区，各自语言多不相通，在贸易洽谈、合同签订和单证处理上如果不采用一种共同的语言，交易就无法顺利进行。当今国际贸易中最通行、最基本的商业语言是英语。

3. 规章法令不同

世界各国的商业法律、管理制度、贸易条款和商业习惯都不完全一致，有的甚至差异甚大。国际贸易的买卖双方在贸易中所遵循的规章和适用法律、发生纠纷时如何处理等，这些问题比起国内贸易要复杂得多。

4. 地理环境不同

国际贸易的参与者散居全球各地，因所处地理位置不同，自然环境和自然资源禀赋有很大的差异，这必然对各国进出口商品结构、销售季节和运输方式等有很大影响。

5. 风俗习惯不同

各国的风俗习惯、民族特性和宗教信仰都有许多不同之处，对颜色、数字、动物、花草等均有各自的禁忌和爱好。通晓各国情况，才不致徒劳无功甚或挫伤民族感情，造成不良影响。

由此可知，国际贸易与国内贸易存在许多不同之处，从事国际贸易的工作者，不仅需要具备较扎实的国际贸易专业知识，精通外语，熟悉各国的生活习惯和地理环境，有比较广博的知识，同时还必须掌握世界经济方面的有关知识，了解世界各国政治、经济发展的变化趋势，会做买卖、熟悉生产、了解商品、掌握相关的科学技术知识，只有这样，才能在复杂多变的国际竞争中立于不败之地。

（二）国际贸易额与国际贸易量

国际贸易额（Value of Foreign Trade）又称国际贸易值，是用货币表示的反映一定时期内世界贸易规模的指标，是一定时期内世界各国（地区）出口贸易额的总和。统计国际贸易额，必须把世界各国（地区）的出口额折算成同一货币后相加。同时要特别注意不能简单地把世界各国（地区）的对外贸易额相加，而只能是把世界各国（地区）的出口额相加。因为一个国家的出口就是另外一个国家的进口，所以，如果把世界各国（地区）的进出口额相加，就会造成重复计算。又因为大多数国家（地区）统计出口额以 FOB 价格计算，统计进口额以 CIF 价格计算，CIF 价格比 FOB 价格多了运费和保险费，所以，以世界各国（地区）的出口额相加，能更确切地反映世界国际贸易的实际规模。

一定时期一国从国（地区）外进口商品的全部价值，称为进口贸易总额，简称进口总额；一定时期一国向国（地区）外出口商品的全部价值，称为出口贸易总额，简称出口总额。进口总额和出口总额两者之和即为进出口贸易总额，简称进出口总额。进出口总额是反映一国对外贸易规模的重要指标之一。

以货币表示的对外贸易额经常受到价格变动的影响，因而不能确切地反映一国对外贸易的实际规模，而国际贸易量则能解决这一问题。国际贸易量（Quantity of Foreign Trade）就是用进出口商品的各种计量单位表示的总贸易数量，用以正确反映贸易的实际规模大小。但由于进出口商品成千上万，计算单位各异，就某一种商品来讲，可以用计量单位表示，而就全部进出口商品来说，则无法用某一个计量单位来表示总的贸易量。因此，国际贸易量的通常计算方法是，以一定时期的不变价格为标准，计算各个时期的贸易值，通过以货币表示的贸易值的变化，反映实际贸易量的变化。以一定时期为基础的贸易量和各个时期的贸易量相比较，就得出表示贸易量变动的贸易量指数。贸易量指数的计算见式（1—1）。

$$贸易量指数=\frac{\sum 不变价格\times 比较期各项商品数量}{\sum 不变价格\times 基期各项商品数量} \tag{1—1}$$

为了简化国际贸易量的计算，联合国和绝大多数国家实际上都采用以进出口商品价格指数除进出口额的计算方法，求出按不变价格计算的国际贸易值来作为国际贸易量的近似值。其计算见式（1—2）、式（1—3）。

$$进出口贸易量=\frac{进出口额}{进出口价格指数} \tag{1—2}$$

$$进出口价格指数=\frac{报告期价格}{基期价格}\times 100 \tag{1—3}$$

（三）贸易差额

贸易差额（Balance of Trade）是指一定时期内一国出口总额与进口总额之间的差额。它是反映一国对外贸易收支状况的一个重要指标。当出口总额超过进口总额时，称为贸易顺差或出超；反之，当进口总额超过出口总额时，称为贸易逆差或入超。通常出超以正数表示，入超以负数表示，入超一般在统计报表中用红字标出，所以，我们也将其称为贸易赤字。如出口总额与进口总额相等，则称为贸易平衡。

（四）国际贸易商品结构

国际贸易商品结构（Composition of International Trade）是指一定时期内各大类商品或某种商品在整个国际贸易中的构成，即各大类商品或某种商品贸易额与整个世界出口贸易额相比，以比重表示。国际贸易商品结构包括进口商品结构和出口商品结构，分别反映一定时期内国际贸易商品进口贸易构成和出口贸易构成。研究国际贸易商品结构，对了解整个世界的经济发展水平、产业结构状况和科技发展水平具有重要意义。为便于分析比较，世界各国均以联合国《国际贸易商品标准分类》（SITC）公布的国际贸易和对外贸易商品结构进行分析比较。

一个国家的对外贸易商品结构是一国在一定时期内各大类商品或某种商品在该国对外贸易总量中所占的比重，用以表明一国出口商品的去向和进口商品的来源，从而反映一国与其他国家或地区之间经济贸易联系的程度，并看出哪些国家（地区）是本国的主要贸易对象和贸易伙伴，以及一国同其他主要贸易伙伴间贸易关系消长的变化情况。如一国的年出口额为 100 亿美元，其中初级品占 40 亿美元，制成品占 60 亿美元，则该国的出口商品构成是初级品占 40%、制成品占 60%。它反映出该国的经济发展水平、产业结构状况和科技发展水平，从而使我们可以了解该国的对外贸易现状，发现存在的问题，调整对外贸易政策，采取促进对外贸易发展的措施。

（五）对外贸易依存度

对外贸易依存度是指一国进出口总额与其国内生产总值（GDP）或国民生产总值（GNP）之比。它反映一国国民经济对进出口贸易的依赖程度和对外贸易同本国经济发展的关系。其比重的变化意味着对外贸易在国民经济中所处地位的变化。

一国的对外贸易依存度通常通过对外贸易系数来衡量。对外贸易系数的计算见式（1—4）～式（1—6）。

$$P = R_{(1)} + R_{(2)} \tag{1—4}$$

$$R_{(1)} = \frac{Q_{(1)}}{GNP(\text{或 } GDP)} \times 100\% \tag{1—5}$$

$$R_{(2)} = \frac{Q_{(2)}}{GNP(\text{或 } GDP)} \times 100\% \tag{1—6}$$

式中：

P ——对外贸易系数；

$R_{(1)}$ ——进口贸易系数；

$R_{(2)}$ ——出口贸易系数；

$Q_{(1)}$ ——进口额；

$Q_{(2)}$ ——出口额。

一国的对外贸易系数，反映了一个国家的全部国民生产总值中有多少是由对外贸易创造的。对外贸易系数提高，说明一国对外贸易依存度加大，对外开放度提高。随着世界经济一体化步伐加快，世界各国经济发展相互影响、相互依赖越来越强，世界各国对外贸易依存度呈上升趋势。

（六）对外贸易条件

对外贸易条件又称进出口商品比价，是指一国的出口商品与进口商品的价格比率。简单地说，就是一国在国际贸易中同其他国家的商品交换比率。贸易条件的好坏，直接反映了一个国家在对外贸易中所得到的实际利益，影响一国的国民收入状况和经济增长状况。对外贸易条件的状况，通常通过贸易条件指数来反映。由于现实生活中参与国际交换的商品种类很多，而且价格受各种因素的影响经常变化，因此贸易条件指数通常只能用一国对外贸易中商品的价格指数值来计算表示。主要的贸易条件指数有：商品贸易条件指数、要素贸易条件指数和收入贸易条件指数。贸易条件指数>1 且不断增大，说明贸易条件改善；贸易条件指数<1 且不断减小，说明贸易条件恶化。贸易条件指数计算公式见式（1—7）。

$$\text{贸易条件指数} = \frac{\text{出口商品价格指数}}{\text{进口商品价格指数}} \tag{1—7}$$

二、国际贸易的分类

（一）按货物的移动方向分类

按货物的移动方向分类，国际贸易可分为出口贸易、进口贸易和过境贸易。

1. 出口贸易

出口贸易（Export Trade）是指一国将其生产和加工的产品运往他国市场销售，也称为输出贸易。

2. 进口贸易

进口贸易（Import Trade）是指一国将外国生产和加工的产品运进本国市场销售，又称输入贸易。出口贸易与进口贸易是对每笔交易双方而言的，对卖方（通常是生产方）而言，就是出口贸易，对买方（通常是消费方）而言，就是进口贸易。如果输入一国的货物再输出时，就称为“复出口”；反之，输出国外的货物再输入本国时，就称为“复进口”。

3. 过境贸易

甲国出口到乙国的货物通过丙国的国境运送，对丙国来讲，就是过境贸易（Transit Trade）。

（二）按商品形式分类

按商品形式分类，国际贸易可分为有形商品贸易和无形商品贸易。

1. 有形商品贸易

有形商品贸易（Tangible Goods Trade）是无形商品贸易的对称，是指可以看得见的有形实物商品的进出口。国际贸易中的有形商品种类繁多，为便于统计，联合国秘书处于1950年起草并公布了《联合国国际贸易标准分类》，并分别在1960年和1977年进行了修订。该分类把国际贸易的有形商品根据商品加工深度的不同，共分为10大类、63章、233组、786个分组和1 924个基本项目。10大类商品分别为：

（1）食品及主要供食用的活动物；

（2）饮料及烟类；

（3）燃料以外的非食用粗原料；

（4）矿物燃料、润滑油及有关原料；

（5）动植物油脂及油脂；

（6）未列名化学品及有关产品；

（7）主要按原料分类的制成品；

（8）机械及运输设备；

（9）杂项制品；

（10）没有分类的其他商品。

在国际贸易中，一般把（1）～（5）类商品称为初级产品，把（6）～（9）类商品称为制成品。这个分类标准已为世界绝大多数国家所采用。我国1981年起实行新的商品分类标准就是以该标准为基础，并结合我国进出口货物的实际情况编制而成的。我国的商品统计目录编号采用6位数：第1位数为“类”、第2位数为“章”、第3位数为“组”、第4位数为“分组”、第5位数为“项目”、第6位数为“子目”。

2. 无形商品贸易

无形商品贸易（Intangible Goods Trade）是有形商品贸易的对称，是指无形的劳务或其他非实物商品的进出口。具体包括两个方面内容：一是为有形商品贸易服务的劳务，如运输、保险、商品包装加工、广告、信息等；二是其他与外事有关的各种经济活动，如旅游、投资、金融、股票、债券、专利特许权、服务收支等。

有形商品贸易与无形商品贸易的主要区别在于有形商品贸易要经海关通关，故其金额显示在一国的海关统计上；而无形商品贸易则不经过海关办理手续，其金额不反映在海关统计上，但显示在一国国际收支表上。

（三）按货物运送方式分类

按货物运送方式分类，国际贸易可分为陆路贸易、海运贸易、空运贸易和邮购贸易。

1. 陆路贸易

陆路贸易（Trade by Roadway）是指采用陆路运送货物的方式进行的国际贸易，运输工具主要有火车、汽车等。目前，陆路贸易占世界贸易总量的15%～20%。

2. 海运贸易

海运贸易（Trade by Seaway）是指通过海上运输方式进行的国际贸易，运输工具主要是各种船舶。此种贸易占世界贸易量比重最大，据统计，目前海运贸易已占到世界贸易运输量的75%～80%。

3. 空运贸易

空运贸易（Trade by Airway）是指采用航空运货的方式进行的国际贸易，运输工具主要是飞机。空运贸易的对象多为体积小、重量轻、价格贵、时间紧，以及需快速运输的商品，如药品、贵重金银和首饰以及动植物和种子等。采用此种运输方式费用较高，一般较少采用。据统计，目前该种贸易占世界贸易总量的3%～4%。

4. 邮购贸易

邮购贸易（Trade by Mail Order）是指采用邮政包裹寄送方式进行的国际贸易。邮购的货物通常都是特别急需且数量不大的商品。这种贸易方式虽比空运慢一些，但费用较之稍低。

（四）按贸易是否有第三者参加分类

按贸易是否有第三者参加分类，国际贸易可分为直接贸易、间接贸易和转口贸易。

1. 直接贸易

直接贸易（Direct Trade）是指商品生产国厂商与商品消费国厂商不通过第三国直接进行的商品买卖。

2. 间接贸易

间接贸易（Indirect Trade）是指商品生产国厂商与商品消费国厂商通过第三国进行的商品买卖。

3. 转口贸易

商品生产国厂商与商品消费国厂商通过第三国进行的贸易，对第三国来说就是转口贸易（Carrying Trade）。第三国虽也是进口国，但并不是消费国，或有时第三国进口某种商品并不是为了供给国内消费，而是为了再次出口，这时就发生转口贸易。有时即使商品直接从生产国运到消费国去，但只要两者之间并未直接发生贸易关系，而是由第三国转口商分别同生产国与消费国发生交易关系，这时仍属于转口贸易。转口贸易是某些发达国家贸易商攫取高额利润的手段，他们低价从生产国购进，高价卖给消费国，从中取得利润。

（五）按清偿工具分类

按清偿工具不同分类，国际贸易可分为自由结汇贸易和易货贸易。

1. 自由结汇贸易

自由结汇贸易（Trade by Free Settlement）是指以货币作为清偿、支付工具的贸易方式。在当今国际贸易方式中，能作为支付工具的货币主要是美元（USD）、欧元（EUR）、日元（JPY）等。

2. 易货贸易

易货贸易（Barter Trade）是指以货物经过计价作为清偿工具的贸易方式。这种贸易方式是根据两国政府间签订的易货协定、民间贸易团体达成的交货协议以及进出口商间的交货合同所进行的贸易。其特点是把进出口直接联系起来，双方有进有出，进出基本平衡。这是一种古老的贸易方式，近年来又流行起来。

（六）按统计口径分类

按统计口径不同分类，国际贸易可分为总贸易和专门贸易。

1. 总贸易

总贸易（General Trade）是指以国境作为统计进出口的标准，凡进入国境的商品一律列为总进口，凡离开国境的商品一律列为总出口，总进口加总出口就是一国的总贸易额。目前，日本、英国、加拿大、澳大利亚、俄罗斯等 90 多个国家和地区采用此统计标准，我国亦采用此统计标准。

2. 专门贸易

专门贸易是“总贸易”的对称，是以关境为标准划分的进出口贸易。只有从外国进入关境的商品以及从保税仓库提出进入关境的商品才列为专门进口。当外国商品进入国境后，暂时存放在保税仓库，未进入关境，不列为专门进口。从国内运出关境的本国产品以及进口后未经加工又运出关境的商品，则列为专门出口。专门进口额与专门出口额总和称为专门贸易额。德国、意大利等国采用这种统计标准。

第二节　国际贸易的产生、发展与作用

一、国际贸易的产生

国际贸易是在一定的历史条件下产生和发展起来的。具有可供交换的剩余产品和存在各自为政、相互分工的社会实体，是国际贸易产生的两个前提条件。

在原始社会初期，人类处于自然分工状态，生产力水平极度低下，人们只能依靠集体劳动来获取有限的生活资料，然后平均地在群体成员之间进行分配。由于生产力水平极低，因此在那时没有剩余产品，没有私有制，没有阶级和国家，因而也就没有国际贸易。

随后，由于生产力的发展，出现了三次社会大分工，一步步改变了上述状况。人类社会的第一次大分工，是畜牧业和农业之间的分工。第一次社会大分工促使原始社会的生产力得到了发展，产品开始有了少量剩余。剩余产品的出现，使得氏族公社、部落之间剩余产品的交换成为必要和可能。随着生产力的继续发展，人类社会出现了第二次社会大分工，即手工业和农业的分工。手工业的出现，产生了直接以交换为目的的生产——商品生产。商品生产不仅进一步推动了社会生产力的进步，而且使社会相互交换的范围不断扩大，最终导致了货币的产生。商品交换由物物交换变成了以货币为媒介的商品流通。私有财产的产生与商品流通的扩大，直接导致了第三次社会大分工，出现了商业和专门从事贸易的商人。在生产力不断进步的基础上，形成了财产私有制。原始社会末期出现了阶级和国家，商品流通超出国界，这就形成了最早的对外贸易。

二、国际贸易的发展

（一）奴隶社会的国际贸易

奴隶社会是以奴隶主占有生产资料和奴隶为基础的社会。在这个社会中，自然经济占统治地位，生产的直接目的主要是消费，进入流通的商品很少，商品生产在整个经济生活中还是微不足道的。同时，由于生产技术落后，交通工具简陋，对外贸易的范围受到很大的限制。那时，对外贸易中的商品主要是奴隶和奴隶主阶级追求的奢侈品，如宝石、装饰品、各种织物、香料等。前者为奴隶主阶级提供劳动力，后者为满足奴隶主的享乐欲望。奴隶社会时期国际贸易较发达的国家主要有古希腊、古罗马等。

（二）封建社会的国际贸易

封建社会的经济仍然是自然经济，农业在各国经济中占优势，商品生产仍处于从属地位，因而当时的国际贸易规模有限，但它比奴隶社会有了较大发展。封建社会中期，随着商品生产的发展，封建地租由劳役和实物形式转变为货币地租，商品经济得到了进一步发展。封建社会晚期，随着城市手工业的进一步发展，资本主义因素已经开始孕育和生长，商品经济和对外贸易都有了较大发展。在这段历史时期，奢侈品仍然是对外贸易中的主要商品，如丝绸、香料、珠宝、呢绒和酒等。贸易范围不断扩大，贸易中心发生转移。开始，国际贸易中心位于地中海东部；7—8 世纪，阿拉伯民族成为主要的贸易民族；11 世纪后，扩大到地中海、北海、波罗的海和黑海沿岸。

需要指出的是，在这段时期，中国的对外贸易也有了较大发展。在公元前 2 世纪的西汉，我国就开辟了从新疆经中亚通往中东和欧洲的“丝绸之路”，中国的丝、茶、瓷器通过“丝绸之路”输往欧洲。明朝郑和七次率船队下西洋，扩大了海上贸易。通过对外贸易，把我国的四大发明传播出去，同时把欧亚各国的物产输入我国。

（三）资本主义时期的国际贸易

奴隶社会和封建社会由于自然经济占统治地位和交通条件的限制，国际贸易在当时的社会经济中都不占主要地位。而到了资本主义社会，大机器工业建立以后，国际贸易才获得广泛的发展，才真正具有世界性。正如马克思所指出的：“对外贸易的扩大，虽然在资本主义生产方式的幼年时期是这种生产方式的基础，但在资本主义生产方式的发展中，由于这种生产方式的内在必然性，由于这种生产方式要求不断扩大市场，它成为这种生产方式本身的产物。”[①] 马克思的这一科学论断，揭示了国际贸易与资本主义生产方式之间的内在联系。

资本主义时期的国际贸易，总的来说发展很快，国际贸易额急剧扩大，国际贸易活动遍及全球，贸易商品种类日益增多，国际贸易越来越成为影响世界经济发展的一个重要因素。整个资本主义时期又包括3个阶段：资本主义生产方式准备时期、自由竞争时期和垄断时期。国际贸易在各个时期的发展情况不尽相同。

资本主义生产方式准备时期（16—18世纪中叶）的国际贸易是同“血与火”密切联系在一起的。殖民主义者用武力、欺骗和贿赂等办法，实行掠夺性贸易，使西欧国家纷纷走上了向亚洲、非洲和拉丁美洲扩张的道路，世界市场初步形成，国际贸易的范围、规模不断扩大，贸易的商品结构开始转变，奢侈品减少，工业原料和城市居民消费品的比重上升。

资本主义自由竞争时期（18世纪后期至19世纪中叶）的国际贸易是随着英国等欧洲国家的工业革命、机器大工业的发展、生产力水平的提高、交通运输和通信的发展而发展的。这个时期的国际贸易量迅速增加，国际贸易的商品结构发生了很大变化，商品种类和数量越来越多，工业品的比重显著上升，贸易方式及组织形式有所改进，政府在对外贸易中的作用在转变。

随着各主要资本主义国家从自由竞争阶段过渡到垄断资本主义阶段，从19世纪90年代到第一次世界大战前，国际贸易仍显现出明显的增长趋势，但增长速度下降，贸易格局发生了变化。第二次世界大战后，随着科学技术革命的推动，国际分工和生产国际化的深入发展，殖民体系的瓦解和一定时间世界范围内稳定的国际环境，使得世界工业生产和国际贸易的发展又有了有利条件，形成了又一次国际贸易的大发展时期。在这一次发展中，国际贸易的特点是：制成品在国际贸易中的比重超过了初级产品；新产品大量出现，占世界出口产品的1/3以上；以专利、技术诀窍、商标等技术转让为主要内容的技术贸易得到了迅速发展；资本输出、跨国投资开始成为国际贸易的一种新形式，通过资本输出，不仅带动了本国商品的出口，还能以低廉的价格获得原材料，从而增强了企业在国外市场上的竞争能力。20世纪70年代以来，由于多方面的因素，资本主义世界经济和国际贸易的发展又进入了缓慢、停滞、徘徊的境地。

（四）当代多种社会制度共存条件下的国际贸易

第二次世界大战后，苏联、中国等一些国家相继建立了社会主义制度，许多发展中国家纷纷走上了民族独立的道路，多种社会制度共存的基本事实，打破了资本主义生产方式在国际经济关系中占绝对统治地位的格局。随着民族经济的发展，广大发展中国家在世界经济中的地位不断提高，国家之间分工不断深化，经济合作不断加强，国际贸易不断发展。

虽然战后世界政治与经济的发展经历了曲折的道路，然而和平与发展已成为当今时代的两大主题。在科学技术革命的影响下，生产国际化趋势越来越突出，这是国际贸易不断发展的强大动力。同时，不同社会制度在竞争的大前提下，东西关系、南北关系也日益趋向缓和，各种类型的国家都有必要，也有可能更多地参与国际分工和国际协作，这也必然促进国际贸易的发展。进入21世纪，国际贸易必将在其自身的发展的同时，对世界政治、

---

① 《马克思恩格斯选集》，3版，第2卷，504页，北京，人民出版社，2012。

经济的发展产生越来越大的影响。

三、国际贸易对经济发展的促进作用

（一）对外贸易是国民经济综合平衡的重要手段

社会再生产能否协调地发展，是国民经济能否获得最快发展速度和最佳经济效果的基础。在社会化大生产条件下，国民经济各部门之间不仅要求价值形态上的平衡，而且也要求实物形态上的平衡，这是客观经济规律的要求。但是，由于受气候条件、资源条件、生产条件和技术进步所引起的社会生产各部门比例关系的变化等因素的影响，在一国范畴内，不可能在实物形态上达到平衡，即任何一个国家都不可能生产自己所需要的一切商品。对外贸易则具有促进实现这种平衡的特殊职能。通过对外贸易，实现国际范围内的商品交换，转换各种使用价值形态。一方面，用本国一部分产品到国外去换取国内所必需的另一部分产品，有计划地调剂国内供需的不足或过剩，改进、扩大再生产协调发展所要求的实物结构，调整各方面的比例关系，从而促进国民经济平衡、协调发展。另一方面，通过出口贸易，为国内产品开拓国外市场，扩大一国社会再生产的规模，使国民经济在新的更高的基础上实现平衡，同样具有促进国民经济综合平衡的作用。

（二）对外贸易是获得外国先进技术的主要手段

从世界范围看，在第二次世界大战以后，由于第三次科学技术革命，许多国家生产力发展，劳动生产率提高。一些经济发达国家依靠科学技术进步所实现的经济增长部分，已达50%以上。科学技术是人类的共同财富，但在现代条件下，科学技术也是一种特殊商品，科学技术的发明、使用、转让等都受到国家的保护和限制。第二次世界大战后，国际贸易的特点之一，就是技术贸易在整个国际贸易中所占的比重越来越大。现在国际上绝大多数的技术转让是通过技术贸易的方式来进行的。

（三）发展对外贸易有利于促进工农业生产的发展

发展出口贸易，组织国内农副产品和工矿产品出口，并不断扩大一国产品的外销市场，是促进国内生产发展的重要环节之一。通过组织农副土特产品的出口，增加了农民收入，直接促进了农村多种经营的发展。工业产品出口的发展，必然要求改进生产工艺，提高产品质量，增加花色品种，推动工业生产技术改造，并逐步推行国际标准，这必将有力地促进生产技术水平的提高和经济结构的改革，推动工业的现代化。

（四）发展对外贸易有利于丰富国内市场，满足人民日益增长的物质文化生活的需要

通过对外贸易，适当地进口必需的原材料和技术设备，有利于增加一国国内市场的生产产量，提高商品质量，增加花色品种。同时，根据国内需要，适当地进口一定数量的生活必需品和耐用消费品并直接投放市场，这对提高人民的物质文化生活水平，改善国内市场供应将起到一定的作用。

（五）对外贸易可以增加财政收入和外汇收入，是国家积累资金的源泉之一

首先，对外贸易的迅速发展扩大了国家税收的来源，与外贸直接有关的进出口关税，出口产品的企业所得税、产品税，进口物资投入生产所发生的税收，都会为国家增加相当

可观的财政收入。其次，发展出口贸易又会为一国直接增加外汇收入。最后，对外贸易为国家积累了大量的资金，更重要的是通过对外贸易大量节约社会劳动，实现国内价值的增值。

（六）对外贸易的发展有利于增加劳动就业机会，是扩大城乡劳动就业的重要手段

对于人口众多的国家来说，发展出口商品生产，特别是发展劳动密集型出口产品的生产，无疑是扩大社会劳动就业的重要渠道。此外，劳务出口、来料加工再出口等“三来一补”工业的发展，也有利于一国外向型经济的发展并安排更多的从业人员。同时，进口也能扩大劳动就业机会。据初步测算，我国每亿元工业产值就容纳 8 000 个劳动力就业，按此计算，我国每年进口的生产资料可解决近千万人的就业。

（七）对外贸易有利于推动一国对外经济关系的发展，同时促进国与国之间建立和发展正常友好的国家关系

对外贸易是发展中国家参加国际分工与协作的主要形式，通过对外贸易，参与国际分工、加强国际经济技术合作、利用外资、引进和出口技术、开展对外承包工程、进行劳务合作等，这将有利于一国经济与国际接轨，走向世界。当前，世界上很多国家之间开展经济技术合作有一个倾向，就是开展经济技术合作，都注意将经济技术合作与贸易配合，在考虑借用外资时，同时应考虑出口还债的能力，对外承包工程则应带动建材等物资出口。此外，开展平等互利的对外贸易，可以促进一国同其他国家建立和发展友好的国家关系，从而为一国经济的发展创造良好的国际环境。

四、对“经济增长的发动机”学说的评述

20 世纪 30 年代英国经济学家罗伯特逊提出了对外贸易是“经济增长的发动机”的观点，50 年代以后美国经济学家诺克斯根据对 19 世纪英国与新移民地区的经济发展的原因分析，进一步补充和发展了这一观点。他们认为，对外贸易以及世界经济较高速的增长，特别是出口的高速增长，会带来以下几个动态利益：

（1）出口扩大意味着进口能力的提高，而进口的资本货物对经济欠发达国家的经济发展具有重要意义。

（2）对外贸易的发展使国内的投资流向发生变化，资本会越来越集中在有比较优势的领域，从而有利于优化资源配置。

（3）对外贸易的发展有利于扩大市场，扩大生产规模，形成规模经济利益，从而降低单位生产成本，提高利润率，增强企业的国际竞争能力。

（4）出口扩大还会加强部门之间的相互联系，促进国内统一市场的形成。

（5）出口的不断扩大会鼓励外国资本的流入，从而促进先进技术和管理知识的传播。

（6）世界市场上的激烈竞争会使国内出口产业以及与之相关的产业改进质量、降低成本，从而促进国内产业的发展。

虽然西方经济学家的这些观点有些地方过分夸大对外贸易的作用，忽略了对经济增长机制的分析，掩饰了资本主义国际贸易中的生产关系等，有一定的片面性，但上述观点对我们今天研究有关国际贸易问题仍有可借鉴之处。

第三节　国际贸易理论与实务的研究对象、内容体系与研究方法

一、国际贸易理论与实务的研究对象

任何一门学科都有自己独特的研究对象。国际贸易理论与实务的研究对象，广义上说就是国际商品和劳务交换的规律。早期的国际贸易内容主要以有形商品为主，随着经济的发展，生产力水平的不断提高，商品交换范围不断扩大，商品从有形商品向劳务、技术、金融、信息等无形商品发展，国际贸易也从狭义的范畴向广义的范畴发展。国际贸易内容的扩展，必然要求国际贸易学科的研究对象也应从狭义的国际贸易向广义的国际贸易范畴发展。

从一般意义上看，国际贸易所涉及的内容有两大部分，即国际贸易理论和国际贸易实务。国际贸易理论主要是从宏观经济的角度，研究国际贸易的基本理论以及国际贸易与经济发展的关系，从总体上来考察国际贸易的产生、发展，国际分工和世界市场，各国政府有关贸易的政策与措施，等等。国际贸易实务则主要是从微观角度，以单个经营对外贸易的企业为对象，研究有关进出口贸易活动的操作技巧，研究有关商品交易的程序、方法、价格、技术、销售策略等。虽然两者研究角度有所不同，但两者研究的主题是一致的，都是要揭示有关国际商品和劳务交换的规律，并且两者有密切关系，贸易理论为贸易实务提供宏观经济方面的理论知识和指导，贸易实务则为贸易理论提供现实依据，并不断发展和完善理论。

因此，国际贸易理论与实务研究的任务，就是研究国际贸易的产生、发展及作用，研究商品进出口业务的程序及具体要求，找出其中的特点与运行规律，揭示其固有的规律性，学习、借鉴国外的先进经验，探索我国发展对外贸易的最佳方式和途径，为发展我国社会主义市场经济，为我国经济尽快走向世界、与国际接轨、早日实现现代化服务。

当然，国际贸易理论与实务作为一门学科，在社会主义国家尚属年轻，目前理论和学科体系都还不完全成熟。在新的历史时期，面对国际贸易中不断出现的新情况、新问题，如何以马克思主义的基本原理为指导，努力提出新的见解，寻求解决问题的新办法，正是我们学习和研究国际贸易时有待完成的一个重要任务。

二、国际贸易理论与实务的内容体系

本书包括上下两篇，共 17 章。上篇为国际贸易理论，重点介绍国际贸易基本理论与政策措施；下篇为国际贸易实务，重点介绍商品进出口业务知识。

上篇国际贸易理论包括 7 章内容。第 1 章导论，介绍国际贸易的基本概念及分类，国际贸易的产生、发展与作用，国际贸易理论与实务的研究对象、内容体系与研究方法。第 2 章国际分工及其理论，介绍国际分工的形成与发展，传统的国际分工理论，新古典贸易理论，现代国际贸易理论。第 3 章国际贸易政策，介绍国际贸易政策的基本概念，世界各国对外贸易政策的基本类型及演变，中国的对外贸易政策。第 4 章国际贸易措施，介绍关

税措施，非关税措施，鼓励出口措施，出口管制措施。第 5 章 GATT 与 WTO，介绍贸易条约与协定，WTO 概述，中国与 WTO 的关系。第 6 章国际服务贸易，介绍国际服务贸易基本概念，国际服务贸易的产生及发展，服务贸易总协定，国际技术贸易。第 7 章区域经济一体化，介绍区域经济一体化概述，区域经济一体化的产生与发展，主要区域经济一体化组织简介，区域经济一体化理论。

下篇国际贸易实务包括 10 章内容。第 8 章国际货物买卖合同，介绍国际货物买卖合同的概念，国际货物买卖合同的内容，国际货物买卖合同有效成立的条件。第 9 章国际贸易术语与商品的价格，介绍贸易术语与国际贸易惯例，常用的 6 种贸易术语，商品的价格。第 10 章合同的标的，介绍国际货物买卖合同中品质条款的基本内容，商品的数量，商品的包装。第 11 章国际贸易货物的运输与保险，介绍国际货物运输方式，装运条款，国际货物运输单据，国际货物运输保险。第 12 章国际贸易货款收付，介绍票据，汇付与托收、信用证、不同结算方式的选择使用，买卖合同中的支付条款。第 13 章进出口货物的检验与报关，介绍进出口货物的检验，进出口货物的报关。第 14 章合同争议的预防与处理，介绍索赔，不可抗力，仲裁。第 15 章交易磋商与订立合同，介绍国际货物买卖的一般程序，交易前准备，交易磋商与订立合同。第 16 章国际贸易合同的履行，介绍出口合同的履行，进口合同的履行，主要进出口单据。第 17 章国际贸易方式，介绍一般传统贸易方式，加工贸易，国际电子商务。

三、国际贸易理论与实务的研究方法

马克思辩证唯物主义和历史唯物主义是我们认识世界、改造世界的方法论，也是指导我们进行国际贸易理论与实务研究工作的强大的理论武器。因此，我们在学习、研究国际贸易时，必须坚持马克思主义的立场、观点和方法，同时结合我国的实际，克服僵化思想，更新陈旧观念，力求取得成效。具体应采取下述方法。

（一）唯物辩证和历史与逻辑统一的方法

马克思主义唯物辩证法告诉我们，任何客观事物都是在不断运动中发展变化的，并且这种运动并不是简单的重复。因此在学习、研究国际贸易问题时，应该用发展变化的眼光来看问题。例如，我们在学习研究国际贸易的发展变化历史时，绝不能静止地、孤立地、片面地看待国际贸易发展过程中的各种表面现象，而应该全面、整体、发展地分析在国际贸易发展过程中的各种经济现象，探索其规律性。

马克思指出，在分析经济现象时，既不能用显微镜，也不能用化学试剂，而必须用抽象的方法来代替二者。历史和逻辑的辩证统一，是研究国际贸易历史、现状和未来的方法论的基础。根据这一原理，我们在研究国际贸易问题时，既要注重理论的研究，也要强调对历史的和现实材料的分析研究，把二者有机地、辩证地结合起来。

（二）实事求是与实践是检验真理唯一标准的方法

学习研究国际贸易问题，应坚持科学的态度，注意理论联系实际，从实际出发。具体来讲，应从国际贸易的实际出发，实事求是地对国际贸易的历史、现状做出具体分析。要分析国际商品交换中的利益与矛盾及其表现形式，研究它们的运动和变化，防止僵化和片面地看问题。国际贸易学科应以马克思主义为指导，但又不拘泥于若干现成的结论，敢于继承和吸收各个时代、各个国家国际贸易理论与学说中一切有价值、具有科学性的成分，特别是西方资本主义国家国际贸易理论体系中科学的部分。西方资本主义国家的国际贸易理论与实务技术经过长时间的发展已形成一套比较完整的体系，特别是在实务技巧方面，不乏科学成果。我们应积极吸收、借鉴他人的科学成果，同时大量收集资料，进行深入、细致、客观的研究，力求从理论上和实践上说明我国国际贸易的变化规律。只有这样，才能不断完善和丰富我国的国际贸易理论，为发展外向型经济和社会主义市场经济服务。

（三）定性分析和定量分析相结合的方法

定性分析有利于对无法进行定量分析的事物进行性质和程度的判断，进行定性分析还可以综合全面地考虑其他各种因素的影响。而定量分析则有利于运用数学手段，把复杂的经济问题通过数学模型表示出来，并可以通过计算得出精确结论。把定性分析方法和定量分析方法结合起来，有利于发挥这两种方法各自的优势，相互补充，从而使我们得出正确的结论。过去，我们在研究社会经济现象、分析社会经济问题时常使用定性分析方法，而对定量分析方法注意不够，较少使用，因而使得分析结果难以准确，有时甚至引起失误。我们在学习、研究国际贸易问题时也是如此，应将定性分析和定量分析结合起来，既注重应用定性分析的方法，也不丢掉定量分析的方法。当前国际贸易不断发展，其影响因素越来越复杂，越来越难以预测，这在客观上也要求我们把定性分析和定量分析结合起来，并特别注意用定量分析的方法进行世界各国对外贸易规模、贸易条件及其发展趋势的对比分析，为制定对各国的贸易政策提供依据。

（四）正确看待生产和交换辩证关系的方法

国际贸易属于交换领域，在生产和交换的关系上，我们应科学辩证地看。一方面，我们应当坚持生产决定交换的原理。生产是国际贸易的基础。经济学家一再指出，经济科学只是在以生产为出发点，而不是以流通为出发点的时候才成为科学。另一方面，交换对生产过程具有反作用，有时会起到巨大的推动作用或阻碍作用。国际贸易在世界不少国家的发展历史中已充分地说明了这一点。因此，我们应坚持生产和交换辩证关系的观点，不能只讲生产力对国际贸易的决定作用，而不讲国际贸易对生产力和经济发展的反作用；同时也不能以国际贸易对生产力发展的重要促进作用来抹杀生产力的决定作用。正确看待生产和交换的辩证关系，还要求我们学习和研究国际贸易时，不能脱离一定的生产力水平、一国经济发展的实际，而应把国际贸易与一国的经济发展，与一国的生产力发展的实际结合起来。只有这样，才能得出正确的研究结果。

本章小结

本章介绍了国际贸易的基本概念、分类、产生、发展及其对经济发展的促进作用，国际贸易理论与实务的研究对象、内容体系与研究方法。目的是使学生对本课程的全貌有一个初步了解，从而为学习本课程打好基础。

思考练习

1. 国际贸易和国内贸易、转口贸易和过境贸易相比有哪些不同之处?
2. 简述资本主义时期国际贸易发展的特点。
3. 国际贸易对一国经济发展有什么促进作用?
4. 国际贸易理论与实务的研究对象是什么?
5. 国际贸易理论与实务的研究方法有哪些?

第二章

国际分工及其理论

学习要点

1. 掌握国际分工的概念、类型、发展阶段和影响因素；
2. 了解绝对优势理论、比较优势理论、相互需求理论与贸易条件均衡分析理论等国际分工理论；
3. 理解新古典国际贸易理论、H-O 模型、列昂惕夫之谜等当代国际贸易新理论。

引言

国际分工是国民经济内部分工超越国家界限的产物，是国际贸易和世界市场的基础。国际分工的发展必然会引起国际贸易和世界市场的发展，同时国际贸易和世界市场的发展又促进了国际分工。学习国际贸易理论与实务必须搞清国际分工的含义、理论及影响因素等问题。

第一节 国际分工的形成与发展

一、国际分工的概念与发展阶段

（一）国际分工的概念

国际分工（International Division of Labor）是指各国在从事商品生产时，相互之间实行的劳动分工和产品分工，它是社会生产力发展到一定阶段的产物。生产力发展水平决定了国际分工的形式与内容，国际分工又反过来促进生产力的发展。人类社会发展的进程已经经历过几次大的社会分工，这些分工都与生产力的发展水平密切相关。国际分工的发展主要取决于两方面的条件：一是社会的经济条件；二是自然条件。其中起决定作用的是社会的经济条件。

（二）国际分工的发展阶段

国际分工具有悠久的发展历史，其形成和发展的过程可分为 3 个阶段。

1. 国际分工的萌芽阶段

从奴隶社会产生到资本主义生产方式确立以前的这一历史阶段，由于自然经济占了统治地位，生产力水平低下，各国之间的经济交往较少，国际分工处于初始的萌芽阶段。15 世纪末至 16 世纪上半期的地理大发现，促使欧洲一些国家的手工业生产向工场手工业生产过渡，同时也为近代国际分工提供了地理条件，准备了国际市场。当时的欧洲殖民主义者用暴力手段进行掠夺和贸易，出现了宗主国与殖民地之间最初的分工形式。

2. 国际分工的形成阶段

18 世纪后半叶从英国开始的工业革命，促进了生产力的发展。随着蒸汽机、纺纱机、织布机等的发明和应用，使工场手工业发展到了机器大工业，资本主义生产方式得以确立。由于此时的国际分工建立在机器大工业的基础之上，生产的规模和产品销售都得到了进一步的发展，殖民主义者进一步增强了对国外市场和原材料的需求，商品输出也成为资本主义经济的主要特征。为此，殖民主义者加强了对外的争夺和开发，使宗主国与殖民地之间的垂直分工进一步发展为工业国和农业国的分工，也导致了殖民地的经济更加依附于宗主国。

3. 国际分工的发展阶段

从 19 世纪末至 20 世纪初，自由竞争的资本主义开始过渡到垄断资本主义，资本输出成为垄断资本主义控制和掠夺他国的重要手段，这个时期的国际分工进一步得到发展。具体表现为宗主国与殖民地之间的分工、工业产品生产国和初级产品生产国之间的分工、发达国家之间的水平分工，形成了一种彼此相互依赖的国际分工格局。

二、国际分工的类型

根据不同的划分标准可将国际分工分成不同的类型。

（1）按各国参与生产过程的情况可分为垂直型、水平型、混合型国际分工。

（2）按生产要素投入的相对密度可分为劳动密集型、资本密集型、土地密集型、资源密集型和技术密集型国际分工。

（3）按分工的深度可分为产业之间、产业内部、部门之间、部门内部以及生产工艺和零部件的国际分工。

三、影响国际分工发展的主要因素

影响国际分工发生和发展的因素是多方面的，既有社会的经济条件，也有各国的自然条件，还有国际政治方面的条件。具体可以归纳为以下几个方面。

（一）生产力的发展水平

国际分工是随生产力的发展而变化的，生产力的发展对国际分工的决定作用首先突出表现在科学技术进步的重要作用上，科学技术的进步不仅推动了生产能力和生产规模的扩大，而且促进了生产专业化的发展，使社会分工和国际分工发生相应的变革。生产力发展水平高的国家在国际分工中总会处于领先地位。因为生产力水平高的国家，技术水平也高，而技术因素决定了一国在分工中的地位。同时，生产力水平也决定了一国的经济结构，直接制约着一国参与国际交换的产品内容。

（二）自然条件

任何社会的经济活动都是建立在一定的自然条件之上的。自然条件包括地理环境、气候、自然资源和国土面积等。它对国际分工的产生和发展具有一定的制约作用，有利的自然条件只是为国际分工提供了可能性，在自然条件具备的条件下，能否形成现实的国际分工，则取决于生产力的发展水平。只有当生产力发展到一定的阶段，自然资源才会得到充分的开发和利用。

（三）人口、生产规模和市场的情况

人口在世界各国的分布是很不平衡的。有的国家劳动力丰裕，有的国家劳动力稀缺。劳动力丰裕的国家在生产和出口劳动力密集型产品上具有比较优势，劳动力稀缺的国家在其他密集型生产要素的产品生产和出口方面又具有优势，这样，就会在两类不同的国家中产生国际分工。现代工业要求大规模生产，以获取规模经济的好处。在市场调节下，各国会根据规模经济的要求去发展一个或几个产业部门的生产，通过市场满足所有国家对这些产品的需求。规模经济还反映在各国合作生产某一产品，使其产量达到经济批量，从而在国际市场上具有竞争力。

（四）跨国公司的发展

第二次世界大战后，跨国公司的发展使其成为推动当代国际分工的重要力量。它将企业内部有计划、有组织的分工随着资本的输出而扩展到世界范围。跨国公司又将生产环节分散到不同的国家，通过公司内部交易等控制活动，把各国的生产活动联系在一起，从而获得高额利润。

（五）国家的政治、文化等因素

政府的经济政策和措施，能直接促进或阻碍国际分工的发展。实行对外开放的政策，能促使企业参与国际市场竞争，主动参与国际分工。如果一个国家采取闭关自守的政策，

其国家或民族就将孤立于世界经济发展之外。同样，文化观念也对国际分工有很大的影响，从现实生活中来看，国际分工总是首先在文化观念相近的民族中得到发展。

四、国际分工对国际贸易的影响

国际分工是国际贸易的基础；国际分工的扩大直接推动着国际贸易朝更广和更深的程度发展；国际分工的发展引起国际贸易地理方向相应变化；国际分工的发展引起国际贸易商品结构相应变化；世界贸易中商品结构的变化是由国际分工的发展决定的。

第二节　传统的国际分工理论

主要的国际分工理论有绝对成本理论、比较成本理论等。这些理论，加深了人们对国际贸易的理解，全面揭示了国际贸易中存在的利益，为推动国际贸易的发展做出了巨大的贡献。

一、绝对成本理论

（一）历史背景

亚当·斯密（Adam Smith）是古典经济学的杰出代表，也是国际分工理论及古典贸易理论的创造者。18 世纪末，英国的经济力量已超过欧洲大陆的两个对手：法国和西班牙。资本主义工场手工业有了很大的发展，工业革命逐渐展开，使得商品经济迅速发展。新兴的资产阶级要求扩大对外贸易，以便从海外获得生产所需的廉价原料，并且为其产品寻找更大的海外市场。为了达到这一目的，就要从重商主义者对国民经济和对外贸易的重重束缚中解放出来，在重商主义制度下所建立的经济上的特权和垄断制度已经暴露出效率低下和严重浪费等弊端，因此不能适应经济发展的需要。国际分工理论在这种背景下应运而生。

（二）绝对成本理论的主要观点

1. 国际分工的基础是绝对成本

国际贸易为什么会发生，是贸易理论首先要回答的问题。只有说明了贸易发生的决定因素，才能够进一步探讨贸易形式、贸易条件、贸易利益等一系列问题。亚当·斯密在 1776 年出版的《国民财富的性质和原因的研究》（*An Inquiry into the Nature and Causes of the Wealth of the Nations*）一书中，提出了绝对成本（或绝对利益、绝对优势）理论。他认为，增加国民财富主要靠提高劳动生产率，而劳动生产率的提高则要靠分工的发展。分工的原则不仅适用于一国内部，也适用于各国之间，“如果外国能以比我们自己制造还便宜的商品供应我们，我们最好就用我们有利地使用自己的产业生产出来的物品的一部分向它们购买”。各国应选择自己最擅长的产品进行生产，然后进行交换，这样的国际分工和贸易必然对双方都有利。亚当·斯密进而认为，应以劳动成本为标准来确定一国最擅长生产的产品。若一国生产某一产品所耗费的劳动成本绝对地低于另一国，即该国在劳动生产率上占绝对优势，则该国就应该生产此种自己擅长的产品，然后再与他国交换自己不擅长生产的产品。由此可见，亚当·斯密是以“绝对成本”来说明国际分工和国际贸易的基础的，即贸易发生的原因是由于同种产品在两国之间存在着绝对成本差异。

2. 各国存在绝对成本差异的原因

亚当·斯密认为，每一个国家都有其适宜生产某些特定产品的绝对有利的生产条件，因而生产这些产品的成本会绝对地低于他国。这些有利的生产条件来源于两个方面：一方面是自然优势，即一国在地理、环境、土壤、气候、矿产等自然条件方面的优势，这是先天的优势；另一方面是获得性优势，如国民特殊的技巧和工艺上的优势，这是通过训练、教育等后天获得的优势。一国如果拥有了其中一种优势，该国生产某种产品的劳动生产率就会高于他国，生产成本就会绝对地低于他国。

亚当·斯密认为，发展对外贸易的目的，不是通过顺差来获取金银，而是出口本国多余的产品，同时进口本国需要的其他种类的产品，从而促进国家物质财富的增长，对外贸易对所有参加的各方都是有利的。因而，他极力反对那种为了追求顺差而垄断贸易的做法，主张实行自由贸易。

（三）绝对成本理论的贸易模型

亚当·斯密举了英国、葡萄牙两国的贸易实例来说明绝对成本理论。在这个贸易中，假定有英国、葡萄牙两个国家，两国都生产葡萄酒和毛呢两种产品，两国分工前后的生产情况及交换结果见表2—1～表2—3。从表中可看出，通过分工两国都提高了产量，通过贸易两国都增加了消费。

表2—1　绝对成本理论实例（分工前）

国家	酒产量（单位）	所需劳动人数（人/年）	毛呢产量（单位）	所需劳动人数（人/年）
英国	1	120	1	70
葡萄牙	1	80	1	110

表2—2　绝对成本理论实例（分工后）

国家	酒产量（单位）	所需劳动人数（人/年）	毛呢产量（单位）	所需劳动人数（人/年）
英国	—	—	2.7	190
葡萄牙	2.375	190	—	—

表2—3　毛呢与葡萄酒交换结果

国家	酒产量（单位）	毛呢产量（单位）
英国	1	1.7
葡萄牙	1.375	1

（四）对绝对成本理论的评述

亚当·斯密第一次运用劳动价值论说明了国际贸易的基础和利益所在，为科学的国际贸易理论提供了一个良好的开端。按照绝对成本理论，每个国家通过国际分工，专门生产绝对优势大于其他国家的商品，然后彼此进行国际贸易，这样对双方都有利。斯密绝对成本学说的重大意义在于：一是揭示了国际贸易的根本原因在于各国有利的自然禀赋与后天的有利生产条件；二是指出一个国家只要根据有利的生产条件参加国际分工就可以获得贸易利益；三是提出了自由贸易的政策。但是，斯密的绝对成本理论又有很大的局限性。它只能解释在生产上各具绝对优势的国家间的贸易，而不能解释事实上存在的所有产品都处于绝对优势的发达国家和所有产品都处于绝对劣势的经济不发达国家之间的贸易现象，因此无法用来说明国际贸易的普遍规律。

二、比较成本理论

（一）比较成本理论的产生

大卫·李嘉图（David Ricardo）是资产阶级古典经济学的集大成者。他在1817年出版的《政治经济学及赋税原理》（*On the Principles of Political Economy and Taxation*）一书中，进一步发展了亚当·斯密的绝对成本理论，提出了比较成本（或比较利益、比较优势）理论，解决了亚当·斯密所不能解释的问题，指出即使一国所有产品都处于绝对优势或绝对劣势，但是通过国际贸易仍能得到贸易利益。19世纪初，英国经过产业革命，建立了强大的工业，确定并巩固了它作为“世界工厂”的地位，而伴随着机器大工业的发展，英国人口膨胀，对粮食的需求不断增加，国内粮价不断上涨。在这种情况下，英国工业资产阶级与土地贵族和大垄断商人展开了激烈的斗争，主张取消保护关税政策，实行自由贸易政策，在这种背景下，“比较优势说”诞生了。

李嘉图发展了亚当·斯密的观点，他认为每个国家不一定生产各种商品，而应集中生产那些利益较大或不利较小的商品，然后通过国际贸易，在资本和劳动力不变的情况下，生产总量将增加，如此形成的国际分工对贸易各国都有利。在进行利益比较时，人们应该遵循“两利相权取其重，两弊相权取其轻”的原则。一国即使生产率在任何一种产品上都处于绝对不利地位，仍有与他国发生贸易的可能，而且可以通过国际贸易得到好处。

（二）比较成本贸易模型

在一定基本假设（两个国家、两种商品、生产要素自由流动、完全竞争、物物交换等）基础上，李嘉图引用了英国和葡萄牙的例子来说明比较成本理论，实例模型见表2—4。

表2—4　比较成本理论实例

国家		酒产量（单位）	所需劳动人数（人/年）	毛呢产量（单位）	所需劳动人数（人/年）
英国	分工前	1	120	1	100
葡萄牙		1	80	1	90
英国	分工后	—	—	2.2	220
葡萄牙		2.125	170	—	—
英国	国际交换	1	—	1.2	—
葡萄牙		1.125	—	1	—

从表2—4中可以看出，葡萄牙生产酒和毛呢，所需劳动人数均少于英国，从而英国在这两种产品的生产上都处于不利地位，但英国在毛呢生产上劣势较小，按照“两利取重，两害取轻”的原则，英国应取其不利较小的毛呢生产，葡萄牙虽然在两种产品的生产上都

处于绝对有利地位，但它应取有利较大的酒的生产。按照这种原则进行国际分工，两国产量都会增加，进行国际贸易，两国都会得利。

（三）对比较成本理论的评述

李嘉图的比较成本理论比亚当·斯密的绝对成本理论更具有普遍意义，绝对成本理论的情形仅是比较成本理论的一个特例而已，所以，李嘉图的比较成本理论也被称为国际贸易的一般理论。其意义在于：

（1）它深刻地反映了当时西方国家经济外向发展的客观要求，为国际分工和贸易理论提供了比较完整的理论体系。

（2）科学地揭示了国际分工和国际贸易的普遍性，即一国与其他国家相比，一国的商品无论是处于优势还是劣势，都可以在国际贸易中获利，从而在理论上证明了发展程度不同的国家能够并且应积极参与国际分工和贸易，这对扩大世界市场起到了促进作用。

（3）揭示了价值规律在世界市场上的作用的重大变化，即价值规律在国内的基本作用是优胜劣汰，但在国际上，劳动生产率低的国家却仍有可能进入市场，并可能从国际分工和贸易中获得利益。

比较成本理论也存在缺陷：这一理论只简单地考虑了两个国家之间的贸易情况；难以解释交换互补性商品的情况；没有讨论两个国家贸易的实际交换比率，从而无法回答谁可以在交换中获得多少更多的利益问题等。

第三节　新古典贸易理论

一、穆勒的相互需求理论

（一）相互需求理论的含义及主要观点

李嘉图的理论未能说明交换比即价格，这个问题后来由他的学生约翰·穆勒（John Stuart Mill）作了说明。穆勒是19世纪中叶英国著名的经济学家，他提出了按照两国对某一商品相互需求的程度来确定商品交换比例的学说。

约翰·穆勒在比较成本理论的基础上，用两国商品交换比例的上下限阐述了贸易双方获利的范围问题，他认为：交易双方在各自国内市场有各自的交换比例，在世界市场上，两国商品的交换形成了一个国际交换比例（即贸易条件），这一比例只有介于两国的国内交换比例之间，才对贸易双方均有利。假设美国和英国都生产小麦和棉布，各自都存在一个国内交换比例，这样两国之间的两种商品的国际交换比就介于国内交换比之间的某一点上，在这一点上交换对双方都有利。现在以美、英两国按比较优势原则生产和交换小麦为例来说明（见图2—1）。

分工前，在美国国内，1单位小麦可换取1/2单位棉布，在英国国内，1单位小麦可以换取2单位棉布。按照比较优势原则，分工后，美国专门生产小麦，英国专门生产棉布，再相互交换产品。如果两国间的交换比例为1单位小麦交换1/2单位棉布，即按照美国国内的交换比例进行交换，美国并不比分工生产前多获得产品，即未获得贸易利益，因而会退出交易而使国际贸易不可能发生。显然，两国交换比例更不可能低于1单位小麦交换

1/2 单位棉布，因为这样美国非但不得利，反而比国内少获得产品，所以双方贸易不能等于或低于 1 单位小麦交换 1/2 单位棉布这个美国国内的交换比例；反之亦然。

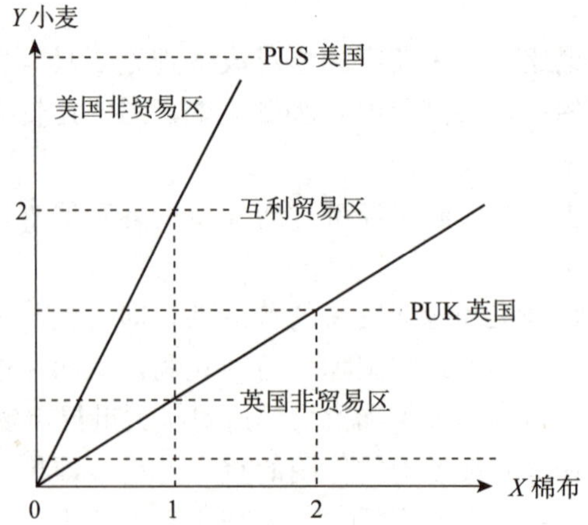

图 2—1　相互需求理论案例分析

结论：贸易利益的大小取决于两国国内的交换比例之间的范围的大小。通常，国际商品交换比例越接近于本国国内的交换比例，对本国越不利，本国分得的贸易利益越少。相反，国际商品交换比例越接近于对方国家的国内的交换比例，对本国越有利，本国分得的贸易利益越多。显然，贸易条件决定了贸易利益的分配。

（二）对相互需求理论的评述

约翰·穆勒的相互需求理论对李嘉图的比较成本理论做了两个重要的补充：一是指出了国际贸易给双方带来利益的范围；二是研究了贸易利益的分配问题，即贸易条件越接近本国国内交换比，其获得的利益就越少，反之亦然。同时，从供求关系上说明了商品国际交换价值的决定，认为国际贸易中一种进口商品的价值，不是由生产这种商品的成本决定的，而是由为支付进口而输出商品的生产成本决定的。该理论的缺陷在于：在国际市场中，贸易的发生并不总是在两国经济规模相当并对国际市场价格影响显著的国家中进行，如果两国力量悬殊，小国的相对需求强度小于大国的相对需求强度，这时大国的交换比就是国际贸易条件。

二、赫克歇尔—俄林模型（H-O 模型）

赫克歇尔是瑞典经济学家，1919 年赫克歇尔发表了一篇题为《对外贸易对收入分配的影响》的论文，探讨了李嘉图学说中两国间比较成本差异的产生及这种差异在两国贸易发生后的变化和影响。俄林是瑞典著名经济学家、政治家，曾经是赫克歇尔的学生。1977 年瑞典皇家科学院由于他对国际贸易和国际贸易资本移动理论所做的贡献，把当年的诺贝尔经济学奖授予了他。其主要著作为《区际贸易与国际贸易》，在这本书中，他对赫克歇尔的论点加以发挥，提出了著名的赫克歇尔—俄林要素禀赋论（H-O 模型）。

（一）H-O 要素禀赋理论的基本假设

要素禀赋理论存在以下几个基本的假设条件：两个国家，使用两种生产要素，生产两种商品；在两个国家中，商品 X 都是劳动密集型产品，商品 Y 都是资本密集型产品；两国在生产中都使用相同的技术；在两个国家中，两种商品的生产都是规模报酬不变的；两国在生产中均为不完全分工；两国需求偏好相同，如果两国的相对商品价格是相同的，那么两国消费 X 和 Y 的比例是相同的；在两个国家中，商品与要素市场都是完全竞争的；要素在一国国内可以自由流动，但不能在国际上自由流动；没有运输成本，没有关税或影响自由贸易的其他壁垒；两国资源均得到了充分利用；两国的贸易是平衡的。

（二）H-O 要素禀赋理论的主要观点

（1）要素禀赋也称要素丰裕度，是指一国所拥有的各种生产要素的相对丰富性。所谓一国某要素丰富，是指这个国家与另一个国家相比，该要素的拥有量相对多一些；要素稀缺则恰好相反。

（2）要素密集度，是指生产某种产品所投入的两种生产要素的比例。在一个只有两种产品（X 和 Y）和两种要素（L 和 K）的世界中，如果生产 X 产品的资本与劳动投入比例大于生产 Y 产品的资本与劳动投入比例，那么商品 X 就是资本密集型产品，而 Y 是劳动密集型产品。

（3）要素禀赋理论认为，比较成本的差异取决于两个因素：各国的要素禀赋与各种产品的要素比例。较多使用丰富要素生产，产品价格就相对低一些；较多使用稀缺要素生产，产品价格就相对高一些。产品的要素比例即要素密集度取决于技术条件和产品性质。这里假定两国技术条件相同，即同一种产品在两国的要素密集度是相同的。所以，在要素禀赋理论中，比较成本的差异仅仅取决于各国要素禀赋的差异。在国际贸易中，一国的比较优势是由其要素丰裕度决定的，因此，一国将出口那些密集使用其丰富要素的产品，进口那些密集使用其稀缺要素的产品。一个国家应该专业化生产和出口该国相对丰富和便宜的要素密集型商品，进口该国相对缺乏和昂贵的要素密集型商品。只有这样，各国才能充分发挥比较成本优势，在国际贸易中获取更多的利益。

（三）狭义和广义的要素禀赋理论

要素禀赋理论有狭义和广义之分。狭义仅指要素供给比例理论，广义除指要素供给比例理论外，还包括要素价格均等化理论。

1. 狭义的要素禀赋理论

这一理论认为：各国生产同种产品时，其价格的绝对差异是国际贸易产生的直接原因，商品的价格差异是国际贸易产生的利益驱动力，这种价格的绝对差异是由生产同种产品时的成本差别造成的；各国生产产品时的成本不同，是由生产要素的价格不同造成的；生产要素的价格差异是由各国生产要素的供给差异造成的；两国生产要素供给的差异是由两国的要素禀赋决定的。某种生产要素在一国相对丰裕时，其供给量就大；相反，另一种生产要素在该国比较稀缺，则其供给量就少。各国生产要素的不同丰裕度和各种产品所需要的要素比例的不同，使各国在生产相同产品时，分别在不同的产品生产上具有比较优势或成本优势。

总之，劳动相对丰富而资本相对短缺的国家应该专业化分工多生产劳动密集型商品，少生产资本密集型商品，多余的部分用于出口，不足的部分从国外进口。反之，资本相对丰富而劳动相对缺乏的国家就应反方向进行。资源禀赋理论不仅解释了比较成本优势产生的原因，而且说明了国际贸易的流向：密集使用某种要素生产的产品，从该要素丰富的国家流向该要素稀缺的国家。

2. 广义的要素禀赋理论

要素价格均等化理论是研究国际贸易对要素价格所起的反作用。这一理论认为：各国间因要素禀赋不同而引起的要素价格的差异，可以通过生产要素的国际移动和商品的国际移动两个途径逐步缩小。由于该理论提出时要素移动相当困难，赫克歇尔—俄林要素禀赋理论主要是从商品移动来阐述要素价格的均等化过程。

国际贸易可以在一定程度上替代要素的国际流动。它不仅会使各国商品价格趋于均等，而且会使各国生产要素的价格趋于均等。以美国和中国为例，中国劳动丰富而资本稀缺，美国劳动稀缺而资本丰富。中国劳动的价格低于美国，资本的价格高于美国。因此，中国应该出口布而进口钢；美国应该出口钢而进口布。贸易进行以后，在中国国内，资本的价格下降而劳动的价格上升。在美国，则发生了完全相反的现象，资本的价格上升而劳动的价格下降。

要素价格均等化有以下结果：

（1）在世界范围内，使生产要素得到更加合理的配置和使用。如某国地广人稀、资本稀缺，农业属粗放式经营，土地利用效率很低。在价格均等化趋势的作用下，地租上升而利息率下降。农民将会比较充分地利用土地，并投入更多的资本，使土地与资本的结合更加合理。

（2）世界范围内，生产要素的价格趋于均等，贫富差距趋于消失。俄林认为，要素价格完全相等是不可能的，要素价格均等化只是一种趋势。客观上存在着一些阻碍要素价格均等化的因素，如影响市场价格的因素过于复杂；要素在国内不能充分流动；要素的需求是联合的需求，不能孤立地看待某一种要素的需求；大规模集中生产必然会使要素价格产生差异等。1941 年，美国经济学家萨缪尔森和斯托尔泊用数学方法论证了在特定的条件下，要素价格均等化不是一种趋势，而是一种必然。

（四）对 H-O 要素禀赋理论的评述

要素禀赋理论是对李嘉图比较成本理论的继承和发展。比较起来，H-O 要素禀赋理论更加符合国际贸易的现实情况。它从各国最基本的经济情况，即土地、劳动、资本等因素出发，来解释国际贸易产生的原因，把其他因素如劳动生产率、成本等看成是三大生产要素的派生因素，从而抓住了问题的主要方面，使之比古典理论更加深刻。要素禀赋理论认为要素禀赋的差异产生了贸易，又认为贸易会缩小这些差异，优化一国的经济结构。这就进一步阐明了自由贸易的优越性。在分析方法上，要素禀赋理论首次将一般均衡分析方法、区位分析方法和多要素价格分析方法结合在一起，并应用于国际贸易问题的研究，从供求论出发，寻找贸易原因、商品流向以及贸易对要素价格的影响。

但资源禀赋理论是建立在“生产三要素”理论基础之上的，是对劳动价值理论的否定。它还是建立在严格的假设条件之上的，故与现实情况存在着较大的差距。该理论对于需求因素并未予以充分的重视，这也影响了其对于现实问题的分析。该理论也无法解释第二次世界大战以后出现的一些新现象。

三、列昂惕夫之谜

（一）列昂惕夫之谜的产生

美国经济学家瓦西里·列昂惕夫（Wassily Leontief）以美国为例来验证 H-O 模型。1953 年他在美国《经济学与统计学》杂志上发表了一篇文章。在文章中，他运用自己首创的“投入—产出”分析法，并利用美国 1947 年的数据测算了美国进出口商品的要素含量，试图证明 H-O 模型的正确性。根据人们的一般直觉，美国是资本比较丰富而劳动力比较稀缺的国家。根据 H-O 要素禀赋理论，美国应出口资本密集型产品，进口劳动密集型产品。列昂惕夫的测算结果如表 2—5 所示。

表 2—5　　美国每百万美元出口产品和进口替代品的资本与劳动需求

项目指标	出口商品	进口替代品
每百万美元所含资本（1947 年价格）	2 550 780 美元	3 091 339 美元
每百万美元所含劳动量（人/年）	182 人	170 人
资本劳动比率（美元/人）	14 010 美元	18 180 美元

他用美国 1947 年的贸易和生产统计资料进行测算。由表 2—5 可知，美国出口商品的资本—劳动比例是 14 010 美元/人，进口替代品的资本—劳动比例是 18 180 美元/人。美国进口替代品的资本密集度比美国出口商品的资本密集度高出大约 30%。这意味着，美国进口的是资本密集型产品，出口的是劳动密集型产品。这一结果与 H-O 模型恰恰相反，这就是著名的“列昂惕夫之谜”。

列昂惕夫的检验结果令人震惊，使 H-O 理论处于一种颇为尴尬的境地。问题究竟出在哪里？这吸引了许多经济学家试图从各个方面来解开这一令人困惑的现象，这种探索推动了第二次世界大战后国际贸易理论的巨大发展。

（二）对列昂惕夫之谜的解释

对列昂惕夫之谜产生的原因，有各种各样的解释。归结起来，主要有两类：一类是对列昂惕夫的统计方法及统计资料的处理提出不同的意见；另一类是回过头来对 H-O 理论本身进行重新的研究和探索。

1. 列昂惕夫本人的解释

由于劳动素质各不相同，在同样资本的配合下，美国工人的劳动生产率比他们的外国同行要高得多，因此若以他国作为衡量标准，则美国的有效劳动数量应是现存劳动数量的数倍。从有效劳动数量看，美国应为（有效）劳动相对丰富的国家，而资本在美国则成为相对稀缺的要素。这样一来，矛盾现象似乎就不存在了。但若此观点正确，美国就无所谓划分劳动密集型还是资本密集型的产品了。这一解释没有被广泛接受，列昂惕夫自己后来也否定了它。

2. 人力资本说

受列昂惕夫有效劳动解释的启发，后来一些学者在要素禀赋理论的框架下引入人力资本这一因素。由于质量上的差异，一般劳动可区分为熟练劳动和非熟练劳动两类。其中熟练劳动是指具有一定技能的劳动，这种技能不是先天具备的，而是通过后天的教育、培训等手段积累起来的。这种后天的努力类似于物质资本的投资行为，这使资本的含义更广泛了，它既包括有形的物质资本，又包括无形的人力资本。美国在人力资本上的投入远远超过了其他国家，这就意味着美国劳动力含有更多的人力资本，使得美国出口商品的资本密集度要大于进口商品的资本密集度。

3. 自然资源说

自然资源要素与资本要素之间存在相互替代关系。如果生产某种商品的自然资源不足，就必然要投入较多的资本（先进设备等）。阿拉伯半岛石油资源丰富，开采方便，所需要的设备简单，因此投入的资本相对较少。而在石油稀缺的地方，即使投入大量的资本，也只能生产出成本较高的石油。研究表明，美国的多数进口商品正是美国资源稀缺的商品，作为进口竞争品在美国生产，必须投入较多的资本。而对于出口国来说，这些产品是资源密集型的，所需投入的资本相对较少，生产成本较低。所以，从自然资源的角度看，实际上美国进口的是其稀缺的自然资源，而不是资本密集型产品。

4. 贸易保护说

H-O 理论是建立在完全自由竞争的假设之上的，而现实的国际贸易中存在着大量的关税和非关税壁垒。美国的贸易政策是：限制高技术产品的出口，阻碍劳动密集型产品的进口。一些研究表明，美国进口劳动密集型产品比进口资本密集型产品受到更严格的进口壁垒限制。特别受到保护的是技术落后的产业和非熟练、半熟练的劳工集团。

5. 要素密集度的逆转

要素密集度逆转是指一种给定的商品在劳动丰裕的国家生产就是劳动密集型产品，在资本丰裕的国家生产就是资本密集型产品。要素密集度逆转产生的原因是生产过程中劳动与资本的替代弹性很大，如 A 国劳动力丰富，劳动力价格低，就会使用劳动密集型技术生产 X 商品，也可以这样去说明 B 国使用资本密集型技术去生产 X 商品。

6. 需求偏好说

H-O 理论过分重视供给而对需求重视不够，特别是假定需求偏好相同且固定不变，这可能会出问题。由于不同国家经济发展水平不同，人均收入水平不同，收入分配结构不同，消费需求结构和消费需求偏好就不同。美国是一个大米出口国，其实是美国食用大米少的缘故；美国资本丰富，但美国人特别偏好消费资本密集型商品，这就可能阻碍美国资本密集型商品出口，反而进口资本密集型商品，这种需求正好颠倒了美国在出口资本密集型商品方面的比较优势。

第四节　现代国际贸易理论

国际贸易理论经历了以亚当·斯密、李嘉图等人为代表的古典主义阶段和以赫克歇尔、俄林等人为代表的新古典主义阶段后，20 世纪六七十年代进入了一个相对平缓的时期。到了 20 世纪 70 年代后期，随着发达国家之间产业内贸易的迅速发展，在赫克歇尔—俄林体系中徘徊了多年的国际贸易理论又活跃起来。由于 H-O 理论本身的局限及其假设条件的不切实际，使得 H-O 理论在解释现实的国际贸易问题时遇到了许多困难。一些学者从怀疑和完善传统的国际贸易理论入手，提出了各种新的能够解释国际贸易现实的理论。这些理论是建立在规模经济、不完全竞争基础之上的，主要探讨的是发达国家之间的产业内贸易。先后出现的国际贸易新理论有技术差距理论、产品生命周期理论、（收入）偏好相似理论、规模报酬递增理论、产业内贸易理论等十几种。这些理论从不同角度揭示了国际贸易产生的一种或数种原因，为国际贸易理论宝库增添了新的内容。

一、技术差距理论

在影响经济发展的各种因素中，技术是最活跃的因素，科学技术的发展已经成为生产率提高的重要决定因素。技术进步通过对经济过程的促进从而对国际贸易产生复杂的影响。在李嘉图的比较利益理论中，技术差异是国际贸易的一个重要决定因素，许多经济学家认为比技术差异更重要的是技术变化，即技术差异的动态因素。20 世纪 60 年代，美国经济学家波斯纳和弗农通过对产品技术变化及其对贸易格局的影响的分析，提出了技术差距论和产品生命周期理论，来解释这种贸易现象。

美国经济学家波斯纳（M. Posner）在 1961 提出了技术差距理论。波斯纳认为，产生技术差距的根本原因在于各国的市场特性（由生产、需求状况、相关产业以及公司的战略、组织和竞争者等方面的相互作用过程决定）对技术创新和技术吸纳产生的推动力有所不同。技术差距的存在最终使得一些国家在技术进化过程中在整体上领先而成为全球的创新中心。这一理论提出了科学技术在贸易商品的比较优势形成中起决定性作用，因此，它对解释国际贸易格局具有重要意义。

技术差距论认为，各个国家技术革新的进展情况很不一致，技术革新领先的国家在发明出一种国外尚未掌握的新产品或新的生产流程时，便产生了国际间的技术差距（Technology Gap），因而该国就可能享有出口技术密集型产品的比较优势。但是，随着新技术向国外的转移，其他国家迟早总会掌握这种新技术，从而国际间的技术差距将逐步消失。在技术创新国的新产品问世以后到其他国家仿制的产品生产以前的这段时间称为“模仿时滞”（Imitation Lag）。在这个时滞期内，由于创新国垄断了这种新产品的生产，该产品自然具有出口优势，发展国际贸易。

美国作为世界上技术最先进的国家，出口大量的高新技术产品。可是，随着外国厂商获得这些新技术，最终他们也能出口该产品，甚至利用其廉价的劳动力成本将该产品出口到美国市场。与此同时，美国可能利用其雄厚的资本和强大的研究开发力量开发出更新的产品和生产过程，从而形成新的技术差距，并以此为基础出口该产品。

波斯纳分析了需求时滞（Demand Lag）与模仿时滞。需求时滞是指从外国新产品问世、本国消费者还没有认识到它是国内产品的完全替代品因而没有产生需求，到逐步认识到新产品的价值因而产生需求的这段时间。模仿时滞由反应时滞与掌握时滞构成，反应时滞是指从创新国生产到其他国家感到进口产品的竞争性威胁因而决定自行生产的这段时间。掌握时滞是指仿制国从开始生产到达到创新国同一级技术水平而停止进口的这段时间。假定创新国在技术转移方面有有利条件，仿制国的需求强烈，研究费用充足，技术基础较好，生产条件较优，则掌握时间就较短，创新国出口下降速度较快。反之，掌握时滞就较长，仿制国进口下降速度较慢。由此可见，各国之间的技术水平和技术创新方向在一定时滞期内存在着“技术差距”。技术差距论者将国际贸易的成因、流向、规模和利益主要归于各国间的技术进步方面的差距。这正是技术差距理论的基本特征。

技术差距理论证明了即使在要素禀赋和需求偏好相似的国家间，技术领先也会形成比较优势，从而产生国际贸易。这也比较好地解释了实践中常见的技术先进国与落后国之间技术密集型产品的贸易周期。但它只解释了技术差距会随时间推移而消失，并未解释其产生和消失的原因，而弗农的产品生命周期理论可以说是技术差距理论的继承、总结和发展。

二、产品生命周期理论

产品生命周期理论从技术变化的角度探讨了比较优势的动态演变，并以此为基础研究了工业制成品贸易，揭示了制成品贸易流向的演变过程，提出了制成品贸易周期说。

产品生命周期理论（Product Life Cycle Theory）由美国经济学家、哈佛大学教授弗农（Raymoud Vernon）于 1966 年在《生命周期中的国际投资与国际贸易》一文中首先提出，经过威尔斯（Louis T. Wells）、赫希哲（Hirsch）、基辛（Keesing）、格鲁伯（Gruber）、梅达（Mehta）、马吉（S. P. Maggee）等人的补充和验证而成为第二次世界大战后解释制成品贸易的著名理论。

产品生命周期理论认为，一种产品的生产需要很多不同的投入，如研究与开发、资本和劳动力投入、原材料投入等。随着技术的变化，在产品生命周期的不同阶段，各种投入在成本中的相对重要性也将发生变化。由于各国在各种投入上的相对优势不同，因此各国在该产品不同阶段是否拥有比较优势取决于各种投入在成本中的相对重要性。

该理论认为，由于技术的创新和扩散，制成品和生物一样具有生命周期。在产品生命周期的不同阶段，各国在国际贸易中的地位是不同的。在不同阶段，新型工业化消费品的产品特性、国际生产区位和贸易格局各有不同的特点。

（一）新生期

这是生命周期的第 1 阶段。由于新产品刚刚出现，产品设计没有定型，生产技术和加工方法还需要不断调整，要素配合比例经常变化，需要生产者和消费者不断反馈信息，仅仅在创新国（如美国）生产和消费，只限于试生产、试销售阶段，新技术产品一般不出口。

（二）成长期

这是生命周期的第 2 阶段。创新国对新产品进行了改进，为满足国内外市场不断增长的需求，产量迅速提高。在这一阶段，国外还不能生产这种产品，因而创新国在国内和国际市场上拥有完全的垄断地位。而这一阶段的出口，主要是面向与创新国经济发展水平相似的国家（西欧、日本等发达国家）。

（三）成熟期

这是生命周期的第 3 阶段。新产品在创新国已经标准化，国内市场基本饱和，国际市场需求迅速扩大。这时候，新技术和新产品的创造发明者发现授权本国和外国的其他生产厂家生产这种技术产品更加有利可图，于是国际技术转让就开始了。其他的新技术模仿国可以在国内生产并满足国内市场的需要，技术创新国的出口竞争优势受到削弱，出口规模受到影响。但由于规模经济、工人技术熟练、生产效率高，以及销售渠道和管理优势，创新国仍然有出口竞争优势和控制国内市场的能力。

（四）销售下降期

这是生命周期的第 4 阶段，也是其他发达国家参与新产品出口竞争阶段。由于技术和产品的完全标准化，技术和品牌优势在国际竞争中的重要性已经不存在，国际竞争优势主要依赖于成本和价格竞争。这时候，新技术模仿国的生产规模迅速扩大（同时销路逐渐打开，市场不断扩大），而且凭借其劳动成本优势和其他成本优势开始向第三国市场出口新产品；新技术发明国的生产和出口竞争优势受到严重挑战，产量开始减少并部分进口该产品。

（五）让与期

这是生命周期的第 5 阶段。技术创新国成为该产品的进口国。由于其他发达国家的工资较低，以及大规模生产带来的成本降低的经济效益，超过了向技术创新国出口所需的运费和关税，其产品最终进入技术创新国市场，技术模仿国取代了技术创新国成为国际市场的主要出口供给者，这样新产品在技术创新国的生命周期结束，技术创新国又会致力于新技术革新以引入新产品。新产品的生命周期虽然在技术创新国已结束，但其他生产这一产品的发达国家可能处于生命周期的第 3、4 阶段。同时，发展中国家很可能在国内才开始生产这种产品，并逐渐向发达国家增加出口。这种新产品的生命周期，在生产国之间呈波浪式推进。

现实生活中确实有许多工业产品经历了生命周期的 5 个阶段，如收音机、录音机、电视机、空调、电冰箱等。最近几十年来，新技术、新产品的更新换代和地理扩散速度大大加快，或者说周期缩短，使我们可以亲眼目睹一个个完整的产品生命周期。但是这种趋势本身又引起了一个重要的理论问题，即技术创新国取得新技术、新产品的垄断优势越来越难。因为发达国家之间的科技开发能力差距不大，一种新技术、新产品发明之后很快就被技术模仿国采用，技术创新国要维持技术优势必须跑得更快。而由于产业结构的调整速度加快，落后的技术模仿国（发展中国家）与发达的技术创新国的技术差距将越来越大，落后国家产业结构的代价也就越来越大。

三、（收入）偏好相似理论

（收入）偏好相似理论（Theory of Income Preference Similarity）又称需求论，是著名瑞典经济学家林德（S. B. Linder）在 1961 年出版的《论贸易与变化》一书中提出的。林德认为，不同国家由于经济发展水平不同，需求偏好也不相同，他一反传统的由供给方面寻找国际贸易的根源而转向从需求角度入手来分析国际贸易的流向，从需求方面探讨了国际贸易产生的原因。

该理论认为，制成品贸易需从需求方面去研究。国际上制成品贸易的发生，往往是先由国内市场建立起生产规模和国际竞争能力，然后再拓展国外市场，因为厂商总是出于利润动机，首先为他所熟悉的本国市场生产新产品，当发展到一定程度（国内市场有限时）才开始开拓国外市场。由此，两国的经济发展水平越接近，人均国民收入越接近，需求偏好越相似，相互需求也就越大，贸易的可能性也就越大。相反，国家间人均国民收入的差距大反而成了阻挡国际贸易的障碍。例如，一国根据本国国内需求开发生产出某种产品，但由于别的国家收入水平较低而对该产品缺乏需求，或者由于别国收入水平过高而对此产品不屑一顾，彼此间的贸易自然就无法开展。因此，工业制成品的贸易在具有相同或相似发展水平的国家间更易于开展。如图 2—2 所示。

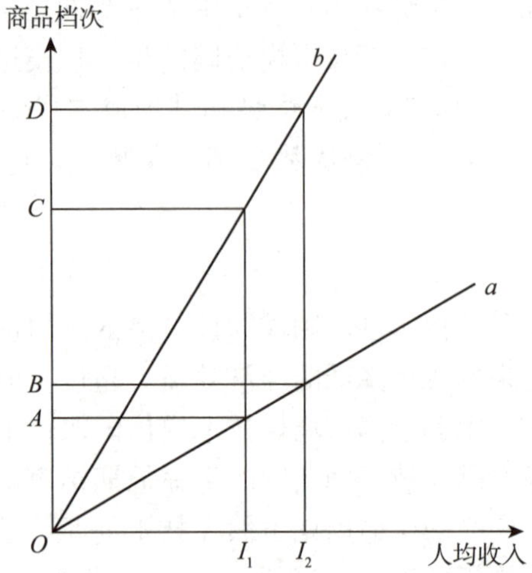

图 2—2

图 2—2 中 Oa 和 Ob 与原点所构成的锥形 aOb 代表一国对其所需求产品的档次的变动范围。设国Ⅰ的人均收入为 I_1，国Ⅱ的人均收入为 I_2，与 I_1 和 I_2 相应的 AC 和 BD 分别表示国Ⅰ、国Ⅱ的需求商品档次范围，BC 部分重合，表示两国会就 BC 范围内档次的商品进行贸易。

结论：两国对产品需求档次变动范围重合部分越大，表示需求结构越相近，贸易可能性就越大。根据 H-O 理论，两国资本劳动比率越相近，比较成本的差异将越小，两国贸易量将越小。但根据偏好相似说，两国的资本劳动比率越相近，表明两国的经济发展程度越接近，因而人均收入的差异将越小，重叠的市场部分将越大，两国的贸易量将越大。因此，林德的偏好相似理论似乎较 H-O 理论更适合于解释贸易发生在发达国家之间的现象。

四、规模报酬递增理论

规模报酬递增理论（Theory of Increasing Returns to Scale）也称规模收益递增理论，是著名经济学家克鲁格曼（Paul Krugman）在与艾瀚南（Helpman Elhanan）合著的《市场结构与对外贸易》一书中提出的。其论点为：规模报酬递增也是国际贸易的基础，当某一产品的生产发生规模报酬递增时，随着生产规模的扩大，单位产品成本递减而取得成本优势，因此导致专业化生产并出口这一产品。

规模报酬递增之所以可能发生，是因为大规模生产经营，一方面能充分发挥各种生产要素的效能，更好地组织企业内部的劳动分工和专业化，提高厂房、机器设备的利用率，取得内部规模经济效益；另一方面能更好地利用交通运输、通信设施、金融机构、自然资源等良好的企业环境，获得外部规模经济效益。规模报酬递增为国际贸易直接提供了基础。

五、产业内贸易理论

第二次世界大战后，随着世界经济的发展和工业化水平的提高，国际贸易出现了一种引人注目的新现象。工业化国家之间的工业制成品的贸易交换成为国际贸易的主流。20 世纪 50 年代中期，发达国家的出口量占世界总出口的 3/4，其中仅有 1/4 出口到发展中国家。这种贸易格局与传统的贸易理论不太符合，如何解释这种贸易格局与传统理论的背离现象就成为理论界关注的热点难题。产业内贸易理论的代表人物是巴拉萨（Balassa）、格鲁拜尔（H. G. Grubel）、劳埃德（Lioyd）等人，特别是 1975 年格鲁拜尔和劳埃德合作出版《产业内贸易：差别产品的国际贸易理论和计量》对产业内贸易理论做了系统化表述。

综观西方经济学界对产业内贸易的种种理论说明可知，产品差异论、规模经济或规模报酬递增论及偏好相似论可以解释产业内贸易现象。

（一）产品差异性（异质性）是产业内贸易的动因或基础

产品的异质性特征就是产品的差别性特征，产品差别具体表现在同类产品的质量性差别、规格型号差别、使用材料差别、色彩及商标牌号差别、包装装潢差别、广告及售前售后服务差别、企业形象及企业信誉差别。这些差别正是产业内国际分工和产业内国际贸易的基础，满足不同消费心理、消费欲望和层次的需要。

（二）规模经济或报酬递增与不完全竞争是产业内贸易利益来源

规模报酬递增与不完全竞争是最普遍被用来解释产业内贸易的理论。规模经济或规模报酬递增是指厂商进行大规模生产，使成本降低，报酬递增。因此，在存在规模经济的某一产业部门内，各国将各自专于该产业部门的某些差异产品的发展，再相互交换（即开展产业内贸易）以满足彼此的多样化需求。而且，国家间的要素禀赋越相似，越可能生产更多相同类型的产品，因而它们之间的产业内贸易量将越大。

（三）需求偏好的相似性和多样性是产业内贸易的动因和保证

产品的差异性只是使产业内贸易的发生具备了可能性条件，而产业内贸易的内在动力则来自于不同国家的需求结构的多样性和相似性。人均收入水平是决定购买力水平和购买结构的重要因素。国家之间人均收入水平差别越大，社会需求结构差别越大，国家之间的产业结构和产品结构差别越大，国家之间发生产业间贸易的可能性就越大，而发生产业内贸易的可能性就越小。国家间人均收入水平越接近，社会消费需求结构越相似，国家间的产业结构和产品结构越相似，发生产业内贸易的可能性就越大，而发生产业间贸易的可能性就越小。

本章小结

本章介绍了国际分工的概念、类型、发展阶段和影响因素，阐述了绝对成本理论、比较成本理论等传统的国际分工理论，分析了穆勒的相互需求理论、赫克歇尔—俄林模型等新古典国际贸易理论，以及技术差距理论、（收入）偏好相似理论、产业内贸易理论等现代国际贸易新理论，目的是使学生加深对国际贸易的理解和认识，为实务部分学习做好准备。

思考练习

1. 什么是国际分工？国际分工的类型主要有哪些？影响国际分工的因素有哪些？
2. 什么是比较成本理论和相互需求理论？其主要观点是什么？
3. 简述现代国际贸易新理论学说的主要观点。

第三章 国际贸易政策

学习要点

1. 了解国际贸易政策的基本含义、构成及影响因素；
2. 了解国际贸易政策的基本类型、重商主义贸易政策、保护贸易政策、超保护贸易政策、贸易自由化政策和新贸易保护主义政策的演变；
3. 了解中国的外贸政策演变、中国改革开放以来外贸体制的变化和新时期中国外贸政策选择方向。

引言

国际贸易政策是世界各国开展国际贸易活动的指导原则和依据，不同的贸易政策导致不同的贸易措施和贸易结果。第二次世界大战之后，双边贸易政策的协调，区域性的政策协调以及致力于国际贸易体制的多边贸易政策的协调，使各国贸易政策趋于一致，体现了全球经济关系的秩序化。全球金融危机又使保护贸易政策抬头，使各国贸易政策出现分化。研究和分析这些变化，是学习国际贸易理论和实务的重要内容。

第一节　国际贸易政策的概念

一、国际贸易政策的基本含义

国际贸易政策是世界各国（或地区）在开展商品和劳务交换活动中所遵循的管理的原则、方针和措施的总称。国际贸易政策的基本因素包括政策主体、政策客体、政策目标、政策内容、政策手段等。政策主体即政策的制定者和实施者，一般来说是各国政府；政策客体即政策对象，一般是从事国际贸易活动的企业、机构和个人；政策目标是制定政策的目的；政策内容即贸易政策所涵盖的方面和内容；政策手段即实现既定政策目标所采取的管理措施等。以一个国家（或地区）为主体制定的国际贸易政策就是该国的对外贸易政策。

对外贸易政策是一国政府为有效开展国际贸易活动，实现贸易目标所制定的行动准则、工作方式、工作步骤和措施的总称，是一国经济政策等上层建筑的重要组成部分。对外它服务于一国的对外经济和政治的总政策；对内它为发展经济服务，并随着国内外经济基础和政治关系的变化而变化。

二、国际贸易政策的构成

（1）贸易总政策：包括进口政策和出口政策，是一国较长时期内所实行的贸易政策，表明该国贸易政策的主流或总趋势。

（2）进出口商品政策：是一国在贸易总政策的基础上，针对不同产业、产品的国际竞争力而制定的贸易政策。

（3）国别贸易政策：是一国在贸易总政策的基础上，针对不同国家或地区而制定的贸易政策。

三、对外贸易政策的目的

各国都希望通过对外贸易政策维护本国的利益，促进国家经济的发展。具体而言，一国制定对外贸易政策的目的如下所述。

（一）促进经济发展与稳定

（1）促进生产力的发展；

（2）实现经济增长；

（3）达到外部均衡；

（4）使经济平稳发展，增强适应能力。

（二）完善经济体制，提高市场竞争力

（1）保护本国市场，扩大本国产品的出口市场；

（2）提高本国产品的竞争能力；

（3）促进经济一体化；

（4）加强和完善市场经济体制。

（三）获取良好的国际经济与政治环境

（1）解决贸易争端；

（2）调整、改善、巩固国与国之间的经济与政治关系。

四、影响一国对外贸易政策的因素

一国采用哪一种形式的对外贸易政策，这要由该国国内和国际的经济、政治、外交等多种因素来决定。具体来讲，一国在制定对外贸易政策时，主要考虑以下因素：

（1）本国经济结构与竞争优势；

（2）本国产品在国际市场上的竞争能力；

（3）本国国内市场供求状况、物价状况；

（4）本国的就业状况；

（5）本国的国际收支和贸易差额状况；

（6）本国与他国在经济、投资方面的合作情况；

（7）本国与他国的政治、外交关系；

（8）本国在世界经济、贸易制度中享有的权利与应尽的义务；

（9）各国政府领导人的经济思想与贸易理论。

第二节 世界各国对外贸易政策的基本类型及演变

一、对外贸易政策的基本类型

自国际贸易产生以来，各国在不同的历史阶段，由于不同的国情状况，其所制定的对外贸易政策也千差万别，呈现出不同的特点。但几百年来，各种不同的对外贸易政策基本上可归纳为 3 种基本类型：自由贸易政策、保护贸易政策和协调贸易政策。

（一）自由贸易政策

自由贸易政策是指国家取消对进出口贸易的限制和障碍，取消对本国进出口商品的各种特权和优惠，使商品自由地进出口，在国内外市场上自由竞争。

自由贸易政策产生于 18 世纪初的英国，是 18 世纪新生资产阶级“自由放任”思想在对外经济关系上的延伸，19 世纪到第一次世界大战前成为对外贸易的主流。两次世界大战期间，自由贸易政策首先被英国放弃。第二次世界大战后，贸易自由化政策成为发达国家起主导作用的贸易政策。1947 年《关贸总协定》生效、1995 年世界贸易组织建立，经济全球化进程加快，贸易自由化成为世界各国贸易政策的主流。所谓贸易自由化，是指降低政府对外贸（货物、服务与投资）的控制和直接干预，而代之以价格机制（如关税等）的调节，扩大服务市场的准入，取消对投资的限制。

（二）保护贸易政策

保护贸易政策是指国家采取各种措施限制进口，以保护本国的产业免受外国商品的竞争，并对本国的出口商品给予优待和补贴以鼓励出口。历史上，保护贸易政策基本上是经济欠发达国家或竞争力弱的国家崇尚的贸易政策。

保护贸易政策开始于西欧资本原始积累时期的重商主义，在资本主义自由竞争时期出现了美国和德国发展幼稚工业的保护贸易政策，在1929—1933年大危机后，演变为流行的超保护贸易政策。

需要说明的是，自由贸易政策与保护贸易政策是对外贸易政策的两种基本类型。其他类型的贸易政策都是在这两种形式和基础上演化而来的，是这两种政策类型的变形，任何一国其对外贸易政策都包含这两种成分，只是在不同历史时期，不同的国家其自由程度与保护程度不同。也就是说，完全意义上的自由贸易政策是不存在的，一国实行自由贸易政策并不意味着完全的自由。西方国家在标榜自由贸易的时候，总是或明或暗地对某些产业提供保护。实行保护贸易政策并不意味着一国就是紧闭大门，而是对某些商品的保护程度高一些，有些商品则低些，在保护国内生产者的同时又维持同世界市场的联系。

（三）协调贸易政策

协调贸易政策又称“管理贸易政策”，是指国家对内制定一系列的贸易政策、法规，加强对外贸易的管理，实现一国对外贸易的有秩序、健康的发展；对外通过谈判签订双边、区域及多边贸易条约或协定，协调与其他贸易伙伴在经济贸易方面的权利与义务。

协调贸易政策是20世纪80年代以来，在国际经济联系日益加强而新贸易保护主义重新抬头的双重背景下逐步形成的。在这种背景下，为了既保护本国市场，又不伤害国际贸易秩序，保证世界经济的正常发展，各国政府纷纷加强了对对外贸易的管理和协调，从而逐步形成了管理贸易政策或协调贸易政策。协调贸易政策是介于自由贸易政策和保护贸易政策之间的一种对外贸易政策，是一种协调和管理兼顾的国际贸易政策，是世界各国对外贸易政策发展的方向。

二、对外贸易政策的演变

由于各个时期资本主义经济发展的不同特点，其经济状况及在世界市场上所处地位不同，它们的对外贸易政策也因时、因地而异，并随经济发展的不同阶段而不断变化。

（一）重商主义贸易政策

重商主义是在15世纪到17世纪西欧资本主义生产方式准备时期，西欧各国普遍推行的贸易政策。重商主义的贸易政策与理论在历史上曾起过进步作用，它促进了资本的原始积累，推动了资本主义生产方式的建立与发展。

重商主义有早期和晚期之分，早期的重商主义被称为重金主义或“货币差额论”。其政策内容是：金银只许输入，不许输出；贸易上要求对外绝对多卖少买，最好只卖不买；要求保持国家对外收支顺差。

晚期重商主义提倡奖出限入，被称为“贸易差额论”。其政策内容是：课征保护关税，限制国外商品，尤其是奢侈品的进口；实行出口退税、津贴、禁止重要原料的出口、准许自由进口原料等措施，促进出口；通过《谷物法》等法令限制谷物的进口，鼓励外国技工移入，通过航海法案规定货物必须用本国船或原出口国船只装运，通过奖励人口生育来降低劳工成本等。

（二）自由贸易政策

进入17世纪以后，资本主义在西欧有了迅速的发展，资本的原始积累正在逐渐完成其历史使命而让位于资本主义的积累，产业资本在社会经济中不断扩大自己的阵地。英国的资产阶级革命和法国的资产阶级革命为其扫除了资本主义前进道路上的障碍。这些历史性的变革，必然要反映到经济思想上来，这就是重商主义的衰落和自由贸易理论兴起的原因。

英国是最早要求实行自由贸易的国家。英国于18世纪中叶开始进入产业革命，并最早完成了产业革命，成为“世界工厂”。一方面，它的商品成本低，质量好，不怕外国商品的竞争；另一方面，英国的工业也迫切需要国外市场，需从国外进口大量廉价的原材料。在这种状况下，重商主义的保护贸易政策便成为英国经济发展和工业资产阶级向外扩张的一大障碍。这时英国工业资产阶级便要求实行在世界市场上进行无限制的自由竞争和自由贸易的政策，他们要求其他国家向英国提供粮食、原料等，而由英国向它们提供工业制成品。因此，英国新兴的工业资产阶级迫切要求废除重商主义时代所制定的一些对外贸易政策与措施。

19世纪20年代，以伦敦和曼彻斯特为基地的英国工业资产阶级开展了一场大规模的自由贸易运动。运动的中心内容是废除《谷物法》。工业资产阶级经过不断的斗争，最后终于战胜地主、贵族阶级，使自由贸易政策逐步取得胜利。这一时期英国采取的自由贸易政策措施主要有：废除《谷物法》；逐步降低关税税率，减少纳税的商品数目和简化税法；取消对外贸易特权公司，对广大民营业开放外贸经营领域；废除《航海法》；殖民地可以向任何国家出口商品，也可以从任何国家进口商品；与法国签订《科伯登条约》等。自由贸易政策的实行大大刺激了英国对外贸易的发展，促进了英国经济的快速发展，使英国成为世界第一大贸易强国。

（三）保护贸易政策

西方资本主义国家并非同步地实行自由贸易政策。当产业革命在英、法两国深入发展时，欧洲、北美其他国家的经济还很不发达，资本主义工业还处于萌芽状态或正在成长时期。这些国家的资产阶级要求保护本国的幼稚工业，于是就实行了与英、法自由贸易政策相对立的保护贸易政策。

美国和德国是当时执行保护贸易政策的典型国家，这两个国家都是后起的“产业革命”的国家。美国倡导保护贸易政策的代表人物是首任财政部长汉密尔顿，德国倡导保护贸易政策的代表人物是经济学家李斯特，他提出了著名的保护幼稚工业的理论。李斯特提出，各国经济发展必须经历5个阶段：原始未开化时期、畜牧时期、农业时期、农工业时期、农工商业时期。在不同时期应实行不同的对外贸易政策。处于农业阶段的国家应实行自由贸易政策，由此会对进步产生一种强有力的外部刺激，以促进本国农业的发展，并培育工业化的基础。农工业阶段的国家，由于本国已有工业发展，但并未发展到能与外国产品相竞争的地步，所以要实行保护关税制度，使其免受外国产品的打击。而农工商业阶段的国家，由于国内工业产品已具备国际竞争能力，国外产品的竞争威胁已不存在，故应实行自由贸易政策，以享受自由贸易的最大利益，刺激国内产业进一步发展。根据李斯特的观察，英国处于农工商业时期，主张自由贸易是合情合理的，但它在发展历史上也曾实行过保护主义。而德国正处于农工业时期，因此要实行贸易保护主义政策，借助国家的力量促进生产力的发展。

（四）超保护贸易政策

19世纪末到第二次世界大战期间，资本主义处于垄断时期。垄断代替了自由竞争，成为一切社会经济生活的基础。此时，欧美各国相继进行了产业革命，工业得到迅速发展，世界市场的竞争开始变得激烈，1929—1933年的世界性经济危机，使市场矛盾进一步尖锐化。为了垄断国内市场和争夺国外市场，各国纷纷开始实行超保护贸易政策。

超保护贸易政策是一种侵略性的保护贸易政策，它同自由竞争时期的保护贸易政策相比，具有以下特点：

（1）保护的对象扩大了。超保护贸易政策不仅保护本国的幼稚工业，而且更多地保护国内高度发展或出现衰退的垄断工业。

（2）保护的目的变了。超保护贸易政策不再培养自由竞争的能力，而是巩固和加强对国内外市场的垄断。

（3）从保护转入进攻。第一次世界大战前的贸易保护主义是防御性地限制进口，超保护贸易政策是在垄断国内市场的基础上对国内外市场进行进攻性的扩张。

（4）保护的措施多样化。保护的措施不仅有关税措施，还有其他各种奖出限入的措施。

（5）组成货币集团，瓜分世界市场。1931年英国放弃金本位制度，引起统一的世界货币体系的瓦解，主要资本主义国家各自组成排他性的相互对立的货币集团。

（五）第二次世界大战后的贸易自由化政策

第二次世界大战后到20世纪70年代初，在世界政治经济力量中，美国的实力空前提高，强大的经济实力和膨胀的经济，使其需要打破当时发达国家所流行的高关税政策。日本和西欧为了经济的恢复也愿意彼此放松贸易壁垒，扩大出口。此外，国际分工进一步深化、资本国际化、跨国公司迅速兴起，迫切需要一个宽松的国际贸易环境。于是这一时期发达国家的对外贸易政策先后出现了贸易自由化倾向。所谓“贸易自由化”，就是指世界各国关税和非关税限制进出口措施不断减少。这时期“贸易自由化”表现在下述几个方面。

1. 关税的大幅度削减

在关贸总协定成员范围内大幅度地降低关税。1947年以来的八轮多边贸易谈判，使发达国家的平均进口最惠国税率从50%左右下降到5%左右。第二次世界大战后经济贸易集团的建立和发展，如欧共体，对内取消关税，对外通过谈判达成关税减让协议，使关税大幅度下降。通过普遍优惠制的实施，发达国家对来自发展中国家和地区的制成品和半制成品的进口给予普遍的、非歧视和非互惠的关税优惠。所有这些都使得关税税率得到大幅度的下降。

2. 非关税壁垒的减少和撤销

第二次世界大战后初期，各发达资本主义国家对许多进口商品实行严格的进口限制，随着经济的恢复和发展，这些国家都不同程度地放宽了进口商品数量的限制，增加“自由进口”的商品。后逐步放宽和取消外汇管制，实行货币的自由兑换，促进了贸易自由化的发展。

第二次世界大战后的贸易自由化是与各发达资本主义国家，特别是美国、西欧和日本的经济发展和跨国公司的迅猛增长及对外扩张的加强有着密切联系。美国是第二次世界大战后贸易自由化积极的倡导者与推行者。第二次世界大战后贸易自由化呈现出以下特点：

（1）从商品上看，工业制成品的贸易自由化超过农产品的贸易自由化。

（2）从国家来看，发达国家之间的贸易自由化超过它们对广大发展中国家的贸易自由化。

（3）区域性经济贸易集团内部的贸易自由化超过了集团对外的贸易自由化。

（六）新贸易保护主义政策

新贸易保护主义是相对于传统保护贸易而言的。20 世纪 70 年代以来，资本主义国家又经历了两次经济危机。20 世纪中后期，一些资本主义国家经济低速发展、失业率居高不下，市场问题日趋严重，各国纷纷采取保护贸易措施应对危机。进入 21 世纪不久，起源于美国的国际金融危机又使全球经济开始落入低谷。为了应对危机，美国率先扩大保护范围，创新保护手段，采取贸易保护主义的措施，各国纷纷效仿，致使新贸易保护主义得以蔓延和扩展。新贸易保护主义的主要表现是：

1. 利用 WTO 规则和国内法实行贸易保护

WTO 允许成员方利用其有关协议保护本国的利益，反击遭到的不公平待遇。这就为各国以“公平贸易”为借口实行贸易保护留下了空间。目前，保留本国经济自主性的要求不仅来自发达国家，而且还来自发展中国家。因此，采取与 WTO 不直接冲突的各种保护措施，已成为经济全球化过程中新贸易保护主义的普遍形态。

同时，现阶段由于各国对如何处理国际法与国内法的关系缺乏统一标准，如何对待已承诺的国际条约及其在国内的适用程度，各国仍存在一定差异。一些国家只执行符合自己国家利益的国际条约，很多时候将国内法凌驾于国际条约之上。如根据美国贸易法案中的“301”条款，美国可以对来自国外的“不公平”和“不合理”的贸易活动采取单边贸易制裁。

2. 形成区域贸易组织，保护成员国利益

通过“内外有别”的政策和集体谈判的方式，区域一体化组织在为成员方创造更有利贸易条件的同时，却往往对非成员方构成了歧视。区域一体化组织具有的这种排他性特征，实际上起到了对成员方进行贸易保护的作用。

3. 贸易保护手段多样化

首先，反倾销、反补贴、保障措施等传统保护手段仍被频繁应用。其次，非关税壁垒进一步加强。各种技术壁垒、绿色壁垒、贸易管理、知识产权保护、劳动标准等贸易壁垒花样翻新，应用范围更加广泛。发达国家利用自身在环保和科技方面的优势，制定更高的环保、技术、商品和劳工标准，以削弱发展中国家凭借低廉的劳动力成本而获得的出口竞争力。由于这些新型贸易保护手段具有良好的定向性、隐蔽性和灵活性，其中一些技术和环保方面的要求以提升技术水平、维护消费者利益为出发点，甚至可以视为中性的贸易标准，加之 WTO 对这些贸易措施应用的限制并不统一，因而，其保护效果更为突出，进一步加剧了世界范围内的贸易摩擦。

4. 制定战略性贸易政策

战略性贸易政策体系强调国际贸易中的国家利益，政府通过确立战略性产业（高技术产业），并对这些产业实行适当的保护和促进，使其在较短时间内形成国际竞争力。随着国际竞争的加剧，特别是发达国家在高技术领域的较量不断升级，战略性贸易政策被越来越多的发达国家和新兴工业化国家的政府所接受，成为新贸易保护主义的核心政策。

5. 被保护的商品不断增加

被保护的商品从传统产品、农产品转向高级工业品和劳务部门；从手套到针织内衣，从钢材到汽车、飞机等商品都列入保护。据估计，世界贸易中受非关税措施限制的部分从1974年的40%扩大到1980年的48%，1980年后这种限制进口的范围又进一步扩大了。

6. 贸易摩擦时有发生并进一步发展成贸易战

自1973年以来世界贸易摩擦频繁，并进一步激化为贸易战。当前，贸易战的形式和内容已非昔日所能比，如纺织品战、农产品战、钢铁战、汽车战、电视机战、电子计算机战等。

三、发展中国家的对外贸易政策

全世界众多发展中国家的经济发展水平相差悬殊，在不同时期内措施更是各不相同，因而并无整齐划一的贸易政策可言。由于发展中国家在传统的国际分工关系中，始终是以初级产品的生产参与国际市场，而相比于工业制成品，初级产品贸易往往不利于加速本国工业化、扭转本国的产品结构和贸易结构。这就使发展中国家必须在加速工业化的同时，面对国外产品的竞争，科学合理地选择自己的贸易政策和贸易发展道路。综观第二次世界大战以后多数发展中国家所实施的对外贸易政策，大致有以下5种最基本的贸易政策。

（一）初级产品出口政策

初级产品出口政策是指通过出口粮食、农产品、矿物原料、燃料等初级产品来换取外汇的政策。这是国家经济发展水平较低时常采取的一种对外贸易政策。采取这种政策的大多数是非洲国家，初级产品出口占出口总额的比重达90%以上，通过初级产品赚取外汇，带动技术引进，促进经济发展。但是，由于发达国家总是设法压低初级产品价格，提高工业制成品价格，使出口国收入日益受到损害，因此，这种政策在经济发展中的作用越来越小。

（二）进口替代政策

进口替代政策就是一国采取关税、进口数量限制和外汇管制等严格的措施，限制某些重要的工业品进口，扶持和保护本国有关工业品的政策。实施这项政策的目的在于用国内生产的工业品替代进口产品，促进民族工业的发展。这种政策的出台与第二次世界大战后发展中国家的贸易条件恶化有关。战后，由于出口产品比价下降，这就迫使发展中国家必须以更多的出口商品换取进口制成品，于是发展中国家的发展民族工业的进口替代政策应运而生。

（三）出口替代政策

出口替代政策是指一国采取各种措施来发展出口工业，用制成品和半制成品的出口代替初级产品出口，增加外汇收入，带动工业体系的建立和经济的持续增长。20世纪60年代，东南亚一些国家和地区最先转向出口替代政策。出口替代政策对一些发展中国家和地区的工业化和工业制成品的出口起到了一定的积极作用。在它们的示范带动下，许多国家和地区也相继效仿。但这一政策也产生了不少问题，由于该政策的主要目标是立足于世界市场，因而忽视国内市场，受国际经济形势的影响较大。

（四）进口替代和出口替代相结合的政策

进口替代和出口替代相结合的政策，就是在积极扩大国内市场需求的基础上，根据国内各个工业部门发展的不同情况，采取不同的对外措施。对发展水平较低的工业部门实行进口替代政策，对发展水平较高的工业部门实行出口替代政策；在加强替代的广度和深度的同时，不断扩大对外开放，鼓励扩大出口。

（五）横向联合政策

20 世纪 60 年代以后，发展中国家采取了一系列重大联合行动，如成立“77 国集团”“东盟”等，提出建立国际经济新秩序的战略目标，并在世界经济组织和国际经济机构里联合行动等。实行横向联合，可以运用共同的力量来同发达国家相抗衡，以维护和扩大本国的利益，甚至可以通过集体力量来提高整个发展中国家在世界经济中的地位。

第三节 中国的对外贸易政策

一、中国的对外贸易政策回顾

根据经济发展阶段及面临的形势，中国的对外贸易政策可划分为以下 4 个阶段。

（一）新中国成立后至改革开放前的国家统制型保护贸易政策（1949—1978 年）

一方面由于新中国刚刚成立，经济落后，生产力低下，为了进行社会主义建设，发展国内民族工业，需要实行贸易保护主义政策；另一方面由于新中国成立后，帝国主义对新中国实行“封锁”和“禁运”，也迫使我国采取国内和国外市场割断的政策，并坚持与主要社会主义国家进行贸易。中国人民政治协商会议《共同纲领》第 37 条明确规定：“我国实行对外贸易管制，并采取保护贸易政策。”苏联称之为“专营制”，我国叫“对外贸易管制”。

从新中国成立后到 1978 年改革开放这段时期，虽然在不同的历史阶段，我国对外贸易政策、体制也有些变化，但总的说来是实行计划经济体制下的保护贸易政策。这一时期我国对外贸易政策的特点主要表现在以下几点：

（1）实行对外贸易专营，对外贸易管理体制高度集中，以行政管理为主。

（2）政企合一。

（3）在调节进出口贸易上主要靠计划、数量限制等直接干预，关税不起主要作用。

（4）外汇管制严格，人民币汇率一直高估。

（5）不参与世界性经济贸易组织，只搞双边贸易等。

这种外贸政策与管理体制在当时历史情况下对集中资源、扩大出口、统一对外、粉碎帝国主义的封锁禁运、促进社会主义经济建设的发展等方面起到积极作用。但这种外贸体制也存在着独家经营、统得过死、责权利不明确、吃“大锅饭”、不利调动积极性、产销脱节等弊端。到了 20 世纪 70 年代末，随着国内外形势的发展和我国对外开放政策的实行，对外贸易往来和经济合作迅速发展，原有外贸体制的弊端日益显现出来，越来越不适应我国对外贸易和国内经济发展的需要，中国对外贸易政策与体制的调整和改革势在必行。

（二）改革开放后国家统制型开放式保护贸易政策（1978—1992 年）

1978 年 12 月，党的十一届三中全会明确了对外贸易在中国经济发展中的战略地位和指导思想。经济体制从严格计划经济体制转向商品经济体制，使得中国对外贸易政策开始变化。与改革开放前相比，这一阶段的对外贸易政策更注重奖出与限入的结合，实行的是有条件的、动态的贸易保护手段，因此称此阶段的对外贸易政策为国家统制下的开放式保护贸易政策。这一时期的中国对外贸易政策是和外贸体制改革紧密联系在一起的，具体可分为两个阶段。

1. 外贸体制改革的探索阶段（1979—1987 年）

这一阶段改革的措施主要有：下放外贸经营权，增设对外贸易口岸，广开外贸渠道，改革高度集中的经营体制；简化外贸计划内容，改革单一指令性计划管理，实行指令性、指导性和市场调节相结合；开展工贸、技贸结合的试点工作；建立和完善对外贸易管理。

2. 对外贸易体制改革的深化阶段（1988—1992 年）

这一阶段国务院在总结试点的基础上，在外贸企业中推行承包责任制。对外贸易承包经营责任制要求各省、自治区、直辖市、计划单列市人民政府和对外贸易专业总公司、各工贸总公司分别向中央承包出口创汇、上缴外汇和经济效益指标，承包指标一定 3 年不变。各外贸专业总公司和部分工贸总公司的地方分支机构与总公司财务脱钩，同时与地方财政挂钩，把承包落实到外贸经营企业和出口生产企业，盈亏由各承包单位自负。完成承包指标以内的外汇收入，大部分上缴国家，小部分留给地方和企业；超过承包指标的外汇收入，大部分留给地方和企业，小部分上缴国家。为落实外贸承包经营责任制，国家采取了放宽外汇管制，完善出口退税制度，运用价格、税收、出口信贷等经济杠杆调控对外贸易等一系列措施。

1991—1992 年的新一轮外贸承包经营责任制是在调整汇率的基础上，取消国家对外贸出口的财政补贴，各省、自治区、直辖市及计划单列市人民政府和各外贸总公司及其他外贸企业向国家承包出口总额、出口收汇和上缴中央外汇额度任务。同时，改变外汇留成办法，将按地区实行不同比例留成改成按大类商品实行统一比例留成。外贸企业实行没有财政补贴的自负盈亏，这是向社会主义市场经济体制迈进的一个重要步骤。

（三）加入 WTO 前有贸易自由化倾向的保护贸易政策（1992—2001 年）

1992 年 10 月后中国进入社会主义市场经济阶段，对外贸易政策开始进行广泛的调整。涉及进口政策调整的有：调整关税税则，降低了 225 个税目的进口税率，1996 年中国的关税总水平已经下降到 23%；减少、规范非关税措施，实行单一的有管理的浮动汇率制度，大量取消配额许可证和进口控制措施；依据 GATT/WTO 的规则对中国的涉外法律体系进行完善等。涉及出口政策调整的有：采取有管理的浮动汇率制度；成立中国进出口银行；继续执行出口退税政策；成立各类商会和协会，并积极组织和参与国际性贸易博览会和展览会等；发展出口援助等。

1994 年是中国建立社会主义市场经济体制关键的一年，进行了财政、金融、投资、外贸体制和国有资产管理等一系列方面的重大改革举措。中国外贸体制改革的目标是建立适应国际经济通行规则的运行机制，坚持统一政策、放开经营、平等竞争、自负盈亏、工贸结合、推行代理制的改革方向。外贸体制改革的主要内容有：汇率并轨，取消外贸承包经营责任制；完善外贸的宏观调控机制；改革外贸经营体制，加速外贸企业经营机制的转换，加快赋予符合条件的生产企业和科研单位进出口权等；加强外贸协调服务机制，使政府和商会等民间机构更好地为外贸服务。

（四）加入 WTO 后规范公平与保护并存的国际贸易政策（2001 年以后）

2001 年 12 月中国正式成为世界贸易组织成员，为履行入世的承诺，以及适应新的国际经济环境，中国的对外贸易政策出现了大幅度的调整。促进对外贸易发展，构造有利于经济均衡发展的产业结构，实现产业的持续升级，推动中国经济在适度内外均衡基础之上的高速发展成为我国对外贸易的政策目标。

自 1996 年开始，机电产品的出口就已经占据中国对外贸易商品结构的第一位，但主要的出口方式是加工贸易或补偿贸易，而且三资企业在进出口总额中所占的比重在逐年上升，再加上出口产品的附加值仍然不高，所以对外贸易政策的选择应倾向于出口商品结构的优化或者国内产业结构的优化。

中国主要的贸易对象是美国、日本、欧盟、东盟和韩国，吸引的外商直接投资也主要来自这些国家或地区。因此，中国对外贸易政策必须根据这些国家或地区的政治、经济形势的变动而有所调整。如与东盟国家签订自由贸易区意向协定，积极展开湄公河流域经济合作等。中国加入世界贸易组织，固然能够给中国经济发展和中国企业的成长带来相当大的好处，但是获得好处的同时必须付出一定的代价。如中国议定书中特别产品保障措施条款、非市场经济国家地位、对贸易政策审议等会使得中国的对外贸易政策出现较大幅度的调整。总的来说，中国对外贸易政策的趋向应该是依据 WTO 的基本原则以及例外条款，以国内经济发展要求为基础，在兼顾区域经济发展的利益上进行完善，扩大企业外贸经营权，倾向于开放型的公平与保护并存的贸易政策。

二、中国改革开放以来对外贸易体制的变化

（一）由高度集中到各类型的外贸企业多渠道经营

开放口岸由改革开放前沿海的广州、上海、青岛、天津、大连等少数十几个口岸，到 1993 年中国已开放的海、陆、空一类口岸有 180 多个。改革开放前，有对外贸易经营权的为国家外贸管理部门直属十多个对外贸易总公司和口岸的部分分公司，到 1993 年有外贸经营权的企业近 4 000 家，有外贸自营权的生产企业 2 000 多家，外商投资企业近 16 万家。

（二）计划管理范围大大缩小，市场调节作用增强

改革开放前，对外贸易全部实行指令性计划，计划所列品种约 3 000 种；1993 年计划列名的出口商品减少为 38 种，进口商品减少为 11 种，其余商品大部分放开经营。计划所列的商品主要是关系到国计民生的大宗进出口商品。

（三）取消国家对出口的财政补贴

由企业按国际通行做法实行自主经营，自负盈亏。我国曾对出口商品予以少量的补贴，1991 年外贸体制改革取消了国家对出口的财政补贴，由企业自负盈亏。

（四）经济手段逐步成为进出口的宏观调节手段

我国从 1991 年起主动降低 265 种进口商品关税税率，1992 年 4 月 1 日取消进口商品

的调节税，1992 年 12 月 31 日降低 3 371 种进口商品关税税率，关税总体水平下降 7.3%；1993 年 12 月 31 日又降低 2 998 种进口商品关税税率，降幅为 8.8%，1996 年 4 月 1 日起又降低了 4 000 种税目进口商品关税税率，降幅为 30%，同时取消了 173 种进口商品配额许可证的管理。1994 年汇率经数次调整后实现汇率并轨。与此同时，对进口贸易的直接行政干预也不断减少。商检、卫生检疫、动植物检疫都在向关贸总协定的原则靠拢。

（五）增加了外贸政策与管理的透明度和全国统一性

中国的外贸管理已有相当的透明度，由国家制定的涉外经济法规超过 500 个，进出口关税的调整、许可证管理及申领程序等都在报刊上公布。我国外贸政策与管理也随着我国社会主义市场经济体制的建立，在全国实行了统一政策，鼓励各地、各外贸企业平等竞争。

三、新时期中国国际贸易政策选择

根据中国加入 WTO 以后面临的新形势和外贸可持续发展理论，新时期中国的对外贸易政策的主要内容有：推行出口导向政策；大力开发国内需求；推行进口替代政策；继续完善市场多元化、以质取胜、大经贸、科技兴贸和走出去五大外贸战略。

（一）推行出口导向政策

以静态比较优势为基础，以动态比较优势为主导，推行出口导向政策。这主要适用于机电产品和纺织服装产品。继续鼓励机电和纺织服装产品适当出口，并鼓励有条件的企业加强技术创新，提高产品档次，创立名牌，提高产品的附加值。

（二）大力开发国内需求

国际金融危机使得世界经济发展严重受挫，市场需求不足，外贸订单下降，这使得不少外向型企业面临困难。同时由于公众对未来预期的不乐观、社会保障制度的不健全等原因，中国国内需求不足。在这种情况下，更要大力开发国内需求，采取措施促进和扩大就业，进一步放宽各类政策，鼓励自主创业并给予税费方面的优惠；同时，鼓励企业扩大投资，完善社会保障制度，建立健全多层次社会保障体系，改进筹资方式和营运机制，保证社会保障基金的平稳运行和有效积累。

（三）推行进口替代政策

在遵守 WTO 规则的基础上，推行进口替代政策，在一定期限内给予潜在的战略性的产业适当帮助，充分利用我国优势，发展具有自主知识产权的高新技术、集成电路、软件和部分资本密集型产业（如化工、航空航天）、先进技术装备等替代型产业，打破国外封锁。

（四）继续完善中国外贸已有的五大战略

所谓“五大战略”，是指 20 世纪 90 年代我国对外贸易的市场多元化、以质取胜、大经贸、科技兴贸和走出去五大战略，它们在很大程度上推进了当时中国外贸的发展。尽管目前中国外贸发展环境发生了巨变，但五大战略仍有其合理性，我们应该适应形势发展的要求，对其加以发展和完善。

1. 市场多元化战略

市场多元化战略包括三个层次的内容：首先，继续重视开拓发达国家（地区）市场，但要注意均衡。其次，鼓励开拓贸易环境较好、市场潜力巨大或战略前景较好的发展中国家市场。最后，关注暂不成熟的市场。我国对外贸易发展在今后一段时间应保留并扩大市场多元化战略的内涵，应从过去市场过于集中转变为扩大总体市场、改善市场结构。建立市场开拓奖励制度，鼓励企业开拓第二和第三类市场。如给予首先开拓该市场的企业在一定时间里的出口专营权及相应的出口代理权。对于中国外贸企业不太了解的地区，可以在政府的推动下召开双边混委会，探讨开展互利合作的新途径和新方式，调查和评估进口国当地国情、政情、民情、社情和商情。鼓励企业在同等条件下扩大向对中国有顺差国家的出口。

2. 以质取胜战略

以质取胜战略，即鼓励企业在进行出口贸易时，在保证质量、提升产品附加值的基础上，争取以拥有自主知识产权品牌产品出口，从而吸引国外进口商和消费者形成忠诚于本品牌的出口战略。品牌战略是以质取胜战略的子战略。要研究制定有利于企业出口品牌成长的五大政策，即品牌评价机制、资金融通支持政策、品牌宣传促进政策、技术研发创新鼓励制度、品牌商品出口便利和保护制度。对高科技产品、主打出口产品（主要指机电产品）、具有竞争优势的传统出口产品（主要指轻工业产品、纺织品和一部分农产品）等三类商品和北美、欧洲、东南亚、中东北非市场等四大市场作为战略重点予以推动。

3. 大经贸战略

大经贸战略即国家在引导对外贸易发展的过程中，扩大“大经贸”战略的内涵和外延，把对外贸易发展延伸到吸引外资、对外投资、国际经济技术交流与合作等各方面，使之向“大商务”方向发展，同时在“科技兴贸”战略内涵中增加高新技术产品进口、发展服务贸易、培育新型贸易方式、支持企业开展研发活动等内容。

4. 科技兴贸战略

科技兴贸战略主要包括两个方面内容：一是大力推动高新技术产品出口，在我国优势领域培育一批国际竞争力强、附加值高、出口规模较大的高新技术出口产品和企业；二是运用高新技术成果改造传统出口产业，提高传统出口产品的技术含量和附加值。选择出口额最大的机电产品和纺织品作为高新技术改造传统产业重点，初步完成我国出口商品结构由以低附加值、低技术含量产品为主向以高新技术产品为主的转变。科技兴贸战略是为了顺应经济、科技全球化和知识经济蓬勃兴起的潮流，加快我国由贸易大国向贸易强国的转变步伐而提出的，对我国新时期对外贸易发展有着重要意义。

5. 走出去战略

走出去战略又称国际化经营战略，是指中国企业充分利用国内和国外“两个市场、两种资源”，通过对外直接投资、对外工程承包、对外劳务合作等形式积极参与国际竞争与合作，实现我国经济可持续发展的现代化强国战略。21 世纪初期，“十五”计划开始，我国启动了“走出去”战略，鼓励和支持有比较优势的企业对外投资，带动商品和劳务出口，打造有实力的跨国企业和著名品牌。这一战略的提出和实施使中国企业对外投资在短短的几年中实现了跨越式发展。在经济政策导向不断向好的发展过程，中国“走出去”企业已经走上快速发展之路，“走出去”已成为我国对外开放新阶段的重大战略举措。

本章小结

本章介绍了国际贸易政策的基本含义、构成及制定国际贸易政策需考虑的因素，分析了国际贸易政策的基本类型、保护贸易政策、超保护贸易政策、贸易自由化政策和新贸易保护主义政策的演变以及中国的外贸政策演变和新时期中国外贸政策选择方向。目的是使学生掌握国际贸易政策相关知识，为学习下一章打好基础。

思考练习

1. 简述国际贸易政策的基本含义及类型。
2. 什么是保护贸易政策？什么是自由贸易政策？
3. 新贸易保护主义的主要表现有哪些？
4. 简述新时期中国国际贸易政策选择方向。

第四章 国际贸易措施

学习要点

1. 了解关税措施的含义、特征及作用，掌握关税的种类及关税的计算方法；
2. 了解非关税措施的基本概念、非关税措施对国际贸易的影响，掌握主要非关税措施的种类与特点；
3. 了解出口促进措施和出口管制的种类，掌握出口促进措施的目的及形式。

引言

关税和非关税是国际贸易政策中最古老的措施，长期以来一直是世界各国最主要的国际贸易政策措施之一。早在欧洲古希腊雅典时代就出现了关税，到了资本主义社会，关税制度普遍建立，并一直延续到今天。进入21世纪，非关税措施花样百出，对国际贸易的影响越来越大。关税和非关税措施已经成为评价一国国际贸易政策的重要标准和开展国际贸易活动的重要手段。

第一节　关税措施

一、关税概述

（一）关税的定义

关税（Customs）是指进出口商品经过一国关境时，由海关代表国家向进出口商征收的一种赋税。一般而言，一国的关境与国境是一致的。但是，当一国境内设有自由港、自由贸易区、保税区和出口加工区时，该国的关境小于国境；当一些国家组成关税同盟时，关境大于国境。

关税的征收是通过海关执行的。海关是一国政府设在关境上的行政管理机构。它的任务是根据本国政府制定的进出口政策、法令和有关规定，对进出口商品、货币、金银、行李、邮件、运输工具等进行监督和管理，征收关税，进行罚款，查禁走私物，临时保管通关货物和统计进出口商品等。

（二）关税的主要特点

1. 关税的税收主体和客体分别是进出口商和进出口货物

税收主体也称课税主体，即纳税人，指负担纳税的自然人或法人；税收客体也称课税客体，指课税的对象。关税的税收主体是本国进出口商；关税的税收客体是进出口货物。

2. 关税是一种间接税

关税属于间接税，因为关税主要是对进出口商品征税，其税负可以由进出口商垫付税款，然后把它作为成本的一部分加在货物价格上，在货物出售给买方时收回这笔垫款。这样，关税负担最后转嫁给买方或消费者承担。

3. 关税具有强制性、无偿性和固定性

强制性是指关税是凭借法律的规定强制征收的，凡要交税的，都要按照法律规定无条件地履行自己的义务。无偿性是指海关征收的关税都是国家向进出口商无偿取得的国库收入，国家不需要付出任何代价，也不必把税款直接归还给纳税人。固定性是指国家事先规定一个关税的征收比例或征税数额，征纳双方必须共同遵守执行，不得随意变化和减免。

4. 关税具有涉外性，是对外贸易政策的重要手段

关税的种类与税率高低直接影响国际贸易价格，因此关税经常被主权国家运用为对外政治、经济斗争的手段。

（三）关税的作用

1. 关税的积极作用

（1）增加财政收入。这是关税出现之初的基本职能，随着现代经济的发展，税源不断增加，而且第二次世界大战之后各国关税水平受到 GATT 的约束而不断下降，关税增加财政收入的作用相对下降。

（2）保护国内的产业和市场。这是当今各国运用关税政策的主要目的。各国普遍设置

高关税阻止或减少进口以保护国内幼稚产业的发展，同时又利用关税减免以鼓励某些短缺资源进口，促进本国某些产业特别是出口导向型产业的发展。

（3）调节贸易差额，平衡国际收支。一国国际收支中商品贸易占很大比重，故各国往往通过调节关税来调节贸易差额，平衡国际收支。当贸易逆差过大时，提高关税以限制进口；当贸易顺差过大时，减免关税以鼓励进口。

（4）调节进出口商品结构。一国通过调整关税结构来调节本国的进出口商品结构，对于国内需求旺盛的商品通过减免关税的方式鼓励进口，或通过征收高额关税的方式限制出口；对于出口导向型的产业通过减免关税的方式鼓励出口，通过征收高额关税的方式限制与国内产业具有竞争性的产品进口。

2. 关税的消极作用

关税提高了进口商品的价格并限制了进口国消费者的消费。长期采用过高的关税保护国内产业，会使该产业养成“惰性”，不努力改进技术去提高生产效率与产品质量，从而阻碍生产力发展。另外，过高的关税也是走私的客观根源，造成财政收入减少的同时对国内市场也会造成冲击。过高的关税也人为地扭曲了通过国际分工进行的全球资源合理配置，形成了全球资源配置的不经济性。

二、关税的种类

关税种类繁多，主要可分为以下几类。

（一）进口税

进口税（Import Duties）是进口国的海关在外国商品输入时对本国进口商所征收的正常关税。这种进口税在外国货物直接进入关境或国境时征收，或者外国货物由自由港、自由贸易区或海关保税仓库等提出运往进口国的国内市场销售，在办理海关手续时征收。进口税按税率的征收幅度可分为最惠国税率、普通税率、特惠税率和普惠制税率 4 种。

1. 最惠国税率和普通税率

最惠国税率适用于与该国签订有最惠国待遇条款的贸易协定的国家或地区所进口的商品，是世贸组织成员之间在正常贸易下必须给予的关税待遇。普通税率适用于与该国没有签订这种贸易协定的国家或地区所进口的商品。最惠国税率比普通税率低，二者税率差幅往往很大。目前，普通税率的平均水平在 35%左右，最惠国税率的平均水平在 3%左右。

2. 特惠税率

特惠税率又称优惠税率，它是对从某个国家或地区进口的全部商品或部分商品，给予特别优惠的低关税或免税待遇，其他国家或地区不得根据最惠国待遇原则要求享受这种优惠待遇。特惠税率有的是互惠的，有的是非互惠的。如英联邦特惠制，它是英国确保获取廉价原料、食品和销售其工业品，排挤其他国家侵入英国殖民地市场，垄断其殖民地附属国市场的有力工具。

3. 普惠制税率

普惠制是普遍优惠制（Generalized System of Preferences，GSP）的简称，是发达国家给予发展中国家出口的制成品和半制成品（包括某些初级产品）普遍的、非歧视的、非互惠的一种关税优惠制度，税率一般比最惠国税率低约 1/3。普遍性、非歧视性和非互惠性是普惠制的三项基本原则。普遍性是指发达国家对所有发展中国家出口的制成品和半制成品给予普遍的关税优惠待遇；非歧视性是指应使所有发展中国家都无歧视、无例外地享受普惠制待遇；非互惠性即非对等性，是指发达国家应单方面给予发展中国家做出特殊的关税减让而不要求发展中国家对发达国家给予对等待遇。普惠制的目的是通过给惠国对受惠国的受惠商品给予减、免关税优惠待遇，使发展中的受惠国增加出口收益，促进其工业化水平的提高，加速国民经济的增长。

普惠制是发展中国家在联合国贸易与发展会议上进行了长期斗争，在 1968 年通过建立普惠制决议之后取得的。在该决议中，发达国家承诺对从发展中国家或地区输入的商品，特别是制成品和半制成品，给予普遍的、非歧视的和非互惠的优惠关税待遇。至今，世界上 40 个给惠国是：欧盟 27 国（不含克罗地亚）、瑞士、挪威、日本、加拿大、美国、澳大利亚、新西兰、俄罗斯、白俄罗斯、乌克兰、哈萨克斯坦、土耳其和列支敦士登；受惠国和地区有 190 多个。

实行普惠制的国家，在提供普惠税待遇时，都做了种种规定。各发达国家（即给惠国）分别制定了各自的普惠制实施方案，而欧盟作为一个国家集团给出了共同的普惠制方案。因此，目前全世界共有 16 个普惠制方案。从具体内容看，各方案不尽一致，但大多包括了给惠商品范围、受惠国家和地区、关税削减幅度、保护措施、原产地规则、普惠制的有效期 6 个方面。

（1）给惠商品范围。

一般而言，农产品的给惠商品较少，工业制成品或半制成品只有列入普惠制方案的给惠商品清单，才能享受普惠制待遇。一些敏感性商品，如纺织品、服装、鞋类以及某些皮制品、石油制品等常被排除在给惠商品之外或受到一定限额的限制。例如，欧盟 1994 年 12 月 31 日颁布的对工业产品的新普惠制法规（该法规于 1995 年 1 月 1 日开始执行），将工业品按敏感程度分为 5 类，并分别给予不同的优惠税率。具体地说，对第 1 类最敏感产品，即所有的纺织品，征收正常关税的 85%；对第 2 类敏感产品，征收正常关税的 70%；对第 3 类半敏感产品，征收正常关税的 35%；对第 4 类不敏感产品，关税全免；而对第 5 类部分初级工业产品，不给予优惠税率，征收正常关税。又如美国的普惠制方案规定，纺织品协议项下的纺织品和服装、手表、敏感性电子产品、敏感性钢铁产品、敏感性玻璃制品或半制成品及鞋类不能享受普惠制待遇。

（2）受惠国家和地区。

发展中国家能否成为普惠制方案的受惠国是由给惠国单方面确定的。因此，各普惠制方案大都有违普惠制的三项基本原则。各给惠国从各自的政治、经济利益出发，制定了不同的标准要求，限制受惠国家和地区的范围。例如，美国就曾以我国不是关贸总协定成员为由拒绝把普惠制待遇给予我国的出口产品。

（3）给惠商品的关税削减幅度。

给惠商品的减税幅度取决于最惠国税率与普惠制税率之间的差额，即普惠制减税幅度＝最惠国税率－普惠制税率，并且减税幅度与给惠商品的敏感度密切相关。一般来说，农产品减税幅度小，工业品减税幅度大，甚至免税。例如，日本对给惠的农产品实行优惠关税，而对给惠的工业品除其中的“选择性产品”给予最惠国税率的 50%优惠外，其余全都免税。

（4）保护措施。

各给惠国为了保护本国生产和国内市场，从自身利益出发，均在各自的普惠制方案中制定了程度不同的保护措施。保护措施主要表现在例外条款、预定限额及毕业条款 3 个方面。

所谓例外条款（Escape Clause），是指当给惠国认为从受惠国优惠进口的某项产品的数量，增加到对其本国同类产品或有竞争关系的商品的生产者造成或将造成严重损害时，给惠国保留对该产品完全取消或部分取消关税优惠待遇的权利。很明显，例外条款表明，发达国家给予发展中国家普惠待遇的前提条件是其国内市场不会因给惠而受到干扰。例如，加拿大曾对橡胶鞋和彩电的进口引用例外条款，对来自受惠国的这两种商品停止使用普惠制税率，而恢复按最惠国税率征收进口税。给惠国常常引用例外条款对农产品进行保护。

所谓预定限额（Prior Limitation），是指给惠国根据本国和受惠国的经济发展水平及贸易状况，预先规定一定时期内（通常为一年）某项产品的关税优惠进口限额，达到这个额度后，就停止或取消给予的关税优惠待遇，而按最惠国税率征税。给惠国通常引用预定限额对工业产品的进口进行控制。

所谓毕业条款（Graduation Clause），是指给惠国以某些发展中国家或地区经济发展，其产品已能适应国际竞争而不再需要给予优惠待遇和帮助为由，单方面取消这些国家或产品的普惠制待遇。毕业标准可分为国家毕业和产品毕业两种，由各给惠国自行确定。例如，美国规定，一国人均收入超过 8 500 美元或某项产品出口占美国进口的 50%即为毕业。美国自 1981 年 4 月 1 日开始启用毕业条款，至 1988 年年底，终止了 16 个国家的受惠国地位，免除了来自 141 个发展中国家和地区 3 000 多种进口商品的普惠制待遇。

毕业条款是一项最敏感、最严格的保护措施，其实施会对相关国家的出口贸易产生很大的影响。具体地说，“已毕业”的国家和产品因为不能再享受优惠待遇，一方面不得不在进口国市场上与发达国家同类产品竞争，另一方面又面临其他发展中国家乘势取而代之打入进口国市场的严峻挑战。以亚洲“四小龙”为例，1987 年它们享受美国普惠制的受惠额占美国所给全部受惠额的 60%，达到美国规定的“毕业”标准。于是美国政府 1988 年 1 月宣布，亚洲“四小龙”已从不发达国家和地区中“毕业”，从 1989 年起取消其向美国出口商品所享受的普惠制待遇。这样，亚洲“四小龙”被迫在不享受普惠待遇的情况下同美国市场上的德国、日本等发达国家同类产品竞争。同时，泰国、马来西亚、印度尼西亚、菲律宾等国从中获益甚多，向美国市场扩大出口。

毕业条款同样也困扰着中国产品的出口。在欧盟新的普惠制方案中，被取消普惠制待遇的中国产品涉及《协调制度》37 个章节，共七大类商品，占了近 41%。从 1993 年的出口金额看，这七大类产品对欧盟出口为 177 亿欧洲货币单位，占中国对欧盟总出口的 60%。可见，欧盟新普惠制方案的毕业条款对中国向欧盟出口产生了很大的消极影响。

（5）原产地规则。

为了确保普惠制待遇只给予发展中国家和地区生产和制造的产品，各给惠国制定了详细、严格的原产地规则。原产地规则是衡量受惠国出口产品能否享受给惠国给予减免关税待遇的标准。原产地规则一般包括 3 个部分：原产地标准、直接运输规则和书面证明书。

所谓原产地标准（Origin Criteria），是指只有完全由受惠国生产或制造的产品，或者进口原料、部件在受惠国经过实质性改变而成为另一种不同性质的商品，才能作为受惠国的原产品享受普惠制待遇。

所谓直接运输规则（Rule of Direct Consignment），是指受惠国原产品必须从出口受惠国直接运至进口给惠国。制定这项规则的主要目的是避免在运输途中可能进行的再加工或换包。但由于地理或运输等原因确实不可能直接运输时，允许货物经过他国领土运转，条件是货物必须始终处于过境国海关的监管下，未投入当地市场销售或再加工。

所谓书面证明书（Documentary Evidence），是指受惠国必须向给惠国提供由出口受惠国政府授权的签证机构签发的普惠制原产地证书，作为享受普惠制减免关税优惠待遇的有效凭证。

（6）普惠制的有效期。

普惠制的实施期限为 10 年，经联合国贸易发展会议全面审议后可延长。目前正处于普惠制第 4 个实施期。普惠制在实施 40 多年来，确实对发展中国家的出口起到了一定的积极作用。但由于各给惠国在提供关税优惠的同时，又制定了种种烦琐的规定和严厉的限制措施，使得建立普惠制的预期目标还没有真正达到，广大发展中国家尚需为此继续斗争。

（二）出口税

出口税（Export Duty）是出口国家的海关对本国产品输往国外时，对出口商所征收的关税。目前大多数国家对绝大多数出口商品都不征收出口税。因为征收这种税势必会提高本国商品在国际市场上的销售价格，降低商品的竞争能力，不利于扩大出口。目前，征收出口税的国家主要是发展中国家。它们征收出口税的目的，一是为了增加财政收入，二是为了保证本国的生产或本国市场的供给。

（三）过境税

过境税（Transit Duty）是对途经本国关境，最终目的地为他国的商品征收的关税。过境税盛行于资本主义发展的初期，交通运输还不是很发达的时候。后来，由于交通运输事业的发展，各国在货运方面产生了激烈的竞争。同时，过境货物对本国生产和市场没有什么影响。因此，19 世纪后半期许多国家都相继废止了过境税。

第二次世界大战以后，大多数国家都不征收过境税。《关贸总协定》第 5 条也曾明文规定："缔约方对通过其领土的过境运输，不应受到不必要的耽延或限制，并应对它免征关税、过境税或有关过境的其他费用。但运输费用以及相当于因过境而支出的行政费用或提供服务成本的费用，不在此限。"目前大多数国家在外国商品通过其领土时都只征收少量的准许费、印花费、登记费和统计费等。

（四）进口附加税

进口附加税（Import Surtaxes）是对进口商品，除征收一般进口税（正税）外，根据某种目的再加征的一种附加关税，通常是一种限制进口的临时性措施。其目的主要是：应付国际收支危机，维持进出口平衡，防止外国商品低价倾销，对某个国家实行歧视或报复政策，故进口附加税又叫"特别关税"。

进口附加税主要有以下几种。

1. 反贴补税

反贴补税（Counter-vailing Duty）又称抵消税或补偿税，它是对直接的或间接的接受任何奖金或补贴的外国商品进口所征收的一种进口附加税。凡进口商品在生产、制造、加工、买卖、输出过程中所接受的直接的或间接的奖金、贴补，都构成征收反贴补税的条件，不管给予这种奖金或贴补是来自它们的政府，还是来自垄断组织或同业公会。反贴补税的税额一般按奖金或贴补的数额征收，征收这种税的目的在于增加进口商品的价格，抵消其所享受的贴补金额，削弱其竞争能力，使它不能在进口国的市场上进行低价竞争。

GATT 有关反贴补税规定：贴补的后果会对国内某项已建的工业造成重大损害或产生重大威胁，或对国内某一工业的新建造成严重阻碍，才能征收反贴补税；反贴补税的征收不得超过“贴补数额”；对于受到贴补的倾销商品，进口国不得同时对它既征收反倾销税又征收反贴补税；在某些例外情况下，如果延迟将会造成难以补救的损害，进口国可在未经缔约方全体事前批准的情况下，征收反贴补税，但应立即向缔约方全体报告，如未获批准，这种反贴补税应立即予以撤销；对产品在原产国、输出国所征的捐税，在出口时退还或因出口而免税，进口国对这种退税或免税不得征收反贴补税；对初级产品给予贴补以维持或稳定其价格而建立的制度，如符合该项条件，不应作为造成了重大损害来处理。

2. 反倾销税

反倾销税（Anti-dumping Duty）是对实行商品倾销的进口货物所征收的一种进口附加税。其目的在于抵制外国商品倾销，保护本国产业和国内市场，或借“反倾销”调查的名义，故意拖延时间，阻止进口商品的合理贸易。反倾销税的税额一般以倾销差额征收，其目的在于抵制商品倾销，保护本国的市场与工业，同时为防止进口国滥用反倾销进行不正当竞争。GATT 对倾销与反倾销规定：不得因抵消倾销或出口贴补，而同时对它既征收反倾销税又征收反贴补税。为了稳定初级产品价格而建立的制度，即使它有时会使出口商品的售价低于相同产品在国内市场销售的可比价格，也不应认为造成了重大损害。

反倾销税征收的关键是“正常价格”的确定。“正常价格”是指相同产品在出口国用于国内消费时在正常情况下的可比价格。如果没有这种国内价格，则是相同产品在正常贸易下向第三国出口的最高可比价格；或产品在原产国的生产成本加合理的推销费用和利润。近年来，一些国家征收反倾销税的案件有增多的趋势，用征收反倾销税来阻止国外商品进口，成为当今国际贸易活动中一个特别值得重视的问题。从 1994 年年初到 2001 年年底，一些进口国家针对中国出口商品而实施的反倾销案件多达 440 多起。我国加入 WTO 后，企业应该积极利用世贸组织解决争端的机制，积极应诉，保护自身的合法权益。

3. 紧急关税

紧急关税（Emergency Tariff）是为消除外国商品在短期内大量进口对国内同类产品生产造成重大损害或产生重大威胁而征收的一种进口附加税。当短期内外国商品大量涌入时，一般正常关税已难以起到有效保护作用，因此需借助税率较高的特别关税来限制进口，保护国内生产。例如，1972 年 5 月，澳大利亚受到外国涤纶和锦纶进口的冲击，为保护国内生产，澳大利亚决定征收紧急关税，在每磅（1 磅＝0.153 592 39 千克，下同）

20 澳分的正税外另加征每磅 48 澳分的进口附加税。由于紧急关税是在紧急情况下征收的，是一种临时性关税，因此，当紧急情况缓解后，紧急关税必须撤除，否则会受到别国的关税报复。

4. 惩罚关税

惩罚关税（Penalty Tariff）是指出口国某商品违反了与进口国之间的协议，或者未按进口国海关规定办理进口手续时，由进口国海关向该进口商品征收的一种临时性的进口附加税。这种特别关税具有惩罚或罚款性质。例如，1988 年日本半导体元件出口商因违反了与美国达成的自动出口限制协定，被美国征收了 100%的惩罚关税。又如，若某进口商虚报成交价格，以低价假报进口手续，一经发现，进口国海关将会对该进口商征收特别关税作为惩罚。

（五）差价税

差价税（Variable Duty）又称差额税。当某种本国生产的产品的国内价格高于同类的进口商品价格时，为了削弱进口商品的竞争能力，保护国内生产和国内市场，按国内价格与进口价格间的差额征关税，就是差价税。由于差价税是随着国内外价格差额的变动而变动，因此它是一种滑动关税（Sliding Duty）。对于征收差价税的商品，有的按价格差额征收，有的规定在征收正常关税以外另外征收。差价税实际上属于进口附加税，这是被世界贸易组织所禁止使用的措施。

（六）财政关税

财政关税（Revenue Tariff）是为了增加国家财政收入而征收的关税。这种关税与国内的销售税相似，一般来说，它的税率比较低。因为税率太高，会阻止进出口商品的增加，而进出口商品减少，关税也会减少，增加财政收入的目的就达不到。此外，以财政收入为目的的关税一般是与较低的经济发展水平相联系的。当一个国家经济发展水平较低的时候，国内的直接税收来源较少，关税就成了主要的财政收入来源之一。

（七）保护关税

保护关税（Protective Tariff）是为了保护国内某些商品市场，促进这些产业发展而设置的关税。保护关税率一般都很高，因为关税越高越能达到保护的目的。有时关税率高达百分之几百，等于是禁止进口，成为禁止关税（Prohibited Duty）。随着世界市场问题的日益严重，保护关税也成了国际贸易战中的一个重要手段，一些国家对那些对本国工业威胁较大的进口产品，往往征收很高的关税来进行保护。

（八）收入再分配关税

收入再分配关税（Redistribution Tariff）是以调节国内各阶层收入差距为目的而设置的关税。在一些国家，商品的国际价格与国内价格之间往往有较大的差异。商品的进出口会使一些人获取很高的利润而大大受益，同时往往又使另一些人付出较高的代价而利益却受到损害。关税的调节可使各阶层、各集团的收入因为贸易而发生的差距控制在一定幅度内。这种关税税率的高低要视进出口商品的具体情况而定。

三、征收关税的方法

征收关税的方法主要有从量税、从价税、混合税和选择税。

（一）从量税

从量税（Specific Duty）是按照商品的重量、数量、容量、长度和面积等计量单位为标准计征的关税。各国征收从量税，大部分以商品的重量为单位来征收，但各国对应纳税的商品重量计算的方法各有不同。从量税计算公式见式（4—1）。

从量税额＝商品数量×从量税率　　(4—1)

由于从量税对每一单位所征的税是固定的，因此在实行中较易运用和掌握，尤其是对那些标准化的商品更是方便。从量税在税率确定的情况下，税额与商品数量的增减成正比关系，但与商品的价格没有直接关系。因此，按从量税征收进口税时，在商品价格下降的情况下，关税的保护作用实际上得到加强；反之，在商品价格上涨的情况下，关税的保护作用就会削减。

（二）从价税

从价税（Advalorem Duty）是以进口商品的价格为标准计征的关税，其税率表现为货物价格的百分率。第二次世界大战以前，资本主义国家普遍采用从量税的方法计征关税。战后由于商品种类、规格日益繁杂和通货膨胀加剧，为保护本国工农业生产和国内市场免受外国商品干扰，大多数资本主义国家普遍采用从价税的方法计征关税。我国也采用从价税。

从价税额与商品的价格有直接关系。它与商品价格的涨落成正比关系，其税额随着商品价格的变动而变动，所以它的保护作用也与商品价格直接相关，是随着价格的变动而变化的。如果税率不变，则保护作用随进口价格的下降而减弱，随进口价格的上涨而加强。从价税比从量税的优越之处是它能适用于各种不同的商品，尤其是有多种规格的工业制成品，按价格的一定百分比征税，就能把不同质量、不同价格的差别都反映出来。从价税额的计算公式见式（4—2）。

从价税额＝商品总值×从价税率　　(4—2)

从价税的优点是征收比较简单，税率明确，便于比较各国税率，税收负担较为公平，在税率不变时，税额随商品价格上涨而增加，这样既可增加财政收入，又可起到保护关税的作用。

从价税的缺点是确定进口商品的完税价格较为复杂。完税价格是经海关审定作为计征关税的货物价格，它直接决定了商品总值，是决定税额多少的重要因素，因此，“海关估价”就非常重要。各国所采用的完税价格标准大体上有 3 种：一是成本加保险和运费价格（CIF）；二是装运港船上交货价格（FOB）；三是法定价格。GATT 规定：“海关对进口商品的估价，应以进口商品或相同商品的实际价格，而不得以国内产品的价格或者以武断的或虚构的价格作为计征关税的依据。”

（三）混合税

混合税（Mixed or Compound Duty）又称复合税，它是对某种进口商品同时采用从量税和从价税征收的一种方法。混合税的计算公式见式（4—3）。

混合税额＝从量税额＋从价税额　　(4—3)

混合税分为两种：一种是以从量税为主加征从价税。如美国曾对男式开司米羊绒衫

(每磅价格在 18 美元以上者）征收最惠国税率，每磅从量税征收 37.5 美分加征从价税 15.5%。另一种是以从价税为主加征从量税。如日本对手表（每只价格在 6 000 日元以下）的进口，征收从价税 15%加征每只 150 日元的从量税。

（四）选择税

选择税（Alternative Duty）是对于一种进口商品同时定有从价税和从量税两种税率，但征税时选择其税额较高的一种征税。有时为了鼓励某种商品进口，也会选择其中税额低者征收。选择税具有灵活性的特点，可以根据不同时期经济条件的变化、政府征税目的以及国别政策进行选择。选择税的缺点是征税标准经常变化，令他国难以预知，容易引起争议。

四、关税的征收依据

各国征收关税的依据是海关税则（Customs Tariff），又称关税税则，是一国对进出口商品计征关税的规章和对进出口应税与免税商品加以系统分类的一览表，是各国征收关税的依据。海关税则是关税制度的重要内容，是国家关税政策的具体体现。海关税则一般包括两个部分：一部分是海关课征关税的规章条例；另一部分是关税税率表。其中，关税税率表的内容主要包括税则号列、商品分类目录及税率。

（一）海关税则的商品分类

海关税则的商品分类，可以依据商品的加工程度和性质等标准，由于分类方法不同，口径各异，使各国海关统计资料缺乏可比性，并给多边贸易谈判带来了不便。为此，一些国际经济组织开始制定国际通用的商品分类目录，以解决这一问题。其中较权威的有以下 3 个：《布鲁塞尔税则目录》(BTN)、《国际贸易标准分类》(SITC)、《协调商品名称和编码制度》(HCDCS)。其中，《协调商品名称和编码制度》简称《协调制度》，是国际海关合作理事会协调制度委员会主持制定的，它综合了前两个制度的不同，是当前国际贸易中采用的主要商品分类目录，我国于 1992 年起正式实施了以《协调制度》为基础编制的《海关进出口税则》和《海关统计商品目录》。

（二）海关税则的主要种类

海关税则按税率的种类可分为单式税则和复式税则。

1. 单式税则

单式税则又称一栏税则，即一个税目只有一个税率。在资本主义垄断时期之前，各国都实行单式税则。垄断资本主义时期，发达资本主义国家为了在关税上搞差别与歧视待遇，或争取关税上的互惠，都放弃单式税则改行复式税则。现在只有少数国家如委内瑞拉、巴拿马、冈比亚等仍实行单式税则。

2. 复式税则

复式税则又称多栏税则，即一个税目有两个或两个以上的税率，对不同国家的产品采用不同的税率。目前，世界上绝大多数国家采用这种税则。如美国有优惠税率、特惠税率和普通税率，普通税率比优惠税率高一倍到十几倍。我国目前采用二栏税则。

五、关税的征收程序

关税的征收程序即通关手续，又称报关手续，是指出口商或进口商向海关申报出口或进口，接受海关的监督和检查，履行海关规定的手续。办完通关手续结清应付的税款和其他费用后，经海关同意，货物即可通关放行。通关手续通常包括申报、单证审核和验货、征税与放行3个基本环节，如图4—1所示。

图4—1　进口通关手续

（一）货物的申报

货物的申报是指货物运抵进口国的港口、车站或机场时，进口商向海关提交有关单证和填写海关发出的表格，向海关申报进口。一般来说，除提交进口报关单、提单、商业发票或海关发票外，还可能根据海关特殊规定，提交原产地证明书、进口许可证或进口配额证书、品质证书、卫生检验证书等。

（二）单证的审核和验货

当进口商填写和提交有关单证后，海关按照海关法令与规定，审查核对有关单证。审核单证如发现有不符合规定的，海关通知申报人及时补充或更正。海关查验货物主要有两个目的：一是看单据是否相符，即报关单是否与合同批文、进口许可证、发票、装箱单等单证相符；二是看单货是否相符，即报关单所申报内容是否与实际进口货物相符。

（三）货物的征税与放行

海关在审核单证、查验货物后，照章办理收缴税款等费用。进口税款用本国货币缴纳，如使用外币，则应按本国当时汇率折算缴纳。当一切海关手续办妥之后，海关即在提单上加盖海关放行章以示放行，进口货物借此通关。

第二节　非关税措施

一、非关税措施概述

（一）非关税措施的含义

非关税措施又称非关税壁垒，是与关税壁垒相对而言，是指除关税措施以外的一切限制进口的各种措施。非关税壁垒与GATT和WTO促进贸易自由化的宗旨是相违背的，GATT经过多轮贸易谈判，提出减少、消除非关税壁垒，以及将此类壁垒置于更有效的国际控制之下。但由于非关税壁垒花样繁多、层出不穷，GATT不可能对每一种非关税壁垒都具体做出明确规定。因此，非关税壁垒越来越趋向采用处于总协定法律原则和规定的边缘或之外的歧视性措施，从而成为“灰色区域措施”。

（二）非关税措施的特点

1. 隐蔽性

一般来说，关税税率透明度高，而非关税壁垒则完全不同，其措施往往不公开，或者规定极为烦琐复杂的标准和手续，使出口商难以对付和适应。它既能以正常的海关检验要求的名义出现，也可借用进口国的有关行政规定和法令条例，使之巧妙地隐藏在具体执行过程中而无须做公开的规定。

2. 灵活性和针对性

关税税率制定必须通过立法程序，税率调整或更改，需经过相关的法律程序和手续。而实施非关税壁垒措施，通常采用行政程序，制定手续简单，其制定的程序也较迅速、简便，伸缩性大，能随时针对某种进口商品采取或更换相应的限制措施，表现出更大的灵活性和时效性。

3. 差别性和歧视性

一国在实施非关税壁垒时，往往针对某个国家采取相应的限制性的非关税措施，其结果大大增强了非关税壁垒的差别性、歧视性。

4. 有效性

关税壁垒是通过征收高额关税来提高进口商品成本，间接限制进口。而非关税壁垒对进口的限制是绝对的，例如用进口配额等预先规定进口的数量和金额，超过限额就禁止进口。这种办法在限制进口方面更直接、更严厉，也更有效。

二、非关税措施的种类

非关税措施名目繁多，内容复杂，有多种分类方法，数量达上百种之多。下面介绍几种最常见的非关税措施。

（一）进口配额制

进口配额制又称进口限额制，是一国政府在一定时期内，对进口的某些商品的数量或金额加以直接限制。在规定的期限内，配额以内的货物可以进口，超过配额的不准进口，或者征收较高关税后才能进口。因此，进口配额制是许多国家实行进口数量限制的重要手段之一。进口配额制主要有绝对配额和关税配额两种形式。

1. 绝对配额

绝对配额是指在一定时期内，对某些商品的进口数量或金额规定一个最高限额，在这个数额内允许进口，达到这个配额后，便不准进口。绝对配额按照其实施方式的不同，又有全球配额、国别配额两种形式。全球配额是对某种商品的进口规定一个总的限额，对来自任何国家或地区的商品一律适用。国别配额是政府不仅规定了一定时期内的进口总配额，而且将总配额在各出口国家和地区之间进行分配。与全球配额不同的是，实行国别配额可以很方便地贯彻国别政策，具有很强的选择性和歧视性。

2. 关税配额

关税配额是对商品进口的绝对数额不加限制，而在一定时期内，对规定配额以内的进口商品给予低税、减税或免税待遇；对超过配额的进口商品则征收较高的关税，或者征收附加税或罚款。它又可分为全球性关税配额和国别关税配额，优惠性关税配额和非优惠性关税配额。

（二）自愿出口限制

自愿出口限制（Voluntary Export Restriction）又称自愿出口配额，是指出口国在进口国的要求或压力下，“自愿”规定某一时期内某些商品对该国的出口限制。在限定的额度内自行控制出口，超过限度则禁止出口。显然，自愿出口限制与进口配额不同，它不是由进口国直接控制进口配额来限制商品的进口，而是由出口国“自愿”限制商品对指定国家的出口。自愿出口限制主要有非协定的自愿出口限制和协定的自愿出口限制两种形式。

1. 非协定的自愿出口限制

这种自愿出口限制是不受国际协定的约束，由出口国在进口国的压力下自行单方面规定出口额度、限制出口的一种措施。这种限制有的是由政府有关机构规定配额并予以公布，出口商必须向有关机构申请配额，领取出口授权书或出口许可证才能出口；有的是由本国大的出口厂商或协会“自愿”控制出口。

2. 协定的自愿出口限制

这是进出口双方通过谈判签订“自限协定”或“有秩序销售协定”限制出口的办法。“自限协定”或“有秩序销售协定”，一般包括配额水平、总限额、磋商限额、自限商品分类、限额的融通、保护条款、出口管理规定、协定期限等内容。

（三）进口许可证制

进口许可证制是指国家规定某些商品进口，必须得到批准，领取许可证后方能进口的措施。没有进口许可证的商品一律不准进口。进口许可证常与配额外汇管理等结合使用。

进口许可证按其与进口配额的关系可分为：（1）有定额的进口许可证，即进口国预先规定有关商品的进口配额，然后在配额的限度内，根据进口商的申请对每笔进口货物发给一定数量或金额的进口许可证，配额用完后即停止发放。（2）无定额的进口许可证，即预先不公布进口配额，只是在个别考虑的基础上颁发有关商品的进口许可证。

进口许可证按照进口商品的许可程度可分为：（1）公开一般许可证，又称为自动进口许可证，对进口国别没有限制，只要进口商填写一般许可证后便可以进口。（2）特别许可证，又称为非自动进口许可证，进口商必须向政府机构提出申请，经严格审查批准后方可进口，这种许可证大多规定进口国别和地区。

（四）外汇管制

外汇管制（Foreign Exchange Control）是一国政府通过法令对国际结算和外汇买卖实行限制来平衡国际收支和维持本国货币汇率的一种制度。在实行外汇管制时，出口商必须将其出口所得到的外汇收入按官方汇率卖给外汇管制机构。进口商也必须在外汇管制机构按官方汇率申请购买外汇。对携带本国货币出入国境一般也有严格的限制。这样，政府有关机构就可以通过确定官方汇率、集中外汇收入和控制外汇供应数量等办法来达到限制进口商品品种、数量和控制进口国别或地区等目的。外汇管制一般可分为以下几种。

1. 数量性外汇管制

这是国家外汇管理机构对外汇买卖的数量直接进行限制和分配，通过集中外汇收入、控制外汇支出、实行外汇分配，达到限制进口商品品种、数量和国别或地区的目的。一些国家在实行数量性外汇管制时，往往规定进口商必须获得进口许可证后方可得到所需的外汇。

2. 成本性外汇管制

这是国家外汇管理机构对外汇买卖实行多重汇率制度（两种以上），利用外汇买卖成本的差异，间接影响不同商品的进出口。在进口方面，一般对国内需要而又供应不足或不能生产的重要原料、机器设备和生活必需品，适用较为优惠的汇率；对于国内能大量供应或者不很重要的原料和机器设备适用一般的汇率；而对于奢侈品和非必需品只适用最不利的汇率。在出口方面，一般对缺乏国际竞争力但又要扩大出口的某些商品，给予较为优惠的汇率；对于其他一般商品的出口则适用一般汇率。

3. 混合性外汇管制

这是同时采用数量性和成本性外汇管制的办法，它对外汇实行更为严格的控制，以影响商品的进出口。20 世纪 90 年代以来，由于受金融危机的影响，某些国家的外汇不足，所以进口外汇管制又有逐渐加强之势。

（五） 进出口的国家垄断

在对外贸易中，对某些或全部商品的进出口由国家直接经营，或者把商品的进出口垄断权给予某些垄断组织，这就是进出口的国家垄断（State Monopoly）。一般进出口国家垄断主要集中在 3 类商品上：第 1 类是烟和酒，可以取得巨大财政收入；第 2 类是农产品，便于实现国家的农业政策；第 3 类是武器。有些发展中国家也实行进出口国家垄断，主要是为了维护经济独立，摆脱其经济被发达国家控制的局面。

（六） 各种国内税

许多西方国家利用征收国内税来抵制国外商品，往往专门针对本国不能生产的产品，有些商品的税率，国内货物和进口货物间的差距很大，但在表面现象上又不违反国民待遇规则。因此，这是一种比关税更灵活、更易于伪装的政策手段。

（七） 最低限价和禁止进口

最低限价（Minimum Price）是一国政府规定某种进口商品的最低价格，凡进口货价低于规定的最低价格时，则征收进口附加税或禁止进口。如 1980 年英国对我国闹钟的进口，实行最低限价措施，规定如果每只闹钟低于 60 便士就禁止进口。

（八） 进口押金制度

进口押金制度（Advanced Deposit）又称为进口存款制，即进口商在进口商品时，必须按进口金额的一定比率和在规定的时间内，在指定的银行无息存储一笔现金，这样就增加了进口商的负担，从而起到限制进口的作用。这种措施在 20 世纪 90 年代初期被废除。

（九） 海关估价制度

海关为了征收关税而确定进口商品的完税价格的制度称为海关估价制（Customs Valuation）。专断的海关估价是指某些国家为了达到增加进口货物的关税负担，阻碍商品的进口的目的，根据某些特殊规定，人为地提高某些进口货物的海关完税价格。

（十） 技术性贸易壁垒

技术性贸易壁垒，是以国家或地区的技术法规、协议、标准和认证体系（合格评定程序）等形式出现，涉及的内容广泛，涵盖科学技术、卫生、检疫、安全、环保、产品质量和认证等诸多技术性指标体系，运用于国际贸易当中，呈现出灵活多变、名目繁多的规定。WTO《技术性贸易壁垒协议》将技术性贸易壁垒分为技术法规、技术标准和合格评定程序。其中技术标准是经公认机构批准的、规定非强制执行的、供通用或反复使用的产品或相关工艺和生产方法的规则、指南或特性的文件。一些国家对许多制成品规定了极为严格、烦琐的技术标准。进口商品必须符合这些标准才能进口。如德国禁止在国内使用车门从前往后开的汽车，法国禁止含有红霉素的糖果进口等。

（十一）绿色贸易壁垒

绿色贸易壁垒（Green Barriers）是一种新兴的非关税壁垒措施，是指一国以保护有限资源、生态环境和人类健康为名，通过制定苛刻的环境保护标准来限制国外产品的进口。绿色贸易壁垒以其外表的合理性及内在的隐蔽性成为继关税之后，国际上广泛采用的一种国际贸易壁垒。

绿色贸易壁垒的内容较为广泛，主要包括：

1. 绿色技术标准

例如欧盟启动的ISO14000环境管理系统，要求欧盟国家的产品从生产前到制造、销售、使用以及最后的处理阶段都要达到某些技术标准。这一系统提供了以预防为主、减少或消除环境污染的办法。

2. 绿色环境标志制度

即由政府管理部门或民间团体按严格的程序和环境标准颁发“绿色通行证”，并要求付印于产品包装上，以向消费者表明，该产品从研制开发到生产使用，直至回收利用的整个过程均符合生态环境要求。例如，德国的“蓝色天使”、加拿大的“环境选择”、日本的“生态标志”、欧盟的“欧洲环保标志”等，要将产品出口到这些国家，必须经审查合格并拿到“绿色通行证”。

3. 绿色包装制度

要求包装必须节约资源，减少废弃物，使用后利于回收再利用或易于自然分解。如德国的《包装物废弃物处理法令》、日本的《回收条例》和《废弃物清除条件修正案》等；又如，丹麦要求所有进口啤酒、矿泉水、软饮料一律使用可再灌装容器。

4. 绿色卫生检疫制度

国家有关部门对产品是否含有毒素、污染物及添加剂等进行全面的卫生检查，防止超标产品进入国内市场。例如，欧盟从2000年7月起，提高了进口茶叶的安全及卫生标准，对其中的农药残留检查极其严格，比原标准高出100～200倍。又如，日本对进口蔬菜中农药残留量规定不得超过30.5%；日本、英国、加拿大等国要求进口花生中黄曲霉素含量不得超过0.002%；等等。

5. 绿色补贴制度

即国家对生产绿色产品，将资源、环境成本内在化的企业给予财政补贴，鼓励出口。

绿色贸易壁垒一经出现便在全球范围迅速蔓延。发达国家依仗其较高的科技水平和先进设备，制定极其苛刻的环境标准，使发展中国家的产品难以“达标”而被拒于发达国家的国门之外。目前，绿色贸易壁垒已成了我国出口贸易的“拦路虎”，其影响程度已超过了“反倾销”对我国外贸出口的影响。

（十二）行政性规则

利用行政规则（Severe Administrative Regulations）也能起到限制进口的目的。这方面的措施往往以维护生产、消费者安全和消费者健康为理由来实施。有些规定十分复杂，而且经常变化，往往使外国产品难以适应，从而起到限制外国商品进口的作用。这些规定主要有：

1. 卫生检疫规定

主要是利用卫生检疫的规定来限制商品的进口。如日本、加拿大、英国等国要求花生中的黄曲霉素含量不超过0.002%，花生酱中的含量不超过0.001%，超过者不准进口。美国、加拿大等规定陶瓷制品中的含铅量不得超过0.000 7%。

2. 商品包装和标签规定

许多国家对于在国内市场上销售的商品，规定了种种包装和标签条例，这些规定内容复杂，手续烦琐，违反规定就不准进口或禁止在其市场上销售。

3. 烦琐的海关手续

进口商品到岸后，履行烦琐的海关手续也可成为非关税壁垒的一种。海关人员推迟结关、征收各种手续费、强迫使用海关所在国文字开列的货物票据等，都会增加进口成本和风险。

第三节　出口促进措施

出口促进措施是指出口国政府通过经济、行政和组织等方面的措施，促进本国商品的出口，开拓和扩大国外市场。在形式上与进口限制有所不同，隐蔽性较强。在当今国际贸易中，各国鼓励出口的做法很多，涉及经济、政治、法律许多方面，运用财政、金融、汇率等经济手段和政策工具，既有微观方面，又有宏观方面。在这里，主要从国家宏观经济政策方面论述出口促进措施。

一、出口补贴

出口补贴，又称为出口津贴，是一国政府为降低出口商品的价格，加强其在国外市场上的竞争能力，在出口某种商品时给予出口厂商的现金补贴或财政上的优惠待遇。出口补贴的方式有下述两种。

（一）直接补贴

直接补贴是指出口某种商品时，直接付给出口厂商的现金补贴。这种补贴主要来自财政拨款。其目的是弥补出口商品国内价格高于国际市场价格而给出口商所带来的亏损，或者补偿出口商所获利润率低于国内利润率所造成的损失。

（二）间接补贴

间接补贴是指政府对某些出口商品给予财政上的优惠。例如，退还或减免出口商所缴纳的消费税、所得税等国内税；对进口原料或半制成品加工再出口给予暂时免税或退还已缴纳的进口税；免征出口税；对出口商实行延期付税、降低运费、提供低息贷款，以及对出口商开拓国际市场提供补贴等。其目的仍然在于降低出口商品价格，以有效地打进国际市场。

二、出口信贷

出口国为了支持本国产品的出口，增强国际竞争力，在政府的支持下，由本国专业银行或商业银行向本国出口商或外国进口商（或银行）提供较市场利率略低的贷款，以解决买方支付进口商品资金的需要。中、长期出口信贷大多用于金额大、生产周期长的货物，主要包括船舶、飞机、成套机器设备等。

（一）出口信贷的方式

1. 卖方信贷

卖方信贷是指出口方银行向本国出口商提供的贷款。这种贷款协议由出口商与银行签订。由于机器设备、船舶等商品出口所需的资金额大、时间长，进口商一般都要求采用延期付款的方式。出口商为加速资金周转而向银行贷款，其向银行支付的利息、费用有的通过货价外加价，有的包括在货价中而转嫁给进口商负担。所以货价高于现汇支付的货价。

2. 买方信贷

出口方银行直接向进口商提供的贷款，而出口商与进口商所签订的成交合同中则规定为即期付款方式。出口方银行根据合同规定，凭出口商提供的交货单据，将货款付给出口商。同时记入进口商偿还账户内，然后由进口方按照与银行订立的交款时间，陆续将所借款项偿还出口方银行，并付给利息。所以，买方信贷实际上是一种银行信用。

（二）出口信贷国家担保制

出口信贷国家担保制是国家为了扩大出口，对于本国出口商或银行向国外进口商或银行提供的信贷，由国家设立的专门机构出面担保。国家担保制保险的范围不仅包括一般的商业性风险，还包括政治因素、外汇管制等引起的不能按时付款或拒绝付款的政治风险。这项措施实际上是国家代替出口商承担风险，是扩大出口和争夺国外市场的一个重要手段。

三、商品倾销

商品倾销是指商品以明显低于正常价格的价格，在国外市场上大量抛售，以打击竞争对手，占领或巩固国外市场。商品倾销可分为偶然性倾销、间歇性或掠夺性倾销、长期性倾销三种。

四、外汇倾销

外汇倾销是指出口企业利用本国货币对外贬值的机会来扩大出口、限制进口的措施。实行外汇倾销的国家往往也是外汇管制的国家。政府的金融管理当局，把本国货币值调到相当低的水平，即本币汇率下降，外币汇率上升，这样，用一定数额的外国货币能兑换更多的本国货币，这使得以外币表示的本国出口商品价格降低，提高了出口商品在国际市场上的竞争能力，从而有利于扩大商品出口；同时，以本国货币表示的进口商品价格会上涨，从而削弱了进口商品的竞争能力，起到限制进口的作用。

五、各种出口服务措施

（一）设立专门机构

成立扩大出口全国委员会、贸易委员会、贸易促进委员会等机构，负责领导一国的对外贸易工作，目前世界各国都成立了类似的机构。

（二）建立商业情报网，加强商业情报的服务工作

许多国家都设立了官方的商业情报机构，在海外设立商业情报网，分成商品、地区、市场情况资料，负责向出口厂商提供所需的情报，以促进商品出口。

（三）组织贸易中心和贸易展览会

贸易中心一般是永久性的设施。在贸易中心内提供陈列展览场所、办公地点和咨询服务等。贸易展览会是流动性的贸易商品的展出，有的一年组织多次展出，费用由政府补贴。此外，由政府组织贸易代表团出访或接待外国来访、组织出口商进行评奖活动等，促进对外贸易。

六、建立经济特区

所谓经济特区，是指一些国家在其国境以内、关境以外划出一定范围的区域，并在交通运输、通信、仓储与生产方面提供良好的基础设施并实行免除关税等优惠待遇，用以吸引外国企业从事贸易与出口加工工业活动。经济特区的建立，有助于吸引外国投资、引进先进的生产与科学技术，增加本国的财政收入和外汇收入，从而繁荣本国的经济。经济特区的具体形式有以下几种。

（一）自由港或自由贸易区

自由港（Free Port）亦称为自由口岸，一般设在港口地区。自由贸易区（Free Trade Zone）亦称为自由区或对外贸易区，一般设在邻近港口的地区。自由港和自由贸易区除名称不同、所处的地理位置略有不同外，在性质、特征、作用等方面基本是一样的：都是地处关境以外，对进出口商品的全部或大部分实行免征关税，并且允许外国或本国的厂商在港内或区内自由从事生产、加工、储存、展览、拆改装等业务活动，然后免税出口。

（二）保税区

保税区亦称为保税仓库区，这是一国海关所设置的或经海关批准注册、受海关监督和管理的可以较长时间储存商品的区域。保税区能便利转口贸易，增加收入。运入保税区的货物可以进行储存、改装、分类、混合、展览，以及加工制造，但必须处于海关监管范围内。外国商品存入保税区，也不必缴纳进口关税，可自由出口，只需缴纳储存费和少量费用，但如要进入关境则需缴纳关税。

（三）出口加工区

这是一些国家或地区在其邻近港口或机场附近的地区，划出一定的区域范围，配以良好的码头、车站、道路、仓库、厂房等基础设施和生活服务设施，以及提供免税等各种优惠待遇，以吸引外国企业和本国企业在区内投资办厂，生产的产品全部或大部分出口销售的加工区域。出口加工区（Export Processing Zone）与自由港或自由贸易区的主要区别

是，它不以发展贸易为主，而主要面向工业，以发展出口加工工业为主。

（四）自由边境区

这是一些国家的政府为了发展某些边境地区的经济，按照自由贸易区和出口加工区的模式，在本国指定边境设立的吸引国内外厂商投资，开展贸易，并给予免税或减税的区域。外国货物可在区内生产、加工、储存、包装、展览，如转运到本国其他地区出售则要照章纳税，出口则全部或大部分免税。

（五）过境区

过境区也叫中转贸易区，这是一些沿海国家为方便内陆的邻国进出口货物，开辟某些海港、河港或国境城市作为过境货物的自由中转区。在区内，对过境货物简化通关手续，免征关税或只征少量过境费用。过境货物可短期储存或重新包装，但不得加工制造。过境区一般都提供保税仓库设施。

第四节 出口管制措施

所谓出口管制，是指国家通过法令和行政措施，对本国出口贸易实行管理和控制。一般来说，世界各国都会实行鼓励出口的政策，但是，由于某些政治、经济和军事目的，各国也都可能对某些商品实行出口管制。

一、出口管制的对象

实行出口管制的商品种类主要有：战略物资、尖端技术产品；国内短缺物资；某些古董、艺术品、黄金、白银等特殊商品；为对某国实行制裁而禁止向其出口的产品；缓和贸易摩擦“自动”控制出口的商品；实行出口许可证的商品；象牙等珍稀动物药材、珍奇动物及其制品；劳改人员生产的产品；等等。

二、出口管制的措施

（一）出口许可证

出口许可证是国家管理货物出境的法律凭证。出口许可证制度是根据国家限制出口商品的宏观政策而制定的一种限制出口制度。凡实行出口许可证管理的商品，各类进出口企业应在出口前按规定向指定的发证机关申领出口许可证，海关凭出口许可证接受申报。

（二）国家专营

国家专营又称国家垄断，是指某些贸易商品的生产与交易由政府指定的机构或组织直接掌握。通过专营，政府可以控制一些重要或敏感产品的进出口，寻求最佳的出口地理分布以及商品生产结构。国家专营的进出口商品主要集中在 3 类商品上：第 1 类是烟和酒，因为烟和酒的税负较重，政府从烟和酒的贸易中可以获取更多的财政收入；第 2 类是农产品，有些国家把对农产品的对外垄断作为国内农业政策措施的一部分；第 3 类是武器，其贸易一般都由国家垄断。

（三）出口关税

与进口关税正好相反，出口关税是针对某些特殊商品出口征收的税赋。出口关税会影响商品的国内、国外价格和出口量。但这一政策要取得成功，取决于国内外的供求状况。

（四）出口配额

实行出口配额是政府限制出口的又一种政策，即控制出口商品的数量。有些出口配额是本国政府主动设立的，也有的出口配额是适应进口国政府的要求而设立的。

（五）禁止出口与贸易禁运

禁止出口一般是一国对其战略物资或亟需的国内短缺物资进行严格控制的主要手段。贸易禁运是一些国家为了制裁其敌对国家而实行的贸易控制措施。禁止出口往往针对所有或多数贸易伙伴，禁止只涉及本国出口原材料或初级产品，并不限制进口。贸易禁运往往只针对某个或某些目标国家，所禁止的不仅是出口，同时还禁止从这些国家进口。

本章小结

本章介绍了关税措施的含义、特征、作用和种类，分析了非关税措施的基本概念与特点、主要非关税措施及其对国际贸易的影响，阐述了鼓励出口和出口管制措施的目的和方式。目的是使学生认识到鼓励出口应当不违背世贸组织公平竞争的规则，出口管制只能用于最特殊的情况和最必要的范围内。

思考练习

1. 关税措施和非关税措施的基本种类有哪些？
2. 最惠国税率和普惠制税率有何差别？
3. 目前各国鼓励出口的主要措施是什么？
4. 何谓倾销？在何种情况下才允许进行反倾销？
5. 什么是GSP？我国应如何应用好GSP？

第五章 GATT 与 WTO

学习要点

1. 了解贸易条约与协定的含义、内容、种类及贸易条约与协定中所适用的主要法律待遇条款；
2. 掌握关税与贸易总协定的概念、内容和基本原则，缔约以来的多边贸易谈判活动，以及世界贸易组织的成立、宗旨、职能、特点、组织机构与决策机制；
3. 了解中国与 WTO 的关系及"入世"给我国对外贸易发展带来的机遇与挑战。

引言

WTO 作为一个重要的国际经济组织在世界经济发展中起着越来越重要的作用，它成立后，在制定国际多边贸易规则、组织多边贸易谈判、解决成员之间的贸易争端等方面发挥了巨大作用，其规则已经成为制定各项国际经济贸易法律和各国国内经济贸易政策的重要参照原则。2001 年 12 月 11 日，我国正式成为世界贸易组织成员，"入世"使我国在更大范围和更深程度上参与经济全球化，WTO 所带来的新观念、新规则和新的思维模式正在逐渐改变着国民的生活，对我国的经济和贸易发展产生深远影响。

第一节　贸易条约与协定

一、贸易条约与协定的含义和内容

贸易条约与协定（Commercial Treaties and Agreements）是两个或两个以上的主权国家为确定彼此之间的经济关系，特别是贸易关系所缔结的书面协议。

贸易条约与协定按照参加国的多少，可分为双边和多边的贸易条约与协定。由两个主权国家缔结的，称为双边贸易条约与协定。由两个以上主权国家共同缔结的，称为多边贸易条约与协定。这些贸易条约与协定一般都反映了缔约国对外政策与对外贸易政策的要求，并为缔约国实现其对外政策和对外贸易政策的目的服务。

作为对外贸易政策措施之一的贸易条约与协定，与关税、非关税等对外贸易措施相比较，有其不同之处。关税、非关税措施是国家以立法或行政措施来实现的，因而属于国内法范畴。而贸易条约与协定是由两个或两个以上主权国家进行协商达成的协议，因而受到国际法的约束。同时，贸易条约与协定与其他对外贸易措施之间又有着密切的联系和相互配合的作用。

贸易条约与协定的内容一般由序言、正文和结尾三个部分组成。序言部分通常载有缔约方发展经济贸易关系的愿望及缔结条约与协定所遵守的原则。正文部分是贸易条约与协定的主要部分，具体规定有关缔约各方的权利和义务。不同种类的贸易条约与协定，其正文所包括的条约和内容有所不同。结尾部分包括条约与协定的生效、有效期、延长或废止的程序、份数、文字等内容，还有签订条约与协定的地点及双方代表的签名。贸易条约与协定一般以缔约各方的文字写成，并且规定两种文本具有同等的效力。

二、贸易条约与协定中所适用的主要法律待遇条款

贸易条约与协定是国际条约的一种，受国际规范的约束。因此，贸易条约与协定往往写入某些国际法通用的法律条款。在实践中，贸易条约与协定依据的法律待遇条款主要有下述两种。

（一）最惠国待遇条款

最惠国待遇条款（Most-favored-nation Treatment）是贸易条约与协定的一项重要条款。它的基本含义是：缔约国一方现在和将来所给予任何第三国的一切特权、优惠和豁免，也同样给予缔约对方。最惠国待遇的基本要求，是使缔约一方在缔约另一方享有不低于任何第三国享有的待遇。也就是说，最惠国待遇条款要求一切外国人和外国企业处于同等地位、享有同等待遇，没有歧视和差别。

最惠国待遇适用的范围很广，涉及经济贸易的各个方面，概括起来主要有以下几个方面：

（1）有关进口、出口、过境商品的关税及其他各种捐税。

（2）有关商品进口、出口、过境、存仓和换船方面的海关规则、手续和费用。

（3）进口、出口许可证发给的行政手续。

（4）船舶的驶入、驶出及停泊时的各种税收、费用和手续。

（5）关于移民、投资、商标、专利及铁路运输方面的优惠。

其中，最主要的适用对象是有关进出口商品的待遇。在签订贸易条约与协定时，双方或各方可根据国家关系和发展贸易的需要，在最惠国待遇条款中确定其具体适用范围。

在贸易条约与协定中，一般还规定不适用最惠国的例外情况。例如，缔约国一方给予邻国有关边境贸易上的特别优惠待遇、缔结关税同盟国家之间或在特定国家之间的特惠待遇，以及目前工业发达国家给予发展中国家的普惠制的关税优惠等，这些都作为适用最惠国待遇的例外，不适用最惠国待遇。

最惠国待遇条款包括无条件最惠国待遇和有条件最惠国待遇。无条件最惠国待遇是指缔约国一方现在和将来给予第三国的一切优惠待遇，应立即无条件的、无补偿的、自动的适用于对方；有条件最惠国待遇是指如果一方给予第三国的优惠是有条件的，则另一方必须提供同样的补偿，才可享受这种优惠待遇。无条件最惠国待遇条款最早是英国采用的，所以又叫“欧洲式”最惠国待遇；有条件最惠国待遇条款最早是美国采用的，所以又叫“美国式”最惠国待遇条款。目前，国际贸易条约与协定一般都采用无条件最惠国待遇条款。

（二）国民待遇条款

国民待遇条款（National Treatment）是贸易条约与协定中所依据的重要法律依据之一。它的基本含义是缔约国一方保证缔约对方的公民、企业、船舶在本国境内享受与本国公民、企业和船舶同等待遇。

国民待遇条款所适用的范围通常包括：外国公民的私人经济权利（如私人财产、所得、房产、股票）、外国产品应缴纳的国内税、利用铁路运输转口过境的条件、船舶在港口的待遇、商标注册、著作权及发明专利权的保护等。尽管国民待遇条款所包含的范围很广，但一般来说，沿海航行权、领海捕鱼权、购买土地权等不包括在国民待遇条款之内，这些权利一般都不给予外国侨民或企业，而只准本国公民和企业享有。

三、贸易条约与协定的种类

（一）通商航海条约

通商航海条约（Treaty of Commerce and Navigation）又称通商条约、友好通商条约等。它是全面规定缔约国间经济和贸易关系的条约。其内容比较广泛，常涉及缔约国经济和贸易等各方面的关系问题，如关税的征收、海关手续、船的航行、双方公民和企业在对方享受的待遇、特种所有权（如专利、商标权和版权等）、进口商品应缴纳的国内税、铁路运输和转口贸易等。这种条约一般由国家首脑或其特派的全权代表来签订，并经有关缔约国的立法机构讨论，批准后方能生效。条约有效期也较长，一般为 5～10 年，到期后双方可商讨延长。

（二）贸易协定

贸易协定（Trade Agreement）是缔约国之间调整它们相互间经济贸易关系的一种书面协议。其内容比较具体、简单，通常包括：贸易额、双方出口货单、作价方法、使用货币、支付方式、关税优惠等。贸易协定具有一定的灵活性，如对贸易额和双方出口货单不作硬性规定，而在具体执行时通过双方协商加以调整。贸易协定的签订和生效过程较简单，这种协定只需经签字国的行政首脑或其代表签署即可生效。另外，有效期也较短，一般为 3～5 年。

贸易议定书一般是对已签订的贸易协定的补充和解释。它的内容和签订程序更简单，只需经签字国有关行政部门代表签订即可生效。在当前的国际贸易中，贸易议定书这种形式已被许多国家采用。它既可以用于修正、补充和解释贸易协定的某些条款，又可以在两国没有签订贸易协定的情况下，先签订议定书作为双方贸易的临时依据。如果两国订有长期贸易协定，则可以通过贸易议定书来确定年度贸易的具体安排。

（三）支付协定

支付协定（Payment Agreement）是两国之间关于贸易和其他方面债权债务结算办法的书面协定。支付协定是外汇管制的产物。在外汇管制的情况下，一种货币不能自由兑换成另一种货币，对一国所保有的债权不能用来抵偿对第三国的债务，这样结算只能在双边的基础上进行，故需通过缔结支付协定的办法来解决两国间的债权债务。

支付协定的主要内容包括：

（1）规定清算机构开立清算账户。

（2）两国间一切债权债务结算，统一在双方清算机构中进行。

（3）债权债务抵偿后的余额，用黄金、可兑换货币支付或用双方同意的其他不可兑换货币支付，或者转入下年度，由逆差国用出口商品清偿。

（4）规定信用摆动额，只要抵偿后的金额不超过这一差额，债务国不需付给债权国利息，超过时则需付利息。

支付协定以双边支付协定为主，但也有多边支付协定。从 1958 年起，主要资本主义国家相继实行货币自由兑换，双边支付清算逐渐为多边现汇支付结算所代替。一些仍然实行外汇管制的发展中国家，有时还需要用支付协定规定对外债权债务的清算方法。

（四）国际商品协定

国际商品协定（International Commodity Agreement）是指某项商品的主要出口国和进口国就该项商品购销、价格等问题，经过协商达成的政府间的多边贸易协定，以稳定该项商品的价格和保证供销。

国际商品协定的主要对象是发展中国家所生产的初级产品。发展中国家希望通过协定，维持这些商品的合理价格的稳定和保证这些产品的生产和销售。而作为主要消费国的工业发达国家，它们一方面希望通过协定保证初级产品的价格不至于涨得太高，并能保证稳定供应；另一方面又不愿承担稳定价格和增加进口的义务。因此，在谈判和协定签订过程中，生产国（出口国）与消费国（进口国）充满了矛盾和斗争。第二次世界大战后，经过多年的谈判，国际商品协定签订了不少，比较有名的有糖、锡、咖啡、橄榄油、小麦、可可、天然橡胶 7 种国际商品协定，到 1989 年尚存的仅有天然橡胶、糖、锡 3 种。

从国际商品协定的执行情况来看，这些协定对于稳定商品价格、保证生产国的出口收益、适当满足消费国的要求，起到了一定的作用。但由于少数发达资本主义国家的干扰，多数协定没有发挥其应有的作用。

第二节 WTO 概述

一、GATT

GATT（General Agreement on Tariffs and Trade）是指关税与贸易总协定，简称“关贸总协定”，是世界范围内关于降低关税、削减非关税壁垒等贸易限制、协商制定国际贸易共同准则、调整各国间贸易关系的多边国际协定。GATT 是 WTO（世界贸易组织）的前身，经过长达 7 年半之久的乌拉圭回合谈判，1995 年 GATT 正式被 WTO 取代。关贸总协定于 1947 年 10 月 30 日由 23 个国家在日内瓦签订，并于 1948 年 1 月 1 日生效。关贸总协定从形式上看是一个贸易协定，但第二次世界大战后实际上已成为国际贸易领域内的一个国际性组织。它同国际货币基金组织（IMF）、世界银行（IBRD）一起被称为调节世界经济贸易关系的三大支柱，为战后世界经济的繁荣做出了巨大的贡献。如今的 WTO 仍沿用了很多 GATT 的规则和做法。

（一）GATT 的产生

1929—1933 年，资本主义世界发生了空前严重的经济危机，使整个资本主义经济陷于瘫痪、工业生产倒退、国际贸易下降。为了摆脱困境、挽救经济，资本主义各国贸易保护主义盛行，“关税战”愈演愈烈。罗斯福在危机中接替胡佛就任美国总统，执行了史称“新政”的一系列挽救危机的措施。1934 年通过了《互惠贸易协定法》，美国与包括苏联在内的 20 多个欧洲国家签订了贸易协定，把美国的进出口关税降低 50%，促进了国际贸易的发展。但是，由于第二次世界大战的爆发，这一进程暂时中断了。

第二次世界大战后，美国在世界经济中处于领导地位，凭借其战后政治、经济、军事上的优势，企图从金融、投资、贸易三个方面重建世界经济秩序。在金融方面，建立了国际货币基金组织，以重建国际货币制度，维持各国间汇率的稳定和国际收支的平衡；在国际投资方面，建立了国际复兴开发银行（即世界银行），处理长期投资问题；在贸易方面，拟议建立国际贸易组织（International Trade Organization），设法扭转贸易保护主义和歧视性贸易政策，促进世界贸易自由化。

在美国的积极倡导下，1946 年 2 月联合国经济及社会理事会开始筹建国际贸易组织，并于 1947 年 4 月在日内瓦举行的第二次筹备会议上通过了《国际贸易组织宪章》草案。在这次会议上，为了尽快进行关税减让谈判，参加会议的代表根据这项草案的有关关税条文汇编成一个文件，即关税与贸易总协定，并经过谈判达成一项“临时适用议定书”，作为总协定的组成部分。1947 年 10 月 30 日有关国家签订关税与贸易总协定，并于 1948 年 1 月 1 日起生效。当时签字国有 23 个，中国是其中之一，这些国家后来被称为创始缔约方。1947 年 11 月，在古巴首都哈瓦那通过了《国际贸易组织宪章》（即《哈瓦那宪章》），送交各国政府批准，因包括美国在内的一些国家的国会认为该宪章与其国内立法内容有悖而未予批准，致使成立国际贸易组织的设想未能实现。至此，“关税与贸易总协定”就成为缔约方调整对外贸易政策、措施及国际经济关系方面的重要法律准则。

（二）GATT 的内容和基本原则

1. GATT 的内容

关税与贸易总协定（以下简称“总协定”）的文本由序言和 4 部分内容组成，共 38 条。

总协定在序言中阐明了它的宗旨是：以提高生活水平，保证充分就业，保证实际收入和有效需求的巨大持续增长，扩大世界资源的充分利用，以及发展商品生产与交换为目的。通过达成互惠互利协议，大幅度地削减关税和其他贸易障碍，取消国际贸易中的歧视待遇。

总协定的第 1 部分包括第 1 条和第 2 条。主要规定了缔约方在关税和贸易方面相互提供无条件最惠国待遇，以及关税减让事项。

总协定的第 2 部分包括第 3 条到第 23 条。主要是调整和规范缔约方贸易政策和措施的规定，包括过境自由、反倾销税和反贴补税、海关估价、取消出口补贴、一般例外与安全例外等规定。

总协定的第 3 部分包括第 24 条到第 35 条。主要规定了总协定的适用范围、活动方式、参加及退出总协定的程序等问题。

总协定的第 4 部分包括第 36 条到第 38 条。这部分是 1965 年增加的，主要规定发展中国家在贸易与发展方面的特殊要求及有关问题。

总协定最初成立时，在很大程度上由美国控制。随着西欧、日本经济的迅速发展，逐步成为美国、欧共体、日本之间较量经济实力和争夺市场的场所，所以总协定有“富人俱乐部”之称。随着第三世界力量的壮大和发展中国家成员方逐渐增加，情况又有所改变，发展中国家在总协定中的发言权逐步增加，它们的利益受到一定程度的重视。

2. GATT 的基本原则

（1）非歧视原则（Rule of Non-discrimination）。非歧视原则是总协定最重要的原则。非歧视性原则要求总协定的缔约方在实施某种限制或禁止措施时，不得对另一缔约方实行歧视待遇。非歧视原则是通过总协定的最惠国待遇条款和国民待遇条款体现的，这两项条款主要是针对进出口商品与有关事项的。

（2）互惠贸易原则（Rule of Reciprocal Trade）。互惠贸易原则是总协定缔约方之间利益、优惠、特权、豁免的相互或相应的让与，是缔约方之间确立贸易关系的基础。互惠贸易原则要求缔约方在互惠互利的基础上大幅度、普遍地降低关税，并且在修改关税减让表的谈判中要实现互惠互利。另外，当新成员加入时，要求其保证加入关税及其他一些事项的谈判，使新加入的缔约方作出一定的互惠承诺，即付一定的“入门费”作为享受其他缔约方给予优惠的先决条件。

（3）关税保护原则（Rule of Customs Duties as Means of Protection）。总协定规定缔约方只能通过关税来保护本国产品，而不应采取其他限制进口的措施。这是因为：首先，在市场经济的贸易管理中，关税占重要地位；其次，关税相比其他贸易措施给进出口带来的损失较小；再次，关税制度下，最惠国待遇和国民待遇易于执行；最后，通过关税，易于辨认一国是否采取歧视性政策，使保护程度一目了然，并且容易对各国关税保护水平进行比较。总协定要求缔约方之间应通过关税减让的谈判逐步降低关税。关税减让的原则使各缔约方彼此作出互惠与平等的让步，达成有关关税减让表的协议，任何缔约方无权单方面予以改变，至少在一定时期内不得改变。

（4）一般禁止数量限制原则（Rule of General Crimination of Quantitative Restrictions）。总协定规定，原则上应取消进出口数量限制。总协定的第 11 条规定："任何缔约方除征收税捐或其他费用外，不得设立或维持配额、进出口许可证或其他措施以限制或禁止其他缔约方领土的产品输入，或向其他缔约方领土输出或销售出口产品。"但是考虑到实际情况一时难以完全做到，因此又规定了一些例外，如为了稳定农产品市场、改善国际收支、促进发展中国家经济发展的需要，可在非歧视原则的基础上实施数量限制。

（5）公平贸易原则（Rule of Fair Trade）。总协定规定，禁止缔约方在出口方面实行倾销，并授权缔约方在其某项工业由于倾销造成重大损害或产生重大威胁时，可征收反倾销税。总协定认为，倾销和出口补贴是不公平的贸易手段，允许缔约方采取措施来抵消倾销和出口补贴对进口国造成的损害。总协定规定，缔约方应力求避免对初级产品及其以外的任何产品的输出实行补贴，如果出口补贴对另一个缔约方国内工业造成重大损害或产生威胁，该国可征收反贴补税。

（6）磋商调解原则（Rule of Consultation and Mediation）。为了维护缔约方在总协定中的正当权益，缓和并解决缔约方之间的贸易矛盾和争端，总协定规定了磋商调解和解决贸易争端的程序及办法。总协定解决贸易争端的办法并不是对一国违反总协定规定的行为进行法律制裁，而是通过磋商调解来保持缔约方之间权利和义务的平衡。

（7）豁免和紧急行动原则（Rule of Waivers and Emergency Action）。总协定对豁免义务作了规定，当一缔约方在总协定享受的利益正在丧失或受到损害时，全体缔约方可授权这一缔约方暂停实施它所承担的关税减让义务。但这种决定应以所投票数的 2/3 多数通过，且这一多数应包括全体缔约方的半数以上。总协定规定，保障措施应是非歧视的，且在实施紧急行动前，应向总协定秘书处书面通知，并与重大利害关系缔约方进行磋商。

（8）透明度原则（Rule of Transparence）。总协定规定，各缔约方有效实施的有关关税、其他税费及有关进出口贸易措施的所有法令、条例和普遍采用的司法判例，以及行业规定，应迅速公布，使各国政府及贸易商熟知。一缔约方和另一缔约方之间缔结的影响国际贸易的协定，也须公布。当然，涉及国家秘密、公司商业秘密的属于例外情况。

（三）GATT 的作用

随着关税与贸易总协定的内容及活动所涉及的范围不断扩大，总协定的成员方也不断增加，它在国际贸易领域中的作用日益加强，对第二次世界大战后国际贸易和世界经济的发展起了重要的促进作用，主要表现在下述几个方面。

1. 促进第二次世界大战后国际贸易的发展

在总协定的框架下，通过八轮多边贸易谈判，促进了战后国际贸易的自由化。首先，经过历次多边谈判，总协定缔约方进口关税税率大幅度降低。到 1995 年，各发达国家的平均进口关税率（最惠国税率）已从总协定成立前的 50%左右下降为 4%。其次，总协定通过禁止数量限制及"东京回合"中达成的非关税壁垒的协议和守则，大大削减了非关税壁垒对国际贸易的限制和阻碍。最后，1979 年第七轮谈判通过的"授权条款"，使发达国家对发展中国家出口的制成品和半制成品给予普遍的、非歧视的和非互惠的关税优惠。所有这些都使战后贸易自由化的范围扩大，促进了国际贸易的发展。

2. 形成的一整套国际贸易政策、措施和规章，在一定程度上成为协定成员方制定和修改外贸政策、措施及从事对外贸易活动的依据

总协定是人类有史以来建立的第一个协调国际贸易的准世界性组织。总协定规定了有关国际贸易政策的各项基本原则，在多边贸易谈判中达成了一系列协议。这些原则和协议对总协定成员方具有一定的约束力。总协定要求有关成员方，无论在从事国际贸易活动，还是在制定、修改对外贸易政策和措施，以及处理成员方之间的经济贸易关系上，都应遵守这些原则与协议。因此，在一定条件下，这些原则与协议就成为总协定各成员方制定、修改对外贸易政策和措施及从事对外贸易活动的依据。

3. 暂时缓和了成员方之间在国际贸易中的某些矛盾

总协定缓和了各缔约方的矛盾，其配备的各种组织机构为各缔约方解决矛盾和争端提供了场所，而且它还建立了一套调解争端的程序和方法。总协定使各方有机会就贸易争端等问题及时进行磋商和调解，并为各方调节贸易关系提供了法律依据，更好地保障了各方在总协定中的权利和义务。在历次的多边贸易谈判中，各成员方经过长期的谈判，通过磋商、调解，最终达成协议，解决了某些争端。这些协议对于暂时缓和它们之间在贸易上的某些矛盾起到了一定的作用。总协定在一定程度上减少和消除了因贸易矛盾而导致的激烈冲突，为经济发展和世界和平提供一个较好的环境。

（四）GATT 缔约以来的主要活动

关税与贸易总协定的重要工作之一是通过多边谈判来干预、调节各缔约国（方）之间的贸易关系。总协定自 1947 年签订以来，共进行了八轮多边谈判，对促进全球贸易的发展做出了应有的贡献，并对世界经济增长产生了巨大的影响。

1. GATT 前七轮多边贸易谈判

第 1 轮，1947 年在瑞士日内瓦举行，参加者为出席世界贸易与就业会议第二次筹委会成员，共 23 国（包括中国在内）。在 7 个月的谈判中，达成双边减税协议 123 项，涉及 45 000 项商品，它使占进口值 54%的应税商品平均降低税率 35%，影响世界贸易额近 100 亿美元。这一回合不仅达成了众多双边减税协议，更为重要的是，双边达成协议通过无条件最惠国待遇自动适用全体缔约方，使关税减让水平达到了空前规模。

第 2 轮，1949 年在法国安纳西举行，共 33 个国家参加谈判，有 10 个国家新加入谈判的行列。谈判所涉及关税减让的商品项目有 5 000 项，达成双边关税减让协议 147 项，使应税进口值 5.6%的商品平均降低关税 35%。

第 3 轮，1950—1951 年在英国托奎举行，有 39 个国家参加。这次谈判参加国的贸易额占全世界出口额的 85%，进口额的 80%。尽管此次谈判由于某些原因（如美国与英联邦许多成员接触有限），致使谈判成果不如以前，但也达成了双边关税减让 150 项，新减让关税商品项目 8 700 项，使应税进口额占总进口额 11.7%的商品平均降低关税 6%。

第 4 轮，1956 年在瑞士日内瓦举行，此次谈判参加国仅 28 个。谈判结果由于美国国会对政府授权有限，美国代表团尽管一再努力，也难有所作为，使谈判受到很大影响。新的关税减让项目虽然达到 3 000 项，但仅涉及 25 亿美元的贸易额，使应税进口额 16%的商品最终平均降低税率 15%。

第 5 轮，1960—1962 年在瑞士日内瓦举行，共 45 个国家参加谈判。由于这一轮谈判

的提议者是美国负责经济事务的副国务卿道格拉斯·狄龙，故称“狄龙回合”（Dillon Round）。这次谈判历时两年，使应征税进口值20%的商品平均降低关税20%，涉及49亿美元的贸易额。协议规定美国和欧共体的工业品关税各减少20%，然而对美欧双方都很重要的农产品和一些所谓政治敏感商品，双方都不让步而未能削减关税。

第6轮，1964—1967年在瑞士日内瓦举行，有54个国家参加。这轮谈判由于是由美国总统肯尼迪发起召开的，故称“肯尼迪回合”。这轮谈判耗时三载，1967年5月达成协议。谈判的结果是：美国工业品减税37%，平均进口税率为11.2%；欧共体工业品进口关税税率下降35%，平均进口税率为7.6%；总的工业品进口关税税率下降35%，涉及400亿美元的商品贸易额，关税减让项目达60 000项。“肯尼迪回合”除了达成上述关税方面的减让外，还第一次制定了反倾销协议，确定了反倾销税、反补贴税的定义。

第7轮，1973—1979年，该轮谈判始于日本东京，故称“东京回合”，后改在瑞士日内瓦举行，有99个国家参加。又因它是美国总统尼克松与欧、日谈判后发起的，也曾被称作“尼克松回合”。这一回合谈判是在西欧、日本经济实力迅速提高，美国经济地位已开始相对衰落，国际货币金融体系因美元危机而出现动荡，中东战乱，贸易保护主义抬头的情况下举行的。经过5年多艰苦谈判，获得如下结果：

（1）关税减让涉及3 000亿美元的商品，从1980年起8年内全部关税削减幅度为25%～33%，发达国家平均进口关税率将最终降为4.7%。

（2）禁止工业品出口补贴，但农产品在不损害其他国家贸易条件下可予以适当补贴。

（3）在限制非关税措施方面取得了一定的成绩，如在海关估价、补贴与反补贴、政府采购、技术贸易壁垒、进口许可证程序等方面达成了相应的协议。

（4）给予发展中国家更加优惠的待遇，如发达国家给予发展中国家单方面贸易优惠，允许发展中国家为经济发展而采取相应的贸易措施。

2.“乌拉圭回合”多边贸易谈判

20世纪80年代初的经济危机使世界范围内的贸易保护主义抬头，发展中国家陷入严重的债务危机之中，发达国家经历了深刻的产业结构的调整，新的情况需要新一轮多边贸易谈判。1983年11月，日本与美国协调立场后首先在总协定第39届缔约方大会上提出了相应的建议。经过多年的磋商，1986年9月在乌拉圭的埃斯特角城举行的关贸总协定部长级特别会议上，发起了新一轮多边贸易谈判，这轮谈判被称为“乌拉圭回合”。

（1）谈判的目标和内容。乌拉圭回合谈判的内容分两大部分：第一部分是货物贸易谈判，包括14个议题；第二部分是服务贸易谈判。货物贸易谈判的目标是：“制止和扭转保护主义，建立一个更加开放、具有生命力和持久的多边贸易体制。”服务贸易谈判的目标是：“制定处理服务的多边原则，以便在透明和逐步自由化的条件下扩大服务贸易。”此次谈判的目标之宏伟、议题之广泛，在总协定的历次谈判中是空前的。

（2）“乌拉圭回合”谈判的特点。1）谈判的经济背景更为复杂、严峻。20世纪80年代以来，世界贸易发展趋缓，国际市场上初级产品需求不振、价格剧降，世界贸易不平衡日益加重，发达国家在国际贸易中的比重上升而发展中国家所占比重却日益下降，同时发达国家之间的贸易不平衡也十分突出，美国贸易逆差不断上升。2）自“东京回合”后，总协定受到挑战，其权威性在削弱。主要表现在：发达国家对发展中国家采取的歧视性贸易措施背弃了无条件的最惠国待遇原则；关税作为对外贸易政策措施的意义在下降，各缔约方越来越多地使用各种灵活的非关税措施；贸易争端不断发生。3）谈判的重点内容有所变化。前几轮多边贸易谈判基本是以工业制成品为中心，以消除关税壁垒为主要目的，而此回合谈判的焦点围绕农产品贸易、服务贸易与贸易有关的知识产权和投资问题等。

（3）“乌拉圭回合”谈判的成果。“乌拉圭回合”谈判自 1986 年 9 月开始，经过 7 年零 3 个月漫长的谈判，至 1994 年最终达成了实质性协议。历时 7 年多的“乌拉圭回合”谈判取得如下成果：1）达成了内容广泛的协议。包括 45 个协议、协定和决定，涉及 21 个领域的内容。2）扩大了贸易自由化的深度和广度。根据各谈判参加方市场准入报价的初步估计，“乌拉圭回合”谈判中，减税商品涉及的贸易额高达 1.2 万亿美元，减税幅度近 40%，在近 20 个产品部门实行了零关税。发达国家平均关税税率由 6.4%降为 4%，农产品非关税措施全部关税化，纺织品的歧视性配额限制在 10 年内取消。服务贸易总协定为每年近万亿美元的服务贸易，制定了自由化的基本原则和规则。3）建立世界贸易组织取代总协定。根据关贸总协定“乌拉圭回合”达成的“建立世界贸易组织的协议”，1995 年 1 月 1 日世界贸易组织正式成立，WTO 正式替代 GATT。

二、WTO

世界贸易组织（World Trade Organization，WTO），简称世贸组织，它于 1995 年 1 月 1 日建立，取代原先的关税与贸易总协定，是按照“乌拉圭回合”多边谈判达成的最后文件所形成的一整套协定和协议的条款作为国际法规准则，对各成员之间经济贸易关系的权利和义务进行监督、管理和履行的正式国际经济组织。世界贸易组织是独立于联合国的永久性国际组织，截至 2015 年 11 月底共有成员 162 个。

世贸组织是具有法人地位的国际组织，在调解成员争端方面具有更高的权威性。与关贸总协定相比，世贸组织涵盖货物贸易、服务贸易及知识产权贸易，而关贸总协定只适用于商品货物贸易。

世界贸易组织的正式成立并取代关贸总协定，并非只是名义上的变化，而是具有更为深刻的内涵和深远的历史意义：

（1）它体现了国际社会建立一个强大的、以规则为基础的多边经济贸易体制，以及在国际经济领域发挥主导作用的共同愿望。

（2）它标志着世界各国的经济合作、共同发展进入了一个新的时代。从 GATT 到 WTO，世界拥有了一套范围更广、效力更大和更为完备的多边贸易规则，大大增加世界贸易的稳定性和可预见性，并为建立和巩固国际经济秩序奠定了更为坚实的基础。

（3）世界贸易组织的成立推动了世界贸易的增长，并为各成员带来更多的就业机会、投资机会和更高的福利水平。

（一）WTO 的宗旨

世界贸易组织的宗旨是：提高生活水平，保证充分就业和大幅度、稳定地增加实际收入和有效需求；扩大货物和服务的生产与贸易；坚持走可持续发展之路，各成员方应促进对世界资源的最优利用、保护和维护环境，并以符合不同经济发展水平下各成员需要的方式，加强采取各种相应的措施；积极努力确保发展中国家，尤其是最不发达国家在国际贸易增长中获得与其经济发展水平相适应的份额和利益。其目标是建立一个更完整、适用和持久的关贸总协定。

（二）WTO 的管辖范围与职能

世界贸易组织所管辖的范围不仅包括已有的和经“乌拉圭回合”修订后的货物贸易方面的规则，而且还包括在“乌拉圭回合”谈判中新制定的一整套服务贸易方面的规则，以及与贸易有关的投资措施和知识产权规则。

世界贸易组织作为一种多边贸易体制的组织形式，其职能有以下五种。

1. 管理职能

“实施、管理、运作和实现进一步目标”是世界贸易组织对其所管辖的多边贸易协定履行管理职能的四项主要的工作。这表明世界贸易组织具有“行政组织”的特点。

2. 谈判职能

世界贸易组织以一个组织的身份，具有从法律意义上开展谈判的职能。谈判范围也扩大到所有涉及世界贸易组织所管辖的协定和部长级会议决定的其他谈判。这就从事实上说明，世贸组织的谈判职能将主要为促进多边贸易协定的履行和扩大国际贸易自由化领域这两个核心内容而行使。

3. 解决争端职能

同关贸总协定体制中的“国际法院”职能一样，世界贸易组织也履行其“国际法院”的职能。但是，其争端解决机制比总协定体制下的主要以道义谴责为手段的机制，更具权威性和“法院”裁决的意义。

4. 政策评审职能

政策评审是贸易政策透明度原则的延伸与具体运作的表现。

5. 协调职能

为达到全球经济政策的一致性，世界贸易组织将以适当的方式与国际货币基金组织、世界银行及其附属机构进行合作。

（三）WTO 的组织机构与决策机制

世界贸易组织的组织结构为三层，依次为：作为世贸组织最高权力机构的部长大会；行使部长大会的职权和世贸组织协定规定的其他职权的总理事会；由各成员代表组成的货物贸易理事会、服务贸易理事会和与贸易有关的知识产权理事会。

世贸组织的决策机制将沿袭关贸总协定的做法，以各方的“一致意见”来作出决定，但其协议交存联合国秘书长。遇有投票决策时，世贸组织在部长大会和总理事会对一般问题的表决须得到过半以上的多数通过；修改或解释多边贸易协议，须有世贸组织成员 3/4 多数通过；免除某成员多边贸易协议下的某项义务，也须经 3/4 成员通过。

（四）WTO 的成员资格及基本权利和义务

1. WTO 的成员资格

世贸组织成员资格有两种：一是创始成员，二是一般成员。在 GATT 过渡为 WTO 之前已经是缔约方并签署加入文件的为创始成员，WTO 成立后加入的为一般成员。两种成员的权利和义务相同，但在加入程序上有差别，一般成员加入必须和现成员方政府进行谈判。

任何国家或拥有完全自主权的独立关税区，按其与世界贸易组织达成的条件，均有资格加入世贸组织。但其进入的决定，应由部长会议 2/3 多数同意。任何成员方均可退出世界贸易组织，退出从递交退出申请到被总干事接受 6 个月后生效。

2. WTO 成员的基本权利和义务

（1）WTO 成员的基本权利有：1）在 160 多个现有成员中享受多边的、无条件的和稳定的最惠国待遇；2）享受其他成员开放或扩大货物市场、服务市场准入的利益；3）发展中成员可享受一定范围的普惠制待遇及发展中成员的大多数优惠或过渡期安排；4）利用 WTO 贸易争端解决机制和程序，公平、客观、合理地解决与其他国家的经贸摩擦，营造良好的经贸发展环境；5）享有成员利用各项规则，采取促进本国经贸发展的措施的权利。

（2）WTO 成员的基本义务有：1）在货物、服务、知识产权等方面，根据规定，给予其他成员最惠国待遇；2）根据 WTO 有关协议规定，扩大货物、服务的市场准入程度，即具体要求降低关税和规范非关税措施，逐步扩大服务贸易市场的开放；3）按《知识产权协定》规定，进一步规范知识产权的保护措施；4）根据 WTO 争端解决机制与程序，和其他成员公正地解决贸易摩擦，不搞单边报复；5）增加贸易政策和有关法规的透明度；6）按过去 3 年本国（地区）贸易额在世界贸易总额的比重，缴纳一定会费。

（五）WTO 的特点

与关贸总协定相比，世界贸易组织有下述特点。

1. 内容的广泛性

关贸总协定从关税减让出发，逐步建立了一套调整关税与非关税措施的国际规则。世贸组织作为关贸总协定的继承和发展，不仅包括了关贸总协定已有的并经“乌拉圭回合”修订的货物贸易规则，而且还包括了在该轮回合中新制定的与货物贸易有关的投资规则、保护知识产权规则和服务贸易方面的规则。

2. 多边贸易体制的统一性

关贸总协定主要是以关贸总协定文本为主的协议，以“东京回合”制定的非关税领域的 9 个守则（简称东京回合守则）和多边纤维协议为分协议的两层结构。东京回合守则可由关贸缔约方和非缔约方选择签署参加，但世贸组织则要求各方“一揽子”签署参加“乌拉圭回合”达成的所有协议，从而建立起一个统一完整的多边贸易体制。仅有政府采购、民用航空器、牛肉、奶制品 4 个协议例外。

3. 法律制度上的正式性

世贸组织不仅将关贸总协定的临时适用改为正式适用，而且还以世贸组织协定为基础，建立了一整套组织机构，包括世贸组织本身、下设的权力机构、各行政执行机构、“司法”机构和政策监督机构。世界贸易组织作为一个统辖国际贸易及其发展的国际经济组织，在法律制度、组织、规模、职能和作用等方面都远远超过了原来的关贸总协定，对推动世界经济贸易的发展具有举足轻重的作用。

经过关贸总协定体制 40 多年的经验积累与准备，世界贸易组织从诞生之初就已经是一个“庞然大物”。世贸组织正为推动国与国之间经济贸易关系的发展发挥着重要的作用，并为建立公平合理的国际经济秩序做出其应有的贡献。

第三节 中国与 WTO 的关系

一、复关

中国于 1947 年 10 月 30 日签署了关贸总协定，1948 年 4 月 21 日提交了临时申请议定书，并于 1948 年 5 月 21 日起生效，成为总协定中的 23 个创始方之一，中国还参加了第一次关税减让的谈判。1949 年 4 月至 8 月，中国派员参加了在法国安纳西举行的关贸协定第二届缔约方大会，并参加了第二轮多边关税与贸易谈判。

1949 年 10 月 1 日，中华人民共和国的成立，并未改变中国的国际法主体资格。1950 年中国台湾当局提出退出关贸总协定，联合国秘书长通知台湾当局退出总协定从 1950 年 5 月 5 日起生效。但我国政府从未承认过此退出的合法性，因为联合国秘书长的通知是来自未经政府认可的个人行为。因此，台湾当局以中国名义退出关贸总协定是非法的和无效的。

1965 年 1 月台湾当局又要求成为总协定的观察员并获承认。1971 年 10 月联合国大会通过《恢复中华人民共和国在联合国合法权利》的第 2758 号决议，同年 11 月关贸总协定根据该决议取消台湾当局的观察员资格。

20 世纪 70 年代，我国逐步恢复了在联合国所属机构的合法地位，但由于各方复杂的原因，中国政府直到 1980 年才与关贸总协定直接接触。1982 年 11 月，中国首次派团以观察员的身份，列席了关贸总协定第 38 届缔约方大会，在这次会议上，代表团与总协定秘书处就中国恢复在关贸总协定缔约方席位等问题交换了意见。1986 年 7 月 10 日，中国政府正式向关贸总协定提出恢复我国缔约方地位的申请，并阐明中国政府对恢复缔约方地位坚持的主要原则。1987 年 3 月，关贸总协定理事会主席邀请中国及关贸总协定主要缔约方参加非正式磋商会议，讨论有关成立审议中国要求恢复原始缔约方地位的工作组问题。1987 年 6 月 19 日，中国工作组宣告正式成立，工作组主席为瑞士经济部大使吉拉德，该工作组对所有愿意参加的缔约方开放。当月关贸总协定秘书处向我国提交了由缔约各方提出的有关我国对外贸易制度的书面问题 329 项，从此开始了长达 5 年多的对中国对外贸易制度的审议。历经 5 年多的艰苦谈判完成了对我国对外贸易体制的审议，后又进入恢复议定书的谈判工作。在中国为重返关贸总协定而进行的 8 年谈判中，中国政府做了大量艰苦、细致的工作：改革外贸体制、下调进口关税、取消出口补贴、减少进口指令性计划、增强外贸政策、提升法规的透明度等。但是，某些国家出于政治原因阻挠中国“复关”，致使我国未能如愿在“乌拉圭回合”谈判结束前恢复在关贸总协定中的地位。

根据中国与关贸总协定的历史渊源和中国经济的发展状况，1982 年中国确立了重返关贸总协定的基本立场：（1）中国重返关贸总协定是恢复初始缔约方地位，绝非重新加入；（2）中国恢复缔约方地位应以关税减让为基础承担义务，而非具体承担进口义务；（3）坚持发展中国家的地位。

1987 年中国工作组成立之后，中国又增加了要求取得无条件最惠国待遇和取消对中国实行的歧视性数量限制两条原则。在此原则下，我们希望通过谈判能够以关税减让为“入门费”恢复初始缔约方地位，同时达成恢复议定书，规定我国在总协定中的权利及应承担的义务。应当说，我国上述原则、立场与希望是合乎法律且合情合理的。当然，我们也应当看到，一方面由于我国与关贸总协定中断活动达 40 多年，各方情况发生了很大的变化，世界经贸活动亦远非40年前可比；另一方面关贸总协定也只具有协议性质，故在恢复缔约方地位时，只能通过与其他缔约方进行权利、义务的实质性谈判来达到该目的。从另外的角度看，我国对外贸易的85%是与总协定成员方进行的，我国具有相当广大的市场及人们都承认的巨大经济发展潜力，而且我国是国际货币基金组织和世界银行的重要成员，如不恢复中国在关贸总协定中的地位，对中国发展不利，对关贸总协定（世贸组织）进一步发挥作用也是不利的。

二、入世

世界贸易组织成立后，中国的“复关”谈判转为“入世”谈判。1995年7月11日，中国正式提出加入世贸组织的申请。同年11月，应中国政府的要求，“中国复关谈判工作组”更名为“中国入世工作组”。中国政府根据实际情况，重申了“入世”的基本立场，概括起来为以下3个基本原则：(1) 根据权利与义务对等的原则，承担与本国经济发展水平相适应的义务；(2) 以乌拉圭回合多边协议为基础，与有关世贸组织成员方进行双边和多边谈判，公正、合理地确定入世条件；(3) 坚持以发展中国家身份“入世”，享受发展中国家的待遇。

1996年3月，世贸组织中国工作组第一次正式会议在日内瓦召开，中国代表团出席了会议。同时，为加快经济建设及国内经济与世界经济接轨的速度，1996年4月1日和1997年10月1日，我国政府两次大幅度降低关税税率，逐步取消了名目繁多的非关税壁垒，在1998年4月中国工作组第七次会议上，中国代表团向世贸组织秘书处提交了一份近6 000个税号的关税减让表。

1999年后，中国“入世”进程明显加快。1999年4月，朱镕基总理访美，与美国在市场准入谈判方面取得实质性进展，双方签署了中美双边协议中最重要的《中美农业合作协议》，并就中国加入世贸组织问题发表联合声明。然而，1999年5月8日，以美国为首的北约轰炸了中国驻南联盟大使馆，中国“入世”谈判被迫终止。1999年9月11日，江泽民主席和克林顿总统在新西兰亚太地区经济合作组织领导人非正式会议上举行会晤，同意两国恢复谈判。1999年11月10日，美国贸易代表团访华，就中国“入世”问题与中国进行双边谈判，最终在11月15日双方签署了《中美关于中国加入世界贸易组织的双边协议》，这标志着中国与美国就此正式结束双边谈判，也为中国与其他主要贸易伙伴的谈判奠定了基础。2000年5月19日，中国与欧盟达成双边协议。2001年9月13日，中国与墨西哥签署双边协议。至此，中国与要求与中国进行双边谈判的37个世贸组织成员方全部结束了谈判。

2001年9月17日，世贸组织中国工作组第18次会议通过了中国“入世”的所有法律文件，其中包括中国工作组报告书、“入世”议定书、货物贸易减让表和服务贸易减让表等附件，同时也结束了世贸组织中国工作组的全部工作。2001年11月10日，在多哈举行的世贸组织第四次部长级会议上审议并批准了中国加入世贸组织，我国随即递交了全国人大常委会批准中国加入世贸组织议定书的通知书。按照世贸组织的规则，一个月后，中国于2001年12月11日正式成为世贸组织成员。

自加入世贸组织后，通过不断提高对外开放水平，积极参与经济全球化进程，抓住国际产业转移的历史性机遇，成功应对“入世”所带来的各种挑战，中国对外贸易赢得了历史上最好、最快的发展时期。这主要表现在："入世"后，中国获得了更加稳定、透明和可预见的贸易环境，发展空间得到进一步拓展；全面清理了涉外经济法律法规，放开了进出口经营权，把注意力转向国际市场，中国的比较优势得到进一步发挥；出口保持稳定增长，对外贸易规模屡屡实现重大突破。目前，中国已成为日本、韩国、东盟和南非等国家和地区的第一大贸易伙伴，也是美国、欧盟的第二大贸易伙伴。平均关税水平从15.3%下降到9.8%，市场开放程度不断提高。但同时，由于管理体制还不完善，发展中也还存在很多问题亟待解决，如国际贸易保护主义盛行对我国对外贸易发展已形成重大的障碍、我国出口企业的国际竞争力普遍较低、出口市场上劳动密集型产品低价竞销的现象严重、出口的增长方式仍然是粗放型、外贸发展的质量有待提高等。我们应加快外贸企业的重组和改革，与国际规范接轨，按国际惯例行事，进一步完善促进外贸发展的政策、措施，努力实现出口市场多元化，大力发展我国竞争优势行业的产品的出口，把我国的比较优势产品转化为竞争优势产品，努力提高出口产品的质量和档次，增加花色品种，满足不同市场、不同层次的需求，不断开发新产品，满足消费需求的变化，实现产业结构的升级，提高我国的国际竞争力。

本章小结

本章从一般意义上介绍了贸易条约与协定的含义、内容、种类及贸易条约与协定中所适用的主要法律待遇条款。分析了GATT的概念、内容、基本原则和缔约以来的多边贸易谈判活动，以及WTO的成立、宗旨、职能、特点和组织机构与决策机制。介绍了中国与WTO的关系及我国"入世"的过程。目的是使学生掌握世界贸易组织的相关知识，为今后参与国际贸易活动打下良好的基础。

思考练习

1. 简述贸易条约与协定的含义及主要法律待遇条款。
2. 什么是GATT？什么是WTO？与GATT相比，WTO有什么特点？
3. 简述WTO的宗旨和基本原则。
4. 分析加入WTO以来我国国际贸易形势发生的变化。

第六章

国际服务贸易

学习要点

1. 理解国际服务贸易的含义；
2. 了解第二次世界大战后国际服务贸易发展的特点及原因；
3. 掌握国际服务贸易总协定的内容；
4. 理解技术贸易的方式。

引言

从国际收支平衡表的统计口径来看，第二次世界大战后，国际服务贸易的增长速度开始超过货物贸易的增长速度，服务贸易占国际贸易的比重逐渐提高，大有与货物贸易“平分秋色”之势。服务业的对外开放与服务贸易的发展日益引起各国和地区的高度重视。随着全球经济一体化的发展，国际服务贸易突飞猛进，日益成为推动世界经济增长的“引擎”，也成为衡量一国竞争力的一项重要标准。随着我国改革开放的逐步深入和加入WTO，服务贸易也已成为我国国际贸易发展中的一个热点问题。

第一节 国际服务贸易的基本概念

一、国际服务贸易的含义

《服务贸易总协定》(GATS)将服务贸易含义的描述为：国际服务贸易是指服务提供者从一国境内向他国境内，通过商业现场或自然人的商业现场向服务消费者提供服务并获得外汇收入的过程。

对于服务贸易的含义，“乌拉圭回合”中期评审报告中曾指出：多边服务贸易的法律框架中的定义，应包括服务过境移动、消费者过境移动和生产要素过境移动（主要是指服务供应者过境移动），它们一般要符合服务的过境移动性、目的具体性、交易的连续性和时间的有限性四个标准。

国际服务贸易有狭义和广义两个不同的概念。狭义的国际服务贸易项目的确定主要根据两点：一是看该项目是否确实属于服务业产品的交易，即交易对象是否具备生产和消费的同时性，不可贮藏，并且是非实体形态的；二是看该项目是否严格符合国际经济交往的贸易概念，属于服务业产品，但并不进入国际经济往来的项目，不属于国际服务贸易的范围。狭义的国际服务贸易包括：国际运输（海运、空运和陆运），国际旅游，国际金融服务（包括保险），国际信息处理、传递软件、资料服务，国际咨询服务（包括会计、律师等），建筑和工程承包等劳务输出，国际电信服务，广告、设计、会计管理等项目服务，国际租赁服务，商品的维修、保养、技术指导等售后服务，国际视听服务，教育、卫生、文化艺术的国际交流服务，商业批发与零售服务，知识产权服务，其他官方国际服务等。

广义的国际服务贸易是以一国的国际收支流量的统计程序为依据划分的，除了包含狭义国际服务贸易的所有内容之外，国际投资收益流量也被吸收到了国际服务贸易的范围。即广义国际服务贸易包括资本报酬项下的收入或支出的利息、股息和利润。

二、国际服务贸易的分类

根据国际服务贸易的含义，可将其分为如下 4 类：(1) 从一缔约方境内向任何其他缔约方境内提供服务，简称“跨境交付”。(2) 在一缔约方境内向任何其他缔约方的服务消费者提供服务，简称“境外消费”。(3) 一缔约方在其他任何缔约方境内的商业存在提供服务，简称“商业存在”。(4) 一缔约方的服务提供者通过在其他任何缔约方境内的自然人存在提供服务，简称“自然人流动”。

关于服务贸易的分类，GATS 还有如下的规定：(1) 服务贸易涉及的“服务”包括任何部门的任何职务，但“行使政府职权时提供的服务”除外。(2)“行使政府职权时提供的服务”指既不依据商业基础提供，也不与一个或多个服务提供者竞争的任何服务。(3)“服务的提供”包括服务的生产、分销、营销、销售和交付。(4)“商业存在”指任何类型的商业或专业机构，包括为提供服务而在缔约方境内组建、收购或维持一法人，以及创建、维持一分支机构或代表处。

需要指出的是，无论是跨境交付、境外消费，还是商业存在、自然人流动，上述分类都是宽泛的，有时各类别是相互交叉的。这是因为当时的服务贸易谈判委员会在一些发达国家的要求下，尽可能多地把服务贸易纳入谈判内容。事实上，服务的提供往往不是一种方式能完成的，而是由几种方式互相联合，但这并不与它作为一个整体的服务贸易定义相冲突。

第二节　国际服务贸易的产生及发展

一、国际服务贸易的产生

国际服务贸易是在一个国家的服务经济基础上，通过服务业的国际化，利用国际分工而发展起来的。它首先是为国内的人（法人或自然人）提供各种服务以获得报酬。随着经济生活的国际化和国际分工的发展，造成各国经济活动的相互依赖，加强了彼此利益的渗透，使得各国的服务业随同其他生产要素呈现了国际化的趋势。国际分工与合作是导致国际服务贸易产生和发展的基本动因。分工导致生产的专业化，生产的专业化促进科学的发展与技术的进步，科技进步又提高生产率，最终促进经济的发展。经济发展进一步导致产业结构发生变化，使得国家经济的重心逐步从第一产业过渡到第二产业，再从第二产业过渡到第三产业，而第三产业就是以服务业为主。

在国际贸易中，早期是以货物贸易为主的，并主要是物与物的交换。这时，伴随着会产生一些服务贸易，主要是追加服务，如运输、仓储、运输器械维修、商业、饮食业等。但这些服务贸易在国际贸易中的比重较小，还不能称为国际服务贸易。15 世纪，随着新大陆的发现，资本主义殖民性质的大规模移民得到发展，服务输出主要以移民形式出现，可称为“早期国际服务贸易”。它具有两个基本特征：一是发达国家向“新大陆”及经济落后的殖民国家输出；二是服务人员的主动性和自发性移动。

从 18 世纪工业革命开始到第二次世界大战之前，是国际服务贸易发展的重要转折时期。工业革命的发生、发展过程是与交通运输业和邮电业的发展变化相联系的，这一时期也是服务贸易的突出发展时期，最明显的表现是劳动者在各产业部门间转移。特别是两次世界大战间，战争服务使得人员离开本国国土到异国从事公路、桥梁及工事的修筑，进行军需生产和运输等服务。以往那种分散的、从事农业种植业和矿业为主的移民服务，过渡为有组织的、从事以建筑业为主的、多行业的临时服务流动，战争服务成为早期服务贸易向现代服务贸易转折的重要标志。

二、第二次世界大战后国际服务贸易的发展

第二次世界大战后，国际服务贸易进入了迅速发展时期。伴随着战后世界经济发展的 3 个阶段，国际服务贸易也呈现出不同的发展水平。具体描述如下：

第 1 阶段是第二次世界大战后世界经济恢复和发展的阶段。由于第三次科技革命的推动，生产率得到了极大提高。从 1948 年到 1973 年，世界工业生产平均增长率为 6.1%，劳动生产率年增长率为 3%。生产力的提高促进了国际分工，带动了国际贸易的发展，国际服务贸易也随之增长。尤其是 20 世纪 60 年代后期，随着经济的发展，人们的物质生活水平不断提高，同时也刺激了对高消费的服务需求。这些因素使服务贸易在第二次世界大战后有了惊人的发展。到 1970 年，国际服务贸易已达 662 亿美元，占整个世界贸易总额的 17.6%。

第 2 阶段是 20 世纪 70 年代初到 80 年代末，世界经济进入一个调整期。自 70 年代起，主要资本主义国家进入了长达十多年的“滞胀”阶段。但国际贸易增长很快，特别是国际服务贸易。这期间，特别是劳务输出、技术贸易、国际旅游、银行保险等服务部门发展得特别快。例如，在劳务输出方面，1985 年全世界劳务输出达 2 000 万人次，其中菲律宾、韩国、印度、巴基斯坦、埃及等国的劳务输出均在 140 万人次以上，尤其是埃及的劳务出口高达 350 万人次以上，约占全国人口的 9%；巴基斯坦的劳务出口人数约占总人口的 10.7%。而发达国家的劳务输出主要是技术人员和管理人员，虽然输出人数并不大，但劳务创收额比发展中国家高得多，如在 80 年代，美国的劳务输出创收额达 375 亿美元，占世界服务贸易总额的 10%左右。

第 3 阶段是从 20 世纪 80 年代末至今，国际服务贸易继续保持增长，其增长速度高于世界货物贸易增长的速度。进入 20 世纪 90 年代，信息高速公路（Information Highway）及多媒体技术（Multi-Media）出现在信息服务领域，使信息处理和长距离的电信服务的成本大大降低，从而带来了服务业的革命，促进了服务贸易发展。此外，还有许多的国际服务行业在迅速发展。据世界贸易组织秘书处最近统计资料，全球 2015 年服务贸易总额已达 98 006.90 亿美元，同比增长 4.4%。

三、第二次世界大战后国际服务贸易迅速发展的原因

随着社会生产力的发展和科学技术的进步，服务贸易向多元化、集约化方向迅速发展。国际服务贸易在第二次世界大战后，尤其是 20 世纪 60 年代后得到较大发展，其具体原因如下：

（1）第二次世界大战后科技革命的发展和社会生产力的提高是服务贸易快速发展的基本动因。第二次世界大战后，特别是 20 世纪 60 年代以来，由于科技革命的推动，世界经济进入了高速发展的时期。生产的发展使物质生产部分的比例缩小，服务业的比例提高；生产的发展同时也使人们收入提高，对服务消费需求提高。从而为服务的供给和需求的迅速发展提供了物质基础，使服务的交换进一步越出了国界，国际服务贸易得以迅速发展。此外，科技发展也加剧了劳动力的国际流动。每一次科技革命必然会推动生产的自动化与机械化，但自动化和机械化并不能完全替代手工劳动和体力劳动，发达国家的低层次劳动力恰恰很缺乏，而发展中国家的工人和科技人员的劳动报酬低下，在劳动力市场逐步开放的过程中，必然发生国家间科技人员和其他服务人员的流动，使国际服务贸易量扩大。

（2）世界经济发展的不平衡性是促进服务贸易发展的重要原因。世界经济发展的这种不平衡性导致世界经济的分工与协作。由于发达国家的物质生活水平比较高，对社会服务的要求也比较高，因而发达国家的服务业比较发达，为了在世界范围获取经济利益，便向广大的发展中国家开拓市场。例如，通过商业银行、工程承包、技术转让、保险业向发展中国家的渗透。与此同时，发展中国家具有优势的廉价劳动力进入发达国家。发达国家与发展中国家在经济上的互补性，导致两者之间服务市场的扩散和对流，促进国际服务贸易在世界范围内迅速发展。另外，全球范围内区域间、国家间经济发展的不平衡和资本报酬的不均等性，促进了国际资本的流动，一方面国家间资本的间接投资成为国际金融这一服务贸易发展的重要内容，另一方面国家间资本的直接投资更推动了“商业存在”服务贸易的发展。

（3）跨国公司的迅速发展加强了服务的国际化。第二次世界大战后，随着世界经济一

体化和区域贸易集团化，跨国公司有了很大的发展。大型跨国公司通过自己的全球战略和世界生产销售网，将世界经济联成一体，在国际服务贸易中起着重要的作用。

跨国公司通常集商品贸易、服务贸易与对外投资于一身，其全球性的经营活动，不仅促进了资金、技术、人员的国际流动，而且带动了交通运输、技术服务、计算机信息、金融保险、工程咨询等服务业的发展。随着跨国公司经营业务的综合化，不仅实业型跨国公司对外提供出口，而且服务型跨国公司对外提供出口的比重也在不断增长。如在20世纪80年代中叶，美国、日本和欧洲的服务性跨国公司已经有231家，其分支机构逾万家，这些服务性跨国公司有能力提供多种服务，或者把商品与服务结合起来进行交易，在进入金融市场、扩大信息系统方面也具有很大的潜力。

跨国公司的直接投资也促进了服务贸易的发展。随着跨国公司的直接投资、设备技术的转移，其技术人员和管理人员也发生转移，进而带动了服务的出口和转移。这种企业移民属于服务跨国流动的形式，促进了国际服务贸易的发展。

(4) 国际服务合作的加深促使服务贸易扩大。国际服务合作是指拥有工程技术人员、劳动力的国家和地区，通过签订合同，向缺乏工程技术人员、劳动力的国家和地区提供所需要的服务，并向服务方支付报酬的一种国际经济合作。这种合作方式扩大了国际服务市场，促进了国际服务贸易的迅速发展。

(5) 生产和社会活动日益国家化使国际服务贸易的规模不断扩大。经济全球化使得国与国之间的经济交往日益密切。关贸总协定与世界贸易组织的先后运作，促进了生产分工的日益国家化和国际投资与贸易的日益自由化，从而促使对生产性服务的国际需求日益增长。同时，生产的国际化必然伴随着生活的国际化，人员的国际流动使人们消费越来越多的外国服务。

四、第二次世界大战后国际服务贸易发展的特点

(一) 发达国家在世界服务贸易中仍占有主导地位

世界服务贸易的发展一直是以发达国家为中心的。1996年在全球近200个国家和地区中，在世界服务贸易中位居前25名的国家和地区的服务贸易额占世界服务贸易额的80%，而这前25名的国家和地区主要是发达国家和地区。发达国家和地区在世界服务贸易中的主导地位主要表现在民间服务上，尤其是在知识产权方面更为明显。美国在世界服务贸易中占有领先地位，服务业也是美国经济中最为庞大、发展最快的部门。美国十大服务输出行业是旅游、运输、金融、教育培训、商业服务、通信、设备安装维修、娱乐业、信息和医疗保健，且均在世界居领先地位。

(二) 发展中国家和地区在世界服务贸易中的地位趋于上升

进入20世纪90年代，发展中国家服务出口额的增长明显加快。服务贸易第二大进出口地区为亚洲地区，除日本外，该地区多是发展中国家，虽然该地区总体经济发展水平低于西欧，但经济发展速度快，服务贸易的发展速度也居世界首位。1990年至1994年，发展中国家和地区服务出口年均增长12%，高于发达国家年均增速1倍以上，在世界服务出口中的比重由1990年的20.7%上升到1994年的25%。在发展中国家里，亚洲（主要是东亚）国家服务贸易发展尤为迅速，在世界服务出口中所占比重已从1990年的9.6%上升到

1994 年的 13.8%，超过所有发展中国家和地区服务出口的一半。在亚洲服务出口中，海上运输业发展强劲，显示出发展中国家服务贸易的发展。

（三） 国际服务贸易结构进一步优化，服务贸易领域进一步扩大

第二次世界大战之前，服务贸易主要集中在劳务的输出、输入。第二次世界大战之后，由于第三次产业革命的推动，电信、金融及各种信息产业、高新技术产业得以迅速崛起并快速进入服务贸易领域。在世界服务贸易的构成中，1970 年国际运输服务贸易占 38.5%、国际旅游占 28.2%，其他服务的比重则由 20 世纪 70 年代的 30.8%上升至 40.8%。其他服务，包括电信服务、建筑服务、金融服务、保险服务、信息服务、专利或许可、其他商业服务和文化娱乐服务等可统计的服务项目。这些服务大都是资本密集型的服务项目，其占世界服务出口的比重由 1990 年的 43.4%提高到 1994 年的 45.6%，成为世界服务贸易最大的项目。在新的科技浪潮推动下，这些服务贸易的增长速度很快，远远超过在服务贸易中一直占较大比重的运输和旅游业的增长，1996 年全球运输服务业增长率为 2%、旅游业增长率为 6%，而金融服务、电信服务及专利服务的增长率则达到 7%，在世界服务贸易中越来越重要。

（四） 技术、知识密集化趋势明显

服务产业与高新技术产业在当今世界经济中越来越重要，世界服务贸易也发展为以高新技术为载体。在过去 10 年中，许多新兴服务行业从制造业分离出来，形成独立的服务经济行业，其中技术、信息、知识密集型服务行业发展最快，其他服务行业如金融、运输、贸易、管理咨询等，也很快在全世界范围内扩大。

第三节　《服务贸易总协定》

一、《服务贸易总协定》的产生

继 1982 年关税与贸易总协定（GATT）部长级会议上，美国首次提出进行服务贸易的多边谈判后，1986 年开始的“乌拉圭回合”将服务贸易列为三大议题之一并展开谈判，目标是实现服务贸易自由化。“乌拉圭回合”谈判的成果之一就是达成了《服务贸易总协定》（GATS）。具体谈判阶段如下。

（一） 第 1 阶段（1986 年 10 月—1988 年 11 月）

服务贸易谈判从 1986 年 10 月 27 日正式开始，到 1988 年 11 月止为第 1 阶段。该阶段的谈判重点是服务贸易的定义、范围、与服务贸易有关的国际规则或协议等相关问题。但在谈判过程中，各缔约方存在很大的分歧。首先，在 1986 年埃斯特角宣言中，发展中国家同意将服务贸易作为谈判内容的前提是将服务贸易谈判与货物贸易谈判分开，并且必须明确以发展为导向。其次，发展中国家坚持对国际服务贸易作比较狭窄的定义，即“居民与非居民所进行的跨国境的服务购销活动”。这一定义把跨国公司的内部交易和发达国家的一些优势项目如金融、保险、信息、咨询、法律事务等不必跨国境的贸易排除在外，此外，还强调了发展中国家的某些优势项目，如劳动密集型的建筑工程承包服务等。美国等一些发达国家则坚持比较广泛的定义，认为所有涉及不同国民或国土的服务销售活动都可

纳入国际服务贸易范畴。当时的欧共体提出折中意见，不主张预先确定谈判范围，而是根据谈判需要对国际服务贸易采取不同定义。多边谈判基本上采纳了欧共体的意见。

（二）第2阶段（1988年12月—1990年6月）

第2阶段标志着谈判已进入实质性阶段。1988年12月，GATT缔约方在加拿大蒙特利尔举行了中期部长级会谈。中期会谈在一定程度上摆脱了对服务贸易定义的纠缠，决定加速服务贸易谈判，将谈判的重点集中在透明度、逐步自由化、国民待遇、最惠国待遇、市场准入、发展中国家的更多参与、例外和保障条款及国家规章等原则在服务部门的运用等方面。在谈判过程中，参加服务贸易谈判的各方分别提供了自己的方案并对此不断地进行修改，阐述了自己的立场与观点，为“服务贸易多边框架协议草案”的拟定奠定了基础。

1990年5月，中国、印度、喀麦隆、埃及、肯尼亚、尼日利亚和坦桑尼亚7个亚非国家向服务贸易谈判组联合提交了“服务贸易多边框架原则与规则”提案（简称“亚非提案”），对最惠国待遇、透明度、发展中国家的更多参与等一般义务与市场准入、国民待遇等特定义务作了区分。后来，GATS文本结构采纳了“亚非提案”的主张，并承认成员方发展水平的差异，对发展中国家作出了很多保留和例外，这在很大程度上反映了发展中国家的利益和要求。

（三）第3阶段（1990年7月—1990年12月）

1990年7月，服务贸易谈判组举行高级官员会议。在这次会议上，各方代表对于国民待遇、最惠国待遇等原则在国际服务贸易领域的适用已逐步达成共识，但在各国开放和不开放服务部门的列举方式上，出现了“肯定式列表”（即减让表对所包含的部门列出各成员愿意接受的实际市场准入和国民待遇承诺）和“否定式列表”（即减让表包括的措施是各成员想保持的与共同规则不一致的例外）之争。发展中国家提出“肯定式列表”方案，即各国将能够实行开放的部门清单列于目录之中，之后开放的部门数量可以随时增加。这种方式对于服务业相对落后的发展中国家较为灵活，得到发展中国家的普遍拥护。而美国和加拿大等发达国家提出“否定式列表”方案，要求各方将目前无法实施自由化原则的部门清单列在框架协议的附录中作为保留，部门清单一经提出，部门数量不能再增加，并承诺在一定期限内逐步减少不予开放的部门。这一提案被认为是“经合组织模式”和GATT多边体制的结合，目的是促进国际服务贸易的自由化，得到发达国家的支持。欧共体提出在“肯定式列表”和“否定式列表”之间找一个妥协的办法。最终，文本采用了发展中国家的主张，从而使发展中国家的利益有了一定程度的保障。

在谈判的过程中，由于发达国家和发展中国家之间利益上的矛盾和冲突，使得谈判较为艰难，但经过各方的妥协和让步，在1990年12月3日至7日的布鲁塞尔部长级会议上，服务贸易谈判组修订了“服务贸易总协定多边框架协议草案”文本，这是有史以来第一个有关服务贸易的多边协议，也是未来国际服务贸易体制的多边协议、原则、规则的蓝本。

（四）第4阶段（1991年1月—1994年4月）

从布鲁塞尔部长级会议到1991年4月，“乌拉圭回合”谈判基本陷于停顿状态，尽管GATT总干事邓克尔从1991年2月开始主持各议题的非正式磋商，但由于在农产品问题上欧共体的立场不见松动，因此这些磋商没有取得实质性的进展，服务贸易谈判也处于同样状态。

1991 年 4 月，“乌拉圭回合”多边贸易谈判委员会决定重新启动谈判，重点对协定的框架、初步承诺表和部门附件进行讨论。1991 年 5 月 27 日举行首次正式会议，讨论了制定统一格式的初步承诺单、服务的分类、各谈判参加方已经提出的初步承诺开价单及其他一些问题。1991 年 12 月下旬，邓克尔提交了一份《实施乌拉圭回合多边贸易谈判成果的最终方案（草案）》，即著名的《邓克尔方案》，从而形成了 GATS 草案。该草案包括 6 个部分、35 个条款和 5 个附录，基本确定了服务贸易总协定的结构。尽管各方对 GATS 草案存有或多或少的不同意见，但都不愿承担导致“乌拉圭回合”谈判失败的责任，因此都表示可以进一步考虑，于是各方进入了关于服务市场开放具体承诺的双边谈判阶段。

经过继续磋商、谈判，1994 年 4 月 1 日，各谈判方在摩洛哥马拉喀什正式签署了《服务贸易总协定》(General Agreement on Trade in Services，GATS)。该协定作为“乌拉圭回合”一揽子协议的组成部分和世界贸易组织对国际服务贸易秩序的管辖依据之一，于 1995 年 1 月 1 日与世界贸易组织同时生效。

二、《服务贸易总协定》的主要内容

GATS 文本由三方面组成：一是 GATS 条款；二是 GATS 附件；三是各成员方的具体承诺（市场准入减让表）。这些内容除序言部分外，由正文 6 个部分，共 29 个条款、8 个附件和 9 个部长会议决定及各成员方的承诺表组成。

GATS 序言说明了缔结该协定的宗旨、目的和总原则。序言强调了发展中国家的积极参与和其自身的特殊情况，发展中国家成员应努力在今后服务贸易的部门开放谈判中，充分利用《服务贸易总协定》的基本原则和目的，以争取对自身有利的谈判结果。

第 1 部分主要是对服务贸易做出定义和规定适用范围。服务贸易总协定的适用范围非常广泛，它包括提供以下 4 种形式的服务：（1）从一参加方境内向任何其他参加方境内提供服务；（2）在一参加方境内向任何其他参加方的服务消费者提供服务；（3）一参加方在其他任何参加方境内通过提供服务的实体加入而提供服务；（4）一参加方自然人在其他任何参加方境内提供服务。

第 2 部分规定了协定缔约方的一般义务和纪律，共有 13 条，是谈判的焦点所在。其中包括最惠国待遇、透明度、发展中国家的更多参与、经济一体化、紧急保障措施、保障国际收支的限制、例外条款和有关补贴的规则。协定把最惠国待遇作为通用的一般义务和纪律原则，协定第 2 条规定，有关本协定的任何措施，每一个参加方给予任何其他参加方的服务或服务提供者的待遇，应立即和无条件地以不低于前述待遇给予其他任何参加方相同的服务或服务提供者。GATS 沿袭了 GATT 关于透明度的基本原则，即除非在紧急情况下，每一个参加方必须迅速公布影响本协定实施的有关法律、法规、行政命令和所有的其他决定、规则、习惯做法（包括中央和地方政府作出的，也包括非政府但有权制定规章的机构作出的），以及其签字参加的所有有关影响服务贸易的其他国际规定，最迟在它们生效之前予以公布。当然，服务贸易条例的公布也有例外，如果是那些参加方一旦公布就会妨碍其他法律实施或对公共利益不利或损害具体企业（包括国营或私营）正当合法商业利益的机密资料，参加方可以免除其透明度义务。GATS 的一项基本义务是促进发展中国家在服务贸易中的更多参与。发达国家承诺将采取具体措施帮助发展中国家扩大服务出口，特别要对发展中国家的服务出口给予有效的市场准入，而发展中国家可以通过对外国提供者附加条件，或以实现有利于发达国家服务部门的自由化换取发达国家在对发展中国家出口有利部门对等让步的方式来达到目标。

第3部分是具体承诺。主要包括两项内容：一是市场准入，二是国民待遇问题。市场准入是一种经过谈判而承担的义务，实施对象既包括服务也包括服务提供者。该条款列出了6项市场准入的限制措施，其中包括4项数量限制，1项对法律具体形式的限制，1项对外资份额的限制。各方应将与上述限制有关的各项措施列入承诺单，否则不能予以实施。条款中所列限制以外的任何限制，只要不是歧视性的，均不在协定所辖范围之内。GATS中的国民待遇条款规定，各缔约方在其承诺单所列服务部门或分部门中，以所列条件和限制为准，它所采取的与提供服务有关的措施所给予外国服务和服务提供者的待遇，不论这些待遇在形式上是否相同，只要不对外国服务和服务提供者造成歧视，就都是符合国民待遇原则的。如果形式上相同或不相同的待遇，改变了竞争条件，使其有利于国内服务和服务提供者，就认为是违背了国民待遇原则。

第4部分是逐步自由化。这是服务贸易多边谈判的主旨所在。其关键在于各成员方所承担的自由化义务和适应性，以及服务贸易自由化进程的安排。

第5部分是机构条款。服务贸易的机构条款主要涉及磋商和争端的处理、采取联合行动的方式及成员方之间的经济技术合作。在此项谈判中，以美国为首的发达国家在磋商和处理自由化进程中，对各方之间的矛盾及应采取何种行动的谈判表现得十分积极，而发展中国家则希望能从发达国家那里取得更多的经济技术援助。

第6部分是最后条款。它主要规定成员方对有关责任与义务承诺和接受的程序，并声明非成员方若加入本协定须得到全体成员方2/3的投票通过。文中规定非本协定成员方或根据条款不适用本协定的另一成员方，不享受本协定对其服务提供者的利益，并逐步通过谈判来确定服务来源的标准。因此，非成员方的服务贸易发展将会受到很大威胁。

《服务贸易总协定》的附件共有8个。除了关于第2条最惠国待遇例外申请的附件之外，其余7个都是关于具体服务部门的附件。其中包括关于自然人流动、空运服务、金融（含保险）服务、海运服务、电信服务和基础电信谈判等部门的附件。这些附件是《服务贸易总协定》的一个组成部分，目的在于对上述部门如何实施总协定的原则或规则作出更为具体的规定。

各成员方的承诺计划表附于GATS之后，作为其重要组成部分。目前，各成员方大多已向世界贸易组织秘书处提交了服务贸易的开放承诺表，根据其服务业的发展现状列出了其开放的具体服务部门。世界贸易组织秘书处已按成员方组别，即按发达国家、欠发达国家和经济转型国家分类，将成员方对各服务业的开放情况整理汇总，并予以公布。

第四节 国际技术贸易

一、国际技术贸易的基本概念

国际技术贸易（International Technology Transfer Transactions）是指不同国家的当事人之间按一般商业条件进行的跨越国境的技术转让或许可行为。

在这一概念中，当事人是否为同国籍的法人或自然人，并不影响国际技术贸易的“国际性”，关键是看交易的当事人是否分别处于不同国家，交易“标的”是否跨越国境。在同一个国境内的不同当事人之间按一般商业条件进行的技术转让为“国内技术贸易”。例如，在我国设立的一家外商独资企业，将技术许可给我国境内的一家国有企业，属于国内技术贸易；若将其技术许可给设在另一个国家的子公司，则属于国际技术贸易。区分国内技术贸易与国际技术贸易的实际意义在于：两种技术贸易所适用的法律不同。例如，在我国，国内技术贸易适用《中华人民共和国合同法》；涉外的技术贸易则适用《中华人民共和国对外贸易法》《中华人民共和国技术引进合同管理条例》《中华人民共和国技术进出口管理条例》等。《联合国国际技术转让行动守则（草案）》也只适用于国际技术贸易，而不适用于国内技术贸易。

二、第二次世界大战后国际技术贸易的发展特点

（一）国际技术贸易日趋活跃，规模不断扩大

在第三次科技革命的推动下，国际技术贸易得到迅速的发展，成为战后国际贸易发展的一个显著特征。早在 20 世纪 70 年代，发达国家的对外贸易就开始向技术贸易方向发展。据统计，1965 年国际技术贸易总额仅为约 30 亿美元；1975 年达到 110 亿美元；1985 年增加到约 500 亿美元；1995 年又上升到 2 500 亿美元；1999 年达到了 5 400 亿美元；而到了 2005 年，国际技术贸易额突破了 1 万亿美元。目前，国际技术贸易的增长速度不仅高于货物贸易，而且也高于一般服务贸易，国际技术贸易已经成为国际贸易的重要组成部分。

（二）发达国家在国际技术市场上占有统治地位

20 世纪 80 年代中期以后，亚洲和拉美一些技术发展水平较高的发展中国家，纷纷从事技术出口贸易，从而使得技术贸易格局呈现多元化。但由于长期以来技术水平差异的原因，国际技术贸易仍然集中在发达国家进行，而且主要集中在美、英、法、日、德等少数几个国家，2005 年这 5 个国家的技术贸易额就占发达国家技术贸易总额的 90%以上。

从 1995 年到 2005 年的统计数据来看，发展中国家的技术贸易有了长足的发展，但它们在国际市场上的份额仍不足 10%，并且这 10%的技术贸易额还局限于少数几个新兴工业化国家。由于经济实力雄厚、技术开发能力强，发达国家在技术出口中一直处于垄断地位。

（三）跨国公司在国际技术贸易中占有重要的地位

长期以来，跨国公司控制了相当份额的国际技术贸易，发达国家的 500 家大型跨国公司垄断了工业发达国家 90%的生产技术和 75%的国际技术贸易。跨国公司的经营战略是市场的全球化，其垄断优势就是技术、资本和组织管理。跨国公司往往将技术与资本、技术与商品结合起来，从而通过资本输出和技术密集型商品贸易大量输出技术，不断增强其在国际市场的竞争力。

在跨国公司内部，母公司为了垄断其子公司的技术、形成自己的技术或为了使子公司掌握某种技术、制造高新技术产品或新产品，通过技术转让方式将自己的技术流向其子公司。这样，就在世界范围内，扩大了技术贸易的规模和贸易额，从而使跨国公司内部的技术转让在国际技术贸易中占主导地位。跨国公司在国际经济活动中举足轻重的地位，以及它们所拥有的庞大的资本、先进技术，决定了它们成为当代国际技术贸易的重要实体。

（四）软件技术在国际技术贸易中的比重日益提高

20世纪80年代以前，国际技术贸易主要是通过引进和出口先进设备等硬件来进行的，人们是为了购买硬件设备才兼买软件技术的，是软件跟随硬件的转移。进入20世纪80年代后，以许可贸易形式进行的软件交易占据了主导地位，技术的进口国往往为了购买某些专利或专有技术而附带进口一些设备，工业发达国家之间的技术贸易中，软件技术的转让占80%以上。近年来，发展中国家开始注重技术引进的效益，减少硬件技术的引进，软件技术逐步成为其技术引进的主要标的。

三、国际技术贸易的主要方式

在国际技术贸易中，一般转让的只是技术的使用权，而非所有权。由于项目复杂，涉及技术、法律、商务等诸多问题，从谈判到达成交易要经过很长一段时间，在合同的执行过程中又需要双方进一步合作，并且合同期限较长。目前，国际技术贸易的形式主要有：许可贸易、技术咨询与服务、合资经营、合作生产与合作开发、国际工程承包、补偿贸易、BOT和特许经营等，下面重点介绍其中的几种形式。

（一）许可贸易

许可贸易（Licensing Trade）是技术贸易最基本、最重要的方式。它是指在一定的条件下，通过与被许可方（Licensee）签订许可合同，许可方（Licensor）将其所拥有的专利权、商标权、专有技术和计算机软件著作权等授予被许可方，允许被许可方拥有其使用权及制造、销售该项技术下产品的权利，并由被许可方支付一定数额的报酬。

许可贸易按其标的内容可分为专利许可、商标许可、计算机软件许可和专有技术许可等。在国际技术贸易实践中，一项许可贸易可能包括上述一项内容，如单纯的专利许可，也可能包括上述两项或两项以上内容，称为一揽子许可。

（二）技术咨询与服务

技术咨询与服务（Technical Consulting and Service）是一方利用自己掌握的技术、经验和技术条件（包括雇用的工程技术人员和技术资料等），协助另一方完成某项特定的技术经济任务，达到双方商定的目标。为此双方要签订技术咨询与服务协议，一般情况下是一些具有较高知识水平的专家组成的咨询公司就委托人所提出的技术课题提供建议或解决方案。

由于技术咨询与服务涉及范围非常广，因而其业务因课题和项目的不同而有所差异。但是，一般来说，主要遵循一定的业务程序：选择合适的技术咨询与服务的机构、拟定服务咨询任务书、磋商技术咨询与服务条件、签订技术咨询或服务合同。

（三）国际合作生产与合作开发

国际合作生产（Co-operation）是指不同国家的企业之间根据所签订的协议，在某项或某几项产品的生产、销售上采取联合行动，即双方共同研究、共同生产、互相提供生产中所需要的零部件，共同进行产品的销售并由双方共负盈亏的方式。

合作生产所涉及的当事人是多方的，各方当事人的权利、义务关系主要表现在交换技术、提供劳务和生产上，通过合作实现技术的转让。合作生产的环节很多，包括技术转让及机器设备、零配件、零部件的提供等。提供者可以是互相的，也可以是单方的。但不管哪一种，对于提供的技术和其他零部件要分别进行计价，按双方议定的价格，分别或单方支付价款。

国际合作开发（Co-development）是指不同国家的两个以上的自然人、法人或其他组织，为完成一定的研究开发工作，如新技术、新产品、新工艺或者新材料及其系统的研究与开发，由当事人各方共同投资、共同参与研究开发活动、共同承担研究开发风险并共同分享研究开发成果。

（四）国际工程承包

工程承包（Project Contracting）在此主要是指“交钥匙”项目（Turn-key Project），即某一工程项目承包人（Contractor）与项目所有人（Project Owner）（也叫业主）签订协议，并按协议规定的条件完成某项工程任务。承包商在工程的方案选择、土建施工、设备供应与安装、人员培训直至试生产的过程中承担全部责任，也就是说，承包商自始至终对业主负责。

国际工程承包的方式有单独承包、总承包、联合承包三种，主要适用于大型的新建项目，如大型发电站的建设、现代化机场的修建，以及机械制造或化工厂等成套生产线的新建或扩建。

（五）BOT 方式

BOT 是英文（Build Operate Transfer）的缩写，也被称为“公共工程特许权”。它的含义是指：建设方承担一个既定的工业项目或基础设施的建设，包括建设、经营、维修和转让，在一个固定的期限内运营设施并且被允许在该期限内收回对该项目的投资、运营、维修费用及一些合理的服务费、租金等其他费用，在规定的期限届满后，将该项目转让给项目方的政府。BOT 方式一般适用于一个国家的公共部门和基础设施方面的一些大型项目，例如：电站、高速公路、铁路、桥梁、隧道、港口、机场、钢铁企业、化工企业、灌渠、水库、大坝、教育医疗卫生基础设施、仓库、环保设施、通信设施及工业园区等建设项目。BOT 的期限一般为 15～20 年。

（六）特许经营

特许经营（Franchising），是指由一家已经取得商业成功的企业（特许方），将其商标、商号名称、专利、专有技术、服务标志和经营模式等授予给另一家企业（被特许方）使用。被特许方用特许方的商业名称经营业务，遵循特许方指定的方针和程序。同时，特许方有义务不断地对被特许方的经营提供资金、技术、商业秘密、人员培训或管理等方面的援助和支持。特许方从被特许方处得到连续的提成费或其他形式的补偿，一般称为特许费。特许经营是一种新发展起来的贸易方式，它可以适用于商贸业、服务业和工业。

本章小结

本章主要介绍了国际服务贸易的基本概念，分析了第二次世界大战后国际服务贸易迅速发展的原因及特点；详述了 GATS 的产生阶段及主要内容；简要说明了国际技术贸易的概念、特点及主要方式。

思考练习

1. GATS对国际服务贸易是如何定义的?
2. 阐述第二次世界大战后国际服务贸易发展的原因及特点。
3. 阐述GATS的主要内容。
4. 阐述技术服务贸易的主要方式。

第七章

区域经济一体化

学习要点

1. 掌握区域经济一体化组织的主要种类及其内容；
2. 了解区域经济一体化的产生与发展历程，以及第二次世界大战后区域经济一体化发展的主要原因；
3. 理解区域经济一体化的主要理论。

引言

20世纪80年代末期，伴随着经济全球化的发展，区域经济一体化呈现出新的高潮。尤其是20世纪90年代以来，区域经济一体化无论就其规模还是性质、内涵来说，在第二次世界大战后世界经济发展史上都是空前的，标志着区域经济一体化进入了一个新的发展阶段。目前，欧盟、北美自由贸易区、亚太经合组织、东盟等区域经济一体化组织对世界经济的发展起着重要的作用。为什么这么多国家热衷于参与构建区域经济一体化组织？区域经济一体化的产生与发展对世界经济和国际贸易带来了什么影响？这些问题都值得我们研究和探讨。

第一节　区域经济一体化概述

一、区域经济一体化的含义

一体化（Integration）一词源于拉丁语，含义是企业间通过卡特尔、康采恩、托拉斯等形式结合形成的经济联合体。20 世纪 50 年代，人们开始使用经济一体化（Economic Integration）一词来表述各国之间在经济上结合起来逐步形成一个经济联合体的过程，即区域经济一体化。对此国际和国内学术界都有很多研究，但“经济一体化”这个术语还没有明确的含义。荷兰经济学家丁伯根（Tinbergen）被认为是最早给经济一体化下定义的人，他认为经济一体化是有关各国贸易的自由化。彼得·林德特（Peter Lindert）和金德尔伯格（Kindleberger）认为，“经济一体化可以是指宏观经济政策的一体化、生产要素的自由流动及成员方之间的自由贸易。它是通过共同的商品市场，共同的生产要素市场，或两者的结合，以达到生产要素价格的均等。”巴拉萨认为，“经济一体化既被定义为一个过程，又被定义为事物的一个状态。作为一个过程，它包含着旨在消除不同国家经济单位之间的歧视；作为事物的一个状态，它表示各国民经济之间不存在各种形式的歧视。”根据这一定义，经济一体化有两个重要特征：一体化的最终目标是要在成员方之间建立单一的经济空间，实现经济的完全联合；经济一体化要通过一定的方式，有步骤、分阶段地实现其最终目标，是一个由低级向高级不断发展的过程，在不同的阶段将采取不同的形式，发挥不同的作用。

上述关于区域经济一体化的定义尽管存在一定的差异，但其实质内容是一致的，即区域经济一体化是指两个或两个以上国家或地区之间通过签订协议或条约，逐步减少直至取消阻碍经济贸易发展的障碍，使商品和生产要素在成员方之间自由流动，并进行程度不同的政策和制度合作，以促进彼此之间贸易和经济的发展。

二、区域经济一体化的主要形式

（一）优惠贸易安排

优惠贸易安排（Preferential Trade Arrangements，PTA）是指在成员方之间通过签订协定，对相互之间全部或部分商品的进口规定特别的关税优惠。这是一种比较低级的松散组织，因此，有的学者并不把它看做是经济一体化组织的一种形式。如，1932 年英国与英联邦成员建立的“帝国特惠制”。

（二）自由贸易区

自由贸易区（Free Trade Area，FTA）通常是指成员方通过签订自由贸易协定组成的经济贸易集团。它的基本特征是成员方之间彼此取消了关税与数量限制，使得商品在区内实现了自由流动，但同时保留成员方各自对非成员方的贸易壁垒和贸易政策。如，欧洲自由贸易联盟、拉丁美洲自由贸易协会等。

（三）关税同盟

关税同盟（Customs Union，CU）是指成员方之间通过缔结协定或条约结成的同盟，成员方之间完全取消关税和其他贸易壁垒，并对区外非成员方实行对外统一的关税税率，以使同盟国的商品在统一关境以内的市场处于有利的竞争地位。它是比自由贸易区更高层次的经济一体化组织。

（四）共同市场

共同市场（Common Market，CM）是指成员方之间完全取消关税与数量限制，建立对非成员方的统一关税，在实现商品自由流动的同时，实现生产要素的自由流动的一体化组织。共同市场一体化整合的内容已经超出商品自由流动的范围，还允许资本、劳动力等生产要素在成员方之间自由流动。共同市场是比关税同盟更高层次的经济一体化组织，欧洲共同体已经经历过这一阶段。

（五）经济同盟

经济同盟（Economic Union，EU）是指成员方之间不仅实现商品、生产要素的自由流动，建立共同的对外关税，并且还制定和执行某些共同经济政策和社会政策，逐步废除政策方面的差异，使一体化从商品交换扩展到生产、分配以至整个国民经济领域而形成的一个有机的经济实体。如，目前的欧洲联盟就是达到这一标准的区域性经济集团。

（六）完全经济一体化

完全经济一体化（Complete Economic Integration）是经济一体化发展的最高阶段。在这一阶段，成员方内部各国不仅实现商品、资本和劳动力等生产要素的自由流动，而且成员方在经济、金融和财政政策等方面均实现完全统一。欧盟制定的发展战略就是要实现完全经济一体化，然而这一目标要真正实现还有很多困难。

以上区域经济一体化形式是按照贸易壁垒的程度来划分的，如果按照成员方的经济发展水平，区域经济一体化可以分为水平一体化和垂直一体化。水平一体化是指经济发展水平相近的国家之间结成的经济一体化组织，即成员方都是发达国家或都是发展中国家的一体化组织，如欧盟、南方共同体和东南亚联盟等；垂直一体化则是指经济发展水平差距较大的国家之间结成的经济一体化组织，即发达国家与发展中国家之间结成的一体化组织，如北美自由贸易区、亚太经合组织等。

按照经济一体化的范围，区域经济一体化组织可以分为部门一体化和全盘一体化。部门一体化是指成员方就一种或几种产业或商品达成自由贸易协议的一体化组织，如欧洲煤钢联营共同体。全盘一体化是指对区域内成员方的所有经济部门加以一体化的做法，如欧洲联盟。

第二节 区域经济一体化的产生与发展

一、第二次世界大战后区域经济一体化发展的历程

（一）区域经济一体化发展时期（20 世纪 50—60 年代）

第二次世界大战后，世界经济领域发生了一系列重大变化，世界经济政治发展不平衡，大批发展中国家纷纷独立，区域经济一体化组织开始形成。20 世纪五六十年代区域经

济一体化组织开始出现。1949年1月，苏联成立了经济互助委员会；1951年4月，欧洲煤钢共同体成立；1958年1月，欧洲经济共同体、欧洲原子能共同体成立；1960年5月，欧洲自由贸易联盟正式成立。自20世纪60年代以后，发展中国家也相继建立了20多个区域经济一体化组织，如东南亚国家联盟、拉丁美洲一体化协会、中美洲共同市场、西非国家经济共同体等。

（二）区域经济一体化停滞时期（20世纪70—80年代）

20世纪70年代初西方国家出现的经济衰退，使区域经济一体化发展的步伐缓慢下来，经济一体化进程进入低潮时期。区域经济一体化发展缓慢，对地区经济的发展未能起到预期的促进作用。欧洲经济共同体原定的一体化进程并未完全实现，欧洲自由贸易联盟、经济互助委员会等一体化组织进程缓慢。发展中国家经济一体化大多也遭受挫折，一些一体化组织名存实亡，甚至解体。

（三）区域经济一体化加速发展时期（20世纪80年代中期以来）

20世纪80年代中期以来，特别是进入20世纪90年代后，世界政治经济形势发生了深刻变化，经济一体化进程重新高涨起来。新科技革命、信息化的不断发展，既加剧了各国之间的激烈竞争，又密切了彼此之间的关系。各国都清醒地意识到，本国经济的发展离不开国际的资金、技术、市场和信息，离不开国际合作。因此，各国都积极支持、参与经济一体化和地区合作，使得地区经济一体化得到迅猛的发展。主要表现在：

1. 一体化进程加快，逐步向高级阶段发展

1993年11月1日，《欧洲联盟条约》即《马斯特里赫特条约》正式生效，欧洲联盟正式成立。2002年3月1日，欧元正式取代欧元区12个国家的原有货币成为流通货币，这标志着欧盟的发展进入了一个新的时期。北美自由贸易区、亚太经合组织及一些发展中国家组成的地区经济一体化组织的一体化进程也都明显加快。

2. 一体化组织机制日趋完善

世贸组织（WTO）于1995年正式成立并取代了关贸总协定，成为世界上最大的一个调节各国间经济贸易关系的正式国际组织，其组织机制逐步走向有效和完善。此外，亚欧会议、亚太经合组织等地区性合作机制也日趋完善。

3. 世界上三大经济区初步形成

随着世界经济一体化进程的不断加快，世界上逐步形成了三大经济区：一是以欧盟为核心的欧洲经济区，包括欧盟的一些联系国和欧洲自由贸易联盟成员方；二是以北美自由贸易区为核心的美洲经济区；三是以亚太经合组织为核心的环太平洋经济区。目前，这3个经济区已经成为世界经济一体化的重要组成部分。

二、第二次世界大战后区域经济一体化形成与发展的主要原因

（一）历史的原因

经济的重建、恢复与发展是经济一体化在全球形成与发展的历史原因。第二次世界大战后，西方国家的政治家和经济学家对两次世界大战爆发的原因进行反思。很多有识之士认为，经济民族主义是导致世界大战爆发的主要原因之一。第一次世界大战期间被放弃的

金本位制度曾一度恢复，但在 20 世纪 30 年代大危机的冲击下又被迫放弃。各国为了本国的利益，纷纷实行外汇管制，本国货币不断贬值。同时，实行以高关税、奖出限入、数量限制等措施的超保护贸易主义。其结果是严重阻碍了国际贸易的发展，使各国经济和世界经济均受到严重伤害。因而，第二次世界大战结束前，联合国、其他国际组织及世界各国都极力倡导自由贸易、重建多边支付体系，主张国际合作、重建世界经济。为此建立了一系列的国际经济组织，如世界银行、国际货币基金组织及关税与贸易总协定等。同时，也开始出现地区性的经济合作组织。

第二次世界大战期间，欧洲国家的经济受到毁灭性的打击。第二次世界大战后，对于重建经济，各国都感到单纯依靠自己的力量是很困难的。人们主张通过地区合作、成立区域性经济合作组织加快欧洲的重建，由此出现了两派意见：一派以法国为代表，主张以少数欧洲国家成立小集团式的欧洲经济共同体；另一派以英国为代表，主张以多数欧洲国家成立大集团式的欧洲工业品自由贸易区。这既体现了英、法两国的不同主张，更反映出两国都希望建立以自己为中心的贸易集团。1957 年，法国、联邦德国、意大利、比利时、荷兰和卢森堡 6 国签订了《罗马条约》，组成欧洲经济共同体。为了对抗欧洲经济共同体，在英国的倡导下，欧洲大陆外围的奥地利、丹麦、英国、挪威、葡萄牙、瑞典和瑞士 7 国，于 1959 年签订《斯德哥尔摩公约》，成立了欧洲自由贸易联盟。

此外，为了尽快恢复经济，第二次世界大战后在苏联的倡导下，苏联和东欧社会主义国家成立了经济互助委员会。一些发展中国家，为了发展民族经济、加强合作，自愿形成一些区域性经济组织。

（二）社会生产力的发展

社会生产力的高速发展及各国生产力的非均衡发展是区域经济一体化的基础。第二次世界大战后，以原子能工业、高分子合成工业和信息产业为标志的第三次科技革命的出现，大大促进社会生产力的发展，进一步加强了世界范围的生产社会化。同时，贸易和金融领域的相互渗透、相互依存加强，经济生活日益国际化。但是，这种经济生活的国际化，却受到各国壁垒的限制。社会生产力的发展要求打破国家界限，加强彼此之间的经济协调与合作。因此，社会生产力的发展不仅为发达国家，也为发展中国家的经济一体化奠定了客观的物质基础。

由于世界各国社会生产力发展水平不同步、不均衡，在现实条件下出现了不同发展水平和发展阶段的国家。在发展不平衡和利害冲突的情况下，经济生活的国际化只能促成某些地区的部分国家结合成联盟，实行经济局部自由化。

（三）维护民族经济权益、政治权益及加快发展

维护民族经济权益、政治权益及加快发展是区域经济一体化形成与发展的内在动因。第二次世界大战后，殖民体系瓦解，原先的殖民地附属国纷纷独立，并开始致力于民族经济的发展。但广大的发展中国家在经济发展过程中面临物资匮乏、技术落后、资金短缺、人才不足、市场狭小等困难，制约经济的发展。这迫使这些国家在保持和发展与原宗主国的经济关系的同时，努力加强彼此之间的经济合作，走经济一体化的道路。

第二次世界大战后，世界政治经济形势呈现多极化特征，经济是政治的基础，政治又是经济的集中表现。因此，一些在国际经济、政治斗争中有着共同利益的国家，会在共同

利益的基础上结成一体化集团，来维护它们的经济和政治利益。

（四）解决国际收支的困难

第二次世界大战后美国建立了“金元帝国”的霸主地位，欧洲许多国家出现了美元荒和国际收支逆差问题。为此一些经济学家提出通过建立关税同盟，以共同、统一的关税对付竞争力极强的美国，进而解决各国普遍存在的国际收支平衡的困难，这是促成欧洲经济共同体形成的原因之一。发展中国家面对发达国家工业品的强大竞争力和初级产品出口困难等问题，经常陷入严重的国际收支逆差，这些压力也迫使发展中国家通过一体化进程解决共同存在的问题。

第三节 主要区域经济一体化组织简介

一、欧洲联盟

（一）欧洲经济共同体的建立

1951 年 4 月，法国、联邦德国、意大利、比利时、荷兰和卢森堡 6 国在巴黎签订了为期 50 年的《欧洲煤钢联营条约》，决定于 1952 年 7 月建立煤钢共同市场。1957 年 3 月 25 日，上述 6 国又在罗马签订了《欧洲经济共同体条约》和《欧洲原子能联营条约》，总称《罗马条约》。这两个条约于 1958 年 1 月 1 日生效，标志着欧洲经济共同体的正式建立。到 1967 年，欧洲经济共同体与欧洲原子能共同体、欧洲煤钢共同体的主要机构合并，统称为欧洲共同体，简称欧共体，总部设在比利时首都布鲁塞尔。

（二）欧洲经济共同体的扩大和欧洲联盟的建立

欧洲经济共同体最初只有 6 个成员方，1973 年 1 月 1 日，英国、爱尔兰和丹麦经过长时间的谈判正式加入欧共体。此后，1981 年 1 月 1 日，希腊成为欧共体的正式成员；1986 年 1 月 1 日，葡萄牙和西班牙正式加入。

1992 年 2 月 7 日，欧洲共同体 12 国政府代表签署了《欧洲经济与货币联盟条约》和《政治联盟条约》，即《欧洲联盟条约》。条约于 1993 年 11 月 1 日正式生效，其主要内容是为建立欧洲经济与货币联盟确定了时间表和步骤。《欧洲联盟条约》的生效标志着欧洲经济共同体一体化进入了一个新的发展阶段。1995 年 1 月 1 日，芬兰、奥地利和瑞典 3 国正式加入；2004 年 5 月 1 日，波兰、捷克、斯洛伐克、匈牙利、罗马尼亚和保加利亚等 10 个国家加入欧盟；2013 年 7 月 1 日，克罗地亚成为欧盟第 28 个成员方。2016 年 6 月 24 日，英国宣布脱欧。另外，还有一些联系国，如土耳其等都在积极申请加入。

（三）欧元的诞生

1999 年 1 月 1 日，划时代的欧洲单一货币（欧元）诞生了，并于 2002 年正式流通。2002 年欧盟 12 国（法国、德国、意大利、比利时、荷兰、卢森堡、葡萄牙、西班牙、芬兰、奥地利、希腊和爱尔兰）成为欧元国，形成使用单一货币的欧元区。欧元的出现宣告了美元和欧元两极货币时代的到来。它将使企业在国际贸易方面减少外汇风险，促进国际贸易的发展。并且由于市场的扩大，单一货币使得价格的透明度提高，从而加强了企业之间的竞争。从长期看，市场的扩大可以使劳动力和资本等生产要素更有效地进行分配，促进经济发展。

二、北美自由贸易区

（一）《美加自由贸易协定》

美国和加拿大于1965年签订了双边汽车协定，对两国间的小汽车、卡车、公共汽车和汽车零部件贸易完全实行免税，之后于1986年5月双方就签订《美加自由贸易协定》开始进行正式谈判，1988年双方签署了该协议并从次年开始正式生效。该协定不仅涉及关税减让问题，而且对非关税壁垒的撤除、服务贸易自由化、投资、能源、知识产权和争端解决机制等都作了规定。自协议生效后，两国经济贸易的相互依存关系不断加深，双边贸易额从1987—1988年的1 420亿美元增加到1989—1990年的1 710亿美元。

（二）北美自由贸易区的成立

《美加自由贸易协定》的签订与顺利实施，使得美国产生了与墨西哥开展双边自由贸易的愿望，并于1990年正式开始就签订自由贸易协议问题进行接触，之后加拿大提出要求参加美墨谈判，三边谈判于1991年6月正式开始，并于1992年8月达成协定，协定于1994年1月1日生效，北美自由贸易区（NAFTA）正式成立。因此，该协定在一定程度上是《美加自由贸易协定》的继承和发展。主要内容有：

1. 降低与取消关税

北美自由贸易区计划在15年内取消所有的关税和进口限制，实现资本、货物的自由流动。鉴于某些商品的敏感性，关税减让表采取分阶段实施的原则，在3国9 000种商品中，约50%商品的关税立即取消，15%商品的关税在5年内取消，其余的大部分商品的关税在10年内取消，少数商品的关税在15年内取消。另外，由于墨西哥的经济相对落后，因而3国的自由化时间表也有长有短。

2. 开放金融市场

为了与美国、加拿大保持同步，墨西哥取消对美国、加拿大银行及保险公司的限制，在10年内取消对证券公司的限制。成员方还一致同意给予所有的北美金融公司国民待遇。

3. 放宽对外资的限制

墨西哥将改变其对外国投资的许可、限制，在大多数领域，平等地对待美国、加拿大的公司，从1996年起允许外国设立独资企业，拥有100%的所有权。同时，美国、加拿大也将进一步放宽对墨西哥资本的限制，允许它在大多数领域进行投资，并给予适当的优惠待遇。

4. 其他方面

协定对电信业作了专门规定；对美加协定中未曾涉及的陆地运输和特种航空服务也作了安排；规定了非常严格的知识产权保护原则，并首次在贸易协定中加了环保条款；为防止第三国商品经由墨西哥进入美加市场，协定还制定了严格限制性的原产地规则，规定小汽车、轻型面包车的发动机和传动设备的区内比重不得低于62.5%，以及大部分纺织和服装只有用区内生产的纱为原料制作才能享受区内优惠等具体实施细则。

北美自由贸易区建立后，其人口达到3.62亿，是世界上最大的自由贸易区。北美自由贸易区的建立是发达国家与发展中国家在区域经济一体化组织内，实行垂直型国际分工的一种新的尝试，也是南北合作的一种新尝试。

三、亚太经济合作组织

（一）亚太经济合作组织的成立

亚太经济合作组织（APEC）是亚太地区影响最大的区域性经济组织。1989年1月，当时的澳大利亚总理霍克访问韩国时提出“汉城倡议”，建议召开部长级会议以讨论加强亚太经济合作问题。经与有关国家磋商，首届部长会议于1989年11月6日在澳大利亚首都堪培拉举行，这标志着亚太经合组织的正式成立。中国于1991年11月正式成为该组织成员。

（二）亚太经济合作组织的宗旨与目标

1991年11月，在韩国汉城（今首尔）举行的亚太经济合作组织第三届部长级会议通过了《汉城宣言》，正式确定亚太经济合作组织的宗旨和目标为“相互依存，共同利益，坚持开放的多边贸易体制和减少区域贸易壁垒”，以增强亚太地区经济的活力和一体化。

（三）亚太经济合作组织的成员

目前亚太经合组织由21个成员组成，它们是：澳大利亚、文莱、加拿大、智利、中国、中国香港、中国台湾、印度尼西亚、日本、韩国、马来西亚、墨西哥、新西兰、巴布亚新几内亚、秘鲁、菲律宾、俄罗斯、新加坡、泰国、美国和越南。APEC组织的成员均位于环太平洋地区，分布在美洲、亚洲和大洋洲。APEC组织成员的历史、文化、宗教不同，政治制度和价值观各异，经济发展水平差异较大。

（四）亚太经济合作组织取得的成就

APEC成立以来取得的成就体现在贸易和投资自由化、贸易和投资便利化及经济技术合作3个方面。

1. 贸易和投资自由化方面

1994年11月在印度尼西亚茂物年会上，通过了标志着地区贸易和投资自由化的重要成果《茂物宣言》，宣言提出了实现APEC贸易和投资自由化的时间表，即发达成员不晚于2010年，发展中成员不晚于2020年完全实现统一目标。茂物会议还通过了《亚太经济合作组织非约束性投资原则》。1995年11月在日本大阪通过了《执行茂物宣言的大阪行动议程》（以下简称《大阪行动议程》），使APEC实现贸易与投资自由化目标有了保障。《大阪行动议程》提出了实施贸易与投资自由化与便利化目标的9项原则、15个具体领域及其集体行动计划和总的执行框架。1996年在菲律宾苏比克召开的APEC高官会议上，各成员分别提交了实施自由化的单边行动计划，并列出了2000年、2010年和2020年以前将采取的措施和大致计划。1996年11月的马尼拉会议上，这些计划得以正式公布，并于次年起施行。

2. 贸易和投资便利化方面

1994年11月在印度尼西亚茂物年会上，批准了授权在贸易和投资委员会下设立标准与合格认证分委会及海关手续分委会，以求在建立APEC海关数据信息联网系统、规范和简化成员间通关程序、促进商品技术标准和规定的统一化等方面提高效率，降低交易成本。APEC的各个成员就商务便利化在改善海关程序、促进商品技术标准化、简化投资手续、协调商业法规和竞争政策、方便国际旅行等方面作出了不少单边努力。

3. 经济技术合作方面

1995年11月的大阪会议通过了落实《茂物宣言》的《大阪行动议程》。该议程分为两个部分，第一部分为自由化和便利化；第二部分为经济和技术合作，并列出了实施合作的13个具体领域，把经济技术合作放在与自由化并行和同等重要的位置。1996年11月的马尼拉会议发表了《APEC加强经济合作与发展框架宣言》，确立了APEC经济技术合作的目标、指导原则、APEC经济技术合作的特点、经济技术合作的主题及优先领域，为21世纪亚太经济技术合作奠定了基石。2001年，亚太经合组织在中国上海举行了第13届部长级会议及第9届领导人非正式会议，会议就进一步推动亚太地区的贸易投资自由化和便利化的进程，加强APEC在经济技术方面的合作达成了共识，并决定通过宏观经济对话与合作，努力为亚太地区经济的可持续增长创造条件。

四、东南亚国家联盟

东南亚国家联盟（ASEAN），简称东盟，成立于1967年8月8日，其前身是马来西亚、菲律宾和泰国于1961年7月31日在曼谷成立的东南亚联盟。现成员方有10个，即文莱、柬埔寨、印度尼西亚、老挝、马来西亚、缅甸、菲律宾、新加坡、泰国和越南。秘书处设在印度尼西亚雅加达。

东盟的成立主要是出于政治与安全的目的，因而直到20世纪90年代以前，在推动区域贸易合作方面都没有太大进展。1992年，东南亚国家联盟决定推动成立东盟自由贸易区，然而由于各成员方降低关税的步伐不一致，导致这一计划一再延期。为了早日实现东盟内部的经济一体化，东盟自由贸易区于2002年1月1日正式启动。自由贸易区的目标是实现区域内贸易的零关税。马来西亚、菲律宾、泰国、文莱、印度尼西亚和新加坡6国已于2002年将绝大多数产品的关税降至0～5%。

中国与东盟关系非常紧密，是东盟10国加中、日、韩3国框架的主要国家之一。近年来，中国加强了与东盟之间的合作，双方的经贸关系发展势头强劲，中国与东盟对话框架内各个机制运转良好。2010年1月1日，中国—东盟自由贸易区正式建成。

五、欧洲自由贸易联盟

为了对抗欧洲经济共同体，在英国的倡导下，1959年6月，欧洲所谓的“外部七国”，即奥地利、丹麦、英国、挪威、葡萄牙、瑞典和瑞士7国在瑞典首都斯德哥尔摩举行部长级会议，通过了《欧洲自由贸易联盟计划草案》，1960年1月，7国签订了《建立欧洲自由贸易公约》（也称《斯德哥尔摩公约》）。1960年5月，公约生效，欧洲自由贸易联盟（EFTA）成立。后冰岛与列支敦士登加入该联盟，英国和丹麦在1973年1月1日退出联盟加入欧洲经济共同体，芬兰于1985年成为正式成员，1995年芬兰、奥地利和瑞典退出联盟加入欧洲经济共同体。目前欧洲自由贸易联盟共有冰岛、挪威、瑞士和列支敦士登4个成员方，总部设在瑞士日内瓦。该联盟的宗旨是通过消除成员方之间非农业品贸易中的壁垒，促进经济发展、就业和人民生活水平的提高。

六、经济互助委员会

经济互助委员会，简称“经互会”。它是第二次世界大战后苏联为了与欧共体进行经济对抗，加强同东欧社会主义国家的经济合作，于1949年1月，由苏联、保加利亚、匈牙利、波兰、罗马尼亚和捷克斯洛伐克6国代表在莫斯科举行会议组织成立的。之后，蒙古、德意志民主共和国、古巴和越南相继加入，经济互助委员会成为拥有10个成员方的国际经济一体化组织。经济互助委员会总部设在莫斯科。经互会的宗旨是，通过经济互助、技术合作和交流经验，促进会员国的经济发展。经互会是世界上出现过的唯一的一个完全由社会主义国家组成的一体化组织，但是其组织的核心是苏联，因此，随着苏联的解体，经互会也不得不于1991年宣告解散。

第四节　区域经济一体化理论

第二次世界大战后，区域经济一体化迅速发展，对世界经济贸易产生了深远的影响。同时，它也引起了很多经济学家浓厚的兴趣，他们纷纷对这一现象进行研究和探索，提出了很多理论和学说。

一、关税同盟理论

关税同盟理论是由美国经济学家维纳（Viner）和李普西（Lipsey）提出来的。按照维纳的观点，完全形态的关税同盟应具备三个条件：第一，完全取消各成员方之间的关税；第二，对来自非成员方的产品设置统一的进口关税；第三，通过协商方式在各成员方之间分配关税收入。因此，关税同盟存在两种不同的功能，即对内实行自由贸易，对外实行保护贸易。关税同盟的建立对成员方及非成员方的影响可以归纳为两个方面：一是关税同盟的静态效应；二是关税同盟的动态效应。

（一）关税同盟的静态效应

关税同盟的静态效应包括贸易创造、贸易转移和贸易扩大效应3种形式。

1. 贸易创造效应

贸易创造效应（Trade Creation Effect）是指在关税同盟成立后，由于内部关税的取消，商品在成员方之间实现了自由流动，使得成员方能够根据比较优势进行专业分工，原先某成员方销售的一些国内产品会被同盟内其他生产成本更低的商品所取代，即原先不必进口的商品被进口商品所取代，贸易量得以增加的效果。下面我们举例说明：

假定在给定汇率下，A、B、C三国生产同一商品甲，价格分别是A国35美元、B国26美元、C国20美元，在缔结关税同盟前，A国凭借保护关税，生产该商品，对该商品的进口征收100%的关税，此时，在A国市场上本国商品具有价格优势，消费者会购买本国商品，如表7—1左侧所示。在A、B两国结成关税同盟后，A、B两国之间关税取消，A、B两国针对非成员方的商品进口征收100%的关税。在A国市场上，A、B、C三国商品价格如表7—1右侧所示，从B国进口的商品更具有价格竞争优势，消费者会转而购买B国商品。这样，在缔结关税同盟后，创造出了从B国向A国出口的新的贸易和国际分工，即贸易创造效应。

表 7—1　　贸易创造效应　　（单位：美元）

建立关税同盟前甲商品在 A 国的价格	建立关税同盟后甲商品在 A 国的价格
A：35	A：35
B：26×（1+100%）=52	B：26
C：20×（1+100%）=40	C：20×（1+100%）=40

2. 贸易转移效应

贸易转移效应（Trade Diversion Effect）是指在缔结关税同盟之前，某国不生产某种商品，而是从世界上生产效率最高、成本最低的国家进口该商品，而在结成关税同盟后，由于内部取消关税，对外则征收统一的关税，导致该商品的贸易方向由区域外的国家进口转向由区域内国家进口。但如果同盟内生产效率最高的国家不是世界上生产效率最高的国家，则原来从外部进口的较低廉的产品变为来自成员方的较为昂贵的产品的进口，该国进口成本较以前增加，社会福利水平下降。从全球资源配置角度讲，由于一部分产品进口从高效率的国家转向低效率的国家生产，降低了资源的配置效率。

仍然运用上述例子说明。假定在缔结关税同盟前，A 国不生产甲产品，而采取从国外进口的方法，假定进口关税为 40%，那么 A 国消费者当然选择从价格最低的供应者 C 国进口，如表 7—2 左侧所示。在结成关税同盟后，A、B 两国之间关税取消，对 C 国假定仍征收 40%的关税，那么在不考虑其他因素的情况下，在 A 国市场上，B 国进口商品价格为 26 元，C 国进口商品价格为 28 元，从 B 国进口的商品更具有价格竞争优势，消费者会转而消费 B 国商品。这样，在缔结关税同盟后，A 国该商品的进口方向从 C 国转向区域内的 B 国，如表 7—2 右侧所示，这就是贸易转移效应。

表 7—2　　贸易转移效应　　（单位：美元）

建立关税同盟前甲商品在 A 国的价格	建立关税同盟后甲商品在 A 国的价格
B：26×（1+40%）=36.4	B：26
C：20×（1+40%）=28	C：20×（1+40%）=28

3. 贸易扩大效应

贸易扩大效应（Trade Expansion Effect）是指关税同盟建立后，给区域内及世界贸易带来的贸易量增加的效应。无论是贸易创造效果还是贸易转移效果，其结果都使得 A 国市场上该商品的价格有所下降。根据价格与供求的关系，价格下降必然带来需求量的增加，而此时 A 国市场上的这种商品均为进口商品，因而需求量的增加实际上就是进口量的增加，即贸易量的增加，这就是贸易扩大效应。

（二）关税同盟的动态效应

1. 提高专业化分工程度，强化竞争，提高资源利用效率

关税同盟成立后，成员方之间商品实现自由流通，由此可以提高成员方的专业化分工程

度，并且通过刺激竞争，提高资源利用效率，提高成员方的社会福利。

2. 实现规模经济

关税同盟成立后，成员方市场成为一体，市场的扩大可以获得专业化和规模经济的利益。

3. 刺激投资与技术创新

一方面，关税同盟成立后，市场扩大了，企业生产的风险和不稳定性降低，从而会吸引成员方厂商增加投资。另一方面，关税同盟成立后，成员方之间关税完全免除，对外统一关税。其结果是会吸引关税同盟以外的非成员方到同盟内设立避税工厂，以获得关税豁免的利益，从而增加外来投资。

关税同盟成立后，商品的自由流通会提高竞争的激烈程度，为提高产品的竞争力，企业将会增加各类投资，特别是研发的投入，不断推出新产品，改进产品质量，降低生产成本。因此，关税同盟的成立推进了企业的技术创新。

（三）关税同盟的其他影响

建立关税同盟对成员方还可以产生其他方面的积极影响，主要有：

（1）关税同盟成立后，成员方之间废除关税，减少了征收关税的行政支出。

（2）关税同盟成立后，可以减少走私。在建立关税同盟后，同盟内商品实现了自由流动，这就在同盟内部消除了走私；同时，同盟内部的商品价格会有所下降，走私的利润将会减少，这又会减少同盟外部的走私活动。

（3）关税同盟成立后，可以增强集团谈判力量。关税同盟建立后，集团整体的经济实力大大增强，统一对外，进行关税减让谈判时，有利于同盟成员方地位的提高和贸易条件的改善。例如，在欧共体成立后，其成员在对美谈判中的地位得到了明显的改善，这也是在农产品贸易自由化谈判中出现欧美对抗的一个主要原因。

二、大市场理论

共同市场的建立，实现了商品及生产要素的自由流动，把被保护主义分割的单个国家的国内市场统一成一个大市场。由于市场的扩大会给区域经济带来效应，西方经济学家们对此做了大量的研究，提出了许多理论，其中最具影响力和说服力的是大市场理论，其代表人物是西托夫斯基（Scitovsky）和德纽（Deniau）。

西托夫斯基针对西欧提出“高利润率恶性循环”或称“小市场与保守的企业家态度的恶性循环”的命题来论述其大市场理论。他认为，西欧（与美国相比）陷入了高利润率、低资本周转率、高价格的矛盾之中。对这一情况的产生，西托夫斯基认为由于人们处于狭窄市场、竞争消失、市场停滞和阻碍新竞争企业的建立等原因，高利润率长期处于停滞状态。因为价格高，耐用消费品等产品普及率低，不能转入大批量生产，因而陷入高利润率、高价格、低资本周转率这样的一种恶性循环。能够打破这一恶性循环的就是共同市场或贸易自由化条件下的激烈竞争，激烈竞争使价格下降，就会迫使企业转向大量生产，促使市场积极扩张实现良性循环。

德纽认为，由于机器的充分利用、大量生产、专业化、最新技术的应用、竞争的恢复等因素，会使生产成本和销售价格下降，再加上取消关税也可能使价格下降。因此，必将导致购买力的增加和实际生活水平的提高。购买某种商品的人数增加之后，又可能引起这种消费增加和投资进一步增加。“这样一来经济就会开始滚雪球式的扩张。消费的扩大引起投资的增加，增加的投资又导致价格下降、工资提高、购买力全面增加。只有市场规模迅速增大，才能促进和刺激经济扩张。”

大市场理论的主要内容有：

（1）通过建立共同市场，使国内市场向统一的大市场延伸。市场的扩大使得市场上的竞争更加激烈，而市场的优胜劣汰必将促进企业之间的分化，经营不善的小企业被淘汰，具有技术优势的企业则会在竞争中获胜并且扩大经营的规模，实现规模经济和专业化生产。

（2）企业生产规模的扩大及激烈的市场竞争必将降低商品生产的成本和销售价格，而价格的下降会导致市场购买力的扩大和居民实际生活水平的提高。

（3）市场购买力的扩大和居民实际生活水平的提高，反过来又会进一步促进投资的增加和规模的扩大，最终会使经济开始滚雪球式的扩张。

三、协议性国际分工理论

协议性国际分工理论是由日本经济学家小岛清提出来的。他认为，根据竞争结果按比较优势理论进行分工，可能会导致各国企业的垄断和集中，影响共同体内部分工的协调与贸易的发展。因而，他认为有必要提出一种与比较优势论不同的国际分工理论，即协议性国际分工理论。

小岛清认为，以前的国际经济学对成本递减或成本不变的情况没有论及，而事实证明成本递减是一种普遍现象，经济一体化的目的就是要通过大市场化来实现规模经济，这实际上也是成本长期递减的问题。成本递减的现实经济条件下，成员方可以通过协议性国际分工，各自分工生产一部分产品，这样各国的生产规模会成倍地扩大，商品的成本与价格会大幅下降，市场需求量也会增加，这种分工会使成员方获得较好的规模经济效益。

他还提出达成协议性分工应具备以下条件：

（1）达成协议的国家或地区的资本劳动禀赋比例差异不大，工业化水平和经济发展阶段大致相同。

（2）协议性分工的对象产品在每个国家或地区都能生产而且必须是能获得规模经济效益的产品。

（3）协议分工的产品在每个国家或地区生产的利益差别不大，即任何一方的让与都不会产生太大的经济损失。

上述理论说明经济一体化在同等发展阶段的国家之间更容易建立，协议性分工也更容易在经济发展水平相近、地理位置毗邻的国家之间产生，而且越是这样的地区实现一体化后，经济的发展越均衡，利益的协调也越容易。

本章小结

本章主要介绍了区域经济一体化的含义及主要形式、第二次世界大战后区域经济一体化形成与发展的主要原因、区域经济一体化的理论，目的是使学生掌握有关区域经济一体化的基本概念和基本理论。

思考练习

1. 区域经济一体化的主要形式及各自的含义是什么？
2. 第二次世界大战后区域经济一体化形成与发展的主要原因有哪些？
3. 简述关税同盟理论。
4. 简述关税同盟的贸易创造效应和贸易转移效应。

下　篇

国际贸易实务

第八章 国际货物买卖合同

学习要点

1. 了解国际货物买卖合同的概念、作用和内容，熟悉国际货物买卖合同的基本格式；
2. 掌握国际货物买卖合同有效成立的条件；
3. 了解国际货物买卖合同订立的原则和应注意的问题。

引言

市场经济是法制经济，现代世界是一个典型的以契约为基础的世界，合同在现代经济生活中占有重要地位。国际贸易活动的当事人常常处于距离遥远的不同国家，其文化背景、法律制度各不相同，使得贸易中诸如货物运输、政府许可、海关手续、价款支付等环节存在诸多问题。通过国际货物买卖合同可以使买卖双方利益得以保护，发生争议时双方也有法律依据据以解决，从而使上述问题迎刃而解。因此，从一定意义上说，国际货物买卖合同是国际贸易活动的核心和主线。掌握国际货物买卖合同的相关知识，是学习国际贸易实务的首要内容。

第一节 国际货物买卖合同概述

一、国际货物买卖合同的含义

国际货物买卖合同，根据《联合国国际货物销售合同公约》（以下简称《公约》）第一条的规定，营业地在不同国家的当事人之间所订立的有关货物进口或出口合同，被称为国际货物销售（或买卖）合同（Contract for the International Sale of Goods）。《公约》仅以该合同当事人的经营地是否处于不同国家作为唯一的标准，而与双方当事人的国籍无关。所以，只要买卖双方当事人的营业地处于不同的国家，即使他们的国籍相同，他们之间签订的合同也会被认为是国际货物买卖合同。反之，如果交易双方当事人的营业地在同一国境内，即使他们的国籍不同，他们所签订的合同也不能被认为是国际货物买卖合同。买卖合同中的标的物，主要是指有形的动产，不包括不动产、货币、债券、股票和流通票据，也不包括无形的劳务。

国际货物买卖合同明确了买卖双方的权利和义务，是联系买卖双方的纽带，一旦合同成立，即对合同双方具有相同的法律约束力。在合同的执行过程中，买卖双方都必须严格遵守合同条款，不得有任何误差，否则就构成违约。当一方违约使另一方遭受损失或损害时，受损害的一方可依法提出损害赔偿要求，违约方必须承担损害赔偿责任。如果在合同的执行中发现某些条款规定不妥，或因客观情况发生变化，而必须修改合同的某些内容或必须终止双方的合同关系时，必须由合同的一方提出要求，并由另一方确认。如果一方提出终止双方的合同关系而另一方不同意，则除非出现了人力不可抗拒等特殊情况，原合同仍对双方当事人有约束力。

二、国际货物买卖合同的作用

国际货物买卖合同是各种涉外经济合同中最基本、最重要的合同。由于国际货物买卖合同中的交易双方当事人不在同一个国家，这就决定了它与其他涉外合同有着不相同的法律问题，如由何方来承担国家间的货物运输和保险的义务、由何方负责办理货物进出口清关手续、用何种结算方式来进行货款的结算等，这些问题都必须通过合同来加以明确。因此，这就决定了国际货物买卖合同具有重要作用。

（一）国际货物买卖是通过订立合同来具体实现的

在我国对外贸易中，通常以逐笔货物成交的单边出口或进口方式为主，且进行独立的货币结算，而国际货物买卖合同就是解决逐笔成交且以货币结算方式为主的与不同国家和地区厂商交易的法律依据。当然在进行一笔交易时，厂商还需与运输部门、保险公司、银行等签订运输、保险、支付合同，但这些合同也都是为履行买卖合同服务的，它们是辅助性的合同。因此，国际货物买卖合同是国际贸易中最基本的合同，国际贸易活动的主要内容就是实现国际货物买卖合同。

（二）买卖双方的权利和义务关系通过合同来加以规定

国际货物买卖合同是国际货物交易双方在法律的允许下，设立、补充、变更一项货物买卖中彼此的权利和义务关系的依据。这种权利和义务关系只能是当事人的权利能力和行为能力范围之内的事项，不能超过这个范围。

（三）合同使双方当事人的正当利益得到保障

合同生效后，如果一方当事人违反该合同或拒绝履行该合同，经双方协商不能解决时，另一方当事人可依法提出诉讼，或者依据仲裁协议提交仲裁，要求强制执行该合同的权利和义务关系，使双方的正当利益得到应有的保障。

第二节 国际货物买卖合同的内容

一、合同的形式

交易合同的形式主要有口头形式和书面形式两种。

（一）口头形式

口头形式是贸易双方在订立合同的当时，双方就履行了贸易合同，通常表现为一手交钱一手交货的现买现卖行为，又称即时结清。

（二）书面形式

在国际贸易中，对书面合同的具体形式没有统一规定，交易双方既可采用正式合同（Contract）、销售确认书（Sales Confirmation）、协议（Agreement）、备忘录（Memorandum），也可采用订单（Order）等形式。在我国的进出口业务中，主要采用正式合同和销售确认书两种形式。

签订书面合同具有以下意义：

（1）书面合同是合同成立的证据，对以口头磋商达成的合同，签订书面合同，可以“立字为据”。

（2）书面合同是履行合同的依据，用文字来列明交易双方在履行合同过程中各自应享受的权利和义务，可更好、更准确地履行合同。

（3）书面合同有时是合同生效的条件，很多国家对某些特定的交易活动，仍规定要求以书面合同签订方为有效，如金钱借贷合同、房地产买卖合同、保险合同及按规定须经一方或双方政府机构审批的合同等。

二、国际货物买卖合同的内容

国际货物买卖合同一般由约首、正文和约尾三部分组成。

（一）约首

约首是合同的序言部分，主要包括合同的名称、编号、订约日期、订约地点、买卖双方当事人名称和地址、电报挂号、传真号码，以及双方订立合同的意愿和执行合同的保证等内容。

（二）正文

正文是合同的主体和核心内容。它详细规定了各项交易条件，通过条款来具体规定买卖双方在一项交易中的权利和义务，包括商品名称、品质规格、包装及唛头、数量、单价、总值、装运和保险条款、支付条款、单据、装船通知、商检条款、免责条款及索赔与争议的解决等内容。以上各项条款必须相互衔接，不能彼此脱节，更不能相互矛盾。例如，在品质、数量方面如果规定有增减价条款、溢短装条款时，在支付条件中也应规定相应的增减幅度，以免影响结汇。

（三）约尾

约尾是合同的尾部，一般列明合同使用的文字及其效力、合同的正本份数、副本效力、订约日期、附件及双方签章等。

要注意的是约首和约尾规定了合同的效力范围和有效条件的主要问题，这两部分又合称为合同的效力部分，因此是合同的重要部分。这些内容通常不为人们所注意，但在发生争议时，它们完全可能产生重大的法律后果。例如，在合同开头部分注明订立合同的时间和地点，它在法律上就表明：第一，除非法律或合同中对合同生效的时间另有规定，否则应以该日期为合同生效的日期；第二，如果在合同中没有规定该合同所适用的法律，在发生法律冲突时，按照国际私法的法律冲突原则，一般以合同成立地法律来确定。

国际货物进口合同的基本格式如下：

CONTRACT

合同

No.：

Signing Place：

Date：

The Buyers：Beijing Tepukang Science and Technology Co.，Ltd.

买方：北京特谱康科技有限公司

Address：No. 6，Xinghuo Street，Zhongguancun Science and Technology Park，Changping

地址：北京中关村科技园昌平园星火街 6 号

Post Code：102200

邮政编码：102200

Tel：8610－81788006　　　Fax：8610－81787112

The Sellers：Brilliantech（CHINA）Co.，Ltd.

Address：Flat/RM 805，Bank Centre，636 Nathan Road，Mongkok，HK.

Tel：852－34263738　　　Fax：852. 27837978

The Buyers and the Sellers agree to sell the under-mentioned commodity according to the terms and conditions stipulated below：

此合同依据下述条款规定由买卖双方签订，买方同意购买并且卖方同意出售下述商品：

Item	Commodity Specification	Stock No.	Quantity	Unit Price	Total Price
1	SMR40 Signal Generator 1 To 40GHz Frequency Resolution 1 KHz Pulse Modulation/Sweep SMR40 信号发生器	1104.0002.40	2 sets	EUR33 654	EUR67 308
1.01	SMR-B14 Software Option: Pulse Generator 脉冲源选件	1104.3982.02	2 pieces		
1.02	SMR-B17 Option: RF Attenuator 40 CHZ for SMR30/40 射频衰减器	1104.5233.02	2 pieces		
1.03	N-Female Adapter for SMR40 转接头	1036.4770.00	2 pieces		

Total Value: CIP BEIJNG AIRPORT EUR67 308.00

1. COUNTRY OF ORIGIN AND MANUFACTURERS: Rohde & Schwarz GmbH. & Co. KG/Germany

商品制造商及原产地国：罗德与施瓦茨/德国

2. PACKING:

包装：

To be packed in strong wooden cases or in cartons or in container(s), suitable for long distance air freight transportation and change of climate, well protected against moisture and shocks. The Sellers shall be liable for any damage of the commodity and expenses incurred on account of improper packing and for any rust. One full set of service and operation instructions concerned shall be enclosed in the case(s).

用牢固的适于长途空运的纸箱、木箱或集装箱包装，以应对气候变化和防潮、防震，卖方对所有因不适当包装而引起的锈蚀及损坏承担责任。箱内应附有整套的维修保养、操作使用说明书。

3. SHIPPING MARK:

装运标记：

The Sellers shall mark on each package with fadeless paint the package number, gross weight, net-weight, measurement and the wordings: "Keep away from moisture", "Handle with care" "This side up" etc. and the shipping mark:

03ZHSYLY/034-HK

BEIJING, CHINA

卖方应在每个货箱上用不褪色油漆标明箱号、毛重、净重、长、宽、高，书以“防潮”“小心轻放”“此面向上”等字样，并注明装运标记：

03ZHSYLY/034-HK

BEIJING, CHINA

4. TIME OF SHIPMENT: Within 8 weeks after receipt payment

装运期限：收到货款后 8 周内

5. PORT OF SHIPMENT: Main Airport in Germany

装运港口：德国主要机场

6. PORT OF DESTINATION：Beijing Airport

目的港口：北京机场

7. INSURANCE：

保险：

For FCA and CFR terms to be covered by the Buyers from the shipments，for CIF Terms to be covered by the Sellers from shipment，110% of the invoice value covering all risks and war risks.

FCA 和 CFR 条款由买方投保，CIF 条款由卖方投保，金额为发票金额的 110%，一切险和战争险。

8. PAYMENT：

付款：

T/T in advance

预付货款

9. DOCUMENTS：

单据：

（1）One each original and photostatted copy Airway Bill marked "Freight Prepaid"，contract number and shipping marks，and consigned to Buyers notifying the Buyers. The Airway Bill issued by Air-Lines（Aviation Co.）or the House Airway Bill（HAWB）issued by the agent named by the Buyer for air transportation shall be acceptable.

注明"运费预付"、合同号和运送标记，收货人为买方，通知买方的空运提单正副本各一份。航空公司签发的运单或买方的运输代理签发的分运单应是可以接受的。

（2）Commercial Invoice in 5（five）originals indicating contract number and container numbers made out in details as per the relative contract.

标明合同号和集装箱号并详列与附件一致的发票正本原件一式五份。

（3）Packing list in 5（five）originals issued by the Beneficiary.

由受益人开出的与发票相符的装箱单正本原件一式五份。

（4）Certificate of quality and quantity in 5（five）originals issued by the Manufacturer.

由生产厂家开出的品质/数量证书正本原件一式五份。

（5）One copy of fax/cable to the Buyer advising the particulars of shipment immediately after shipment is made.

装运后传真/电报通知买方发货的发货通知一份。

（6）For CIP terms，one original and one copy of Insurance Policy for 110% of the invoice value，showing claims payable in China，in currency of the draft，blank，covering air transportation All Risks and War Risks.

在 CIP 条件下，保险单正本一份副本一份，投保金额为发票金额的 110%，表明索赔地点在中国，空白背书，包括航空运输一切险及战争险。

（7）If the package is wooden materials，a certificate of treatment in original version is necessarily attached to the shipment，and two copies of the certificate should be provided to the negotiable bank with other documents；or a certificate of non-wooden material package should be attached to the shipment.

如果包装是木质材料，必须将包装证明的原件随货发出，该证明的复印件两份随其他文件交至议付行；否则，随货发出非木质包装证明。

(8) One photostatted copy of effective Export License issued by the government, if necessary.

如有必要，提供一份政府出具的出口许可证复印件。

In addition, the Seller shall, within 7 days after shipment, send by airmail one set of aforesaid documents (except item 5) one set directly to the Buyers and one set to the Buyers by Fax within 48 hours after shipment.

另外，卖方应在交货后的七天内空邮一套上述单据（不含第五项）给买方，并在发货后 48 小时内传真一套给买方。

The number of the document and their contents shall be complete and correct, if the Buyer fails to pass the customs and take-over the goods in time due to the Seller not having provided the documents specified as above, all losses shall be borne by the Seller.

单据的数量和内容应完整、正确。如果是由于卖方没能提供上述单据而导致买方不能及时通关并接收货物，一切损失由卖方承担。

10. SHIPMENT:

装运：

The Seller shall, within 3 days after the date of shipment stipulated in the Clause 5 of the contract, advise the Buyer by fax of the contract No., commodities, quantity, value, number of package, gross weight, measurement and date of readiness at the port of shipment.

The Seller shall pay any taxes, custom duties and fees as well as charges levied in respect of the exportation of the goods contracted, and bear risks of the goods before the goods have been delivered to the above-mentioned air carrier at the port of shipment specified in the contract.

卖方应在本合同第 5 条所述的装运日期后 3 天内以传真通知买方合同号、商品名称、数量、总价、装箱数量、重量、体积及在起运港的备货日期。

卖方应自负与出口货物有关的各种税负、关税及费用，并承担货物的全部风险直到货物被交付至前述的起运港空运承运人。

(1) In case of FCA:

The Seller shall deliver the goods within the time of delivery into the charge of the air carrier or his agent named by the Buyer at the port of shipment specified in the contract.

在 FCA 情况下：

卖方负责在装运期内将货物运输到合同规定的交货港，交付给由买方指定的空运承运人或其代理。

(2) In case of CFR:

The Seller shall deliver the goods within the time of delivery from the port of delivery to port of destination. The Seller shall, immediately after dispatch of the goods, advise the

Buyer by fax of the contract No.，commodity，invoice value and the date of dispatch for the Buyer to arrange insurance in time.

Should the port of destination marked on the airway bill be found not in conformity with the stipulations of this contract，the Buyer shall have the right to refuse to effect the payment.

在 CFR 情况下：

卖方负责在装运期内将货物从装运港运输到目的港。卖方应在货物起运后立刻用传真通知买方合同号、商品名称、发票金额、装运日期，以便买方及时安排保险。

如果空运单据上标明的目的港与合同规定不符，买方有权拒付货款。

（3）In case of CIP terms：

The Seller shall ship the goods within the time of shipment from the port of shipment to the port of destination. The air freight，insurance premium in respect of the exportation of goods contracted shall be borne by the Seller.

在 CIP 情况下：

卖方负责在装运期内将货物从装运港运输到目的港。与出口货物有关的合同货物的运费、保险费由卖方承担。

11. SHIPPING ADVICE：

装运通知：

The Sellers shall，immediately upon the completion of the loading of the goods，advise by fax/cable the Buyers of the Contract No.，commodity，quantity，invoiced value，gross weight，flight No. and date of shipment etc. In case the buyer fails to arrange insurance in time due to the insufficient notice given by the seller，all losses resulting therefrom shall be borne by the seller.

卖方应该在货物装船完毕后，以传真/电报立刻通知买方合同号、货物、数量、发票金额、毛重、航班号及起航时间等。若因卖方通知不及时致使买方不能及时投保，卖方承担全部损失。

12. GUARANTEE OF QUALITY：

品质保证：

The Sellers guarantee that the commodity hereof is made of the best materials with first class workmanship，brand new and unused，and complies in all respects with the quality and specification stipulated in this Contract and conforms to the data sheets or technical manuals of the commodities contracted. The guarantee period shall be 36 months counting from the date of the final acceptance of the goods.

卖方保证此货物是用最好的材料、一流的工艺、原厂、原包装，是符合合同规定的品质和级别的新产品。质保期自双方签署验收报告之日起 36 个月。

13. CLAIMS：

索赔：

Within 90 days after the arrival of the goods at destination，should the quality，specifications or quantity be found not in conformity with the stipulations of the Contract except those claims for which the insurance company or the carrier are liable, the buyer, on the strength of Inspection Certificate issued by the local inspection branch of the State Administration for Entry-Exit Inspection and Quarantine Bureau (hereinafter referred as "Inspection Authorities") of the P. R. C, may require the seller to remedy the lack of conformity by repairing, replacement or compensation, and all the expenses (such as inspection and repairing charges, freight for replacement, insurance premium, storage or loading and unloading charges, etc.) shall be borne by the seller.

As regards quality, the seller guarantees if, within 12 months from the date of the arrival of the goods at destination, damages occur in the course of operation by reason of inferior quality, poor workmanship or the use of inferior materials, the buyer shall immediately notify the seller in writing and put forward a claim supported by Inspection Authorities. The Certificate so issued shall be accepted as the base of the claim. The seller, in accordance with the buyer's claim shall be responsible for the immediate elimination of the defects, complete or partial replacement of the goods or shall devaluate the goods according to the state of the defects. Where necessary, the buyer shall be at liberty to eliminate the defects himself at the seller's expenses. If the seller fail to answer the buyer within two weeks after receipt of the aforesaid claim, the claim shall be deemed as having been accepted by the seller.

自货物到目的港起 90 天内，经发现货物质量、规格或数量与合同规定不符者，除那些应由保险公司或船方承担的部分外，买方可凭中华人民共和国国家出入境检验检疫局当地检验机构（后简称检验机构）出具的商检证书，有权维修、更换或索赔，所有费用（如检验和维修费、更换运费、保险费、储存或装卸费等）由卖方承担。

卖方担保货物到目的港起 12 个月内，使用过程中由于质量低劣、工艺不佳或材料低劣而出现的损坏，买方立即以书面形式通知卖方并出具检验机构开列的检验证书，提出索赔。商检证书乃索赔之依据。按照索赔要求，卖方有责任立即排除货物之缺陷，全部或部分更换货物或依据缺陷情况将货物作降价处理。如果需要，买方可以自行排除缺陷，费用由卖方承担。若卖方在收到上述索赔的两周内没有回复买方，可被视为卖方接受索赔条件。

14. FORCE　MAJEURE:

不可抗力：

The Sellers shall not be held responsible for the delay in shipment or non-delivery of the goods due to Force Majeure, such as war, serious fire, flood, typhoon and earthquake, or other events agreed upon between both parties, which might occur during the process of manufacturing or in the course of loading or transit. The Sellers shall advise the Buyers immediately of the occurrence mentioned above and within 10 days thereafter, the Sellers shall send by airmail to the Buyers for their acceptance a certificate of the accident issued by the Competent Government Authorities where the accident occurs as evidence thereof.

Under such circumstances the Sellers, however, are still under the obligation to take all necessary measures to hasten the delivery of the goods. In case the accident lasts for more than 3 weeks，the Buyers shall have the right to cancel the Contract.

卖方不对以下延迟交货和未交货物负有责任，它们是由以下不可抗力原因造成：战争、严重火灾、洪水、台风、地震或双方同意的其他事件，卖方应立刻通知买方上述事件的发生，并在 10 天内空邮买方一份由相应政府部门签署的事件发生证明。

在上述情况下，卖方仍有责任采取所有措施来加快货物的交付工作。若上述事件持续超过 3 个星期，买方有权取消上述合同。

15. LATE DELIVERY AND PENALTY：

延期交货和罚款：

Should the seller fail to make delivery on time as stipulated in the Contract，in exception of Force Majeure，the seller shall pay penalty at the rate of 0.5% per every seven days，which shall be deducted by the paying bank from the payment. The penalty，however，shall not exceed 5% of the total value of the goods involved in the late delivery. The odd days less than seven days should be counted as seven days. Provided that the seller does not make delivery ten weeks later than the time of shipment stipulated in the Contract，the buyer shall have the right to cancel the Contract and the seller，in spite of the cancellation，shall pay the aforesaid penalty to the buyer without delay.

除不可抗力原因，卖方若不能按合同规定如期交货，卖方按照每 7 天交纳货物总值的 0.5%的罚款率交纳罚金，由付款银行从付款中扣除。但罚金总额不能超过货物总值的 5%。不足 7 天的天数应以 7 天计算。卖方若在本合同规定的装运时间内逾期 10 星期仍不能交货，买方则有权取消合同。尽管合同已取消，但卖方仍应如期支付上述罚金。

16. ARBITRATION：

仲裁：

All disputes in connection with this Contract or the execution thereof shall be settled friendly through negotiations. In case no settlement can be reached，the case shall be submitted for arbitration to China International Economic and Trade Arbitration Commission (CIETAC)，in Beijing，in accordance with its Rules of Arbitration. The arbitration shall take place in Beijing and the decision of the Arbitration Committee shall be final and binding upon both parties；neither party shall seek recourse to a law court nor other authorities to appeal for revision of the decision. Arbitration fee shall be borne by the losing party. Or the Arbitration may be settled in the third country mutually agreed upon by both parties.

所有与此合同有关的争议应通过友好协商解决，如果协商不能解决，则可提交中国国际经贸仲裁委员会（CIETAC）根据有关仲裁法则进行仲裁。仲裁应在北京进行，并且其结果对双方均有约束力，任何一方均不应向法院或其他政府部门申请以改变仲裁结果。仲裁费由负方负担。仲裁也可在双方同意的第三国进行。

17. SPECIAL PROVISIONS：

附加条款：

In witness thereof，this Contract is made in English and Chinese signed by both parties in two original copies；each party holds one copy. If any disputes happened during the execution of the Contract，the English version of the Contract will be regarded as the basic proof.

此合同一式两份由中英文写成，双方签字并各持有一份，执行中如有异议，以英文为准。

THE BUYERS
买方
Beijing Tepukang Science and Technology Co., Ltd.

THE SELLERS
卖方
Brilliantech (CHINA) Co., Ltd.

第三节 国际货物买卖合同有效成立的条件

一、合同的成立

在贸易磋商过程中，一方发盘经另一方有效接受以后，合同即告成立。但根据国际贸易习惯，交易双方往往还要签订书面合同或确认书，作为合同成立的依据。我国法律和行政法规定，由国家批准的合同，在获得批准时，合同方成立。

二、国际货物买卖合同有效成立的必要条件

（一）合同的当事人双方必须具有相应的法律资格

若是自然人，则必须是公民，具备民事权利能力和行为能力，未成年人、发病期间的精神病患者、神志不清的醉汉等所签合同无效。若是法人，则行为人应是法人的全权代表。如果是非企业负责人代表企业达成合同时，一般应有授权委托书或类似文件。在我国，只有经政府批准有外贸经营权的企业，才能从事对外贸易活动，并且只有在其工商登记的经营范围内，才能与外商签订有关外贸合同。

（二）合同双方应在自愿的基础上达成意思一致

国际货物买卖合同是在一方发盘和另一方接受的基础上达成意思一致协议的，且这种协议必须是自愿的。如果一方以欺诈、威胁或暴力等手段使另一方接受而达成的合同，此合同在法律上无效。

（三）合同具有约因和对价，双务有偿

“约因”是缔约当事人之间，由于缔约行为，一方获得利益，另一方遭受损失。“对价”则是合同一方的承诺或行为有对方的某些有价值的东西作为回报。约因和对价是西方大陆法系和英美法系合同法中的重要概念，对价理论的主要目的是区分许诺和承诺义务是否具有法律约束力。按照英美法等国的理解，合同是一种允诺，一方的允诺只有在另一方提供相对应利益即代价时才能强制执行。如果法院认定某项合同有“对价”，合同即可成立，没有“对价”，则可以认定此合同无效。

我国合同法要求合同是双务合同。双务合同，是指一方的权利是另一方的义务，双方既有权利又有义务的合同。如果卖方按期交货、交单，买方则必须按期付款，双方应互为有偿，也即“对价”。如果买卖双方中的任何一方不按合同规定的期限付款或交货，则违反合同的一方要承担赔偿损失的责任。

（四）合同的标的和内容必须合法

买卖双方所交易的货物应是政府允许进口或出口的货物。如果是属于政府管制的商品，还应有许可证或进出口配额。货款的收付必须符合国家规定。凡违反法律、损害国家及社会公共利益的合同一律无效。

（五）合同必须符合法律规定的形式和审批手续

各国法律对国际货物买卖合同的形式有不同的要求。目前，绝大多数国家法律上对货物买卖合同基本上都采取“不要式原则”，即不规定任何特定的形式要求，当事人不论是采用口头方式还是书面方式，或是以某种行为来订立合同，都被认为是合法和有效的。我国于1999年10月起正式实施的《合同法》对国际货物买卖合同的形式做出了与《联合国国际货物销售合同公约》相同的规定，即在一般的国际货物买卖中，合同既可以采用书面形式，也可以采用口头或其他形式成立。这种规定与我国过去法律中规定的国际货物买卖合同只能以书面形式订立有了很大差别，标志着在国际货物买卖合同的形式方面，我国最终与国际通行做法达成了一致。

三、国际货物买卖合同订立的原则和应注意的问题

（一）国际货物买卖合同订立的原则

国际货物买卖，由于存在彼此法律上的不同规定和贸易习惯上的差异，因而在涉及交易双方的利害关系时，往往会出现矛盾和斗争。如何协调这种关系，使买卖双方在平等互利、公平合理竞争的基础上达成交易，实现进出口的最大效益是我们的目标。订立国际货物买卖合同应遵循以下原则：

1. 尊重国家主权原则

这是我国对外贸易活动基本原则中最重要的一条原则。这一原则体现在：遵守我国宪法和法律；尊重国家对土地、自然资源、一切财富和经济活动的控制与永久主权；不得损害我国的社会公共利益。任何对外贸易活动不得有损我国的国家主权和尊严，不得同我国有关的法律和法规相抵触，且不得损害我国的社会公共利益。凡实施后将对我国社会、公众造成不良后果的合同，将被禁止。

2. 平等互利原则

平等互利，即在法律上相互平等，在经济上彼此有利。首先，合同双方当事人必须保持平等的地位，有平等的发言权和对等的权利、义务。买卖双方无论其经济实力强弱、社会地位高低、经营范围大小、所属国家强弱，其在法律面前的地位都是平等的，无高低、贵贱之分，大小尊卑之别。其次，合同双方当事人在相互经济贸易活动中都有利可得，原则上应当权利与义务对等，风险与收益相当，即使在双方经济实力悬殊的情况下，也应当采取适当措施，兼顾双方的利益，绝不允许以强欺弱、以大压小。

尊重主权原则与平等互利原则是相辅相成，紧密联系的。没有主权原则，就不可能做到平等互利；只有实现真正的平等互利，才能保证国家的经济独立与主权完整。这两项原则是我国商品进出口业务中应坚持的主要原则。

3. 协商一致原则

买卖双方达成的贸易协定，应是双方真实的意思表示。任何一方以任何变相的强制手

段引诱、胁迫、欺诈另一方所订立的合同，均属无效合同。

4. 诚实信用原则

签订经济合同的双方都希望达到一定的经济目的，而双方只有遵从诚实信用的原则，切实履行自己的义务，讲信用，才有可能达到买卖双方的贸易目的。“重合同，守信用”是我国对外经济贸易的重要原则。作为卖方，应按合同的规定，按时、按质、按量履行交货等义务；作为买方，根据合同规定，应按时开立信用证以履行付款等义务。任何一方不能以任何借口和理由单方面任意修改合同条款，更不能随意毁约。

5. 有利于国民经济发展原则

我国实行对外开放、发展对外经济贸易的目的，就是要发展我国社会主义经济。因此，一切对外贸易活动，都要从有利于发展我国国民经济出发。例如，引进先进的技术、机器、设备和科学管理经验，就是为发展我国的国民经济服务。

（二）订立国际货物买卖合同应注意的问题

1. 交易双方达成买卖合同，不仅是一种经济行为，而且是一种法律行为

国际货物买卖合同和其他经济合同一样，体现了当事人之间的经济关系。经济合同是商品经济的产物，随着商品经济的发展而不断地充实、完善，并运用法律成为调整经济关系的手段，使经济关系纳入法治的轨道。凡符合法律规定的合同可得到法律的承认，且合同当事人的权利受到法律的承认、保护、监督和约束。

2. 合同应符合当事人所在国缔结或参加的有关双边或多边的国际条约及国际惯例

目前与我国对外贸易有关的国际条约，主要是我国与某些国家缔结的双边贸易协定、支付协定、贸易支付协定、贸易议定书等。其中，《联合国国际货物销售合同公约》与我国进行货物进出口贸易的关系最密切，影响也最大。《公约》本着平等互利的原则，在国际贸易中采用顾及不同社会制度及不同经济、法律制度国家的习惯和法律规则，有利于减少国际贸易的法律冲突，促进国际贸易的发展。此外，现行国际惯例中的有些内容已被某些国家纳入国内法，有些内容已引入国际条约，成为国际条约的内容，即惯例“条约化”。这些国际惯例，对合同当事人通常也具有约束力。

3. 法律冲突及其解决办法

由于合同的当事人位于不同的国家和地区，而不同国家的有关法律规定往往有不同之处，一旦发生争议或纠纷，按哪个国家的法律作为判断是非的依据呢？这就是所谓的“法律冲突”。法律冲突给国际贸易带来了许多不便和障碍。如何解决这些问题，通常有以下几种办法：依照缔约地法律；依照履约地法律；允许当事人选择法律或依照仲裁地法律。例如，有一份 CIF 合同在美国订立，由美国商人 A 出售一批 IBM 电脑给中国香港商人 B，交货目的港在中国香港。双方在执行合同中发生了争议，因为合同是在美国订立，履约地也是在美国。因此，根据合同最密切关系原则，该合同适用美国法律。

4. 合同变更和合同撤销的法律认定

合同签订后，由于客观情况的复杂多变，合同不得不变更时，法律允许在一定条件下变更合同，即可以对国际货物买卖合同的条款加以部分的修改或补充。但如果一方当事人

违反合同造成的损害实际上剥夺了对方根据合同规定有权期待得到的东西，则受害方有权解除合同。因此，当一方当事人发现要求违约方履行合同义务无实际意义时，应果断宣告合同无效，解除双方在合同中的权利义务关系，从无法实现其交易目的的合同关系中解脱出来，以寻找另外的合同交易者，实现自己的商业目的。同时应注意，解除合同的通知或协议必须采用书面形式，中国法律、行政法规规定应由国家批准成立的合同，其解除应当报原批准机关备案。如果发生国外客商违约而需要修改合同的情况，向对方追究责任时，应注意在修改合同时主张索赔要求并且明示保留索赔的权利，避免由于疏忽而导致权利得不到保护。因为变更合同以后，再提出原合同的违约责任已经缺乏依据，在法律上不予认定。

本章小结

本章介绍了国际货物买卖合同的概念、作用、内容和国际货物买卖合同的基本格式，分析了国际货物买卖合同有效成立的条件、国际货物买卖合同订立的原则和应注意的问题。目的是使学生了解、掌握国际货物买卖合同的相关知识，为学习国际贸易实务打下良好基础，同时也为学生毕业后从事国际贸易业务工作做好准备。

本章实训

1. 实训目的

了解国际货物买卖的程序、国际货物买卖合同有效成立的必要条件、拟定合同条款应注意的问题，以及国际货物买卖合同的概念、作用、内容。

2. 实训内容

（1）研究国际货物买卖程序中交易前的准备、交易磋商、履行合同 3 个阶段的主要内容。

（2）了解国际货物买卖合同的基本格式和内容。

（3）掌握国际货物买卖合同有效成立的条件和判别标准。

（4）讨论下列案例。

【案例 8—1】

2013 年 4 月 1 日，巴西 W 公司向我国欣华有限责任公司发来传真，出售鱼粉，于 4 月 6 日 15 时前答复有效。该要约主要内容为出售秘鲁或智利鱼粉，数量 20 000 吨，溢短装 5%，CFR 上海每吨 483 美元，2013 年 7 月交货，并列明信用证付款及其他条件。欣华公司在接到要约的当天即回复巴西 W 公司传真，要求巴西 W 公司将价格由 483 美元减至 480 美元，同时对索赔条款提出了修改意见，明确指出："如果同意以上两点，请速告知并可签约"。4 月 4 日，巴西 W 公司与欣华公司直接电话协商，欣华有限责任公司同意接受每吨 483 美元的价格，但坚持修改索赔条款为："货到 45 天内，经中国商检机构检验后，如发现问题，在此期限内提出索赔"。

巴西 W 公司也同意了以上意见。至此，双方口头上达成了一致意见。4 月 5 日，巴西 W 公司在给欣华公司的传真中，重申了要约的主要内容和双方电话协商结果。同日，欣华公司回传真给巴西W公司，告知将由欣华公司的郝经理在广交会期间直接与巴西W公司签署合同。5月2日，巴西W公司副总裁来广交会会见了欣华公司郝经理，交给他巴西W公司已签了字的合同文本。郝经理表示要审阅后再签字。5月6日，当巴西W公司派人去取该合同时，欣华公司的郝经理仍未签字。巴西W公司副总裁随即指示将欣华公司未签字的合同取回。5月9日，巴西W公司致传真给欣华公司，重申了双方4月5日的传真的内容，并谈到在广交会期间双方接触的情况，声称欣华公司不执行合同给巴西W公司造成了损失，要提出索赔要求，除非欣华公司在36小时内保证履行合同义务。

5月10日，欣华公司在给巴西W公司的传真中称：本公司郝经理5月2日在接到合同文本时，明确表示须对合同条款作完善、补充后，我方才能签字。在买卖双方未签约之前，不存在买方开信用证问题。并且，5月6日，巴西W公司已经将合同取回，欣华公司认为巴西W公司已改变主意，撤回了要约，因此，明确表示根本不存在承担责任的问题。5月11日，巴西W公司传真欣华公司称：本公司取回合同，不表示撤约，合同对双方仍有约束力，重申要保留索赔权利。5月12日，欣华公司答复：首先，买方确认卖方的报价、数量并不等于一笔买卖最终完成，这是国际贸易的惯例。其次，5月2日，我方明确提出要完善、补充合同条款时，你方只是将单方面签字的合同放下，对我方提出的要求不作任何表示。最后，5月6日，未等我方在你方留下的合同上签字，就匆匆将合同取回，也没提出任何意见。现在贵公司提出要我方开信用证履约，我们不能依据被你方撤回的合同开证履约。你方对本次交易已毫无诚意，我们对你方的要求深表遗憾，也无须承担由此引起的任何责任。

5月13日，巴西W公司传真欣华公司，告知该公司副总裁将去北京，并带去合同文本，让欣华公司签字。5月19日，巴西W公司又传真欣华公司称：因巴西W公司副总裁未能在北京与欣华公司人员会见，故将合同文本快递给欣华公司，让其签字。并要求欣华公司答复。如欣华公司认为双方不存在合同关系，则要同意将该争议提交伦敦仲裁机构仲裁。

5月20日，欣华公司传真答复：重申合同应该在欣华公司签字以后生效，巴西W公司取回合同文本是撤回要约。5月22日，巴西W公司又传真欣华公司，重述了双方往来情况，重申合同业已成立，再次要求欣华公司开出信用证。5月31日，欣华公司传真巴西W公司重申了5月20日传真的内容，并告知：由于双方合同矛盾，欣华公司的客户已经将订单撤回，欣华公司声明保留要求巴西W公司赔偿损失的权利。同时告知，已将巴西W公司快递来的合同文本退回。

6月4日，巴西W公司电告欣华公司，指出：欣华公司已否认合同有效、拒开信用证，巴西W公司有权就此所受损害及费用损失提出赔偿。双方多次协商，未果。

2013年7月15日，巴西W公司以欣华公司违约为由起诉，要求欣华公司承担赔偿责任。巴西W公司认为：欣华公司在接到巴西W公司的要约后，仅对价格和索赔条款提出不同意见，并在以后的电话协商中，双方取得了一致，即：巴西W公司同意了欣华公司对索赔条款的修改，欣华公司同意接受要约中的价格条件，合同已于此时成立。巴西W公司还认为：欣华公司要求在广交会期间签署书面合同，这仅仅是一种形式而已。欣华公司认为：双方虽然在口头上就合同主要内容协商一致，但欣华公司提出要签署书面合同，合同应从双方正式签署后生效。

当欣华公司接到对方已签字的合同文本后，提出要对巴西 W 公司提供的合同文本进行完善、补充，巴西 W 公司未表态，后又将合同文本索回，欣华公司认为这是巴西 W 公司撤回要约，合同并未成立，当然谈不上要履行的问题。

本案是由在合同成立的形式要求上的差异引起的，试回答下列问题：

1）双方于 4 月 4 日通过电话协商，达成一致意见，是否表示合同已于此时成立？

2）欣华公司要求签署书面合同是否仅仅是一种形式，会不会影响到合同的有效成立？

3）巴西 W 公司在欣华公司还没有签字的情况下，将合同取回是否属于“要约的撤回”？

【案例 8—2】

我国某出口公司甲方于 2011 年 3 月 27 日，通过某国外中间商丙方与进口商乙方签订书面合同销售某商品，总值为人民币 51 000 元，即期 L/C 付款，乙方付款后，由甲方汇寄丙方佣金 3%。开证日期为 2011 年 5 月 15 日前，交货时间为 6 月份。但在合约签订后，乙方未按合同规定开证，后经甲方多次催证，乙方不仅未开证，连一个答复也没有。直到 7 月 12 日，中间商丙方来电称：由于迄今未领到进口许可证，乙方请求撤约或改装至自由港口 P 港。于是，甲方电告丙方，不同意撤约，但同意货运目的港改为 P 港，并请其迅速开证。不久，丙方又电请甲方同意将信用证即期付款改为 D/P 即期付款。甲方未及时答复，直到 11 月上旬才电告丙方同意 D/P 即期付款，并告已订好舱位，月中装船。丙方接电后复甲方：“乙方表示拒收货物，我方仅仅是一个代理，但仍愿以 D/P 120 天接受该批货物。”甲方接电时货物已经装船，于是电告丙方请其接受货物，但对其是否接受 D/P 120 天未做任何表示。丙方获悉后又要求改为 D/P 120 天，甲方对此表示不同意，因此，丙方始终未提货。直至货到目的港 2 个多月后甲方才表示同意 D/P 120 天。此时，丙方又电告甲方，船方要索取货物存入海关仓库的存仓费，如甲方负担这笔费用，丙方按 D/P 120 天提取货物。甲方对此又表示不能接受，并说明这笔费用是由于丙方不提货所致。甲、丙双方为此又多次争执不下，直至货物被海关当局拍卖处理。

根据上述案情，试回答下列问题：

1）这笔交易的买卖双方当事人究竟是谁？

2）该合同是否已由甲乙双方转移为甲丙双方，从而确立了新的合同关系？

3）有关交易方有无失误？失误何在？

3. 实训的组织形式和要求

（1）组织形式。

将全班学生分成几个小组，通过小组讨论形式完成本章实训。

（2）实训要求。

分小组讨论国际货物买卖的程序、货物买卖合同的基本格式和内容、合同有效成立的条件和判别标准，在此基础上研究案例，并推荐代表在全班讨论时发表各小组的分析结果，讨论后每个人形成自己的分析报告。

第九章

国际贸易术语与商品的价格

学习要点

1. 通过本章的学习，了解并掌握常用的国际贸易术语，以及相关国际惯例；
2. 熟悉出口货物价格构成、作价原则与方法，掌握出口报价和成本核算的基本要求；
3. 准确、合理地选用贸易术语，进行商品定价和填制价格条款。

引言

国际贸易术语表明价格的构成，确定了交接货物时买卖双方的责任、费用和风险的划分，明确了买卖双方在交接货物过程中的责任和义务。国际贸易术语是国际贸易实务中的核心内容之一，是开展对外贸易的语言。国际贸易术语的使用对简化交易磋商的过程，缩短交易时间，节约交易费用有重要意义。掌握国际贸易术语是学习国际贸易实务的基本前提。

第一节　贸易术语与国际贸易惯例

一、贸易术语的含义

国际贸易术语（Trade Terms），又叫“价格术语”“交货条件”，是在国际贸易实践中逐渐形成的用以确定买卖标的物的价格、买卖双方各自承担的费用、风险、责任范围的以英文缩写表示的专门术语。

贸易术语是国际惯例的一种，没有强制性，即只有当事人选择使用，才对当事人具有约束力。贸易术语的主要作用在于简化当事人的贸易谈判缔约过程，确定买卖双方当事人的权利义务。

贸易术语不仅用来表示买卖双方各自承担的责任、费用和风险的划分，而且还用来表示商品的价格构成。一般来说，卖方承担的责任广，支付的费用多，负担的风险大，则商品出售的价格就高；反之，则出售的价格就低。

二、国际贸易惯例的性质

国际贸易业务中反复实践的习惯做法与行为规范，只有经国际组织加以编纂与解释，才形成国际贸易惯例。国际贸易惯例的适用是以当事人的意思自治为基础的，因为惯例本身不是法律，它对贸易双方不具有强制性，故买卖双方有权在合同中做出与某项惯例不符的规定。但是，国际贸易惯例对贸易实践仍具有重要的指导作用。

三、有关贸易术语的国际贸易惯例

目前，国际上有较大影响的有关贸易术语的国际贸易惯例主要有以下三种。

（一）《1932 年华沙—牛津规则》

《华沙—牛津规则》是国际法协会专门为解释 CIF 合同而制定的。19 世纪中叶，CIF 贸易术语开始在国际贸易中得到广泛采用，然而对使用这一术语时买卖双方各自承担的具体义务，并没有统一的规定和解释。对此，国际法协会于 1928 年在波兰首都华沙开会，制定了关于 CIF 合同的统一规则，称之为《1928 年华沙规则》，该规则共包括 22 条。后来，此规则修订为 21 条，并更名为《1932 年华沙—牛津规则》（Warsaw - Oxford Rules 1932），沿用至今。这一规则对于 CIF 的性质、买卖双方所承担的风险、责任和费用的划分以及所有权转移的方式等问题都作了比较详细的解释。

（二）《1941 年美国对外贸易定义修订本》

《美国对外贸易定义》是由美国九大商业团体制定的。它最早于 1919 年在纽约制定，原称为《美国出口报价及其缩写条例》，后来于 1941 年在美国第 27 届全国对外贸易会议上对该条例作了修订，命名为《1941 年美国对外贸易定义修订本》（Revised American Foreign Trade Definitions 1941）。

《美国对外贸易定义》中所解释的贸易术语共有 6 种，分别为：

（1）Ex（Point of Origin，产地交货）。

（2）FOB（Free on Board，在运输工具上交货）。

（3）FAS（Free Alongside Ship，在运输工具旁边交货）。

（4）C&F（Cost and Freight，成本加运费）。

（5）CIF（Cost，Insurance and Freight，成本加保险费、运费）。

（6）Ex Dock（Named Port of Importation，目的港码头交货）。

《美国对外贸易定义》主要在北美国家采用。由于它对贸易术语的解释与《国际贸易术语解释通则》有明显的差异，所以，在同北美国家进行交易时应加以注意。同时《美国对外贸易定义》于1990年做了进一步修订，命名为《1990年美国对外贸易定义修订本》(Revised American Foreign Trade Definitions 1990)，使用过程中应注意版本。

（三）《2000年国际贸易术语解释通则》

《国际贸易术语解释通则》(International Rules for the Interpretation of Trade Terms)是由国际商会制定并进行过多次修订而成的。在进入21世纪，国际商会广泛征求世界各国从事国际贸易的各方面人士和有关专家的意见，对实行了60多年的《国际贸易术语解释通则》进行了全面的回顾与总结。为使贸易术语更进一步适应世界上无关税区的发展、交易中使用电子信息的增多以及运输方式的变化，国际商会再次对《国际贸易术语解释通则》进行修订，并于1999年7月公布《2000年国际贸易术语解释通则》（以下简称《2000年通则》）。

1.《2000年通则》的适用范围

《2000年通则》明确了适用范围，即该通则只限于销售合同当事人的权利、义务中与交货有关的事项。其货物是指“有形”货物，不包括“无形”货物，如电脑软件等。《2000年通则》只涉及与交货有关的事项，如货物的进出口清关、货物的包装、买方受领货物的义务以及提供履行各项义务的凭证等。不涉及货物所有权和其他产权的转移、违约、违约行为的后果以及某些情况的免责等。有关违约的后果或免责事项，可通过买卖合同中其他条款和适用的法律来解决。

2.《2000年通则》中的贸易术语

表9—1归纳了《2000年通则》中的13种贸易术语。

表9—1　《2000年通则》中的13种贸易术语

分组	术语代号	英文名称	中文名称
E组（启运）	EXW	EX Works	工厂交货
F组（主运费未付）	FCA	Free Carrier	货交承运人
	FAS	Free Alongside Ship	装运港船边交货
	FOB	Free on Board	装运港船上交货
C组（主运费已付）	CFR	Cost and Freight	成本加运费
	CIF	Cost Insurance and Freight	成本加运费、保险费
	CPT	Carriage Paid to	运费付至
	CIP	Carriage Insurance Paid to	运费、保险费付至

续前表

分组	术语代号	英文名称	中文名称
D组（到达）	DAF	Delivered at Frontier	边境交货
	DES	Delivered EX Ship	目的港船上交货
	DEQ	Delivered EX Quay	目的港码头交货
	DDU	Delivered Duty Unpaid	未完税交货
	DDP	Delivered Duty Paid	完税后交货

3.《2010年通则》

《2010年通则》是在对2000年版本做出补充和修订的基础上形成的，以便使这些规则适应当前国际贸易实践的发展。其修订原因如下：

（1）贸易方式、贸易手段、运输方式等新情况的出现。

（2）《2000年通则》在长期的使用过程中突显了一系列的问题，如货物越过船舷这一风险分界点的划分一直模糊不清，从而导致争端持续不断。《2010年通则》的变化体现在：对风险划分方式进行了重新界定，增加了DAP和DAT两个术语，重新定义了术语的分类方法和各术语买卖双方义务的分配，完善了术语介绍和使用指南。

《2010年通则》删去了《2000年通则》中的4个术语，即DAF（Delivered at Frontier，边境交货）、DES（Delivered Ex Ship，目的港船上交货）、DEQ（Delivered Ex Quay，目的港码头交货）、DDU（Delivered Duty Unpaid，未完税交货）；新增了2个术语，即DAT（Delivered at Terminal，在指定目的地或目的港的集散站交货）、DAP（Delivered at Place，在指定目的地交货）。用DAP取代了DAF、DES和DDU 3个术语，用DAT取代了DEQ，且扩展至适用于一切运输方式。

DAT：类似于取代了的DEQ术语，指卖方在指定的目的地或目的港的集散站卸货后将货物交给买方处置即完成交货。术语所指目的地包括港口。卖方应承担将货物运至指定的目的地或目的港的集散站的一切风险和费用（除进口费用外）。本术语适用于任何运输方式或多式联运。

DAP：类似于取代了的DAF、DES和DDU 3个术语，指卖方在指定的目的地交货，只需做好卸货准备，无须卸货即完成交货。术语所指的到达车辆包括船舶，目的地包括港口。卖方应承担将货物运至指定的目的地的一切风险和费用（除进口费用外）。本术语适用于任何运输方式、多式联运方式及海运。

修订后的《2010年通则》取消了“船舷”的概念，卖方承担货物装上船为止的一切风险，买方承担货物自装运港装上船后的一切风险。在FAS、FOB、CFR和CIF等术语中加入了货物在运输期间被多次买卖（连环贸易）的责任义务的划分。考虑到一些大的区域贸易集团内部贸易的特点，规定《2010年通则》不仅适用于国际销售合同，也适用于国内销售合同。

《2010年通则》共有11种贸易术语，按照所适用的运输方式划分为两大类：

（1）适用于任何运输方式的术语（7种）：EXW、FCA、CPT、CIP、DAT、DAP、DDP。

EXW（Ex Works）：工厂交货。
FCA（Free Carrier）：货交承运人。
CPT（Carriage Paid to）：运费付至。
CIP（Carriage and Insurance Paid to）：运费/保险费付至。
DAT（Delivered at Terminal）：目的地或目的港的集散站交货。
DAP（Delivered at Place）：目的地交货。
DDP（Delivered Duty Paid）：完税后交货。
（2）适用于水上运输方式的术语（4 种）：FAS、FOB、CFR、CIF。
FAS（Free Alongside Ship）：装运港船边交货。
FOB（Free on Board）：装运港船上交货。
CFR（Cost and Freight）：成本加运费。
CIF（Cost，Insurance and Freight）：成本加运费、保险费。

第二节　常用的几种贸易术语

在我国对外贸易中，经常使用的主要贸易术语为 FOB、CFR 和 CIF 3 种。近年来，随着集装箱运输和国际多式联运的发展，采用 FCA、CPT 和 CIP 贸易术语的也日渐增多。因此，首先应对这几种主要贸易术语的解释和运用有所了解。

一、装运港交货的 3 种常用术语

《2010 年通则》中共有 11 个贸易术语，其中使用最多的是装运港交货的 3 种术语：FOB、CFR 和 CIF。这 3 种贸易术语都只适用于海运和内河运输，买卖双方在货物交接和责任、费用、风险划分中所承担的义务基本一致，只是在运输和保险的责任上有所区别。

（一）FOB

FREE ON BOARD（… named port of shipment），即装运港船上交货（……指定装运港）。此术语是指卖方在约定的装运港将货物交到买方指定的船上。按照《2010 年通则》的规定，此术语只能适用于海运和内河航运。如合同当事人不采用装运港船上交货，则采用 FCA 术语更为适宜。

按照国际商会对 FOB 的解释，卖方必须在合同规定的装运期内，在指定的装运港将货物装上买方指定的船上，并及时通知买方。当货物放置于该船舶上时，货物灭失或损毁的风险即转移，而买方自该点起负担一切费用。也就是说，一旦装船，买方将承担货物灭失或损坏造成的所有风险。买卖双方各自承担的基本义务，概括起来，可做如下划分：

1. 卖方义务

（1）卖方的责任：提供符合合同规定的货物；办理出口手续；按照合同规定的时间和地点，将货物装到买方派来的船上；迅速发出已装船通知；移交有关的货运单据或电子数据。

（2）卖方的费用：承担货物装船前的一切费用。

（3）卖方的风险：货物在装运港装船前的一切风险（实际业务中以取得清洁提单为界）。

2. 买方义务

(1) 买方的责任：租船订舱，并及时通知卖方；办理保险；接受货运单据，支付货款；办理进口手续，收取货物。

(2) 买方的费用：买方承担货物装船以后的一切费用。

(3) 买方的风险：装运港越过船舷以后的一切风险。

3. 采用 FOB 术语时应注意的问题

(1) "装上船"的要求和风险转移。卖方及时将货物装上船，是贸易术语的要素。按照《2010 年通则》的规定，FOB 合同的卖方必须及时在装运港将货物"交至船上"(Deliver on Boat) 或"装上船"(Load on Boat)，其交货点 (Point on Delivery) 为船上，当货物在装运港装上船后，货物灭失或损坏的风险从卖方转移至买方。

《2010 年通则》作为惯例的规定并不是强制性的，它允许买卖双方按实际业务的需要对规则的规定作必要的改变。因此，在实际业务中，如 FOB 合同的买方要求卖方提交"清洁已装船提单"，而卖方也同意提供此种运输单据，凭以向买方收款的话，则该 FOB 合同的交货点就从"船上"延伸到了"船舱"。这就是说，卖方必须负责在装运港将货物安全地装入船舱，并负担货物装入船舱为止的一切灭失或损坏的风险。

(2) 装船费用的问题。注意在合同中订明：Loading Charges to be Covered by the Seller (Buyer)；同时注意 FOB 的变形问题。在按 FOB 条件成交时，卖方要负责支付货物装上船之前的一切费用。但各国对于"装船"的概念没有统一的解释，有关装船的各项费用由谁负担，各国的惯例或习惯做法也不完全一致。如果采用班轮运输，船方负责装卸，装卸费计入班轮运费之中，自然由负责租船的买方承担；而采用程租船运输，船方一般不负担装卸费用。这就必须明确装船的各项费用应由谁负担。为了说明装船费用的负担问题，双方往往在 FOB 术语后加列附加条件，这就形成了 FOB 的变形。主要包括以下几种：

1) FOB Liner Terms (FOB 班轮条件)。这是指装船费用按照班轮的做法处理，即由船方或买方承担。所以，采用这一变形，卖方不负担装船的有关费用。

2) FOB Under Tackle (FOB 吊钩下交货)。这是指卖方负担费用将货物交到买方指定船只的吊钩所及之处，而吊装入舱以及其他各项费用，概由买方负担。

3) FOB Stowed (FOB 理舱费在内，FOBS)。这是指卖方负责将货物装入船舱并承担包括理舱费在内的装船费用。理舱费是指货物入舱后进行安置和整理的费用。

4) FOB Trimmed (FOB 平舱费在内，FOBT)。这是指卖方负责将货物装入船舱并承担包括平舱费在内的装船费用。平舱费是指对装入船舱的散装货物进行平整所需的费用。

在许多标准合同中，为表明由卖方承担包括理舱费和平舱费在内的各项装船费用，常采用 FOBST (FOB Stowed and Trimmed) 方式。

FOB 的上述变形，只是为了表明装船费用由谁负担而产生的，并不改变 FOB 的交货地点以及风险划分的界限。《2010 年通则》指出对这些术语后的添加词句不提供任何指导规定，建议买卖双方在合同中加以明确。

(3) 以 FOB 成交要注意船货衔接。买方应给予卖方关于船名、装船地点和所要求的交货时间的充分通知，以保证卖方备货与买方派船接货互相衔接。"船等货"或"货等船"造成的空舱费、滞期费、额外增加的仓储费、保险费及利息损失分别由有关责任方承担。

如：船先到，造成空舱；船后到，增加货物仓储费；船及时到，货迟到造成空舱；等等。可在合同中具体规定买方应在船到港前多长时间通知卖方。

(4) 个别国家对FOB的解释。《1941年美国对外贸易定义修订本》对FOB的解释分为6种，其中只有指定装运港船上交货（FOB Vessel，"named port of shipment"）与《2010年通则》对FOB术语的解释相近。所以，《1941年美国对外贸易定义修订本》对FOB的解释与运用，同国际上的一般解释与运用有明显的差异，这主要表现在下列几个方面：

1) 美国惯例把FOB笼统地解释为在某处某种运输工具上交货，其适用范围很广，因此，在同美国、加拿大等国的商人按FOB订立合同时，除必须标明装运港名称外，还必须在FOB后加上"船舶"（Vessel）字样。如果只订为"FOB San Francisco"而漏写"Vessel"字样，则卖方只负责把货物运到旧金山城内的任何处所，不负责把货物运到旧金山港口并交到船上。

2) 在风险划分上，不是以装运港船舷为界，而是以船舱为界，即卖方负担货物装到船舱为止所发生的一切丢失与损坏。

3) 在费用负担上，规定买方要支付卖方协助提供出口单证的费用、出口税和因出口而产生的其他费用。

(二) CFR

COST AND FREIGHT（…named port of destination），即成本加运费（……指定目的港）。此术语是指卖方必须负担货物运至约定目的港所需的成本和运费。这里所指的成本相当于FOB价，故CFR术语是在FOB价的基础上加上装运港至目的港的通常运费。《2010年通则》中，CFR术语只能适用于海运和内河航运，如果合同中通常是在终点站（即抵达港、卸货点，区别于port of destination）交付集装箱货物，宜使用CPT术语。

1. 卖方义务

(1) 卖方的责任：提供符合合同规定的货物；办理出口手续；租船订舱；按照合同规定的时间和地点将货物装船；迅速发出装船通知；移交有关的货运单据或电子数据。

(2) 卖方的费用：承担货物装船前的一切费用，如装船费用、货物从装运港至目的港的正常运费。

(3) 卖方的风险：承担货物在装运港装上船之前的一切风险（实际业务中以取得清洁提单为界）。

2. 买方义务

(1) 买方的责任：办理保险；接受货运单据，支付货款；办理进口手续，收取货物。

(2) 买方的费用：货物装船以后的一切费用。

(3) 买方的风险：装运港越过船舷以后的一切风险。

3. 使用CFR的注意事项

(1) 卖方应及时发出装船通知。按CFR条件成交时，由卖方安排运输，由买方办理货运保险。如卖方不及时发出装船通知，则买方就无法及时办理货运保险，甚至有可能出现漏保货运险的情况。因此，卖方装船后务必及时向买方发出装船通知，否则，卖方应承担货物在运输途中的风险和损失。

（2）按 CFR 进口应慎重行事。在进口业务中，按 CFR 条件成交时，鉴于由外商安排装运，由我方负责保险，故应选择资信好的国外客户成交，并对船舶提出适当要求，以防外商与船方勾结，出具假提单，租用不适航的船舶，或伪造品质证书与产地证明。若出现这类情况，会使我方蒙受不应有的损失。

（3）CFR 的变形。按 CFR 术语成交，如货物使用班轮运输，运费由 CFR 合同的卖方支付，在目的港的卸货费用实际上由卖方负担。大宗商品通常采用租船运输，如船方按不负担装卸费条件出租船舶，则卸货费究竟由何方负担，买卖双方应在合同中订明。为了明确责任，可在 CFR 术语后加列表明卸货费由谁负担的具体条件。

1）CFR Liner Terms（CFR 班轮条件）：这是指卸货费按班轮办法处理，即买方不负担卸货费。

2）CFR Landed（CFR 卸到岸上）：这是指由卖方负担卸货费，其中包括了驳运费。

3）CFR EX Tackle（CFR 吊钩下交货）：这是指卖方负责将货物从船舱吊起卸到船舶吊钩所及之处（码头上或驳船上）的费用。在船舶不能靠岸的情况下，租用驳船的费用和货物从驳船卸到岸上的费用，概由买方负担。

4）CFR EX Ship's Hold（CFR 舱底交货）：这是指货物运到目的港后，由买方自行启舱，并负担货物从舱底卸到码头的费用。

应当指出，CFR 术语的附加条件，只是为了明确卸货费由何方负担，其交货地点和风险划分的界线并无任何改变。《2010 年通则》对贸易术语后加列的附加条件不提供公认的解释，建议买卖双方通过合同条款加以规定。

（三）CIF

COST，INSURANCE AND FREIGHT（… named port of destination），即成本、保险费加运费（……指定目的港）。按《2010 年通则》的规定，CIF 术语只能适用于海运和内河航运。CIF 术语不适用于货物在装上船以前就转交给承运人的情况，例如通常运到终点站交货的集装箱货物。在这样的情况下，使用 CIP 术语更为适宜。

1. 保险问题

如合同中未明确规定保险险别，卖方可只投保《协会货物条款》（ICC）或类似条款中最低的保险险别。如合同中未明确规定保险金额，保险金额最少应按货价另加 10%。

2. 风险划分的问题

CIF 术语下的风险划分与 FOB、CFR 完全相同。

3. 卸货费用的问题

CIF 术语下的卸货费用的规定与 CFR 相同。

4. 使用 CIF 术语应注意的事项

（1）CIF 合同属于“装运合同”。在 CIF 术语下，卖方在装运港将货物装上船，即完成了交货义务。因此，采用 CIF 术语订立的合同属于“装运合同”。但是，由于在 CIF 术语后所注明的是目的港（例如“CIF 伦敦”），在我国曾将 CIF 术语译作“到岸价”，所以 CIF 术语下的合同的法律性质常被误解为“到货合同”。为此必须明确指出，CIF 以及其他 C 组术语（CFR、CPT、GIP）与 F 组术语（FCA、FAS、FOB）一样，卖方在装运地完成交货义务，采用这些术语订立的买卖合同均属“装运合同”性质。按此类术语成交的合同，卖方在装运地（港）将货物交付装运后，对货物可能发生的任何风险不再承担责任。

（2）卖方办理保险的责任。在 CIF 合同中，卖方是为了买方的利益办理货运保险的，因为此项保险主要是为了保障货物装船后在运输途中的风险。《2010 年通则》对卖方的保险责任规定：如无相反的明示协议，卖方只需要按《协会货物保险条款》或其他类似的保险条款中最低责任的保险险别投保。如买方有要求，并由买方负担费用的，卖方应在可能情况下投保战争、罢工、暴动和变险。最低保险金额应为合同规定的价款加 10%，并以合同货币投保。

在实际业务中，为了明确责任，我国外贸企业在与国外客户洽谈交易采用 CIF 术语时，一般都应在合同中具体规定保险金额、保险险别和适用的保险条款。

（3）象征性交货问题。从交货方式来看，CIF 是一种典型的象征性交货（Symbolic Delivery）。所谓象征性交货，是针对实际交货（Physical Delivery）而言的。前者指卖方只要按期在约定地点完成装运，并向买方提交合同规定的包括物权凭证在内的有关单证，就算完成了交货义务，而无须保证到货。后者则是指卖方要在规定的时间和地点，将符合合同规定的货物提交给买方或其指定人，而不能以交单代替交货。在象征性交货方式下，卖方是凭单交货，买方是凭单付款，只要卖方按时向买方提交了符合合同规定的全套单据，即使货物在运输途中损坏或灭失，买方也必须履行付款义务。反之，如果卖方提交的单据不符合要求，即使货物完好无损地运达目的地，买方仍有权拒付货款。由此可见，CIF 交易实际上是一种单据的买卖。

（4）CIF 的变形。在国际贸易中，大宗商品的交易通常采用程租船运输，在多数情况下，船公司一般是不负担装卸费的。因此，在 CIF 条件下，买卖双方容易在卸货费由何方负担的问题上引起争议。为了明确责任，买卖双方应在合同中对卸货费由谁负担的问题做出明确具体的规定。如买方不愿负担卸货费，在商订合同时，可要求在 CIF 术语后加列“Liner Terms”（班轮条件）或“Landed”（卸到岸上）或“EX Tackle”（吊钩下交货）字样。如卖方不愿负担卸货费，在商订合同时，可要求在 CIF 术语后加列“EX Ship's Hold”（舱底交货）字样。

上述 CIF 术语后加列各种附加条件，如同在 CFR 术语后加列各种附加条件一样，只是为了明确卸货费由谁负担，并不影响交货地点和风险转移的界线。

二、向承运人交货的 3 种术语

（一） FCA

FREE CARRIER（… named place），即货交承运人（……指定地点）。此术语是指卖方在指定地点将货物交给买方指定的承运人。当卖方将货物交给承运人照管，并办理了出口结关手续，就算履行了其交货义务。该术语适用于各种运输方式，包括多式联运。

（二） CIP

CARRIAGE AND INSURANCE PAID TO（… named place of destination），即运费、保险费付至（……指定目的地）。按此术语成交的，卖方应向其指定的承运人交货，支付将货物运至目的地的运费，还需要对货物在运输途中灭失或损坏的买方风险取得货物保险，订立保险合同，支付保险费，并办理出口清关手续。CIP 是在 CIF 的基础上发展而来的，该术语适用于各种运输方式，包括多式联运，尤其适合以集装箱为媒介的运输方式，两者之间除风险划分点不同外，其他内容几乎完全相同。

（三）CPT

CARRIAGE PAID TO（… named place of destination)，即运费付至（……指定目的地)；按此术语成交的，卖方应向其指定的承运人交货，还必须支付将货物运至目的地的运费，并办理出口清关手续，买方承担交货之后的一切风险和其他费用。

这 3 种贸易术语不仅适用于海运和内河运输，而且适用于航空运输、铁路运输和公路运输，它们均属于装运合同的报价方式。

向承运人交货的 3 种术语是在装运港交货的 3 种术语的基础上发展而来的，买卖双方基本义务的划分是相同的。这两类术语的共同点主要表现在：

(1) 都是象征性交货。

(2) 均由出口方负责可能发生的出口报关，进口方负责可能发生的进口报关。

(3) 买卖双方所承担的运输、保险责任互相对应。即 FCA 和 FOB 一样，由买方办理运输，CPT 和 CFR 一样，由卖方办理运输，而 CIP 与 CIF 一样，由卖方承担办理运输和保险的责任并支付费用。

这两类术语的不同点主要表现在：

(1) 适用的运输方式不同。FOB、CFR、CIF 3 种术语仅适用于海运和内河运输，其承运人一般只限于轮船公司；而 FCA、CPT、CIP 3 种术语适用各种运输方式，包括多式联运，其承运人可以是轮船公司、铁路局、航空公司，也可以是安排多式联运的联合运输经营人。

(2) 交货和风险转移的地点不同。FOB、CFR、CIF 的交货地点均为装运港，风险均以在装运港越过船舷时从卖方转移至买方。而 FCA、CPT、CIP 的交货地点须视运输方式和不同的约定而定，它可以是在卖方处所由承运人提供的运输工具上，也可以是在铁路、公路、航空、内河、海洋运输承运人或多式联运承运人的运输站或其他收货点。至于货物灭失或损坏的风险，则于卖方将货物交由承运人保管时，即自卖方转移至买方。

(3) 装卸费用负担不同。在 FOB、CFR、CIF 术语下，卖方承担货物在装运港越过船舷为止的一切费用。但由于货物装船是一个连续作业的过程，各港口的习惯做法又不尽一致，所以，在使用程租船运输的 FOB 合同中，应明确装船费由何方负担，在 CFR 和 CIF 合同中，则应明确卸货费由何方负担。而在 FCA、CPT、CIP 术语下，如涉及海洋运输，并使用程租船装运，卖方将货物交给承运人时所支付的运费（CPT、CIP 术语)，或由买方支付的运费（FCA 术语)，已包含了承运人接管货物后在装运港的装船费和目的港的卸货费。这样，在 FCA 合同中的装货费的负担和在 CPT、CIP 合同中的卸货费的负担问题均已明确。

(4) 运输单据不同。在 FOB、CFR、CIF 术语下，卖方一般应向买方提交已装船清洁提单。在 FCA、CPT、CIP 术语下，卖方提交的运输单据则视运输方式而定。如在海运和内河运输方式下，卖方应提供可转让的提单，有时也可提供不可转让的海运单和内河运单；如在铁路、公路、航空运输或多式联运方式下，则应分别提供铁路运单、公路运单、航空运单或多式联运单据。值得注意的是，根据《2010 年通则》，无论采用哪种贸易术语，商业发票、运输单据和报关单据等所有单据，均可被具有同等效力的电子数据交换信息所替代。

三、其他贸易术语的解释

《2010 年通则》包括的 11 种贸易术语，除上面所述的 6 种常用贸易术语外，现将其他 5 种贸易术语简要介绍如下。

（一） EXW

EX WORKS（…named place），即工厂交货（……指定地点），是指卖方在其所在地（如工厂或仓库等）将备妥的货物交付买方，以履行其交货义务。按此贸易术语成交，卖方既不承担将货物装上买方备妥的运输工具，也不负责办理货物的出口清关手续。除另有约定外，买方应承担自卖方的所在地受领货物的全部费用和风险。因此，EXW 术语是卖方承担责任、费用和风险最小的一种贸易术语。EXW 术语适用于各种运输方式。

使用 EXW 术语时，如双方同意，在起运时卖方负责装载货物并承担装载货物的全部费用和风险，则应在合同中订明。如买方不能直接或间接地办理出口手续，就不应使用该术语，而应使用 FCA 术语。

（二） FAS

FREE ALONGSIDE SHIP（…named port of shipment），即装运港船边交货（……指定装运港），是指卖方把货物运到指定的装运港船边，即履行了其交货义务。买卖双方负担的风险和费用均以船边为界。该术语仅适用于海运或内河运输。

关于办理出口清关手续，《2010 年通则》明确规定由卖方自负费用和风险，取得出口许可或其他官方证件，在需要办理海关手续时，办理货物出口的一切海关手续，并交纳出口关税及其他费用。双方当事人如希望买方办理出口清关手续，应在合同中订明。

（三） DAT

DELIVERED AT TERMINAL（…named of destination），即“运输终端交货（……指定港口或目的地的运输终端）”，卖方在指定的目的港或目的地的指定终点站卸货后将货物交给买方处置即完成交货。“运输终端”包括任何地方，无论约定或者不约定，包括码头、仓库、集装箱堆场或公路、铁路或空运货站。卖方应承担将货物运至指定的目的地和卸货所产生的一切风险和费用。

使用这种贸易术语时，双方当事人尽量明确地指定终点站，如果可能，指定在约定的目的港或目的地的终点站内的一个特定地点。因为货物到达这一地点的风险是由卖方承担的，建议卖方签订一份与这样一种选择准确契合的运输合同。

此外，若当事人希望卖方承担从终点站到另一地点的运输及管理货物所产生的风险和费用，那么此时 DAP（目的地交货）或 DDP（完税后交货）规则应该被适用。在必要的情况下，DAT 规则要求卖方办理货物出口清关手续。但是，卖方没有义务办理货物进口清关手续并支付任何进口税或办理任何进口报关手续。

（四） DAP

DELIVERED AT PLACE（…named place of destination），即“在目的地交货（……指定目的地）”，是指卖方要在合同中约定的日期或期限内，将货物运到合同规定的目的地的约定地点，并将货物置于买方的控制之下，在卸货之前即完成交货。卖方负责订立运输合同，将货物运至合同约定的目的地的特定交货地点，如对特定交货地点未作具体规定的，卖方可在指定目的地内选择最合适的交货地点。卖方对买方无订立保险合同的义务，但应买方的要求，并由其承担风险和费用的情况下，卖方必须向买方提供其办理保险所需的信息。卖方承担将货物交给买方控制之前的风险，买方承担货物交给其控制之后的风险。另外，卖方要提交商业发票以及合同要求的其他单证。

（五）DDP

DELIVERED DUTY PAID（… named place of destination），即完税后交货（……指定目的地），是指卖方在指定的目的地办理进口清关手续，将在运输工具上尚未卸下的货物交给买方，即完成交货。卖方须承担将货物运至目的地的一切风险和费用，办理进口清关手续，缴纳进口"税费"。所以，DDP 术语是卖方承担责任、费用和风险最大的一种术语。DDP 术语适用于所有运输方式。

《2010 年通则》还规定，办理进口清关手续时，卖方也可要求买方予以协助，买方应给予卖方一切协助，但费用和风险仍由卖方负担。

四、贸易术语的应用

在国际货物买卖合同中，贸易术语一般会在价格条款中表示出来。不同的贸易术语，买卖双方承担的责任、费用和风险各不相同。在实际业务中，买卖合同的双方当事人选用何种贸易术语，不仅决定了合同价格的高低，而且还关系到合同的性质，甚至还会影响到贸易纠纷的处理和解决。因此，贸易术语的选择和运用是直接关系买卖双方经济效益的重要问题。

（一）贸易术语与合同的性质

在国际货物买卖合同中，一般都要明确所采用的贸易术语，以明确买卖双方交接货物的方式和条件，即明确买卖双方在交接货物过程中各自应承担的责任、费用和风险，从而划分双方的权利和义务，并说明合同的基本特征。所以，贸易术语是确定买卖合同性质的一个重要因素。

在实际业务中，通常都以贸易术语的名称来给买卖合同命名，如按 FOB 术语成交的合同称作 FOB 合同，按 CIF 术语成交的合同称作 CIF 合同等。在一般情况下，贸易术语的性质应与买卖合同性质相一致，合同中的有关条款应与合同性质相一致，与所使用的贸易术语在内容上保持一致，不应有所矛盾，否则，将会给买卖双方带来不必要的纠纷，甚至会造成经济损失。

（二）选择贸易术语应考虑的因素

国际贸易中可供选用的贸易术语有多种，据统计，各国使用贸易术语频率较高的主要有 FOB、CIF 和 CFR 等术语。近年来，随着国际贸易的发展和运输方式的变化，FCA、CPT 和 CIP 术语的使用也日益增多。在选择贸易术语时，应考虑以下因素。

1. 使用的运输方式

《2010 年通则》对每种贸易术语所适用的运输方式都做出了规定，例如，FOB、CFR 和 CIF 术语只适用于海洋运输和内河运输，而不适用于空运、铁路和公路运输。如买卖双方拟使用空运、铁路和公路运输，则应选用 FCA、CPT 和 CIP 术语。在我国，集装箱运输和多式联运方式在不断扩大和发展，为适应这种发展趋势，可以适当扩大使用 FCA、CPT 和 CIP 术语。

2. 运费、保险费

各种贸易术语的价格构成各不相同，运费、保险费是构成价格的一部分，因此，在选用贸易术语时，应考虑运费、保险费的因素。一般来说，在出口贸易中，我方应争取选用 CIF 和 CFR 术语，在进口贸易中，应争取选用 FOB 术语。对 FCA、CPT 和 CIP 术语的选用也应按上述原则掌握，这样有利于节省运费和保险费的外汇支出，并有利于促进我国对外运输事业和保险事业的发展。

另外，在选用贸易术语时，还应注意运费变动的趋势。当运费看涨时，为了避免承担运费上涨的风险，出口时应选用 FOB 术语，进口时应选用 CIF 或 CFR 术语。如因某种原因，采用由我方安排运输的贸易术语时，则应对货价进行调整，将运费上涨的风险考虑到货价中去。

3. 货物的特点

在国际贸易中，进出口货物的品种繁多，不同类别的货物具有不同的特点，对运输方面的要求各不相同，运费开支的大小也有差异。有些货物价值较低，但运费占货价的比重较大，对这类货物，出口应选用 FOB 术语，进口应选用 CIF 或 CFR 术语。此外，成交量的大小也涉及运输安排的难易和经济核算的问题，此时也要考虑贸易术语的恰当选用。

4. 国外港口装卸条件和港口习惯

各国港口的装卸条件不同，收费标准各异，港口的装卸作业习惯也有差别。对于装卸条件较差、装卸费用较高和习惯上须由买方承担装船费、卖方承担卸货费的港口，我方进口时应采用 FOB Stowed 或 FOB Trimmed 或 FOBST 贸易术语，出口时采用 CIF EX ship's hold 或 CFR EX ship's hold 贸易术语。

5. 资金的融通和周转

若以远期信用证或远期付款交单的方式支付款项，则采用 CIF 或 CFR 条件对买方有利，因为这两种贸易术语的运费和保险费由卖方负担，卖方支出这两笔费用后，买方的付款却是远期的，买方从而得到了一定的资金融通。如果以即期信用证或即期付款交单的方式支付款项，在运费、保险费占成本比率较大时，选择 FOB 条件对买方有利。因为在 FOB 条件下，一般情况是运费到付，买方便可减少开证金额和费用。此外，出口时，卖方采用 CFR 或 CIF 条件，可以及时装运货物，加速收汇，若采用 FOB 条件，买方船舶延迟到达将会严重影响卖方资金的周转。

随着集装箱运输和多式联运的广泛运用和发展，在我国外贸运输机构能有效承担“联合运输经营人”的前提下，我国外贸企业应按具体的情况，适当选用 FCA、CPT 和 CIP 条件，以替代传统的仅适合于海运和内河运输的 FOB、CFR 和 CIF 条件，尤其在出口业务中，如果货物是以滚装箱船、滚装船或多式联运方式运输的，运用 FCA、CPT 和 CIP 条件一方面可以明确买卖双方的责任界限，另一方面可以提早运输单据的出具时间，提早结汇，加速资金周转。

6. 实际需要

选用贸易术语时，要根据实际需要，做到灵活掌握。例如，有些国家为了支持本国保险事业的发展，规定在进口时，须由本国办理保险，我方为表示与其合作的意向，出口也可采用 FOB 或 CFR 术语。又如，我国在出口大宗商品时，国外买方为了争取到运费和保险费的优惠，要求自行办理租船订舱和保险，为了发展双方贸易，也可采用 FOB 术语。在进口贸易中，如进口货物的数量不多，也可采用 CIF 贸易术语。总之，随着我国对外开放的扩大和对外贸易的发展，可以采用更加灵活的贸易做法。除上述所提到的经常使用的贸易术语外，也可视不同的交易情况，适当选择其他贸易术语。

第三节　商品的价格

商品的价格是国际贸易货物买卖的主要交易条件，价格条款是买卖合同中必不可少的合同条款。在国际贸易中，成交商品价格的确定是买卖双方最关心的一个重要问题。因此，买卖双方在洽谈交易和订立合同时，都非常重视商品的作价问题。因此，正确掌握进出口商品的价格，合理选择作价办法，选用有利的计价货币，订好合同中的价格条款，并适当运用好与价格有关的佣金和折扣，对顺利完成合同，提高经济效益都是至关重要的。

一、价格的掌握

（一）进出口商品价格的掌握

在确定商品价格时要考虑的因素有很多，如：企业的经营意图、市场战略、交易商品的特点、市场供求规律、汇率变化趋势、交易商品的质量和档次、交易数量、包装要求、运输条件、交货方式和地点、交易双方的谈判实力等，这些因素都会对商品价格的最后确定产生一定的影响。对于进出口业务人员而言，掌握商品的价格是一项复杂而又十分艰巨的工作。为了做好这项工作，外经贸业务经营人员必须熟悉交易商品成本核算方法、主要贸易术语的价格构成和换算方法；了解作价方法和国际市场商品价格变动趋势，充分考虑影响价格的各种因素，合理地制定国际货物买卖合同中的价格条款。

（二）计价货币的选择

在进出口业务中，选择使用何种货币作为计价货币时，首先要考虑货币是不是可自由兑换的货币。使用可自由兑换的货币有利于资金的调拨和运用，也有助于在必要时转移货币汇价风险。

对可自由兑换的货币，需要考虑其稳定性。在出口业务中，一般应尽可能争取多使用从成交至收汇这段时期内汇价比较稳定且趋势强劲的货币，即所谓“硬币”或称“强币”。相反，在进口业务中，则应争取多使用从成交至付汇这段时期内汇价比较疲软且趋势下浮的货币，即所谓“软币”或称“弱币”。除此以外，为减少外汇风险，还可采用其他的方式，主要有以下几种。

1. 压低进口价格或提高出口价格

如在商订进口合同时使用当时视为“硬币”的货币为计价货币和支付货币，但在确定价格时，将该货币在我方付汇时可能上浮的幅度考虑进去，将进口价格相应压低。如在商订出口合同时使用当时视为“软币”的货币为计价和支付货币，则在确定价格时，将该货币在我方收汇时可能下浮的幅度考虑进去，将价格相应提高：鉴于汇价变动十分频繁，原因复杂多样，特别是较长时期的趋势，更难预测，所以，这一办法通常较多适用于成交后进口付汇或出口收汇间隔时期较短的交易。

2. “软硬币”结合使用

在国际金融市场上，往往是两种货币互为“软硬”的，即甲币之“软”即乙币之“硬”。而也有今日视为“软币”而日后成为“硬币”，或出现相反的情形。因此，在不同的合同中，适当地结合使用多种“软币”和“硬币”，也可起到降低外汇风险的作用。

3. 订立外汇保值条款

在出口合同中规定外汇保值条款（Exchange Clause）的办法主要有：

（1）计价货币和支付货币均为“软币”。

（2）“软币”计价、“硬币”支付，即将商品单价或总金额按照计价货币与支付货币当时的汇率，折合成另一种“硬币”，按另一种“硬币”支付。

（3）“软币”计价、“软币”支付，确定这一货币与另几种货币的算术平均汇率，或用其他计算方式的汇率，按支付当日与另几种货币算术平均汇率或其他汇率的变化作相应的调整，折算成原货币支付。这种保值可称为“一揽子汇率保值”。几种货币的综合汇率可有不同的计算办法，如采用简单的平均法、加权的平均法等，这需要由双方协商确定。

（三）定价方法

在国际货物买卖中，进出口商品价格的确定直接影响企业的经济效益和产品市场竞争力，是企业对外开展业务时必须面临的问题，企业确定进出口商品价格的方法主要有以下几种。

1. 成本加成定价方法

这是成本导向定价法中最主要的一种定价形式，为外贸企业广泛使用。采用成本加成定价法时，只需要了解有关进出口商品的成本和相对于成本的利润率（或利润），并以相应的外币表示，即能获得基本价格。以出口商品为例，出口商品的基本成本要素包括：

（1）出口商品生产成本或采购成本。

（2）装运前融资利息成本。

（3）出口成本及费用（包括出口包装、国内运输、保险费用、码头费用、仓储费用、各种国内税、海关关税及费用、出口企业管理费用等）。

（4）装运后的融资利息成本和银行手续费用。

（5）可能的汇率变动成本。

（6）国外运费（自装运港至目的港的海上运输费用）。

（7）国外保险费（海上货物运输保险）。

（8）如果有中间商，那么还应包括将支付给中间商的佣金。

（9）出口商预期利润率等。

出口商在采用成本加成定价方法时，应根据买卖双方所确定的贸易术语，首先确定出口商品的总成本，并在此基础上计算出口商品利润，即得到出口商品的价格。

2. 竞争对手定价法

此种定价方法以对付竞争对手为目标，在定价前，出口企业必须广泛收集竞争对手的各种信息，并与本企业生产的同类商品加以比较，根据对比的情况确定本企业出口商品的价格。

3. 市场定价法

此种定价方法以市场为导向，根据目标市场的特点制定自己产品的价格，主要有推定价值定价法和区别定价法等。推定价值定价法是指根据产品和市场营销因素的组合，以及消费者对产品价值的认可程度制定自己产品的价格。采用该种定价方法的关键是预测价格的准确性。区别定价法则是指按照不同的市场情况，服务于企业战略目标而采取的定价方法，具体又可分为客户差价、式样差价、地点差价、时间差价、数量差价、产品差价等。

二、出口商品成本核算

外贸企业在掌握出口商品价格时，要注意加强成本核算，以便采取措施不断降低成本，提高经济效益。考核企业的经济指标主要有以下几项。

（一）出口商品盈亏率

出口商品盈亏率是出口商品盈亏额与出口总成本的比率。出口商品盈亏额是指出口销售人民币净收入与出口总成本的差额，其中，出口销售人民币净收入是由该出口商品的FOB价格按当时外汇牌价折成人民币，出口总成本是指该商品的进货成本加上出口前的一切费用和税金。其计算见式（9—1）和式（9—2）。

$$\text{出口商品盈亏额}=\text{出口销售人民币净收入(人民币)}-\text{出口总成本(人民币)} \quad (9—1)$$

$$\text{出口商品盈亏率}=\frac{\text{出口商品盈亏额}}{\text{出口总成本}}\times 100\% \quad (9—2)$$

（二）出口商品换汇成本

出口商品换汇成本是指某商品的出口总成本（人民币）与出口销售该商品的外汇净收入（美元）之比。通过计算得出该商品出口收入一美元需要多少人民币的总成本，也就是说，多少元人民币换回一美元。其计算见式（9—3）。

$$\text{出口商品换汇成本}=\frac{\text{出口总成本(人民币)}}{\text{出口销售外汇净收入(外汇)}} \quad (9—3)$$

（三）出口创汇率

出口创汇率亦称外汇增值率，原本用以考核进料加工的经济效益，具体做法是以成品出口所得的外汇净收入减去进口原料所支出的外汇，算出成品出口外汇增值的数额，即创汇额，再将其与原料外汇成本相比，计算出百分率。在采用国产原料的正常出口业务中，也可计算创汇率，这就要以该原料的FOB出口价格作为原料外汇成本。其计算见式（9—4）。

$$\text{出口创汇率}=\frac{\text{成品出口外汇净收入}-\text{原料外汇成本}}{\text{原料外汇成本}}\times 100\% \quad (9—4)$$

三、佣金与折扣

国际贸易货物的价格中有时也包含佣金或折扣减让，因此，佣金和折扣也成为货物价格的一个组成部分。

（一）佣金

佣金是代理人或经纪人为委托人介绍买卖或提供其他服务而取得的报酬。在货物买卖中，佣金常常表现为交易一方支付给中间商的报酬。例如，出口商支付佣金给销售代理人，或进口商支付佣金给采购代理人。

包含佣金的价格称为含佣价（Commission Price），不含佣金的价格则称为净价（Net Price）。佣金如在价格条款中明确规定，则称作明佣，也有的不在价格条款中表示出来，由当事人按约定另付，这种做法称为暗佣。

含佣价可用文字表示，例如，每公吨 335 美元 CIF、纽约包含佣金 2%（US＄335 per metric ton CIF，New York including 2% commission）。

含佣价也可在贸易术语后面加注“佣金”的英文缩写字母“C”并注明佣金的百分比来表示，例如，每公吨 335 美元 CIFC 2%纽约（US＄335 per metric ton CIFC 2% New York）。

明佣也可以在价格之后加列一定百分比的佣金率来表示。例如，USD27.50 per piece CIF C5 New York。这里的 C5 指 5% Commission，即佣金率。明佣除用百分比表示外，也可以用绝对数来表示，如“每公吨付佣金 25 美元”。

佣金额是在含佣价的基础上计算的，其计算见式（9—5）和式（9—6）。

$$\text{佣金额}=\text{含佣价}\times\text{佣金率} \tag{9—5}$$

$$\text{净价}=\text{含佣价}-\text{佣金额} \tag{9—6}$$

含佣价与净价的关系见式（9—7）。

$$\text{含佣价}=\frac{\text{净价}}{1-\text{佣金率}} \tag{9—7}$$

佣金的支付方法有两种：一种是在交易达成时就向中间商支付佣金；另一种是卖方在收到全部货款后，再另行支付佣金。在前一种情况下，虽交易已达成，但万一合同无法履行，委托人仍要向中间商支付佣金。后一种情况对委托人比较有利。为了避免和防止误解，除要明确规定委托人与中间商之间的权利与义务之外，委托人最好事先与佣金商达成书面协议，明确规定出支付佣金的方法。通常佣金可以在合同履行后逐笔支付，也可按月、按季、按半年甚至一年汇总支付。

（二）折扣

折扣（Discount）是卖方给予买方的一种价格减让。国际贸易中使用的折扣名目较多，除一般折扣外，还有为扩大销售而使用的数量折扣（Quantity Discount）、为某种特殊目的而给予的特殊折扣（Special Discount）以及年终回扣（Turnover Bonus）等。折扣与佣金一样，有“明扣”和“暗扣”之分。明扣在价格条款中明确表示出来，如 CIF 纽约每公吨 280 美元，减 3%折扣。（USD 280.00 per M/T CIF New York less 3% Discount）。此外，折扣也可以用绝对数来表示，如“每公吨折扣5美元”。

在实际业务中，有时也有用“CIFD”或“CIFR”来表示CIF价格中包含折扣的，这里的“D”和“R”是“Discount”和“Rebate”的缩写。鉴于在贸易术语中加注的“D”或“R”含义不清，可能引起误解，故最好不使用此缩写语。

折扣通常是以成交额或发票金额为基础计算出来的，折扣额一般在买方支付货款时预先予以扣除。其计算见式（9—8）。

$$折扣额=原价\times 折扣率 \tag{9—8}$$

四、国际货物买卖合同中的价格条款

国际货物买卖合同中的价格条款应真实反映买卖双方价格磋商的结果，条款内容应完整、明确、具体、准确。

（一）价格条款的基本内容

进出口合同中的价格条款一般包括商品的单价和总值两项基本内容。

单价通常由四个部分组成，即计量单位、单位价格金额、计价货币和贸易术语。例如：每吨CIF洛杉矶2 000美元。（USD ＄2 000 per M/T CIF Los Angeles.）

总值（或称总价）是单价同数量的乘积，也就是一笔交易的货款总金额。

（二）作价方法

国际货物买卖合同中价格的作价方法主要有固定价格，非固定价格和部分固定、部分不固定价格等。

1. 固定价格

这种做法在国际货物买卖中普遍采用，具体做法是：交易双方通过协商，就计量单位、计价货币、单位价格和使用的贸易术语达成一致，并在合同中以单价条款的形式规定下来。

例如，每箱58.50美元CIF伦敦。（USD58.50 per Dozen CIF London.）其中，USD（美元）为计价货币，58.50为单位价格金额，“Per Dozen”为计量单位，“CIF London”为贸易术语。

采用这种方法时，合同价格一经确定就要严格执行，除非合同中另有约定，或经双方当事人一致同意，任何一方不得擅自更改。固定价格的做法具有明确具体、便于核算的优点。但是，在这种方式下，当事人要承担从签约到交货付款乃至转卖时价格波动的风险。

2. 非固定价格

非固定价格习惯上又称“活价”。具体做法如下：

（1）合同中只规定作价方式，具体作价留待以后确定。如规定“在装船月份前×××天，参照当地及国际市场价格水平，协商议定正式价格”或“按照提单日期的国际市场价格计算”。

（2）在合同中暂定一个初步价格，作为买方开立信用证和初步付款的依据，待以后双方确定最终价格后再进行清算，多退少补。

（3）规定滑动价格的做法。这主要是在一些机械设备的交易中采用，由于加工周期较长，为了避免原料、工资等变动带来的风险，可由交易双方在合同中规定基础价格的同时，规定如交货时原料、工资发生变化，并超过一定比例，卖方可对价格进行调整。

3. 部分固定、部分不固定价格

在一些长期分批交货的交易中，双方可以协商确定，对于近期内交货的部分采用固定价格，其余采用不固定作价办法。

本章小结

本章介绍了有关国际贸易术语的惯例《1932年华沙—牛津规则》《1941年美国对外贸易定义修订本》和《2010年通则》，并重点介绍了《2010年通则》里的11种贸易术语中FOB、CFR和CIF等3种在实际业务中经常使用的术语以及货物作价原则、作价方法、计价货币的选择、汇率折算、佣金和折扣等外销人员必备的业务技能和正确制定合同的价格条款等内容，其目的是使学生较好地掌握国际货物买卖合同的核心内容即价格条款。

本章实训

1. 实训目的

了解出口报价的构成，熟练使用各种贸易术语，加强成本核算，对外准确报价。

2. 实训内容

（1）出口报价核算实训。

FOB、CFR和CIF 3种贸易术语的价格构成的计算见式（9—9）～式（9—11）。

$$\text{FOB价}=\text{进货成本}+\text{国内费用}+\text{净利润} \quad (9—9)$$

$$\text{CFR价}=\text{进货成本}+\text{国内费用}+\text{净利润}+\text{国外运费} \quad (9—10)$$

$$\text{CIF价}=\text{进货成本}+\text{国内费用}+\text{净利润}+\text{国外运费}+\text{保险费} \quad (9—11)$$

（2）成本核算计算见式（9—12）和式（9—13）。

$$\text{出口商品换汇成本}=\frac{\text{出口总成本(人民币)}}{\text{出口销售外汇净收入(外汇)}} \quad (9—12)$$

$$\text{出口商品盈亏率}=\frac{\text{出口销售人民币净收入}-\text{出口总成本}}{\text{出口总成本}}\times 100\% \quad (9—13)$$

（3）练习。

1）某商品的卖方报价为每打60美元CIF香港，若该批商品的运费是CIF价的2%，保险费率是1%，外商要求将价格改报为FOBC 3。问FOBC 3应报多少？设卖方国内进货价为每打380元人民币，出口前的费用和税金共15元人民币/打，求该批商品的出口换汇成本和盈亏率各是多少？

2）某公司向加拿大出口某商品，外销价为每吨500美元CIF、温哥华，支付运费为70美元，保险费6.5美元。如果该公司对该商品的收购价为每吨1 800元人民币，且国内直接和间接费用加17%。试计算该商品的出口总成本、出口销售外汇净收入和出口换汇成本。假若当期银行外汇牌价为 1 美元合 6.6 元人民币，试计算该笔出口的盈亏率。

（4）讨论案例。

【案例 9—1】

买卖双方按照 FOB 条件签订了一笔化工原料的买卖合同，装船前检验时，货物的品质良好，符合合同的规定。货到目的港，买方提货后检验发现部分货物结块，品质发生变化。经调查确认原因是货物包装不良，在运输途中吸收空气中的水分导致原颗粒状的原料结成硬块。于是，买方向卖方提起索赔，但卖方指出，货物装船前是合格的，品质变化是在运输途中发生的，也就是越过船舷之后才发生的，按照国际贸易惯例，其后果应由买方承担，因此，卖方拒绝赔偿。问题：你认为此争议应如何处理？并请说明理由。

【案例 9—2】

买卖双方按 CIF 条件签订了一笔初级产品的交易合同。在合同规定的装运期内，卖方备妥了货物，安排好了从装运港到目的港的运输事项。在装船时，卖方考虑到从装运港到目的港距离较近，且风平浪静，不会发生什么意外，因此，没有办理海运货物保险。实际上，货物也安全及时抵达目的港，但卖方所提交的单据中缺少了保险单，买方因市场行情发生了对自己不利的变化，就以卖方所交的单据不全为由，要求拒收货物拒付货款。问题：买方的要求是否合理？此案应如何处理？

【案例 9—3】

中国清远公司出口一批货物，DAP 术语成交，不可撤销信用证付款，2 月 20 日交货。1 月下旬，中国清远公司的货物装船驶向目的港。此时买方要求货装船后卖方将全套提单空邮卖方，以便买方及时凭其办理进口通关手续，中国清远公司即已照办。由于海上风浪过大，船舶迟到几天才到达目的港，遭到买方降价要挟，经过争取，对方才未予以追究。货物到达目的港后，对卸货费用由谁负担的问题双方发生了争议。最后，由中国清远公司负担卸货费用，清远公司因此蒙受了不小的损失。问题：从此案例中应该吸取哪些教训？

第十章 合同的标的

学习要点

1. 了解并掌握合同标的物的描述，国际贸易中商品品质、数量、包装条款的基本内容；
2. 掌握合同中规定商品品质、数量、包装条款时的注意事项；
3. 掌握合同中有关商品品质、数量、包装条款的写作技巧、运输标志及定牌生产和中性包装等问题。

引言

国际商品贸易双方达成交易后，须订立书面协议，而订立高质量合同的前提条件就是要熟练掌握合同中各项条款的内容和订立方法。商品的品名、品质、数量和价格是交易合同中不可缺少的主要条件，也是外贸人员在进出口业务中要注意的重要问题。

第一节　商品的品名、品质

一、构成合同标的物的条件

在国际贸易商品买卖中，标的物是双方买卖的主体，是一笔交易赖以进行的物质基础。一般来说，国际商品买卖的标的物必须具备以下 3 个条件：

（1）必须是出口方所占有的。

（2）必须是合法的。

（3）必须是双方当事人一致同意的，即一方有效发盘，另一方正当接受，双方意见一致达成交易的。

二、商品的品名

商品的品名是对成交商品的描述，是构成商品说明（Description）的一个主要组成部分，是买卖双方交接货物的一项基本依据，它关系到买卖双方的权利和义务。

（一）列明品名的意义

国际货物买卖，从签订合同到交付货物往往需要间隔一段较长的时间，交易双方在洽商交易和签订买卖合同时，通常很少见到具体商品，一般只是凭借对拟进行买卖的商品作必要的描述来确定交易的标的。可见，在国际货物买卖合同中，列明商品的名称，就成为必不可少的条件。

按照有关的法律和惯例，对交易标的物的描述，是构成商品说明的一个主要组成部分，是买卖双方交接货物的一项基本依据，它关系到买卖双方的权利和义务。若卖方交付的货物不符合约定的品名或说明，买方有权提出损害赔偿要求，甚至拒收货物或撤销合同。因此，列明合同标的物的具体名称，具有重要的意义。

（二）品名条款的内容

品名的规定，取决于成交商品的品种和特点，有时只需要列明商品的名称。但有的商品，往往具有不同的品种、等级和型号，这时就需要把有关具体品种、等级或型号的概括性描述包括进去，作为进一步的限定。

我国以及国际上的通常做法是，合同的标的物一般是在“品名”或“商品名称”的标题下予以限定，但有时也可以不冠以标题，而直接写明交易双方约定买卖的商品的具体名称。

买卖合同中的标的物条款一般比较简单，通常是在“商品名称”或“品名”（Name of Commodity）的标题下，列明双方同意买卖的商品名称，故又称之为“品名条款”。

（三）规定品名条款的注意事项

国际货物买卖合同中的品名条款是合同中的主要条件。因此，在规定此项条款时，应注意下列事项：

（1）必须做到内容明确、具体，并能反映标的物的特点，切忌空泛、笼统。

（2）尽可能使用国际上通行的名称，以避免误解。

（3）选择有利于减低关税或方便进口的名称，作为合同的品名。

（4）在交易中，做不到或不必要的描述性词句，都不应列入品名条款。

三、商品的品质

（一）商品品质的重要性

商品的品质（Quality of Goods）是指商品的内在质量和外观形态的综合。合同中的品质条件是构成商品说明的重要组成部分，是买卖双方交接货物的依据。英国货物买卖法把品质条件作为合同的要件（Condition）。《联合国国际货物销售合同公约》规定，卖方交付货物，必须符合约定的质量。如卖方交货不符合约定的品质条件，买方有权要求损害赔偿，也可以要求修理或交付替代货物，甚至拒收货物和撤销合同，这就进一步说明了品质的重要性。

（二）商品品质的表示方法

在国际货物买卖中，商品种类繁多，特点各异，故表示品质的方法也多种多样。归纳起来，包括凭实物表示品质和凭说明表示品质两大类。

1. 凭实物表示品质

凭实物表示品质又可分为看货买卖和凭样品买卖。

（1）看货买卖。

当买卖双方采用看货成交时，买方或代理人通常先在卖方存放货物的场所验看货物，一旦达成交易，卖方就应按对方验看过的商品交货。只要卖方交付的是买方验看过的货物，买方就不得对品质提出异议。这种做法，多用于寄售、拍卖和展卖的业务。

（2）凭样品买卖。

样品通常是从一批商品中抽出来的或由生产、使用部门设计、加工出来的，足以反映和代表整批商品品质的少量实物。凡以样品表示商品品质并以此作为交货依据的，称为“凭样品买卖”（Sale by Sample）。

在国际贸易中，通常由卖方提供样品，凡以卖方样品作为交货的品质依据者，称为“凭卖方样品买卖”。卖方所交货物的品质，必须与提供的样品相同。有时买方为了使其订购的商品符合自身要求，也会提供样品交由卖方依样承制，如卖方同意按买方提供的样品成交，称为“凭买方样品买卖”。有时卖方可根据买方提供的样品，加工复制出一个类似的样品交买方确认，这种经确认后的样品，称为“对等样品”（Counter Sample）或“回样”，也可称为“确认样品”（Confirming Sample）。当对等样品被买方确认后，日后卖方所交货物的品质，必须以对等样品为准。此外，买卖双方为了发展贸易关系和增进彼此对对方商品的了解，往往采用互相寄送样品的做法。这种以介绍商品为目的而寄出的样品，最好标明“仅供参考”（for Reference Only）字样，以免与标准样品混淆。

2. 凭说明表示品质

凭说明表示品质，是指用文字、图表、图片等方式来说明成交商品的品质。这类表示品质的方法可细分为如下几种。

（1）凭规格买卖。

商品规格是指一些足以反映商品品质的主要指标，如化学成分、含量、纯度、性能、容量、长短、粗细等。国际贸易中的商品由于品质特点不同，其规格也各异，买卖双方凡用商品的规格确定品质时，称为“凭规格买卖”。

（2）凭等级买卖。

商品的等级是指同一类商品按规格上的差异，分为品质优劣各不相同的若干等级。凭等级买卖时，由于不同等级的商品具有不同的规格，为了便于履行合同和避免争议，在品质条款列明等级的同时，最好一并规定每一等级的具体规格。这对简化手续、促进成交和体现按质论价等方面，都有一定的作用。

（3）凭标准买卖。

商品的标准是指将商品的规格和等级予以标准化。商品的标准，有的由国家或有关政府主管部门规定，有的由同业工会、交易所或国际性的工商组织规定。有些商品习惯凭标准买卖，人们往往使用某种标准作为说明和评定商品品质的依据。

在国际贸易中，对于某些品质变化较大而难以规定统一标准的农副产品，往往采用“良好平均品质”（Fair Average Quality，FAQ）这一术语来表示其品质。“良好平均品质”是指一定时期内某地出口货物的平均品质水平，一般是指中等货，也称“大路货”。在标明大路货的同时，通常还约定具体规格作为品质依据。

还有就是上好可销品质（Good Merchantable Quality，GMQ）。这是指品质上好，可以销售。在国际上，有些商品没有公认的规格和等级，如冷冻鱼、冻虾等，有时卖方在交货时，只要保证所交的商品在品质上具有“商销性”即可。

为了促进各国产品质量的提高，完善企业管理制度，保护消费者利益，国际标准化组织推出了 ISO9000 质量管理和质量保证系列标准以及 ISO14000 环境管理系列标准。

我国是国际标准化组织理事国。1992 年 10 月，我国技术监督局将 ISO 系列标准等效转化为 GB/T19000 系列国家标准，以双编号形式出现，于 1993 年 1 月 1 日起实施。实施 ISO 的这两个一体化管理体系，有助于改善和提高我国企业和产品在国内外消费者、客户中的形象，降低经营及管理成本，使我国产品适应国际市场对于产品在质量上的新需求，提高我国产品的国际竞争能力。

（4）凭说明书和图样买卖。

在国际贸易中，有些机、电、仪等技术密集型产品，因其结构复杂，对材料和设计的要求严格，用以说明其性能的数据较多，很难用几个简单的指标来表明品质的全貌，而且有些产品，即使其名称相同，但由于所使用的材料、设计和制造技术的某些差别，也可能导致功能上的差异。因此，对这类商品的品质，通常以说明书并附以图样、照片、设计图纸、分析表及各种数据来说明具体性能和结构特点。按此方式进行交易，称为凭说明书和图样买卖。

（5）凭商标或品牌买卖。

商标（Trade Mark）是指生产者或商号用来识别所生产或出售的商品的标志。品牌（Brand Name）是指工商企业给制造或销售的商品所冠的名称。商标或品牌自身实际上是一种品质象征。人们在交易中可以只凭商标或品牌进行买卖，无须对品质提出详细要求。

（6）凭产地名称买卖。

在国际货物买卖中，有些产品，因产区的自然条件、传统加工工艺等因素的影响，在品质方面具有其他产区的产品所不具有的独特风格和特色，对于这类产品，一般也可用产地名称来表示品质。

上述各种表示品质的方法，一般是单独使用，有时也可酌情将其混合使用。

四、签订国际货物买卖合同品质条款应注意的问题

签订国际货物买卖合同品质条款时，应注意以下几个问题：

（1）品名和品质条款的内容和文字，要做到简单、具体、明确，既能分清责任又方便检验，应避免使用“大约”“左右”“合理误差”等笼统字眼。

（2）凡能采用品质机动幅度或品质公差的商品，应订明幅度的上下限或公差的允许值。如所交货物的品质超出了合同规定的幅度或公差，买方有权拒收货物或提出索赔。品质机动幅度是指允许卖方所交货物的品质指标可有一定幅度范围内的差异，只要卖方所交货物的品质没有超出机动幅度的范围，买方就无权拒收货物，这一方法主要适用于初级产品。品质公差是指工业制成品在加工过程中所产生的误差。在品质公差范围内，买方无权拒收货物，也不得要求调整价格，这一方法主要适用于工业制成品。

（3）应注意各品质指标之间的内在联系和相互关系，要有科学性和合理性。

第二节　商品的数量

商品不仅表现为一定的质，同时也表现为一定的量。数量的多少既关系到一笔交易规模的大小，又会影响到消费者的使用和市场的变化。商品的数量是指以一定的度量衡单位表示的商品的重量、数量、长度、面积、体积、容积等。国际上常用的度量衡制度有公制、英制、美制和国际单位制。

一、计量单位和计量方法

（一）计量单位

国际贸易中使用的计量单位很多，究竟采用何种计量单位，主要取决于商品的种类和特点，还取决于交易双方的意愿。通常使用的计量单位有：重量（Weight）、数量（Number）、长度（Length）、面积（Area）、体积（Volume）、容积（Capacity）。

（二）计量方法

在国际贸易中，按重量计量的商品很多，计算重量的方法主要有以下几种。

1. 毛重

毛重（Gross Weight）是指商品本身的重量加包装物的重量，这种计重办法一般适用于低值商品。

2. 净重

净重（Net Weight）是指商品本身的重量，即除去包装物后的商品实际重量。《联合国国际货物销售合同公约》规定：“如果价格是按货物的重量规定的，如有疑问，应按净重确定。”有些价值较低的农产品或其他商品，有时也采用“以毛作净”（Gross for Net）的办法计重，即以毛重当做净重计价。例如：蚕豆 100 吨，单层麻袋包装，以毛作净。

3. 公量

公量（Conditioned Weight）是指在计算货物重量时，用科学仪器抽去商品中所含的水分，再加上标准含水量所求得的重量。有些商品，如棉花、羊毛、生丝等有比较强的吸湿性，所含的水分受客观环境的影响较大，其重量也就很不稳定，为了准确计算这类商品的重量，国际上通常按公量计算。

4. 理论重量

理论重量（Theoretical Weight）是对于一些按固定规格生产和买卖的商品，只要其重量一致，每件重量大体是相同的，所以一般可以从件数推算出总量。但是，这种计量方法是建立在每件货物重量相同的基础上的，重量如有变化，其实际重量也会发生差别，因此，只能作为计量时的参考。

二、国际货物买卖合同中的数量条款

合同中的数量条件是不可缺少的主要条件之一。按照某些国家的法律规定，卖方交货数量必须与合同规定相符，否则，买方有权提出索赔，甚至拒收货物。《联合国国际货物销售合同公约》也规定，按约定的数量交付货物是卖方的一项基本义务。如卖方交货数量大于约定的数量，买方可以拒收多交的部分，也可以收取多交部分中的一部分或全部，但应按合同价格付款。如卖方交货数量少于约定的数量，卖方应在规定的交货期届满前补交，但不得使买方遭受不合理的不便或承担不合理的开支，即使如此，买方也可保留要求损害赔偿的权利。

（一）国际货物买卖合同中数量条款的基本内容

买卖合同中的数量条款，主要包括成交商品的数量和计量单位，按重量成交的商品，还需要订明计算重量的方法。数量条款的内容及繁简应视商品的特性而定。

（二）订立国际货物买卖合同数量条款应注意的问题

1. 正确掌握成交数量，明确计量单位

按重量成交的商品应规定计算重量的方法，合同中如未规定重量的计算方法，一般按净重计算。按件数成交的商品，其数量应与包装件数相匹配。

2. 数量条款应当明确具体

为了便于履行合同和避免引起争议，进出口合同中的数量条款应当明确具体，不宜采用“大约”“近似”“左右”（About，Circa，Approximate）等带伸缩性的字眼来表示数量。按照国际商会《跟单信用证统一惯例》的解释，凡“约”“大约”或类似的词语用于信用证金额或信用证所列的数量或单价时，应解释为信用证金额、数量或单价有不超过10%的增减幅度。此外，《跟单信用证统一惯例》还规定：“除非信用证规定所列的货物数量不得增减，在支取金额不超过信用证金额的条件下，货物数量允许有5%的增减幅度，但数量以包装单位或个数计数时，此增减幅度不适用。”

3. 合理规定数量机动幅度

在粮食、矿砂、化肥和食糖等大宗商品的交易中，为了使交货数量具有一定范围内的灵活性和便于履行合同，买卖双方可在合同中合理规定数量机动幅度，即使用溢短装条款

(More or Less Clause)。溢短装条款的主要内容有：溢短装的百分比、溢短装的选择权、溢短装部分的作价。一般来说，机动幅度的选择权通常由卖方决定，但在买方安排运输的条件下，也可由买方或船方决定。对于溢短装部分的作价办法，可采用按装船时或货到时的市价计算，如无相反规定，可按合同价格计算。

4. 卖方违反数量条款时的处理

《联合国国际货物销售合同公约》规定：如果卖方交付的货物数量大于合同规定的数量，买方可以收取也可以拒绝多交部分的货物。如果买方收取多交部分货物的全部或一部分，他必须按合同价格付款。

卖方所交货物数量少于合同规定时，买方可以规定一段合理的时间的额外时间，让卖方补交货物；买方可以降低价格；如果少交部分构成根本违约时，则可以宣告整个合同无效。买方不管采取了上述哪一种补救方法，他都仍然享有要求损害赔偿的权利。

第三节 商品的包装

一、包装的作用

在国际货物买卖中，包装是货物的重要组成部分，包装条件是买卖合同中的一项主要条件。按照某些国家的法律规定，如卖方交付的货物未按约定的条件包装，或者货物的包装与行业习惯不符，买方有权拒收货物。如果货物虽按约定的方式包装，但与其他货物混杂在一起，买方可以拒收违反规定包装的那部分货物，甚至可以拒收整批货物。

二、包装的种类

包装是指按一定的技术方法，采用一定的包装容器、材料及辅料包裹或捆扎货物。商品包装可根据包装程度的不同，分为全部包装（Full Packed）和局部包装（Part Packed）两种。目前，绝大多数商品采用前者。商品包装按其在流通领域中所起作用的不同，可分为运输包装和销售包装。此外还有中性包装与定牌等。

（一）运输包装

运输包装习惯上称为大包装或外包装，其主要作用在于保护商品，防止在储运过程中发生货损、货差。运输包装又可分为以下几种。

1. 单件运输包装

（1）按包装造型不同分为：箱、桶、袋、包、捆等。

（2）按包装用料不同分为：纸质、木质和金属（如铁、铝等）包装。

2. 集合运输包装

（1）集装箱（Container)。目前国际上通用的集装箱规格很多，但最常用的是 8 英尺×8 英尺×20 英尺和 8 英尺×8 英尺×40 英尺两种。20 英尺集装箱的载货重量最多可达 18 吨，其容量为 31～35 立方米。一般计算集装箱的流量时，通常以 20 英尺集装箱为一个标准单位，通称“TEU”。

(2) 托盘 (Pallet)。托盘是按一定规格制成的单层或双层平板载货工具，在平板上将若干单件包装的商品，码在托盘上，然后用绳索、收缩薄膜或拉伸薄膜等物料，将商品与托盘组合加固起来，组成一个运输单位，便于在运输过程中使用机械进行装卸、搬运和堆放。托盘货物一般重1～1.5吨。托盘通常以木制为主，但也有用塑料、金属等制成的。常见的托盘有平板托盘和箱型托盘等。

(3) 集装袋和集装包 (Flexible Container)。这是一种用合成纤维或复合材料编织而成的圆形大包，可容纳1～4吨货物，最多可达13吨。它主要用于装载粉粒状货物，如化肥、矿砂、面粉、食糖、水泥等，有些国家为了提高货物的装卸速度和港口码头的使用效率，常常在信用证上规定进口货物必须使用集合运输包装，否则不准卸货。

(二) 销售包装

销售包装 (Sale Package) 又称内包装或小包装，是指直接接触商品、随商品进入零售市场直接和消费者见面的包装。这类包装除必须具备保护商品的作用外，更加强调具备美化商品，宣传商品，并便于消费者识别、选购、携带和使用，以促进销售的功能。在销售包装上，一般都会有装潢画面和文字说明，因此，在设计和制作销售包装时，应做好包装的装潢画面、文字说明，以及条形码等工作。

商品包装上的条形码是由一组带有数字的黑白及粗细间隔不等的平行条纹所组成，它是利用光电扫描阅读设备为计算机输入数据的特殊的代码语言。目前，世界许多国家都在商品包装上使用条形码，只要将条形码对准光电扫描器，计算机就能自动地识别条形码的信息，确定品名、品种、数量、生产日期、制造厂商、产地等，并据此在数据库中查询其单价，进行货款结算，打出购货清单，这就有效地提高了结算的效率和准确性，也方便了顾客。采用条形码技术，还有利于提高国际贸易通信的准确性，并使交易双方能及时了解对方商品的有关资料和本国商品在对方的销售情况。

在国际上通用的包装上的条形码有以下两种：

(1) 由美国、加拿大组织的统一编码委员会 (Universal Code Council) 编制，其使用的物品标识符号为UPC码 (Universal Product Code)。

(2) 由国际物品编码协会 (International Article Number Association) 编制，其使用的物品标识符号为EAN码 (European Article Number)。

(三) 中性包装

中性包装 (Neutral Packing) 是指既不标明生产国别、地名和厂商名称，也不标明商标或牌号的包装，也就是说，在出口商品包装的内外，都没有原产地和出口厂商的标记。

中性包装包括无牌中性包装和定牌中性包装两种。前者是指包装上既无生产地名和厂商名称，又无商标、牌号；后者是指包装上仅有买方指定的商标或牌号，但无生产地名和出口厂商的名称。

采用中性包装，是为了打破某些进口国家与地区的关税和非关税壁垒以及满足交易的特殊需要 (如转口销售等)，它也是出口国家厂商加强对外竞销和扩大出口的一种手段。为了把生意做好，我们对国际贸易中的这种习惯做法也可酌情采用。

(四) 定牌

定牌是卖方按照买方要求，在其出售的商品或包装上标明买方指定的商标或牌号，这种做法叫定牌生产。在我国出口贸易中，如外商订货量较大，且需求比较稳定，为了适应买方销售的需要和有利于扩大出口，我们也可接受定牌生产，具体做法有下列几种：

（1）在定牌生产的商品或包装上，只用外商所指定的商标或牌号，而不标明生产国别和出口厂商名称，这属于采用定牌中性包装的做法。

（2）在定牌生产的商品或包装上，标明我国的商标或牌号，同时也加注国外商号名称或表示其商号的标记。

（3）在定牌生产的商品或包装上，在采用买方所指定的商标或牌号的同时，在其商标或牌号下标示“中国制造”字样。

三、包装标志

在运输包装上有时要涉及包装标志的问题。包装标志是指在商品的包装上书写、压印、刷制各种有关的标志，以便识别货物，有利于装卸、运输、仓储、检验和交接工作的顺利进行。包装标志按其用途可分为运输标志、指示性标志和警告性标志。

（一）运输标志

运输标志又称唛头，是由一个简单的几何图形和一些字母、数字及简单的文字组成。其主要内容包括：

（1）目的地的名称或代号。

（2）收、发货人的代号。

（3）件号、批号。

此外，有的运输标志还包括原产地、合同号、许可证号和体积与重量等内容。运输标志的内容繁简不一，由买卖双方根据商品特点和具体要求商定。

鉴于运输标志的内容差异较大，有的过于繁杂，不适应货运量增加、运输方式变革和电子计算机在运输与单据流转方面应用的需要，因此，联合国欧洲经济委员会简化国际贸易程序工作组在国际标准化组织和国际货物装卸协调协会的支持下，制定了一项运输标志，并向各国推荐使用。该标准化运输标志包括：

（1）收货人或买方名称的英文缩写字母或简称。

（2）参考号，如运单号、订单号或发票号。

（3）目的地。

（4）件号。

至于根据某种需要而需在运输包装上刷写的其他内容，如许可证号等，则不作为运输标志必要的组成部分。现列举标准化运输标志实例如下：

ABCD……………………收货人的代号

543210………………参考号

LONDON……………目的地

1/30…………………件数代号

（二）指示性标志

指示性标志是指提示人们在装卸、运输和保管过程中需要注意的事项，一般是以简单、醒目的图形和文字在包装上标出，故有人称其为注意标志。

（三）警告性标志

警告性标志又称危险货物包装标志，是指凡在运输包装内装有爆炸品、易燃物品、有毒物品、腐蚀性物品、氧化剂和放射性物资等危险货物时，都必须在运输包装上标明用于各种危险品的标志，以示警告，使装卸、运输和保管人员按货物特性采取相应的防护措施，以保护物资和人身的安全。

在我国出口危险货物的运输包装上，要标明我国和国际上所规定的两套危险品标志。

四、国际货物买卖合同中的包装条款

包装是货物说明的重要组成部分，包装条件是买卖合同中的一项主要条件。按照某些国家的法律规定，如果卖方交付的货物未按约定的条件包装，或者货物的包装与行业习惯不符，买方有权拒收货物。如果货物虽按约定的方式包装，但却与其他货物混杂在一起，买方可以拒收违反约定包装的那部分货物，甚至可以拒收整批货物。

（一）国际货物买卖合同中包装条款的基本内容

包装条款一般包括包装材料、包装方式、包装规格、包装标志和包装费用的负担等内容。

（二）订立国际货物买卖合同包装条款应注意的问题

为了订好包装条款，以利合同的履行，在商订包装条款时，需要注意下列事项：

(1) 要考虑商品特点和不同运输方式的要求。

(2) 对包装的规定要明确具体，一般不宜采用“海运包装”和“习惯包装”之类的术语。

(3) 明确包装由谁负责和包装费由谁负担。关于包装费用，一般包括在货价之中，不另计收。但也有不计在货价之内而规定由买方另行支付的。究竟由何方负担，应在包装条款中做出明确的规定。

本章小结

本章介绍了表示品质的方法、品质条款的内容与订立技巧、货物数量与合同成交的重要关系，准确运用计量单位、包装的选用技巧，包装标志的构成，包装条款的制定方法等内容。通过学习，使学生掌握合同中货物描述的构成要素，为后面的国际贸易实务学习打好基础。

本章实训

1. 实训目的

了解合同标的物的描述，掌握合同品质条款、数量条款和包装条款的表达方式；熟悉国际货物买卖合同中品质、数量和包装条款的基本内容和填制方法。

2. 实训内容

(1) 熟悉国际贸易合同品名、品质、数量以及包装条款的主要内容。

（2）熟悉合同品名、品质、数量以及包装条款的注意事项；掌握合同中有关商品品质、数量、包装条款的写作技巧、运输标志及定牌生产和中性包装等问题。

（3）讨论案例。

【案例 10—1】

我某公司向德国出口一批农产品，合同规定其所含水分最高为 15%，杂质不超过 3%，但在成交前我方曾向买方寄过样品，订约后我方又电告对方成交货物与样品基本相同，货到德国后，买方验货后提出货物的质量明显比样品差的检验证明，并据此提出索赔 6 000 英镑。问题：我公司应如何处理？

【案例 10—2】

某公司出口彩电 4 000 台，装运时发现仅存 3 900 台。问题：该公司能否引用溢短装条款中的 5%的增减幅度而以 3 900 台彩电交货，为什么？

【案例 10—3】

菲律宾客户与上海某自行车厂洽谈进口"永久牌"自行车 10 000 辆，但要求我方改用"剑"牌商标，并在包装上不得注明"Made in China"字样。问题：买方为何提出这种要求？我方能否接受？为什么？

【案例 10—4】

我国某出口公司与匈牙利商人订立了一份出口水果合同，支付方式为货到验收后付款。但货到经买方验收后发现水果总重量缺少 10%，而且每个水果的重量也低于合同规定，匈牙利商人因此拒绝付款，也拒绝提货。后来水果全部腐烂，匈牙利海关向中方收取仓储费和处理水果费用 5 万美元。我出口公司陷于被动。问题：从该案例中该吸取哪些教训？

（4）自制唛头。

根据下列条件填制合同的品质、数量和包装条款，并根据所给资料自制唛头一份。

1）品名：皮鞋；货号：JB602；交货品质与确认样本大致相同。

2）数量：6 000 双，计 500 纸箱装。

3）我国北方公司与美国客商 Cute Co. 签订了一份皮鞋合同，共计 3 000 件，合同号为：09BF08USA06，价格条款为 CIF 纽约。根据资料制作一个标准唛头。

3. 实训的组织形式和要求

（1）组织形式。

将学生分成 3～5 人一组，以团队形式完成本节实训。

（2）实训要求。

1）品质条款、数量条款部分的实训内容要求独立完成。

2）案例讨论及唛头的制定部分以小组为单位进行。

3）在案例分析的基础上，引导学生自由选取自己熟悉的产品，尝试进行合同货物描述条款的填制。

第十一章 国际贸易货物的运输与保险

学习要点

1. 了解各种国际贸易货物运输方式、运输单据以及合同装运条款，通晓具体货运方式的操作程序，熟练运用和填制装运条款内容；
2. 熟悉我国海、陆、空、邮运输货物保险的险别，了解伦敦保险业协会海运货物条款，正确计算保险费，学会操作货运保险基本业务以及订立合同的保险条款；
3. 熟悉国际贸易货物运输及保险的基本流程。

引言

国际贸易货物运输与保险是能否完成国际贸易的关键，在国际贸易中占有重要的地位。从事国际贸易的人员必须熟悉和掌握有关国际货物运输的基本知识，才能在磋商交易和签订合同时充分考虑运输方面的问题，使合同中的装运条款订得完整、明确、合理和切实可行，从而保证进出口商品交接工作的顺利完成。

第一节　国际贸易货物运输方式

在国际货物运输中，涉及的运输方式很多，其中包括海洋运输、铁路运输、航空运输、河流运输、邮政运输、公路运输、大陆桥运输以及由各种运输方式组合的国际多式联运等。

一、海洋运输

在国际贸易货物运输中，运用最广泛的是海洋运输。目前，其运量在国际贸易货物运输总量中占 80%以上。海洋运输之所以被广泛采用，是因为它与其他国际货物运输方式相比，具有运量大、运费低、点多线长等优点。其不足之处在于受气候和自然条件的影响较大、风险较高等。海洋运输按经营方式的不同，可分为租船运输和班轮运输两种。

（一）班轮运输

班轮运输又称定期船运输，是指船舶在固定航线上和固定港口之间按事先公布的船期表和运费率往返航行，从事客货运输业务的一种运输方式。班轮运输比较适合于运输小批量的货物。

1. 班轮运输的特点

班轮运输具有如下几个特点：

(1)“四固定”。即船公司按固定的船期表，沿固定航线，停靠固定港口来航行，并按照相对固定的运费率来收取运费。

(2)“一负责”。即货物由班轮公司负责配载和装卸，运费内已包括装卸费用，班轮公司和托运人双方不计滞期费和速遣费。

(3) 船货双方的权利、义务和责任豁免均以班轮公司签发的提单条款为依据。

(4) 班轮承运货物的品种、数量比较灵活，货运质量较有保证，且一般采取在码头仓库交接货物，故为货主提供了更便利的条件。

2. 班轮运费

班轮运费包括基本运费和附加费两部分。前者是指货物从装运港运到卸货港所应收取的基本运费，它是构成全程运费的主要部分；后者是指对一些需要特殊处理的货物，或者由于突然事件的发生或客观情况变化等原因而需另外加收的费用。

(1) 基本运费。基本运费是指货物从装运港到目的港所应收取的费用，其中包括货物在港口的装卸费用，它是构成全程运费的主要部分。其计算标准主要有以下 6 种：

1) 按货物实际重量计收运费，故称重量吨，运价表内用“W”表示。

2) 按货物的体积/容积计收，故称尺码吨，运价表中用“M”表示。

3) 按重量或体积计收，由船公司选择其中收费较高的作计费吨，运价表中以“W/M”表示。

4) 按商品价格计收，即称为从价运费，运价表内用“AV”或“ADVAL”表示。从价运费一般按货物的 FOB 价格的百分比收取。此外，在班轮运价表中还有下列标志“W/M OR AV”及“W/M PLUS AV”。

5）按货物的件数计收，一般只对包装固定，包装内的数量、重量、体积也是固定不变的货物，才按每箱、每捆或每件等特定的运费额计收。

6）由货主和船公司临时议定，这种方法通常是在承运粮食、豆类、矿石、煤炭等运量大、货价较低、装卸容易、装卸速度快的大宗低值农副产品和矿产品时采用。在运价表中，以“OPEN”表示。

(2) 附加费。班轮运费中的附加费是指针对某些特定情况或需作特殊处理的货物在基本运费之外加收的费用。附加费名目繁多，通常有超重附加费、超长附加费、选卸附加费、直航附加费、转船附加费、港口附加费等。此外，船公司有时还根据各种不同情况临时决定增收某种费用，例如燃油附加费、货币附加费、绕航附加费等。

(3) 班轮运费的计算。班轮运费的计算可分为以下两种情况：

当附加费为绝对值时：

班轮运费＝运费吨×等级运费率＋附加费　　(11—1)

当附加费是百分比时：

班轮运费＝运费吨×等级运费率×(1＋附加费百分比)　　(11—2)

【例 11—1】 出口 1 000 箱货物至法国马赛，每箱 50 欧元 CFR 法国马赛。该货物每箱尺码为 42×28×25 厘米，总毛重为 25 000 千克。海运运费按 W/M10 级。查出口地至法国马赛 10 级货物基本运费为 60 欧元，港口附加费为运费的 20%。求该批货物的海运运费。

解：尺码吨＝1 000×0.42×0.28×0.25＝29.4 立方米

重量吨＝25 吨

尺码吨＞重量吨，所以按尺码吨计算运费

运费＝尺码吨×等级运费率×(1＋附加费百分比)

＝29.4×60×(1＋20%)＝2 116.8 欧元

答：海运运费为 2 116.8 欧元。

（二）租船运输

租船运输又称不定期船运输，是指包租整船或部分舱位进行运输。租船方式主要有定期租船和定程租船两种。

1. 定期租船

定期租船又称期租船，是指按一定期限租赁船舶的方式，即由船东（船舶出租人）将船舶出租给租船人在规定期限内使用，在此期限内由租船人自行调度和经营管理。租期可长可短，短则数月，长则数年。定期租船的特点是：在租赁期内，船舶由租船人负责经营和管理；一般只规定船舶航行区域而不规定航线和装卸港；除另有规定外，可以装运各种合法货物；船东负责船舶的维修和机械的正常运转；不规定装卸率和滞期速遣条款；租金按租期每月（或 30 天）每载重吨计算；船东和租船人双方的权利和义务以期租船合同为依据。

2. 定程租船

定程租船又称程租船或航次租船，是指按航程租赁的方式。定程租船的特点是：无固定航线、固定装卸港口和固定航行船期，而是根据租船人（货主）的需要和船东的可能，经双方协商，在程租船合同中规定；程租船合同需规定装卸率和滞期、速遣费条款；运价受租船市场供需情况的影响较大，租船人和船东双方的其他权利、义务一并在程租船合同中规定。定程租船以运输货值较低的粮食、煤炭、木材、矿石等大宗货物为主。

二、铁路、航空、邮政运输

我国的进出口货物，除通过海洋运输外，还有铁路运输、公路运输、航空运输和邮政运输等方式。

（一）铁路运输

铁路运输具有运行速度快、载运量较大、受气候影响小、准确性和连续性强等优点。在国际贸易中，铁路运输在国际货运中的地位仅次于海洋运输。在我国对外贸易运输中，铁路运输占有一定比重。

我国对外贸易货物使用铁路运输可分为国内铁路运输和国际铁路联运两部分。供应港、澳地区的货物由内地利用铁路运往香港九龙，或运至广州南部转船至澳门，即属国内铁路运输。国际铁路联运是指在两个或两个以上国际铁路运送中，使用一份运送票据，并以连带责任办理货物的全程运送，在由一国铁路向另一国铁路移交货物时，无须发货人、收货人参加的运输方式。我国对周边国家，如朝鲜、越南、蒙古、俄罗斯等国家的进出口货物，大部分采用铁路运输。通过国际铁路联运，使欧亚大陆连成一片，为发展我国与欧洲、亚洲国家的国际贸易提供了有利的条件。

（二）航空运输

国际货物的航空运输具有许多优点：运送迅速；节省包装、保险和储存费用；可以运往世界各地而不受河海和道路限制；安全准时。因此，对易腐、鲜活、季节性强、紧急需要的商品运送尤为适宜，被称为“桌到桌快递服务”（Desk to Desk Express Service）。航空货物运输的方式很多，有班机、包机、集中托运和航空急件传送等。

（三）邮政运输

邮政运输又称邮包运输（Parcel Post Transport），是一种最简便的运输方式。各国邮政部门之间订有协定和公约，从而保证了邮件包裹传递的畅通无阻、四通八达，形成了全球性的邮政运输网，遂使国际邮政运输得以在国际贸易中被广泛使用。近年来，特快专递业务发展迅速。目前快递业务主要有国际特快专递（EMS）和信使专递（DHL）。

三、集装箱运输、国际多式联运与大陆桥运输

集装箱运输、国际多式联运与大陆桥运输是目前国际货物运输使用较多的 3 种新型的运输方式。

（一）集装箱运输

集装箱运输（Container Transport）是以集装箱为运输单位进行运输的一种现代化的先进的运输方式，它适用于各种运输方式的单独运输和不同运输方式的联合运输。集装箱运输的优点是加速货物装卸，提高港口吞吐能力，加速船舶周转，减少货损货差，节省包装材料，减少运杂费用，降低营运成本，简化货运手续和便利货物运输等。集装箱运输是

运输方式上的一大革命，它的出现和广泛运用，对国际贸易产生了很大的影响。

1. 集装箱运输的优越性

集装箱运输之所以成为运输领域最重要的运输方式，其原因是与传统运输方式相比，集装箱运输具有不可比拟的优越性。其优越性主要表现在：第一，扩大成组单元，提高装卸效率，降低劳动强度；第二，减少货损、货差，提高货物运输的安全与质量水平；第三，缩短货物在途时间，降低物流成本；第四，节省货物运输包装费用，简化理货工作；第五，减少货物运输费用。

2. 集装箱运输的特点

集装箱运输是一种现代化的运输方式，它与传统的货物运输方式相比，有许多不同之处，主要表现为以下特点：

（1）集装箱运输是一种“门到门”运输（Door to Door）。

（2）集装箱运输是一种多式联运。

（3）集装箱运输是一种高效率的运输方式。

（4）集装箱运输是一种消除了所运货物外形差异的运输方式。

3. 集装箱运输交接方式

集装箱运输中，根据整箱货、拼箱货的不同，其交接地点可以是转运地发货人的工厂或仓库和交货地收货人的工厂或仓库、装运地和交货地的集装箱堆场、装运地和卸货地的集装箱货运站以及转运港和卸货港的船边。根据整箱货和拼箱货交接地点的不同，交接方式有以下几种：

（1）门到门（Door to Door）：由托运人负责装载的集装箱，在其货仓或工厂仓库交承运人验收后，由承运人负责全程运输，直到收货人的货仓或工厂仓库交箱为止。这种全程连线运输，称为“门到门”运输。

（2）门到场（Door to CY）：由发货人货仓或工厂仓库至目的地或卸箱港的集装箱装卸区堆场。

（3）门到站（Door to CFS）：由发货人货仓或工厂仓库至目的地或卸箱港的集装箱货运站。

（4）场到门（CY to Door）：由起运地或装箱港的集装箱装卸区堆场至收货人的货仓或工厂仓库。

（5）场到场（CY to CY）：由起运地或装箱港的集装箱装卸区堆场至目的地或卸箱港的集装箱装卸区堆场。

（6）场到站（CY to CFS）：由起运地或装箱港的集装箱装卸区堆场至目的地或卸箱港的集装箱货运站。

（7）站到门（CFS to Door）：由起运地或装箱港的集装箱货运站至收货人的货仓或工厂仓库。

（8）站到场（CFS to CY）：由起运地或装箱港的集装箱货运站至目的地或卸箱港的集装箱装卸区堆场。

（9）站到站（CFS to CFS）：由起运地或装箱港的集装箱货运站至目的地或卸箱港的集装箱货运站。

（二）国际多式联运

根据《联合国国际货物多式联运公约》的解释，国际多式联运（International Multimodal Transport）是指按照多式联运合同，以至少两种不同的运输方式，由多式联运经营人将货物从一国境内接受货物的地点运往另一国境内指定交付货物的地点。国际多式联运大多以集装箱为媒介，把海洋运输、铁路运输、公路运输、航空运输等单一运输方式有机地结合起来，构成一种连贯的运输，是实现门到门运输的有效方式。

（三）大陆桥运输

大陆桥运输（Land Bridge Transport）是指使用横贯大陆的铁路或公路运输系统作为中间桥梁，把大陆两端的海洋运输连接起来的连贯运输方式。大陆桥运输属于多式联运范围。目前运用较广的是西伯利亚大陆桥及亚欧大陆桥。

此外，还有一种“OCP”运输方式。“OCP”是英文“Overland Common Points”的缩写，意为“内陆公共点”。它是以美国落基山脉为界，界东的广大地区划为内陆地区，凡海运到美国西海岸港口再以陆路运往内陆地区的货物，如提单上表明按 OCP 条款运输，可享受比直达西海岸港口费率较低的优惠，陆运的运费率也可降低 5%左右，相反方向的运送也相同。这种优惠只适用于货物的最终目的地在 OCP 地区，而且必须经美国西海岸港口中转。

第二节　装运条款

国际货物买卖合同中的装运条款通常包括装运时间、装运港（地）和目的港（地）、分批装运和转运、装运通知、滞期和速遣条款等内容。

一、装运时间

装运时间又称装运期，是买卖合同的主要条件，如卖方违反这一条件，买方有权撤销合同，并要求卖方赔偿其损失。

（一）装运时间的规定方法

（1）明确规定具体装运时间。一般不确定在某一个日期上，而是确定在一段时间内。这种规定方法，期限具体，含义明确，在国际货物买卖合同中广泛采用。

（2）规定在收到信用证后若干天或若干月装运。这类规定方法的装运时间取决于信用证开证时间。为了防止买方拖延或拒绝开证，还应规定信用证开抵卖方的最初期限。例如：“收到信用证后 45 天内装运”“买方必须最迟于××（日期）将有关信用证开抵卖方”“买方如不按合同规定开证，则卖方有权按买方违约提出索赔”。

（3）收到货款后若干天装运。这种方法表明买方需要预付货款，因此这种方式对卖方最有利。

（二）确定装运时间应注意的事项

（1）应考虑货源和船源的实际情况，避免有船无货或有货无船的情况发生。

（2）对装运期的规定要明确，避免使用“立即装运”和“尽速装运”等词语。

（3）装运期限应当适度。期限长短应视不同商品和租船订舱的实际情况而定。

（4）在规定装运期的同时，应考虑开证日期的规定是否明确合理。

二、装运港和目的港

装运港是指货物起始装运的港口。目的港是指最终卸货的港口。

（一）装运港和目的港的规定方法

在买卖合同中，装运港和目的港的规定方法有以下几种：

（1）在一般情况下，装运港和目的港分别规定各为一个。

（2）有时按实际业务的需要，也可分别规定两个或两个以上。

（3）在磋商交易时，如明确规定装运港或目的港有困难，可以采用选择港的办法。规定选择港有两种方式，一种是在两个或两个以上港口中选择一个，如 CIF 伦敦选择港汉堡或鹿特丹，或者 CIF 伦敦/汉堡/鹿特丹；另一种是笼统规定某一航区为装运港或目的港，如“地中海主要港口”“西欧主要港口”等。

买卖双方在确定装运港或目的港时，通常都是从本身利益和需要出发，根据产、销和运输等因素考虑的。确定国外装运港和目的港时，应当格外谨慎。

（二）规定装运港和目的港注意事项

在规定装运港和目的港时应注意：装运港或目的港的规定应力求明确具体；不接受内陆城市为装运港或目的港；应注意装卸港的具体条件；应注意国外港口有无重名问题；选择港口不宜过多，并应在一条航线上等。

三、分批装运和转船

分批装运又称分期装运（Shipment by Installment），是指一个合同项下的货物分若干期或若干次装运。凡数量较大，或受运输、市场销售、资金等条件的限制，都可在买卖合同中规定分批装运条款。根据国际商会《跟单信用证统一惯例》的规定：“运输单据上表面注明货物系使用同一运输工具装运并经同一路线运输，即使运输单据上注明的装运日期不同及/或装货港、接受监管地、发运地不同，只要运输单据注明的目的地相同，也不视为分批装运。”该惯例还规定：“信用证规定在指定的时期内分期支款及/或分期装运，如其中任何一期未按信用证所规定期限支款/或装运时，则信用证对该期及以后各期均告失效。”对这类条款受益人应严格遵守，必须按信用证规定的时间装运货物。

转运（Transshipment）是指货物从装运港（地）到目的港（地）的运输过程中，从一运输工具上卸下，再装上同一运输方式的另一运输工具；或在不同运输方式情况下，从一种方式的运输工具卸下，再装上另一种方式的运输工具的行为。

分批装运和转运条款直接关系到买卖双方的利益，在商定合同时应认真考虑并合理规定。如货物没有直达船或一时无合适的船舶运输，而需通过中途港转运的称为转船，买卖双方可以在合同中商订“允许转船”条款。

分批装运和转船条款直接关系到买卖双方的权益，因此，能否分批装运和转船，应在买卖合同中订明。一般来说，允许分批装运和转船，对卖方来说比较主动。根据国际商会《跟单信用证统一惯例》的规定，除非信用证有相反规定，可准许分批装运和转船，但买卖合同如对分批装运、转船不作规定，按国外合同法，则不等于可以分批装运和转船。因此，为了避免不必要的争议，争取早出口、早收汇，防止交货时发生困难，除非买方坚持不允许分批装运和转船，原则上应明确在出口合同中写入“允许分批装运和转船”为好。

四、装运通知

装运通知是在采用租船运输大宗进出口货物的情况下，在合同中加以约定的条款。规定这个条款的目的在于明确买卖双方的责任，促使买卖双方互相配合，共同做好船货衔接工作。

按照国际贸易的一般做法，在按 FOB 条件成交时，卖方应在约定的装运期开始以前（一般是 30 天或 45 天），向买方发出货物备妥通知，以便买方及时派船接货。买方接到卖方发出的备货通知后，应按约定的时间，将船名、船舶到港受载日期等通知卖方，以便卖方及时安排货物出运和准备装船。

此外，在货物装船后，卖方应在约定时间，将合同号、货物的品名、件数、重量、发票金额、船名及装船日期等项内容电告买方，以便买方办理保险并做好接卸货物的准备，及时办理进口报关手续。

五、装卸时间、装卸率和滞期、速遣条款

装卸时间的长短和装卸效率的高低，直接关系到船方的利害得失，故船方出租船舶时，都要求在定程租船合同中规定装卸时间、装卸率，并规定延误装卸时间和提前完成装卸任务的罚款与奖励办法，以约束租船人。

（一）装卸时间

装卸时间是指允许完成装卸任务所约定的时间，它一般以天数或小时数来表示。装卸时间的规定方法有很多，其中主要有下列几种。

1. 日或连续日

日是指午夜至午夜连续 24 小时的时间，也就是日历日数，以“日”表示装卸时间时，从装货或卸货开始，到装货或卸货结束，整个经过的日数，就是总的装货或卸货时间。在此期间内，不论是实际不可能进行装卸作业的时间（如雨天、施工或其他不可抗力），还是星期日或节假日，都应计为装卸时间。这种规定，对租船人很不利。

2. 累计 24 小时好天气工作日

这是指在好天气情况下，不论港口习惯作业为几小时，均以累计 24 小时作为一个工作日。这种规定对租船人有利，而对船方不利。

3. 连续 24 小时好天气工作日

这是指在好天气情况下，连续作业 24 小时算一个工作日，如中间因坏天气影响而不能作业的时间应予扣除。这种方法一般适用于昼夜作业的港口。当前，国际上采用这种规定的较为普遍，我国一般都采用此种规定。

由于各国港口习惯和规定不同，在采用此种规定时，对星期日和节假日是否计算也应具体订明。

为了计算装卸时间，合同中还必须对装卸时间的起算和止算时间加以约定。关于装卸

时间的起算时间，各国法律规定或习惯并不完全一致，一般规定在船长向承租人或他的代理人递交了“装卸准备就绪通知书”以后，经过一定的规定时间后，开始起算。关于止算时间，现在世界各国习惯上都以货物装完或卸完的时间，作为装卸止算时间。

（二）装卸率

所谓装卸率，是指每日装卸货物的数量。装卸率的高低，关系到完成装卸任务的时间和运费水平，装卸率规定过高或过低都不合适。规定过高，完不成装卸任务，要承担滞期费的损失；反之，规定过低，虽能提前完成装卸任务，可得到船方的速遣费，但船方会因装卸率低，船舶在港时间长而增加运费，致使租船人得不偿失。因此，装卸率的规定应当适当。

（三）滞期费和速遣费

如果在约定的允许装卸时间内未能将货物装卸完，致使船舶在港内停泊时间延长，给船方造成经济损失，则延迟期间的损失，应按约定每天若干金额补偿给船方，这项补偿金称滞期费。反之，如按约定的装卸时间和装卸率，提前完成装卸任务，使船方节省了船舶在港的费用开支，船方将其获取的利益的一部分给租船人作为奖励，称速遣费。按惯例，速遣费一般为滞期费的一半。滞期费和速遣费通常约定为每天若干金额，不足一天者，按比例计算。

第三节　国际贸易货物运输单据

运输单据是承运人收到承运货物后签发给出口商的证明文件，它是交接货物、处理索赔与理赔以及向银行结算货款或进行议付的重要单据。在国际货物运输中，运输单据的种类很多，其中包括海运提单、海运单、铁路运单、承运货物收据、航空运单和邮包收据等。

一、海运提单

（一）海运提单的性质和作用

海运提单（Bill of Lading，B/L）简称提单，是指由船长或船公司或其代理人签发的，证明已收到特定货物，允诺将货物运至特定的目的地，并交付给收货人的凭证。海运提单也是收货人在目的港据以向船公司或其代理提取货物的凭证。

海运提单的性质和作用可以概括为以下 3 个方面：

（1）海运提单是一种货物所有权的凭证。

（2）海运提单是承运人与托运人间订立的运输契约的证明。

（3）海运提单是承运人或其代理人签发的接收货物的收据。

（二）海运提单的种类

海运提单可从不同角度进行分类。

1. 已装船提单和备运提单

根据货物是否已装船，海运提单可分为已装船提单和备运提单。

（1）已装船提单（On Board B/L；Shipped B/L）是指承运人已将货物装上指定轮船

后所签发的提单。

（2）备运提单（Received for Shipment B/L）是指承运人已收到托运货物等待装运期间所签发的提单。

2. 清洁提单和不清洁提单

根据提单有无批注条款，可分为清洁提单和不清洁提单。

（1）清洁提单（Clean B/L）是指货物在装船时“表面状况良好”，承运人在提单上未加任何有关货物受损或包装不良等批注的提单。

（2）不清洁提单（Unclean B/L）是指承运人在提单上对货物表面状况或包装加有不良或存在缺陷等批注的提单。

3. 记名提单、不记名提单和指示提单

根据提单是否可以流通转让，可分为记名提单、不记名提单和指示提单。

（1）记名提单（Straight B/L）是指提单上的收货人栏内填写特定的收货人名称。这种提单只能由该特定收货人提货，因此记名提单不能流通转让。

（2）不记名提单（Bear B/L）是指提单上的收货人栏不指明收货人，只注明提单持有人（Bearer）字样，这种提单无须背书转让，流通性强，风险大，实际业务中很少使用。

（3）指示提单（Order B/L）是指提单上的收货人栏内仅填写“凭指示”（ to Order），或“凭某某人指示”（to Order of）字样，这种提单经背书后可转让给他人提货。目前，在实际业务中，使用最多的是“凭指示”并经空白背书的提单，习惯上称为“空白抬头、空白背书”提单。

4. 直达提单、转船提单和联运提单

根据运输方式，可分为直达提单、转船提单和联运提单。

（1）直达提单（Direct B/L）是指轮船从装运港装货后，中途不经过换船而直接驶往目的港卸货所签发的提单。

（2）转船提单（Transshipment B/L）是指轮船从装运港装货后，不直接驶往目的港，需要在中途港换装另外船舶运往目的港所签发的提单。

（3）联运提单（Through B/L）是指需要经过两种或两种以上的运输方式联运的货物，由第一程海运承运人所签发的，包括运输全程并能在目的港或目的地凭以提货的提单。

除此之外，还有班轮提单、租船提单、全式提单、略式提单等。

二、其他运输单据

（一）海运单

海运单（Seaway Bill）是承运人收到承运货物的收据，是承运人与托运人之间的运输契约的证明。但它不是物权凭证，也不能提货，不能向银行押款，也不可转让，因此也称为“不可转让海运单”。这是海运单与海运提单的重大区别。

海运单和海运提单的区别表现为以下几点：

（1）两者性质不同。海运单仅具有货物收据和运输合同或其证明的性质，是非物权凭证；而提单除具有货物收据、运输合同证明的性质之外，它通常是物权凭证，可以提货。

（2）两者流通性不同。海运单是一种非流通性单据，且记载了特定收货人，因而不能流通转让；而提单多为流通性单据，可以采用背书或背书加交付的方式流通转让。

（3）两者记载收货人的方式不同。海运单“收货人”栏内只能记载特定的收货人，不能记载“凭指示”（to Order）；而提单“收货人”栏内通常记载“凭指示”（to Order）等。

（4）两者交货方式不同。海运单载明的收货人提货时无须提示海运单，承运人仅凭收货人提示的身份证明交付货物；而提单的合法持有人和承运人只凭正本提单提货与交货。

（5）海运单与记名提单不同。尽管海运单与记名提单两者均记载特定的收货人，且不能背书转让，但其本质是不同的。记名提单是提单的一种，是物权凭证，持有记名提单，其收货人可凭以提货；而海运单因其为非物权凭证，其收货人无法仅凭海运单提货。

近年来，由于海运提单既能使收货人及时提货，减少费用，简化手续，其不可转让的性质也有利于 EDI 技术在国际贸易中的应用推广，所以在部分地区被越来越多地使用。

（二）铁路运输单据

1. 国际铁路联运运单

国际铁路货物联运所使用的运单是铁路与货主间缔结的运输契约。该运单从始发站随同货物附送至终点站并交给收货人，它不仅是铁路承运货物出具的凭证，也是铁路同货主交接货物、核收运杂费用和处理索赔与理赔的依据。国际铁路联运运单副本，在铁路加盖承运日期戳记后发还给发货人，它是卖方凭以向银行结算货款的主要证件之一。

2. 承运货物收据

承运货物收据是承运人出具的货物收据，也是承运人与托运人签订的运输契约。我国内地通过铁路运往港、澳地区的出口货物，一般多委托中国对外贸易运输公司承办。当出口货物装车发运后，对外贸易运输公司即签发一份承运货物收据给托运人，以作为对外办理结汇的凭证。

（三）航空运单

航空运单是承运人与托运人之间签订的运输契约，也是承运人或其代理人签发的货物收据。航空运单还可作为承运人核收运费的依据和海关查验放行的基本单据。但航空运单不是代表货物所有权的凭证，也不能通过背书转让。收货人提货不是凭航空运单；而是凭航空公司的提货通知单。在航空运单的收货人栏内，必须详细填写收货人的全称和地址，而不能做成指示性抬头。

（四）多式联运单据

多式联运单据（Multimodal Transport Documents，MTD）是多式联运合同的证明，也是多式联运经营人收到货物的收据和凭以交付货物的凭证。根据发货人的要求，它可以做成可转让的，也可做成不可转让的。多式联运单据如签发一份以上的正本单据，应注明份数，其中一份完成交货后，其余各份即失效。

（五）邮包收据

邮包收据是邮包运输的主要单据，它既是邮局收到寄件人的邮包后所签发的凭证，也是收件人凭以提取邮件的凭证，当邮包发生损坏或灭失时，它还可以作为索赔和理赔的依据。但邮包收据不是物权凭证。

第四节　国际贸易货物运输保险

在国际贸易中，每笔成交的货物，从卖方交至买方手中，一般都要经过长途运输。在此过程中，货物可能遇到自然灾害或意外事故，从而使货物遭受损失。为了转嫁货物在运输途中的风险，通常都要投保货物运输险。

国际贸易货物运输保险属于财产保险的范畴，它是以运输过程中的各种货物作为保险标的，被保险人（买方或卖方）向保险人（保险公司）按一定金额投保一定的险别，并缴纳保险费。保险人承保以后，如果保险标的在运输过程中发生约定范围内的损失，应按照规定给予被保险人经济上的补偿。

一、海上货物运输保险承保范围

海上货物运输保险承保的范围，包括海上风险、海上损失与费用以及海上风险以外的其他外来原因所造成的风险与损失。正确理解海上货物运输保险的范围，对于我们了解保险条款，选择投保险别，以及一旦货物发生损坏和灭失如何正确处理索赔等方面，都具有十分重要的意义。

（一）风险

它包括海上风险和外来风险。海上风险（Perils of the Sea）包括自然灾害和意外事故，但并不包括海上的一切危险。外来风险（Extraneous Risks）包括一般外来风险和特殊外来风险。

1. 海上风险

（1）自然灾害（Natural Calamities），是指不以人的意志为转移的自然界力量所引起的灾害，如恶劣气候、雷电、地震、海啸、火山爆发、洪水等。

（2）意外事故（Fortuitous Accident），是指人或物体遭受到外来的突然的、非意料中的事故，如船舶搁浅、触礁、沉没、碰撞，以及火灾、爆炸等。

2. 外来风险

（1）一般外来风险是指由于一般外来原因所造成的风险，主要包括：偷窃、渗漏、短量、碰损、钩损、生锈、雨淋、受热受潮等。

（2）特殊外来风险是指战争、种族冲突或一国的军事、政治、国家政策法令和行政措施等的变化，如战争、罢工、交货不到、被拒绝进口或没收等。

（二）损失

1. 全部损失

全部损失（Total Loss）简称全损，是指运输途中的整批货物或不可分割的一批货物的全部损失。全损有实际全损（Actual Total Loss）和推定全损（Constructive Total Loss）之分。

（1）实际全损是指被保险货物完全灭失或完全变质，或者货物实际上已不可能归还保险人。构成被保险货物“实际全损”的情况有下列几种：

1）保险标的物完全灭失。例如船只遭遇海难后沉没、货物同时沉入海底。

2）保险标的物丧失已无法挽回。例如船只被海盗劫去、货物被敌方扣押等。虽然船、货物本身并未遭到损失，但被保险人已失去了这些财产。

3）保险标的物已丧失商业价值或失去原有用途。例如茶叶经水泡后，虽没有灭失，仍旧是茶叶，但已不能饮用，失去商业价值。

4）船舶失踪，达到一定时期。例如半年仍无音讯，则可视为全部灭失。

（2）推定全损是指货物在海上运输途中遭遇承保风险后，虽未达到完全灭失的状态，但是进行施救、整理和恢复原状所需的费用，或者再加上续运至目的地的费用总和估计要超过货物在目的地的完好状态的价值。在这种情况下，被保险人可以要求保险人按部分损失赔偿，也可要求按全损赔偿。如果要求按全损赔付，被保险人必须向保险人发出委付通知。所谓委付（Abandonment），是指被保险人表示愿意将保险标的物的全部权利和义务转移给保险人，并要求保险人按全损赔偿的行为。委付必须经保险人同意接受后才能生效。

2. 部分损失

部分损失（Partial Loss）是指被保险货物的损失没有达到全部损失的程度。部分损失又可分为共同海损（General Average）与单独海损（Particular Average）。

（1）共同海损是指载货船舶在海运途中遇到危及船、货的共同危险，船方为了维护船舶和货物的共同安全或使航程得以继续完成，有意并且合理地做出的某些特殊牺牲或支出的特殊费用。共同海损的成立应具备以下条件：

1）船方在采取措施时，必须确有危及船、货共同安全的危险存在，不能主观臆测可能有危险发生而采取措施。

2）船方所采取的措施必须是有意的、合理的。有意的是指共同海损的发生必须是人为的、有意识行为的结果，而不是一种意外的损失。

3）所做出的牺牲或支出的费用必须是非常性质的。非常性质是指这种牺牲或费用不是通常业务中所必然会遇到或支出的。

4）构成共同海损的牺牲和费用支出必须是有效的。即经过采取某种措施后，船舶和货物的全部或一部分最后安全抵达航程的终点港或目的港，避免了船货的同归于尽。

共同海损牺牲和费用应该由船舶、货物和运费三方共同按最后获救的价值的比例分摊，这种分摊叫做共同海损分摊。

（2）单独海损是指货物受损后，未达到全损程度，而且是单独一方的利益受损并只能由该利益所有者单独负担的一种部分损失。例如，某公司出口核桃仁 100 吨，在海运途中遭受暴风雨，海水浸入舱内，核桃仁受水泡变质，这种损失只是使该公司一家的利益遭受影响，与同船所装的其他货物的货主和船东利益并没有什么关系，因而属于单独海损。

以上表明，共同海损和单独海损是有区别的，这主要表现在两个方面：第一，造成海损的原因有别。单独海损是承保风险所直接导致的船货损失；共同海损则不是承保风险所直接导致的损失，而是为了解除船、货共同危险有意采取合理措施而造成的损失。第二，损失的承担责任有别。单独海损由受损方自行承担；而共同海损则应由各受益方按照受益大小的比例共同分摊。

（三）费用

保险人承担的费用是指保险标的发生保险事故后，为减少货物的实际损失而支出的合理费用，具体包括施救费用和救助费用两种。

（1）施救费用是指在遭遇保险责任范围内的灾害事故时，被保险人或其代理人、雇用人员和保险单证受让人等为抢救保险标的物，以防止其损失扩大所采取的措施而支出的费用。

（2）救助费用是指保险标的物遇到上述灾害事故时，由保险人和被保险人以外的第三者采取救助行为而向其支付的报酬。

二、我国海洋货物运输保险条款及险别

保险险别是保险人对风险和损失的承保责任范围，它是保险人与被保险人履行权利与义务的基础，也是保险人承保责任大小和保险人缴付保险费多少的依据。中国人民保险公司制定的“中国保险条款”（China Insurance Clauses，CIC）将海运货物保险险别分为基本险和附加险两类。

（一）基本险

海运货物保险的基本险分为平安险、水渍险和一切险 3 种。

1. 平安险

平安险（Free from Particular Average，FPA）的承保责任范围包括：由于自然灾害和意外事故所导致的货物的全部损失；由于运输工具遭受意外事故造成货物的全部或部分损失；在运输工具已经发生意外事故的情况下，货物在此前后又在海上遭受自然灾害所造成的部分损失；在装卸或转运时由于一件或数件整件货物落海造成的全部或部分损失；共同海损的牺牲、分摊以及救助费用、施救费用等。

2. 水渍险

水渍险（With Average 或 With Particular Average，WA 或 WPA）的承保责任范围除包括上述平安险的各项责任外，保险人还负责被保险货物由于恶劣气候、雷电、海啸、地震、洪水等自然灾害所造成的部分损失。

3. 一切险

一切险（All Risks）的承保责任范围除包括水渍险的各项承保责任外，保险人还负责被保险货物在运输途中由于一般外来风险所致的全部或部分损失。

在上述 3 种基本险中，保险条款还规定了除外责任。所谓除外责任（Exclusion），是指保险公司明确规定不予承保的损失和费用。我国《海运货物保险条款》对除外责任的规定主要包括：被保险人的故意行为或过失造成的损失；属于发货人责任引起的损失；保险责任开始前，被保险货物已存在的品质不良或数量短差所造成的损失；被保险货物的自然损耗、本质缺陷、特性以及市价跌落、运输延迟所造成的损失或费用；战争险和罢工险的责任范围和除外责任。

中国人民保险公司的《海洋运输货物保险条款》规定，基本险承保责任起讫期限或称保险期限，采用国际保险业务中惯用的“仓至仓条款”（Warehouse to Warehouse，W/W Clause），即保险责任自被保险货物运离保险单所载明的起运地仓库或储存处所开始运输时生效，包括正常运输过程中的海上、陆上、内河和驳船运输在内，直至该项货物到达保险单所载明目的地收货人的最后仓库或储存处所或被保险人用作分配、分派或非正常运输的其他储存处所为止。如未抵达上述仓库或储存处所，则以被保险货物在最后卸载港全部卸离海轮后满 60 天为止。如在上述 60 天被保险货物需转运至非保险单所载明的目的地时，则于货物开始转运时终止。

（二）附加险

附加险是对基本险的补充和扩大。附加险承保的是除自然灾害和意外事故以外的各种外来原因所造成的损失。附加险只能在投保某一种基本险的基础上才可加保。《中国保险条款》中的附加险有一般附加险（General Additional Risk）和特殊附加险之分（Special Additional Risk）。

1. 一般附加险

一般附加险有下列11种险别：

（1）偷窃、提货不着险（Theft，Pilferage and Non-delivery Risk）。

（2）淡水雨淋险（Fresh Water and Rain Damage Risk）。

（3）渗漏险（Leakage Risk）。

（4）短量险（Shortage Risk）。

（5）混杂、沾污险（Intermixture and Contamination Risk）。

（6）碰损、破碎险（Clash and Breakage Risk）。

（7）串味险（Taint of Odour Risk）。

（8）受潮受热险（Sweat and Heating Risk）。

（9）钩损险（Hook Damage Risk）。

（10）包装破裂险（Breakage of Packing Risk）。

（11）锈损险（Rust Risk）。

2. 特殊附加险

特殊附加险主要有：

（1）战争险（War Risk）。

（2）罢工险（Strikes Risk）。

（3）进口关税险（Import Duty Risk）。

（4）黄曲霉素险（Aflatoxin Risk）。

（5）舱面险（on Deck Risk）。

（6）拒收险（Rejection Risk）。

（7）交货不到险（Failure to Deliver Risk）。

（8）出口货物到中国香港（包括九龙在内）或中国澳门存仓火险责任扩展条款（Fire Risk Extension Clause for Storage of Cargo at Destination Hong Kong，including Kowloon，or Macao）等。

战争险保险责任的起讫采用的是保险人只负责水面风险的原则，即从货物装上海轮或驳船时开始至货物运抵目的港卸离海轮为止。如果不卸离海轮，则以货物到达目的港当日午夜起15天为限。

三、其他运输方式下的货运保险

（一）陆上运输货物保险

根据中国人民保险公司制定的《陆上运输货物保险条款》的规定，陆运货物保险的基本险别有陆运险（Overland Transportation Risks）和陆运一切险（Overland Transportation All

Risks）两种。此外，还有陆上运输冷藏货物险，它也具有基本险的性质。

陆运险的承保责任范围同海运水渍险相似；陆运一切险的承保责任范围同海运一切险相似。上述责任范围均适用于铁路和公路运输，并以此为限。陆运险与陆运一切险的责任起讫也采用“仓至仓”责任条款。

陆运货物在投保上述基本险之一的基础上可以加保附加险。如投保陆运险，则可酌情加保一般附加险和战争险等特殊附加险；如投保陆运一切险，就只能加保战争险，而不能再加保一般附加险。陆运货物在加保战争险的前提下，再加保罢工险，不另收保险费。陆运货物战争险的责任起讫以货物置于运输工具时为限。

（二）航空运输货物保险

空运货物保险的基本险别有航空运输险（Air Transportation Risks）和航空运输一切险（Air Transportation All Risks）。这两种基本险都可单独投保，在投保其中之一的基础上，经投保人与保险公司协商，可以加保战争险等附加险，加保时须另付保险费。在加保战争险前提下，再加保罢工险，则不另行收费。

航空运输险和航空运输一切险的责任起讫采用“仓至仓”条款。航空运输货物战争险的责任期限，是自货物装上飞机时开始至卸离保险单所载明的目的地的飞机时为止。

（三）邮运包裹保险

根据邮包运输保险条款的规定，有邮包险和邮包一切险两种基本险，其责任起讫是，自被保险邮包离开保险单所载起运地点运往邮局时开始生效，直至被保险邮包运达保险单所载明的目的地邮局发出通知书给收件人当日午夜起算为止，但在此期限内，邮包一经递交至收件人处所时，保险责任即告终止。

在投保邮包运输基本险之一的基础上，经协商可加保邮包战争险等附加险。在加保战争险的基础上，如加保罢工险，则不另收费。邮包战争险承保责任的起讫，是自被保险邮包经邮政机构收讫后自储存处所开始运送时生效，直至该项邮包运达保险单所载明的目的地邮政机构送交收件人为止。

四、伦敦保险协会海运货物保险条款

英国伦敦保险协会制定的《协会货物条款》（Institute Cargo Clauses，ICC）是对世界各国保险业影响最大，应用最为广泛的保险条款。协会货物条款最早制定于 1912 年。为了适应不同时期国际贸易、航运、法律等方面的变化和发展，该条款已先后经过多次补充和修改。由于该条款是在 S. G. 保险单的基础上，随着国际贸易和运输的发展，不断增添有关附加或限制某些保险责任的条文，后来经过对这些加贴条文加以整理，从而成为一套伦敦协会货物保险条款，但因该条款条理不清、措辞难懂，又缺乏系统的文字组织，被保险人难以正确理解，因而不能适应日益发展的国际贸易对保险的需要。为此，伦敦保险业协会对其进行了修订。修订工作于 1982 年 1 月 1 日完成，并于 1983 年 4 月 1 日起正式实行。同时，新的保险单格式代替原来的 S. G. 保险单格式，也自同日起使用。

（一）伦敦保险协会海运货物保险条款的主要内容

该保险条款主要包括以下几个方面的内容：

（1）协会货物（A）险条款，即 ICC（A）。

（2）协会货物（B）险条款，即 ICC（B）。

（3）协会货物（C）险条款，即 ICC（C）。

（4）协会货物战争险条款（Institute War Clauses Cargo）。

（5）协会货物罢工险条款（Institute Strike Clauses Cargo）。

（6）恶意损害险条款（Malicious Damage Clause）。

上述 6 种险别中，（A）险、（B）险、（C）险属于基本险，其他属于附加险。除恶意损害险外，前 5 种险别可以单独投保。在 ICC 条款中，上述前 5 种险别均按条款的性质统一划分为 8 项主要内容，即：承保范围、险外责任、保险期限、索赔、保险利益、减少损失、防止延迟和法律与惯例。

（二）ICC 条款的特点

ICC 条款的特点主要表现在以下几个方面：

（1）ICC 条款的战争险和罢工险在需要时能单独投保。

（2）ICC 条款的各种险别取消了按全部损失与部分损失区分险别的规定。

（3）ICC 条款的各种险别赔偿时不计免赔率。

（4）ICC 条款规定的保单是一种空白格式的保险单，其内容简洁、明确，不包括保险条件，也取消了附注。

（5）ICC 条款增加了可保利益条款、续运费条款、增值条款、放弃条款和法律与惯例条款等 5 个条款。

ICC（A）险、ICC（B）险、ICC（C）险的承保范围类似于我国海洋货物运输中的“一切险”“水渍险”和“平安险”。不同之处在于：海盗行为所造成的损失属 ICC（A）险的承保责任范围，在一切险中是除外责任；ICC（A）险包括恶意损害险，而一切险中不包括此种险；ICC（B）险、ICC（C）险改变了水渍险与平安险对承保范围中某些风险不明确的弊病，采取“列明风险”的办法，即把承保风险和损失一一列明。ICC（A）险、ICC（B）险、ICC（C）险条款的责任起讫也采用“仓至仓”条款，但比我国条款规定更为详细。

（三）伦敦保险协会海运货物保险条款中主要险别的承保范围

ICC（A）险、ICC（B）险和 ICC（C）险的承保责任范围见表 11—1。

表 11—1

承保范围	A 险	B 险	C 险
火灾、爆炸	√	√	√
船舶或驳船触礁、搁浅、沉没或倾覆	√	√	√
陆上运输工具倾覆或出轨	√	√	√
在避难港卸货	√	√	√
抛货	√	√	√
共同海损牺牲	√	√	√
船舶、驳船或运输工具同水以外的任何物体碰撞	√	√	√
地震、火山爆发、雷电	√	√	

续前表

承保范围	A险	B险	C险
浪击落海	√	√	
海水、湖水或河水进入船舶、驳船、运输工具、集装箱、大型海运箱或贮存处所	√	√	
货物在装卸时落海或跌落造成任何整件的全损	√	√	
被保险人以外的其他人的故意行为所致被保险货物的灭失和损失	√	√	
海盗行为	√	√	
一般外来原因所造成的损失	√	√	

注：“√”表示承保责任；空格表示免责或除外责任。

（四）ICC2009（A）、（B）和（C）的承保风险

2009 年，英国又对 ICC1982 予以修订。ICC2009 扩展了保险责任起讫，对保险人援引免责条款做出了一定的限制，对条款中易于产生争议的用词做出了更加明确的规范。新条款中的文字、结构等也更加简洁、严密，便于阅读和理解。

ICC2009（A）、（B）和（C）的承保风险具体如下：

ICC2009（A）对其承保风险的规定采取“一切风险减除外责任”的方式，并未列举具体承保风险的名称。因此，只需要弄清楚它的“除外责任”，便不难理解其所承保的风险及其含义。

（A）险的除外责任主要有以下几种：

（1）一般除外责任是指被保险人故意的不法行为所造成的损失或费用；保险标的自然渗漏、重量或容量的自然损耗或自然磨损；由于包装或准备的不足或不当所造成的损失或费用；因保险标的内在缺陷或特征所造成的损失或费用；直接由于延迟所引起的损失或费用；因船舶所有人、经理人、租船人经营破产或不履行债务所造成的损失或费用；因使用任何原子或热核制造的武器所造成的损失或费用。

（2）不适航、不适货除外责任主要是指被保险人在保险标的装船时已知船舶不适航，以及船舶、运输工具、集装箱等不适货而造成的损失或费用。

（3）战争除外责任是指由于战争、内战、敌对行为等所造成的损失和费用；由于捕获、拘留、扣留等（海盗除外）所造成的损失；由于漂流水雷、鱼雷等所造成的损失或费用。

（4）罢工除外责任是指由于罢工、被迫停工所造成的损失或费用；由于罢工者、被迫停工工人等造成的损失或费用；任何恐怖主义者或出于政治动机而行动的人所致损失或费用。

ICC2009（B）险对承保风险的规定是采用“列明风险”的方式，即把所承保的风险一一列举，凡属承保责任范围内的损失，无论是全部损失还是部分损失，保险人按损失程度均负责赔偿。

（B）险的承保的风险是灭失或损害要合理归因于以下几种原因：

（1）火灾、爆炸。

（2）船舶或驳船触礁、搁浅、沉没或者倾覆。

（3）陆上运输工具倾覆或出轨。

（4）船舶、驳船或运输工具同水以外的任何外界物体碰撞。

（5）在避难港卸货。

（6）地震、火山爆发、雷电。

（7）共同海损牺牲。

（8）抛货。

（9）浪击落海。

（10）海水、湖水或河水进入船舶、驳船、运输工具、集装箱、大型海运箱或贮存处所。

（11）货物在装卸时落海或跌落造成整件的全损。

（B）险的除外责任方面，除对海盗行为和恶意损害险的责任不负责外，其余均与（A）险的除外责任相同。

ICC2009（C）的风险责任规定和（B）险一样，采用列明风险的方式，可是仅对重大意外事故（Major Casualties）所致损失负责，对非重大意外事故和自然灾害所致损失均不负责。

（C）险的承保风险是灭失或损害要合理归因于以下几种原因：

（1）火灾、爆炸。

（2）船舶或驳船触礁、搁浅、沉没或倾覆。

（3）陆上运输工具倾覆或出轨。

（4）船舶、驳船或运输工具与水以外的任何外界物体碰撞。

（5）在避难港卸货。

（6）共同海损牺牲。

（7）抛货。

（C）险的除外责任与（B）险完全相同。恶意损害险是新增加的附加险别，承保被保险人以外的其他人（如船长、船员等）的故意破坏行动所致被保险货物的灭失或损坏。但是，恶意损害如果是出于政治动机之人的行动，不属于恶意损害险承保范围，而应属罢工险的承保风险。由于恶意损害险的承保责任范围已被列入（A）险的承保风险，所以，只有在投保（B）险和（C）险的情况下，才在需要时可以加保。

五、国际货物买卖合同中的保险条款

（一）国际货物买卖合同中的保险条款内容

保险条款是国际货物买卖合同的重要组成部分之一，它涉及买卖双方的利益。一般来说，保险条款所涉及的内容有保险金额、投保险别、保险费、保险单证和保险适用条款等。

保险金额（Amount Insured）是指保险公司可能赔偿的最高金额，习惯上按发票金额加一成（10%）作为预期利润和业务费用。

保险金额的计算见式（11—3）。

$$\text{保险金额}=\text{CIF 价格}\times(1+\text{加成率}) \qquad (11—3)$$

投保人交付保险费是保险合同生效的前提条件。保险费是保险公司经营保险业务的基本收入，也是保险公司所掌握的保险基金，即损失赔偿基金的主要来源。

保险费的计算见式（11—4）。

$$\text{保险费}=\text{保险金额}\times\text{保险费率} \qquad (11—4)$$

如按 CIF 或 CIP 价加成投保，则上述计算式应改为式（11—5）。

保险费＝CIF(CIP)价×(1＋投保加成率)×保险费率　(11—5)

（二）我国国际货物运输保险实务

1. 出口货物运输保险

按 CIF 或 CIP 条件订立的出口合同，由出口方负责投保。按我国保险公司的有关规定，出口货物的投保一般需要逐笔填写投保单，向保险公司提出书面申请，投保单经保险公司接受后由保险公司签发保险单。

2. 进口货物运输保险

凡按 FCA、FOB、CPT、CFR 条件订立的进口货物，由进口方负责投保。我国外贸企业为了防止漏保和延误投保，也为了简化手续，大都采用预约保险的做法，即由我国外贸企业与保险公司事先签订各种不同运输方式的进口预约保险合同（Open Cover），又称预约保单（Open Policy）。按照预约保险合同规定，外贸企业无须逐笔填送投保单。在进口货物时，只需将国外客户的装运通知送交保险公司，即为办理了投保手续，保险公司对该批货物自动承担承保责任。对于不经常有货物进口的单位，可逐笔办理投保。

3. 保险单据

保险单据是保险人与被保险人之间权利、义务的契约，是被保险人或受让人索赔和保险人理赔的依据，是进出口贸易结算的主要单据之一。在国际货物贸易中，保险单据可以背书转让。我国常用的保险单证主要有保险单、保险凭证、预约保单等。

（1）保险单（Insurance Policy）俗称大保单，是投保人与保险人之间订立的一种正规保险合同。目前，我国国内的保险公司大都出具这种保险单。

（2）保险凭证（Insurance Certificate）俗称小保单，是一种简化的保险合同。在法律上与保险单具有同等法律效力。

（3）预约保险单（Open Policy）是一种没有总保险金额限制的预约保险总合同，是保险公司对被保险人将要装运的属于约定范围内的一切货物自动承保的总合同。在承保范围内的被保险货物一经启运，保险公司即自动承保。

本章小结

本章主要介绍了国际贸易常见的几种运输方式、运输单据以及合同装运条款的主要内容，还介绍了海上货物运输保险的种类以及承保的范围，我国海、陆、空、邮运输货物保险的险别和伦敦保险业协会海运货物条款等。通过本章的学习，使学生能够合理选用货物运输方式、通晓具体货运方式的操作程序和订立合同的保险条款，掌握填写和审核货运单据及保险单据等外贸业务。

本章实训

1. 实训目的

在熟悉出口托运业务流程的基础上，使学生掌握填写和审核出口货物运输单据的能力。

2. 实训内容

(1) 根据表11—2所示的“出口货物明细表”内容以及提供的资料缮制出口托运单。

表 11—2

<table>
<tr><td colspan="3">出口货物明细单</td><td>银行编号</td><td colspan="2"></td><td>外运编号</td><td>DS2016INV205</td></tr>
<tr><td colspan="3">2016 年 5 月 9 日</td><td>核销单号</td><td colspan="2"></td><td>许可证号</td><td></td></tr>
<tr><td rowspan="3">经营单位(装船人)</td><td colspan="2" rowspan="3">×××××× Co.,Ltd.
Room 2901,HuaRong Mansion,GuanJiaQiao 85#,Shanghai 200005,P. R. Chian TEL:021-4711363
FAX:021-4691619</td><td>合同号</td><td colspan="4">DS2016SC205</td></tr>
<tr><td>信用证号</td><td colspan="4">LC010986</td></tr>
<tr><td>开证日期</td><td colspan="2">2016-04-03</td><td>收到日期</td><td>2016-04-04</td></tr>
<tr><td rowspan="5">提单或承运收据</td><td rowspan="2">抬头人</td><td rowspan="2">TO ORDER</td><td>金额</td><td colspan="2">USD29 920.00</td><td>收汇方式</td><td>L/C AT SICHT</td></tr>
<tr><td>货物性质</td><td colspan="2"></td><td>贸易国别</td><td>SAUDI ARABIA</td></tr>
<tr><td rowspan="2">通知人</td><td rowspan="2">SAMAN AL-ABDUL KARIM AND PARTNERSCO.
POB 13552,RIYADH 44166,KSA
TEL:4577301/4577312/4577313
FAX:4577461</td><td>出口岸</td><td colspan="2">TIANJIN PORT</td><td>目的港</td><td>DAMMAM PORT</td></tr>
<tr><td>可否转运</td><td colspan="2">Yes</td><td>可否公批</td><td>Yes</td></tr>
<tr><td>运费</td><td>Freight Prepaid</td><td>装运期限</td><td colspan="2">2016-06-05</td><td>有效期限</td><td>2016-06-15</td></tr>
<tr><td rowspan="2">标记唛头</td><td rowspan="2">货名规格及货号</td><td rowspan="2">件数</td><td rowspan="2">数量或尺码</td><td>毛重</td><td>净重</td><td colspan="2">价格(成交条件)</td></tr>
<tr><td colspan="2">KG</td><td>单价</td><td>总价</td></tr>
<tr><td colspan="8">CFR DAMMAN PORT,SAUDI ARABIA</td></tr>
<tr><td rowspan="2">N/M</td><td>CANNED APPLE JAM 24 TINS X 340 GMS</td><td>2 200 CARTONS</td><td>2 200 CARTONS</td><td>19 747.00</td><td>17 952.00</td><td>USD 6.80</td><td>USD 14 960.00</td></tr>
<tr><td>CANNED STRAWBERRY JAM 24 TINS X 340 GMS</td><td>2 200 CARTONS</td><td>2 200 CARTONS</td><td>19 747.00</td><td>17 952.00</td><td>USD 6.80</td><td>USD 14 960.00</td></tr>
<tr><td></td><td>TOTAL:</td><td>4 400 CARTONS</td><td>4 400 CARTONS</td><td>39 494.00 KGS</td><td>35 904.00 KGS</td><td></td><td>USD 29 920.00</td></tr>
<tr><td colspan="8"></td></tr>
<tr><td colspan="8">TOTAL:SAY FOUR THOUSAND FOUR HUNDRED CARTONS ONLY.</td></tr>
<tr><td colspan="2" rowspan="4">本公司注意事项</td><td colspan="2" rowspan="4"></td><td colspan="2">总体积</td><td colspan="2">45.60 CBM</td></tr>
<tr><td rowspan="3">保险单</td><td>险别</td><td colspan="2"></td></tr>
<tr><td>保额</td><td colspan="2"></td></tr>
<tr><td>赔款地点</td><td colspan="2"></td></tr>
<tr><td colspan="2" rowspan="3">外运外轮注意事项</td><td colspan="2" rowspan="3"></td><td colspan="2">船名</td><td colspan="2"></td></tr>
<tr><td colspan="2">海关编号</td><td colspan="2">32010101</td></tr>
<tr><td colspan="2">放行日期</td><td colspan="2"></td></tr>
<tr><td colspan="2"></td><td colspan="2"></td><td colspan="2">制单员</td><td colspan="2"></td></tr>
</table>

注:开证行:WESTERN BANK;开船日期:2016 年 6 月 1 日。

（2）案例讨论。

【案例 11—1】

某对外贸易进出口公司（A 公司）于 5 月 23 日接到一张国外开来的信用证，信用证规定受益人为对外贸易进出口公司（卖方），申请人为 E 贸易有限公司（买方）。信用证对装运期和议付有效期条款规定："Shipment must be effected not prior to 31st May，2016. The Draft must be negotiated not later than 30th June，2016"。A 公司发现信用证装运期太紧，23 日收到信用证，31 日装运就到期。所以有关人员即于 5 月 26 日（24 日和 25 日系双休日）按装运期 5 月 31 日通知储运部安排装运。储运部根据信用证分析单上规定的 5 月 31 日装运期即向货运代理公司配船。因装运期太紧，经多方努力才设法商洽将其他公司已配上的货退载，换上对外贸易进出口公司的货，勉强挤上有效的船期。

经各方努力，A 公司终于 5 月 30 日装运完毕，并取得 5 月 30 日签发的提单。6 月 2 日备齐所有单据向开证行交单。6 月 16 日开证行来电提出："提单记载 5 月 30 日装运货物，不符合信用证规定的装运期限，不同意接受单据"。问题：从本案例中应吸取怎样的教训？

【案例 11—2】

我国某外贸公司向日、英两国商人分别以 CIF 和 CFR 价格出售蘑菇罐头，有关被保险人均办理了保险手续。这两批货物自启运地仓库运往装运港的途中均遭受损失。问题：这两笔交易中各由谁办理货运保险手续？该货物损失的风险与责任各由谁承担？保险公司是否给予赔偿？并简述理由。

【案例 11—3】

某货轮从天津新港驶往新加坡，在航行途中船舶货舱起火，大火蔓延至机舱，船长为了船货的共同安全决定采取紧急措施，往舱中灌水灭火。火虽被扑灭，但由于主机受损，无法继续航行，于是船长决定雇用拖轮将货船拖回新港修理，检修后重新驶往新加坡。其中的损失与费用有：1 000 箱货被火烧毁；600 箱货由于灌水受到损失；主机和部分甲板被烧坏；拖轮费用；额外增加的燃料、船长及船员工资。问题：这些损失中哪些是单独海损，哪些是共同海损？

【案例 11—4】

有一份 FOB 合同，买方已向保险公司投保"仓至仓条款"的一切险（All Risks with Ware House to Warehouse Clause）。货物从卖方仓库运往装运港码头途中，发生了承保范围内的损失。卖方事后以保险单含有"仓至仓条款"，要求保险公司赔偿，但遭拒绝，后来卖方又请买方以买方的名义凭保险单向保险公司索赔，但同样遭到拒绝。

上述案例中货物是从卖方仓库运往装运码头途中发生了承保范围内的损失，所保一切险又含"仓至仓条款"。问题：为什么保险公司会拒赔？

3. 实训组织形式和要求

（1）组织形式。

将全班学生分成小组，以小组讨论形式完成本节实训。

（2）实训要求。

分小组讨论国际货物买卖合同装运条款的内容及制定该条款应注意事项，讨论保险险别以及承保范围、保险责任起讫规定等内容。在此基础研究以上案例，并将各小组的分析结果推荐代表在全班讨论时发言，在此基础上拿出自己的分析报告。对出口货物托运单的填制要求每个同学上交一份，为后边的制作提单打好基础。

第十二章

国际贸易货款收付

学习要点

1. 了解支付工具的种类和内容，掌握汇付和托收的种类和使用；
2. 掌握汇付和托收的业务流程，并会使用汇付与托收进行国际贸易结算；
3. 了解信用证的种类，掌握信用证的性质、特点及业务程序，掌握合同中支付条款的签订。

引言

在国际货物买卖中，货款的收付直接影响买卖双方资金的周转和融通，以及各种金融风险和费用的负担，事关买卖双方的利益。货款的结算主要涉及支付工具、付款时间、付款地点及支付方式等问题，买卖双方必须对此取得一致的意见，并在合同中做出明确的规定。

第一节　票据

现代国际贸易货款收付，采用现金的较少，大多使用非现金，即使用代替现金作为流通手段和支付手段的票据来结算国际贸易的债权债务。票据是可以流通转让的债权凭证，国际贸易中使用的票据主要有汇票、本票和支票，其中以汇票为主。

一、汇票

（一）汇票的含义和基本内容

1. 汇票的含义

汇票（Bill of Exchange Draft）是一个人向另一个人签发的，要求见票时或在将来固定的时间或可以确定的时间，对某人或其指定的人或持票人支付一定金额的无条件的书面支付命令。

2. 汇票的基本内容

（1）出票人（Drawer），即签发汇票的人，在实务中，通常是出口人或银行。

（2）受票人（Drawee），又称付款人（Payer），即接受支付命令付款的人。在实务中，通常是进口人或其指定的银行。

（3）受款人（Payee），即受领汇票所规定金额的人，在实务中，通常是出口人或其指定的银行。

（4）支付金额。

（5）付款的期限。

（6）出票日期和地点。

（7）付款地点。

（8）出票人签字。

上述内容称为汇票的要项。按照各国票据法的规定，汇票的要项必须齐全，否则受票人有权拒付。

（二）汇票的种类

1. 按出票人不同划分

（1）银行汇票（Banker's Draft）。出票人是银行。

（2）商业汇票（Trade Bill）。出票人是商号或个人。

2. 按有无附属单据划分

（1）光票（Clean Bill）。这是不附带货运单据的汇票。

（2）跟单汇票（Documentary Bill）。这是附带货运单据的汇票。

商业汇票一般多为跟单汇票。

3. 按付款期限不同划分

（1）即期汇票（Sight Bill or Demand Draft）。这是在提示或见票时立即付款的汇票。

（2）远期汇票（Time Bill or Usance Bill）。这是在一定期限或特定日期付款的汇票。

远期汇票付款日期有 4 种记载方法：规定某一个特定日期；付款人见票后若干天；出票后若干天；运输单据日后若干天。

一张汇票往往可以同时具备几种性质，例如一张商业汇票同时又可以是即期的跟单汇票，一张远期的商业跟单汇票，同时又是银行承兑汇票。

（三）汇票的使用

汇票的使用有出票、提示、承兑、付款等。如需转让，通常经过背书行为转让。汇票遭到拒付时，还需做成拒绝证书和行使追索权。

1. 出票

出票（Issue）是指出票人在汇票上填写付款人、付款金额、付款日期和地点以及受款人等项目，经签字交给受票人的行为。在出票时，对受款人通常有 3 种写法：

（1）限制性抬头，如“限付×公司”，这种抬头的汇票不能流通转让，即出票人不愿把债权债务关系转让到第三者手中。

（2）指示性抬头，如“付×公司或其指定人”，这种抬头的汇票可经过背书进行转让。

（3）持票人或来人抬头，如“付给来人”“付给持票人”，这种抬头的汇票无须持票人背书即可转让。

2. 提示

提示（Presentation）是持票人将汇票提交付款人要求承兑或付款的行为。提示包括付款提示和承兑提示两种。

3. 承兑

承兑（Acceptance）是指付款人对远期汇票表示承担到期付款责任的行为。付款人在汇票上写明“承兑”字样，注明承兑日期，并由付款人签字，交还持票人。

4. 付款

付款（Payment）是指对即期汇票，在持票人提示汇票时，付款人即应付款；对远期汇票，付款人先承兑，在汇票到期日付款。

5. 背书

在国际市场上，汇票可以在票据市场上流通转让，背书（Endorsement）是转让汇票权利的一种手续，就是由汇票抬头人在汇票背面签上自己的名字，或再加上受让人（被背书人）的名字，并把汇票交给受让人的行为。经背书后，汇票的收款权利便转移给受让人，汇票可以经过背书不断转让下去。对于受让人来说，所有在他以前的背书人（Endorser）以及原出票人都是他的前手；而对出让人来说，所有在他让与以后的受让人都是他的后手，前手对后手负有担保汇票必然会被承兑或付款的责任。

在国际市场上，一张远期汇票的持有人如想在付款人付款前取得票款，可以经过背书将汇票转让给贴现的银行或金融公司，由它们将扣除一定贴现利息后的票款付给持有人，这就叫做贴现。

常见的汇票背书有限制性背书、记名背书和不记名背书三种：

（1）限制性背书，即背书人在背书时写明“仅付被背书人”或“付给被背书人，不得转让”等字样。

（2）记名背书，又称特别背书，是指背书人在背书时注明将汇票金额“付被背书人或其指定人”，该指定的背书人既可以凭票要求付款，也可以将汇票继续转让。

（3）不记名背书，又称空白背书，是指背书人在背书时只需签名，无须记载被背书人名称。

6. 拒付

持票人提示汇票要求承兑时，遭到拒绝承兑或持票人提示汇票要求付款时，遭到拒绝付款，均称拒付（Dishonor），也称退票。除了拒绝承兑和拒绝付款外，付款人拒不见票、死亡或宣告破产，以致付款事实上已不可能时，也称拒付。

7. 追索

追索权（Right of Recourse）是指票据遭到拒付时，持票人对其前手（出票人、承兑人、背书人）有请求偿还票款及费用的权利。

二、本票

（一） 本票的含义和基本内容

本票（Promissory Note）是一个人向另一个人签发的，保证于见票时或定期或在可以确定的将来，对某人或其指定人或持票人支付一定金额的无条件的书面承诺，简言之，本票是出票人对受款人承诺无条件支付一定金额的票据。

各国票据法对本票内容的规定各不相同。我国《票据法》规定，本票必须记载下列事项：

（1）表明“本票”字样。

（2）无条件的支付承诺。

（3）确定的金额。

（4）收款人的名称。

（5）出票日期。

（6）出票人签字。

本票上未记载规定事项之一的，本票无效。

（二） 本票的种类

本票可分为商业本票和银行本票。由工商企业或个人签发的称为商业本票或一般本票。由银行签发的称为银行本票。商业本票有即期和远期之分。银行本票都是即期的。

在国际贸易结算中使用的本票，大都是银行本票。

（三） 本票与汇票的区别

本票与汇票的区别如下：

（1）本票的票面有两个当事人，即出票人和收款人；而汇票则有 3 个当事人，即出票人、付款人和收款人。

（2）本票的出票人即付款人，即期本票无须办理承兑手续；而远期汇票则要办理承兑手续。

(3) 本票在任何情况下，出票人都是绝对的主债务人，一旦拒付，持票人可以立即要求法院裁定，命令出票人付款；而汇票的出票人在承兑前是主债务人，在承兑后，承兑人是主债务人，出票人则处于从债务人的地位。

三、支票

(一) 支票的含义和基本内容

支票（Cheque）是以银行为付款人的即期汇票，即存款人签发给银行的无条件支付一定金额的委托或命令，出票人在支票上签发一定的金额，要求受票的银行于见票时立即支付一定金额给特定人或持票人。

支票的出票人必须是在付款银行设有往来存款账户的存户。出票人在签发支票时应在付款银行存有不低于票面金额的存款，如在向付款银行提示要求付款而存款不足时，这种支票叫做空头支票，通常会遭到拒付。开出空头支票的出票人要负法律上的责任。支票只有即期，而没有远期的。

《中华人民共和国票据法》规定，支票必须记载下列事项：表明“支票”字样；无条件的支付委托；确定的金额；付款人名称；出票日期；出票人签字。

支票上未记载规定事项之一的，支票无效。

(二) 支票的种类

《中华人民共和国票据法》规定，支票可分为现金支票和转账支票两种。无论支票是用来支取现金还是转账，均应分别在支票正面注明。现金支票只能用于支取现金；转账支票只能用于通过银行或其他金融机构转账结算。

大多数国家的支票可以分为一般支票与划线支票。划线支票是在支票正面划两道平行线的支票，一经划线就只能通过银行转账，而不能直接支取现金。但在支票遗失或被人冒领时，还有可能通过银行代收的线索追回票款。一般支票也被称为未被划线的支票，支票的持票人既可以通过银行转账，也可以凭票在付款行提取现金。

第二节　汇付与托收

支付方式根据资金流向与支付工具的传递方向，可以分为顺汇法和逆汇法。资金的流动方向与支付工具的传递方向相同称为顺汇法。汇付属于顺汇法。资金的流转方向与支付工具的传递方向相反称为逆汇法，托收和第三节将要介绍的信用证都属于逆汇法。

一、汇付

(一) 汇付的性质及运用

汇付（Remittance）是指付款人通过银行或其他途径主动将款项汇交收款人。汇付方式下，卖方能否按时收回约定的款项，完全取决于买方的信誉，因此，汇付的性质为商业信用。

在国际贸易中，汇付的使用有局限性，通常用于订金、运杂费用、佣金、小额货款或尾款的支付。

（二）汇付方式的当事人

1. 汇款人

汇款人（Remitter）是汇出款项的人，通常是进口人。

2. 收款人

收款人（Payee or Beneficiary）是收取款项的人，通常是出口人。

3. 汇出行

汇出行（Remitting Bank）是受汇款人的委托汇出款项的银行，通常是进口地的银行。

4. 汇入行

汇入行（Paying Bank）是受汇出行委托解付汇款的银行，通常是出口地的银行。

（三）汇付的方式

汇付方式可以分为信汇、电汇和票汇。

1. 信汇

信汇（Mail Transfer，M/T）是汇出行应汇款人的申请，将信汇委托书寄给汇入行，授权解付一定金额给收款人的汇款方式。

2. 电汇

电汇（Telegraphic Transfer，T/T）是汇出行应汇款人的申请，拍发加押电报电传给汇入行，指示解付一定金额给收款人的汇款方式。

3. 票汇

票汇（Remittance by Banker's Demand Draft，D/D）是汇出行应汇款人的申请，代汇款人开立的、以其分行或代理行为解付行的银行即期汇票，支付一定金额给收款人的汇款方式。

二、托收

（一）托收的含义及性质

托收（Collection）是指债权人（出口人）出具汇票委托银行向债务人（进口人）收取货款的一种支付方式。托收方式一般都通过银行办理，又称银行托收。

银行托收的基本做法是由出口人根据发票金额开出以进口人为付款人的汇票，向出口地银行提出托收申请，委托出口地银行（托收行）通过它在进口地的代理或往来银行（代理行）代向进口人收取货款。托收方式下，出口人能否收回货款，也完全取决于进口人的信誉，所以托收的性质也是商业信用。

（二）托收的当事人

托收的当事人主要有委托人、托收银行、代收银行和提示银行。

1. 委托人

委托人（Principal）是委托银行办理托收业务的人，通常是出口人。

2. 托收银行

托收银行（Remitting Bank）是接受出口人委托办理托收业务的银行。

3. 代收银行

代收银行（Collecting Bank）是接受托收银行的委托向付款人收款的进口地银行，大都是托收银行的国外分行或代理行。

4. 提示银行

提示银行（Presenting Bank）是向付款人做出提示汇票和单据的银行。

（三）托收的种类

托收可根据所使用的汇票的不同分为光票托收和跟单托收。国际贸易中货款的收取大多采用跟单托收。跟单托收根据交单条件的不同，可分为付款交单和承兑交单。

1. 付款交单

付款交单（Documents against Payment，D/P）是指出口人的交单以进口人的付款为条件。按支付时间的不同，付款交单又可分为即期付款交单（Documents against Payment at Sight，D/P at Sight）和远期付款交单（Documents against Payment after Sight，D/P after Sight）。

即期付款交单是指银行提示即期汇票和单据，进口人见票时即应付款，并在付清货款后取得单据。其基本业务流程如图 12—1 所示。

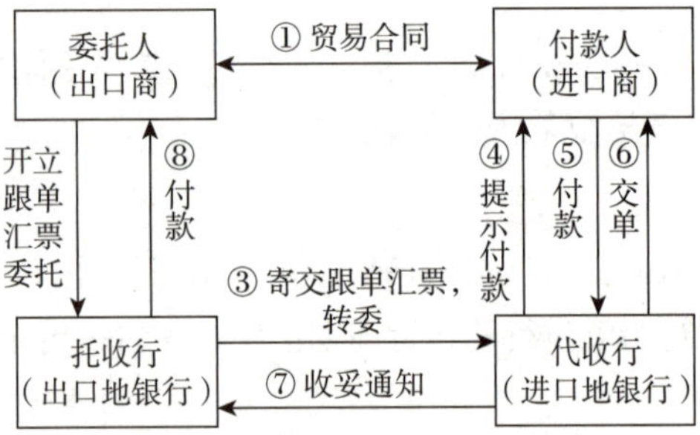

图 12—1 D/P at Sight 业务流程图

远期付款交单是指银行提示远期汇票，进口人审核无误后在汇票上进行承兑，于汇票到期日付清货款后再领取货运单据。其基本业务流程如图 12—2 所示。

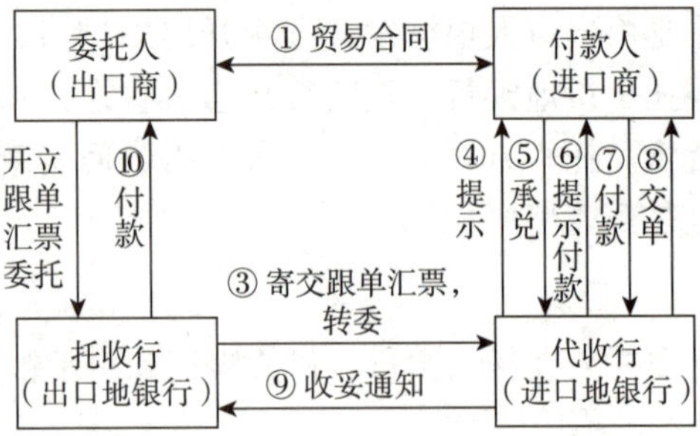

图 12—2 D/P after Sight 业务流程图

在远期付款交单条件下，代收行对于资信较好的进口人，允许进口人凭信托收据（Trust Receipt）借取货运单据，先行提货。所谓信托收据，就是进口人借单时提供一种书面信用担保文件，用来表示愿意以代收行的受托人身份代为提货、报关、存仓、保险、出售，并承认货物所有权仍归银行。货物售出后所得的货款应于汇票到期时交银行。这是代收行自己向进口人提供的信用便利，与出口人无关。因此，如代收行借出单据后，汇票到期不能收回货款，则代收行应对委托人负全部责任。但如果是出口人指示代收行借单，就由出口人主动授权银行凭信托收据借给进口人，即所谓付款交单凭信托收据借单，进口人在承兑汇票后可以凭信托收据先行借单提货，日后如果进口人在汇票到期时拒付，则与银行无关，应由出口人自己承担风险。

2. 承兑交单

承兑交单（Documents against Acceptance，D/A）是指出口人的交单以进口人在汇票上承兑为条件。进口人在汇票到期时，方履行付款义务。承兑交单方式只适用于远期汇票的托收。由于承兑交单是进口人只要在汇票上承兑之后，即可取得货运单据，凭以提取货物，也就是说，出口人已交出了物权凭证，其收款的保障依赖进口人的信用，一旦进口人到期不付款，出口人便会遭到货物与货款全部落空的损失。因此，出口人对接受这种方式一般持很慎重的态度。其基本业务流程如图 12—3 所示。

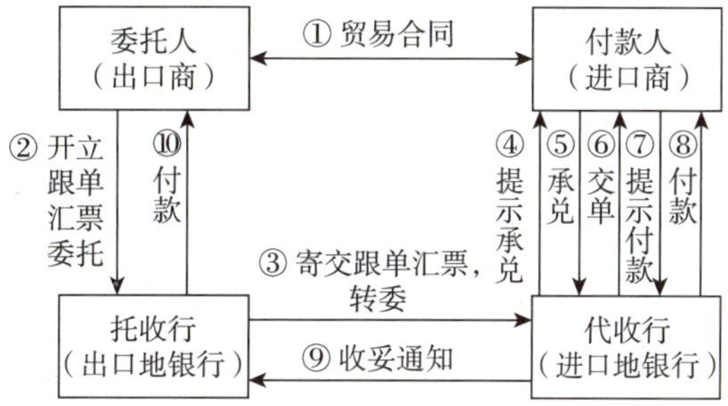

图 12—3　D/A 业务流程图

（四）托收的利弊和注意事项

在国际贸易中，采用托收方式有利于调动买方订购货物的积极性，从而有利于卖方扩大出口，但是，由于托收方式属商业信用，存在着收不回货款的风险，尤其是托收方式中的承兑交单风险更大，故卖方对此方式的采用应慎重。

采用托收方式时应注意下列事项：

（1）调查和考虑进口人的资信情况和经营作风，成交金额应妥善掌握，不宜超过其信用程度。

（2）了解进口国家的贸易管制和外汇管制条例，以免货到目的地后，由于不准进口或收不到外汇而造成损失。

（3）了解进口国家的商业惯例，以免由于当地习惯做法而影响安全迅速收汇。

（4）出口合同应争取按 CIF 或 CIP 条件成交，由出口人办理货运保险，或投保出口信用险。在不采取 CIF 或 CIP 条件时，应投保卖方利益险。

（五）托收的国际惯例

在国际贸易中，各国银行在办理托收业务时，往往由于当事人各方对权利、义务和责任的解释不同，因而会导致误会、争议和纠纷。国际商会为统一托收业务的做法，减少托收业务各有关当事人可能产生的矛盾和纠纷，曾于1958年草拟了《商业单据托收统一规则》。为了适应国际贸易发展的需要，国际商会在总结实践经验的基础上，1978年对该规则进行了修订，改名为《托收统一规则》(*The uniform Rules for Collection*，ICC Publication No. 322)；1995年再次修订，称为《托收统一规则》(《URC522》)，即国际商会第522号出版物。《托收统一规则》自公布实施以来，被各国银行所采用，已成为托收业务的国际惯例。我国银行也参照这个规则的解释办理托收业务。

第三节 信用证

信用证(Letter of Credit，L/C)支付方式是随着国际贸易的发展，在银行与金融机构参与国际贸易结算的过程中逐步形成的。信用证支付方式把本来由进口商付款的责任，转为由银行付款，这样就在一定程度上解决了进出口双方之间互不信任的矛盾，同时，也为进出口双方提供了资金融通的便利。所以，信用证付款已成为国际贸易中普遍采用的一种支付方式。

一、信用证的含义及基本当事人

(一) 信用证的定义

信用证是银行(开证行)根据买方(开证申请人)的要求和指示或是自己主动向卖方(受益人)开出的，在一定金额内、在规定期限里，凭规定单据付款的书面承诺。简而言之，信用证是一种银行开立的、有条件的承诺付款的书面文件。

(二) 信用证的当事人

1. 开证申请人

开证申请人(Applicant)是向开证银行申请开立信用证的人，一般是进口人。在信用证中又称开证人(Opener)。

2. 开证行

开证行(Opening Bank，Issuing Bank)是接受开证申请人的委托，开立信用证的银行，它承担按信用证规定条件保证付款的责任。开证行一般是进口人所在地银行。

3. 通知行

通知行(Advising Bank)是受开证行的委托，将信用证转交出口人的银行。它只证明信用证的真实性，不承担其他义务。通知行是出口人所在地的银行。

4. 受益人

受益人(Beneficiary)是信用证上所指定的有权使用该证的人，一般为出口人。

5. 议付行

议付行(Negotiating Bank)是愿意买入或贴现受益人交来跟单汇票和单据的银行。

6. 付款银行

付款银行(Paying Bank)是一般为开证行，也可以是开证行所指定的银行。无论汇票的付款人是谁，开证行必须对提交符合信用证要求单据的出口人履行付款的责任。付款银行又称代付行。

7. 保兑行

保兑行（Confirming Bank）是应开证行或受益人的请求在信用证上加批保证兑付的银行，它和开证行处于相同的地位，即对于汇票（有时无汇票）承担不可撤销的付款责任。

8. 偿付行

偿付行（Reimbursement Bank）又称清算银行（Clearing Bank），是接受开证银行在信用证中委托，代开证行偿还垫款的第三国银行。

9. 受让人

受让人（Transferee）又称第二受益人（Second Beneficiary），是接受第一受益人转让，有权使用该信用证的人。

二、信用证支付方式的一般业务程序

信用证方式的一般业务流程如图 12—4 所示。

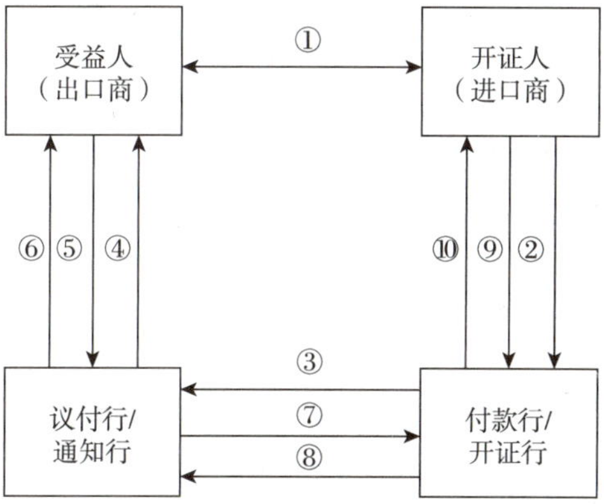

图 12—4　L/C 的业务流程

对图 12—4 中序号的说明：

①买卖双方签订贸易合同，并在合同中约定凭信用证付款。

②买方向当地银行申请开证，并按合同内容填写开证申请书和缴纳开证押金或提供其他保证。

③开证行按申请收款内容开证，并寄发给通知行，请其通知受益人（卖方）。

④通知行核对印鉴无误后，将信用证通知受益人。

⑤卖方收到信用证后，如审核无误，即按信用证要求发货，并开出汇票和备妥各种单据后，向有关银行议付货款。

⑥议付行按信用证条款审核单据无误后，按照汇票金额扣除利息，把货款垫付给受益人。

⑦议付行将汇票和单据给开证行或信用证指定的付款行索偿。

⑧开证行或信用证指定的付款行审核单据无误后，付款给议付行。

⑨开证行收到单据后，即通知买方付款赎单，开证人验单无误后付清货款。

⑩开证行把全套货运单据交给开证人。

三、信用证支付方式的特点

（一）信用证是一种银行信用

信用证是开证行有条件的付款承诺。银行一旦开出信用证，就表明它以自己的信用做出了付款保证，并因此处于第一付款人的地位。《UCP600》中规定："开证行负第一性的付款责任，只要受益人提交了单证相符的单据，开证行就必须付款。而受益人无须要求申请人（进口商）付款。"可见信用证是一种银行信用，开证行对受益人的责任是一种独立的付款责任。即使进口商倒闭或无力支付货款，开证行仍然要承担付款责任。

（二）信用证是一种自足的文件

信用证的开立是以买卖合同作为依据，但信用证一经开出，就成为独立于买卖合同以外的另一种契约，不受买卖合同的约束。《UCP600》规定："信用证与其可能依据的买卖合同或其他合同，是相互独立的交易。"即使信用证中提及该合同，银行也与该合同无关，且不受其约束。所以，信用证是独立于有关合同以外的契约，是一种自足的文件。

（三）信用证是一种单据的买卖

在信用证方式之下，采用的是凭单付款的原则。《UCP600》规定："在信用证业务中，各有关方面处理的是单据，而不是与单据有关的货物、服务及其他行为。"在信用证业务中，只要受益人提交的单据符合信用证规定，开证行就应承担付款责任。反之，单据与信用证规定不符的，银行有权拒绝付款。

四、信用证的开立形式及主要内容

（一）信用证的开立形式

1. 信开

信开是指开证银行将特定信用证的各项内容打印在本银行已印就的、固定格式的空白信用证上，然后以航空邮寄的方式传递给通知行。

2. 电开

电开是指开证银行以电报、电传、SWIFT 等电信手段将特定信用证的各项内容传递给通知行。在具体操作时，电开信用证可以分为以下几种：

（1）简电开，即开证行只以电信手段将信用证的主要内容传递给通知行，然后将包括各项详细内容的信用证航空邮寄给通知行。

（2）全电开，是指开证行将特定信用证的全部内容以电信方式传递给通知行，信用证的内容完整，有法律效力。

（3）SWIFT 信用证。SWIFT 是"全球银行金融电信协会"的简称，该组织成立于 1973 年，设有自动化的国际金融电信网，供成员银行进行外汇、证券交易或办理托收、信用证业务。

（二）信用证的主要内容

1. 对信用证自身的说明

载明信用证的种类、性质、编号、金额、开证日期、有效期及到期地点、当事人的名称和地址、使用本信用证的权利可否转让等。

2. 对汇票的说明

载明出票人、付款人、期限以及金额等。

3. 对货物的说明

载明名称、品质、规格、数量、包装、运输标志、单价等。

4. 对运输的说明

载明运输方式、装运期限、装运港、目的港、运费应否预付、可否分批装运和中途转运等。

5. 对单据的说明

载明单据的种类、名称、内容和份数等；说明要求提交的单据种类、份数、内容要求等，基本单据包括：商业发票、运输单据和保险单；其他单据有：检验证书、产地证、装箱单或重量单等。

6. 其他规定

包括对交单期的说明、银行费用的说明，对议付行寄单方式、议付背书和索偿方法的指示。

议付信用证实例：

L/C by Negotiation

……………………………………Message Header……………………………………

Sender：　HZCBCN2H×××
HANGZHOU CITY COMMERCIAL BANK HANGZHOU CN

Receiver：　BKCHCATT×××
BANK OF CHINA（CANNADA）
Toronto CA

……………………………………Message Text……………………………………

27：Sequence of Total
1/1

40A：Form of Documentary Credit
IRREVOCALBE

20：Documentary Credit Number
LC2006873300604

31C：Date of Issue
121019

31D：Date and Place of Expiry
121216 IN COUNTRY OF BENEFICIARY

50：Applicant
XIAOSHAN JJJ PAPER CO.，LTD
YOUYI VILLAGE CHUNJIANG STREET
TEI：8657163586666 FAX：8657163586657
59：Beneficiary—Name & Address
OGO FIBERS INC
UNIT 110. 30 WEST BEAVER CREEK
RD，RICHMOND HILL，ON，L4B3KI
32B：Currency Code，Amount
Currency USD Amount #121 000. 00#
39A：Percentage Credit Amt Tolerance
10/10
41D：Available With…By…
WITH ANY BANK
BY NEGOTIATION
42C：Draft at…
DRAFTS AT 90 DAYS AFTER SIGHT
FOR FULL INVOICE VALUE
42D：Drawee—Name & Address
HANGZHOU CITY COMMERCIAL BANK
432 FENGQI ROAD，HANGZHOU
P. R. CHINA
43P：Partial Shipments
ALLOWED
44T：Transshipment
ALLOWED
44A：On Board Disp/Taking Charge at
MAIN PORT OF NORTH AMERICA
44B：For Transportation to…
SHANGHAI. CHINA
44C：Latest Date of Shipment
121125
45A：Description of Goods &/or Services
COMMODITY：WASTE PAPER，NO. 3
QUANTITY：1 000. 00MTS
UNIT PRICE：USD 121. 00/MT
TOTAL AMOUNT：USD 121 000. 00 CFR SHANGHAI，CHINA.
46A：Documents Required
——SIGNED COMMERCIAL INVOICEIN 3 COPIES INDICATING L/C NO. ANDCON-

TRACT NO. OGO-QX0 636.

——FULL SET OF CLEAN ON BOARD OCEAN BILL OF LADING CONSIGNED TO APPLICANT MARKED "FREIGHT PREPAID" AND NOTIFYING APPLICANT.

——PACKING LIST/WEIGHT MEMO IN 3 COPIES INDICATING QUANTITY, GROS AND NET WEIGHT OF EACH CONTAINER.

——CERTIFICATE OF QUANTITY/WEIGHT IN 3 COPIES.

——CERTIFICATE OF NON-WOOD PACKING MATERIAL.

——INSPECTION CERTIFICATE IN 1 ORIGINAL ISSUED BY C. C. I. C. NORTH AMERICA, INC.

——CERTIFICATE OF 14 DAYS FREE TIME DETENTION FOR CONTAINERS AT DESTINATION.

47A：Additional Conditions

——BOTH QUANTITY AND CREDIT AMOUNT 10 PCT MORE OR LESS ARE ALLOWED.

71B：Charges

ALL BANKING CHARGES OUTSIDE THE ISSUING BANK ARE FOR ACCOUNT OF BENEFICIARY.

48：Period for Presentation

DOCUMENTS MUST BE PRESENTED WITHIN 21 DAYS AFTER DATE OF ISSUANCE OF THE TRANSPORT DOCUMENT BUT WITHIN THE VALIDITY OF THE CREDIT.

49：Confirmation Instructions

WITHOUT

78：Instruction to Paying / Accepting / Negotiating Bank

——REIMBURSEMENT BY TELE TRANSMISSION IS PROHIBITED.

——ALL DOCUMENTS MUST BE SENT TO HANGZHOU CITY COMMERCIAL BANK, 432 FENGQI ROAD, HANGZHOU 310 006, P. R. CHINA IN ONE LOT BY COURIER SERVICE.

——UPON RECEIPT OF DOCUMENTS FULLY IN COMPLIANCE WITH TERMS AND CONDITIONS OF THIS CREDIT WE SHALL ACCEPT THE DRAFT AND REMIT THE PROCEEDS TO YOUR DESIGNATED ACCOUNT ON MATURITY.

——DISCREPANCY FEE OF USD 50.00 OR ITS EQUIVALENT WILL BE DEDUCTED FROM THE PROCEEDS OF ANY DRAWING IF DISCREPANT DOCUMENTS ARE PRESENTED.

——THE AMOUNT OF EACH DRAWING MUST BE ENDORSED ON THE REVERSE OF THE CREDIT IN STRUMENT.

五、信用证的种类

（一）按信用证项下的汇票是否附有货运单据划分

1. 跟单信用证

跟单信用证（Documentary L/C）是凭跟单汇票或仅凭单据付款的信用证。此处的单据指代表货物所有权的单据（如海运提单等），或证明货物已交运的单据（如铁路运单、航空运单、邮包收据）。在国际贸易中，使用的大多是跟单信用证。

2. 光票信用证

光票信用证（Clean L/C）是凭不随附货运单据的光票（Clean Draft）付款的信用证。银行凭光票信用证付款，也可要求受益人附交一些非货运单据，如发票、垫款清单等。

（二）按开证行所负的责任划分

1. 可撤销信用证

可撤销信用证（Revocable L/C）是指开证行对其所开出的、在有效期内可以不经过受益人和其他当事人同意，也可在不必事先通知受益人的情况下，有权随时做出修改或撤销的信用证。凡使用这种信用证，也应在该证上注明“可撤销”（Revocable）的字样，或载有开证行有权随时修改或撤销的文句。《UCP500》规定，如信用证中无表明“不可撤销”或“可撤销”的信用证，应视为不可撤销信用证。最新的《UCP600》规定银行不可开立可撤销信用证。

2. 不可撤销信用证

不可撤销信用证（Irrevocable L/C）是指信用证一经开出，在有效期内，未经受益人及有关当事人同意，开证行不得随意修改或撤销的信用证。只要受益人按该证规定提供有关单据，开证行（或其指定的银行）保证付清货款。

（三）按有无另一银行保兑划分

1. 保兑信用证

保兑信用证（Confirmed L/C）是指由另一家银行即保兑行（通常是通知行，也可是其他第三者银行）对开证行开立的不可撤销信用证加以保兑的信用证，从而使该信用证具有开证行与保兑行双重的付款保证。

2. 不保兑信用证

不保兑信用证（Unconfirmed L/C）是指未经另一家银行加以保兑的信用证，由开证行单独负责付款保证责任。

（四）按付款期限划分

1. 即期信用证

即期信用证（Sight L/C）是指开证行或付款行在收到符合信用证规定的单据后，要立即履行付款责任。即期信用证下，受益人一般不需要开立汇票，开证行或付款行只凭全套合格的货运单据付款。

2. 远期信用证

远期信用证（Usance L/C）是指开证行或付款行收到符合信用证规定的单据时不立即付款，而是在规定期限到来时才付款的信用证。这种信用证下，卖方先交单、后收款，实际上是为买方提供了资金融通的便利。

3. 假远期信用证

假远期信用证（Usance L/C Payable at Sight）是指买卖双方签订的贸易合同原规定为即期付款，但来证要求出口人开立远期汇票，同时在来证上又说明该远期汇票可即期付款，由付款行负责贴现，其贴现费用和延迟期付款利息由开证人负担的信用证。进口人之所以愿意使用假远期信用证，是因为进口人可以利用贴现市场或国外银行资金以解决资金周转不足的困难，同时摆脱进口国外汇管制法令的限制。

（五）按受益人对信用证的权利可否转让划分

1. 可转让信用证

可转让信用证（Transferable L/C）是指受益人有权将信用证的全部或部分金额转让给另一个或两个以上的第三者（即第二受益人）使用的信用证。可转让信用证上必须注明“Transferable”字样。可转让信用证只能转让一次，如信用证不禁止分批装运，在总和不得超过信用证金额的前提下，可分别按若干部分办理转让，该转让的总和将被认为只构成信用证的一次转让。可转让信用证的受益人一般是中间商，第二受益人则是实际供货商。信用证的转让并不等于买卖合同的转让，如第二受益人不能按时交货或单据有问题时，第一受益人仍要负买卖合同中的卖方责任。

2. 不可转让信用证

不可转让信用证（Non-transferable L/C）是指受益人不能将信用证权利转让给第三者的信用证。凡可转让信用证，必须注明“可转让”字样，如未注明，则被视为不可转让信用证。

除此之外，信用证还有循环信用证（Revolving L/C）、对开信用证（Reciprocal L/C）、背对背信用证（Back to Back L/C）、预支信用证（Anticipatory L/C）和备用信用证（Standby L/C）等。

六、国际商会《跟单信用证统一惯例》

国际商会为明确信用证有关当事人的权利、责任、付款的定义和术语，减少因解释不同而引起各有关当事人之间的争议和纠纷，调和各有关当事人之间的矛盾，于1930年拟定了一套《商业跟单信用证统一惯例》(Uniform Customs and Practice for Commercial Documentary Credits)，并于1933年正式公布。随着国际贸易变化，国际商会分别在1951年、1962年、1974年、1978年、1983年、1993年进行了多次修订，被各国银行和贸易界所广泛采用，已成为信用证业务的国际惯例。现行的是1993年版本，称为国际商会第500号出版物（简称《UCP500》），并于1994年1月1日实行，从2007年7月起，被《跟单信用证统一惯例（2007年修订本）》第600号出版物所代替，简称《UCP600》。

《UCP600》对《UCP500》的重要改动：

(1) 可撤销信用证的说法已被取消，所开信用证皆为不可撤销的，无须标明“Irrevocable”字样。

(2) 关于开证行、保兑行、指定行在收到单据后的处理时间改为“最多为收单翌日起第5个工作日”。

(3)《UCP600》对单证间不要求等同，仅要求不得矛盾。

第四节　不同结算方式的选择使用

在国际贸易中，每一种支付方式都可以单独使用，但在特定的贸易条件下，为促成交易或为加速资金周转或安全地收、付汇，也可将不同的支付方式结合选用。

一、信用证与汇付相结合

这是指部分货款采用信用证方式付款，部分货款用汇付方式结算。这种支付方式一般用在成交数量大、交货数量机动幅度也比较大的商品上。其主要部分用信用证支付，超过部分采用汇付。有的交易预付款采用汇付，其余部分采用信用证。

二、托收与信用证相结合

这种方式是部分货款以信用证支付，部分以托收方式支付。采用这种做法时，发票和其他单据并不分开，仍按全部货款金额填制，只是出口人须签发两张汇票，分别用于信用证项下和托收项下。为减少风险，一般信用证项下部分的货款为光票支付，托收采用跟单托收方式。此外，还可在信用证中规定，只有在进口商付讫了托收项下的汇票后，开证行方可交单。这种做法既减少了进口商的开证费用，又使出口商的收汇有一定的安全保障，故受到进出口双方的欢迎。

一般在合同中可作如下规定：“买方应于装运前××天开立以卖方为受益人的不可撤销信用证，规定80%发票金额凭即期光票支付，其余20%即期付款交单，100%发票金额的全套装运单据随附托收项下，于买方付清发票的全部金额后交单。如买方不付清全部发票金额，则装运单据须由开证行凭卖方指示处理。”

三、汇付、托收与信用证三者相结合

在成套设备、大型机械产品和交通工具的交易中，因为成交金额较大，产品生产周期较长，一般采取按工程进度和交货进度分若干期付清货款，即分期付款（Pay by Installments）和延期付款（Deferred Payment）的方法，一般采用汇付、托收和信用证相结合的方式。

（一）分期付款

买卖双方在合同中规定，在产品投产前，买方可采用汇付方式，先交部分货款作为订金，在买方付出订金前，卖方应向买方提供出口许可证影印本和银行开具的保函。除订金外，其余货款，可按不同阶段分期支付，买方开立不可撤销的信用证，即期付款，但最后一笔货款一般是在交货或卖方承担质量保证期届满时付清。货物所有权则在付清最后一笔货款时转移。在分期付款的条件下，货款在交货时付清或基本付清。因此，按分期付款条

件所签订的合同是一种即期合同。

（二）延期付款

在成套设备和大宗交易的情况下，由于成交金额较大，买方一时难以付清全部货款，可采用延期付款的办法。其做法是，买卖双方签订合同后，买方一般要预付一小部分货款作为订金。有的合同还规定，按工程进度和交货进度分期支付部分货款，但大部分货款是在交货后若干年内分期摊付，即采用远期信用证支付。延期支付的那部分货款，实际上是一种赊销，等于是卖方给买方提供的商业信贷，因此，买方应承担延期付款的利息。在延期付款的条件下，货物所有权一般在交货时转移。

第五节　买卖合同中的支付条款

国际货物买卖中有关货款收付的规定通常以支付条款出现。买卖合同中支付条款的内容视所采用的收付方式的不同而异。常用的支付条款举例如下。

一、汇付条款

采用汇付方式时，应在合同中明确规定汇付的办法、汇付的时间、汇付的金额和汇付的途径等。例如：买方应不迟于 12 月 15 日，将 100％的货款用电汇预付至卖方。（The Buyer should pay 100％ of the sale amount to the Seller in advance by telegraphic transfer not later than Dec. 15th.）

二、托收条款

采用托收方式时，应在合同中明确规定托收种类，进口人的承兑和（或）付款责任以及付款期限等。

（一）即期付款交单条款的规定方法

例如：买方凭卖方开具的即期跟单汇票，于第一次见票时立即付款，付款后交单。(Upon first presentation the Buyers shall pay against documentary draft drawn by the sellers at sight. The shipping document are to be delivered against payment only.)

（二）远期付款交单条款的规定方法

例如：在合同中规定“买方应对卖方开具的以买方为付款人的见票后××天付款的跟单汇票于提示时即予承兑，并于汇票到期日即予付款，付款后交单”（The Buyer shall duly accept the documentary draft drawn by the seller at ×× days upon first presentation and make payment on its maturity. The shipping documents are to be delivered against payment only）或规定：“买方应凭卖方开具的跟单汇票，于提单日后××天付款，付款后交单。”或规定：“买方应凭卖方开具的跟单汇票，于汇票出票日后××天付款，付款后交单。”

（三）承兑交单条款的规定方法

例如：合同中规定“买方应对卖方开具的以买方为付款人的见票后××天付款的跟单汇票于提示时即予承兑，并应于汇票到期日即予付款，承兑后交单。”（The Buyer shall duly accept the documentary draft drawn by the Seller at ×× days upon first presentation and make payment on its maturity. The shipping documents are to be delivered against acceptance.)

三、信用证条款

采用信用证方式时，应在合同中明确规定信用证种类、开证日期、信用证有效期和议付地点等。

例如：买方应于××××年×月×日前（或接到卖方通知后×天内或签约后×天内），通过卖方可以接受的银行，开出以卖方为受益人的（由×银行保兑）不可撤销的（可转让的）全部发票金额的即期信用证。信用证有效期延至装运日期后×天在中国到期。

The Buyers shall arrange with a bank acceptable to the Sellers for opening an irrevocable (Transferable) Letter of Credit (or within × days after receipt of the Sellers advice or within × days after signing of this contract). The said Letter of Credit shall be available by sight draft(s) for full invoice value and remain valid for negotiation in China until the day after date of shipment.

如要求电报索汇，可在上述条款内加列：信用证应列明收到议付电报通知后即以电汇偿付。(The Letter of Credit must stipulate that reimbursement is to be made telegraphically upon receipt of the cable of negotiation.)

本章小结

国际贸易中常用的支付工具主要有汇票、本票和支票，其中汇票使用最为广泛。结算方式主要有汇付、托收和信用证。国际贸易中使用的支付方式比较多见的是信用证，因为信用证支付方式比汇付、托收更为安全。支付条款是合同中的主要交易条款，它包括付款时间、付款地点、付款金额、付款方式及方法等。

本章实训

1. 实训目的

通过案例分析和实训，使学习者能够了解信用证各当事人与合同当事人之间的关系，掌握信用证各条款的内容，并能结合合同等文件对信用证进行分析和审核，从而了解在一笔贸易中，买方对卖方在单据方面的制作要求，以便做好制单工作的各种前期准备工作。

2. 实训内容

案例分析与信用证业务的审核。

(1) 案例分析。

【案例 12—1】

外贸企业与某国 A 客商达成一项出口合同，支付条件为付款交单，见票后 90 天付款。当汇票及所附单据通过托收行寄抵进口地代收行后，A 客商及时在汇票上履行了承兑手续。货抵目的港时，由于用货心切，A 客商出具信托收据向代收行借单提货。汇票到期时，A 客商因经营不善，失去偿付能力。代收行以付款人拒付为由通知托收行，并建议由我国外贸企业直接向 A 客商索取货款。问题：你认为我国外贸企业应如何处理？

【案例 12—2】

某公司向外国某经销商进口钢材一批，货物分两批装运，支付方式为不可撤销即期信用证，每批分别由中国银行开立一份信用证。第一批货物装运后，卖方在有效期内向银行交单议付，议付行审单后，即向该经销商议付货款，随后中国银行对议付行作了偿付。我方在收到第一批货物后，发现货物品质不符合同规定，因而要求开证行对第二份信用证项下的单据拒绝付款，但遭到开证行拒绝。问题：你认为开证行这样做是否有理？

【案例 12—3】

某外贸公司将出口货物装船后，通过交单行向开证行（台湾地区某银行）交单，要求开证行支付 507 200 美元。该信用证规定：若单据中含有不符点，则应扣除不符点费 100 美元；台湾以外的所有银行费用均由受益人承担。交单后，台湾开证行通知受益人：单据存在不符点，但申请人（买方）已接收单据，开证行将从货款中扣除 200 美元。其中，100 美元是不符点费，另外的 100 美元是银行手续费。开证行对不符点的描述是："The draft evidences amount in words and amount in figures are inconsistent within the document." 经确认，在受益人提交的即期汇票中，在大写金额部分，误写为"Five and seven thousand and two hundred dollars only"，而非正确的"Five hundred seven thousand and two hundred US Dollars only"。针对开证行的不符点扣费，受益人方面认为：第一，汇票上固然存在上述瑕疵，但这对申请人（买方）完全没有影响，况且，买方也已经接受了这个不符点。因此，开证行不该扣费。第二，根据信用证规定，受益人有向开证行提交信用证规定单据的义务。本案中，受益人提交的单据并无问题，存在问题的汇票属于"票据"，而不属于"单据"的一部分。受益人的交单是合格的，即便汇票存在不符点，开证行也不应扣费。第三，退一步讲，即便开证行有权针对汇票不符点扣费 100 美元，但开证行也不应另行扣除 100 美元的手续费。因为信用证规定：台湾地区以外的所有银行费用均由受益人承担，而这笔 100 美元的银行手续费显然发生在开证行所在地（即台湾地区）。因此，这笔 100 美元的手续费不应由受益人承担。问题：开证行扣费是否合理？请从法律及业务等角度予以评论，并给出依据。

（2）审核信用证。

审核信用证是银行和出口企业共同承担的任务，其中银行主要负责鉴别信用证的真伪，通常由通知行负责进行审核；而出口企业则是将信用证条款与合同条款逐项逐句进行对照，从而审核信用证的内容与买卖合同条款是否一致，若不一致，就要求开证申请人进行修改。

出口企业主要是从以下几点进行审核：

1）对照买卖合同条款，审核信用证是否为"不可撤销"；开证申请人、受益人名称是否正确；商品名称、规格、包装、商品数量、金额大小写、货币种类是否与合同相符；付款期限是否合理等。

2）审核运输路线、分批装运和转运以及运输工具的要求、装运期限的规定。

3）审核信用证所要求单据的种类、份数及填制要求是否我方能够办到。

4）关于银行费用的支付，一般应由开证申请人承担，但目前大多信用证都规定开证行之外的费用由受益人承担。

5）找出信用证中的软条款。

6）审核空白、边缘处加注的文字，这些字句往往是对信用证内容的重要补充或新的修改，必须要认真对待。

7）有效期和到期地点关系到出口商能否及时交单。有效期应与运输相协调，到期地若在国外，应注意提前交单。

试根据下列合同条款及审证要求，审核信用证，如有不妥，提出修改意见。

中国国际纺织品进出口公司江苏分公司
CHINA INTERNATIONAL TEXTILES I/E CORP. JIANGSU BRANCH
20 RANJIANG ROAD，NANJING，JIANGSU，CHINA
销售确认书编号 NO.：CNT0219
SALES CONFIRMATION　　日期 DATE：MAY 10，2012
OUR REFERENCE：IT123JS
买方 BUYERS：TAI HING LOONG SDN，BHD，KUALA LUMPUR.
地址 ADDRESS：7/F，SAILING BUILDING，NO. 50 AIDY STREET，KUALA LUMPUR，MALAYSIA
电话 TEL：06－3－74236211　　传真 FAX：060－3－74236212
兹经买卖双方同意成交下列商品，订立条款如下：
THE UNDERSIGNED SELLERS AND BUYERS HAVE AGREED TO CLOSE THE FOLLOWING
TRANSACTION ACCORDING TO THE TERMS AND CONDITIONS STIPULATED BELOW：
DESCRIPTION OF GOODS QUANTITY
UNIT PRICE
CIF SINGAPORE
AMOUNT
100% COTON GREE LAWN 300 000 YARDS @HKD 3.00 PER YARD HKD 900 000.00
装运 SHIPMENT：DURING JUNE/JULY，2012 IN TRANSIT TO MALAYSIA
付款条件 PAYMENT：IRREVOCABLE SIGHT L/C
保险 INSURANCE：
TO BE EFFECTED BY SELLERS COVERING WPA AND WAR RISKS
FOR 10% OVER THE INVOICE VALUE

买方（签章）THE BUYER
TAI HING LOONG SDN，BHD，
KUALA LUMPUR

卖方（签章）THE SELLER
中国国际纺织品进出口公司江苏分公司
CHINA INTERNATIONAL TEXTILES
I/E CORP. JIANGSU BRANCH.

买方开来的信用证如下所示：

FROM BANGKOK BANK LTD.，KUALALUMPUR

DOCUMENTARY CREDIT NO.：01/12345，DATE：JUNE 12，2012

ADVISING BANK：BANK OF CHINA，JIANGSU BRANCH

APPLICANT：TAI HING LOONG SDN，BHD.，P. O. B. 666 KUALA LUMPUR

BENEFICIARY：CHINA NAT'L TEXTILES I/E CORP.，BEIJING BRANCH

AMOUNT：HKD 900 000. 00（HONGKONG DOLLARS TWO HUNDRED THREE THOUSAND ONLY）

EXPIRY DATE：JUN 15，2012 IN CHINA FOR NEGOTIATION

DEAR SIRS：

WE HEREBY ISSUE THIS DOCUMENTARY CREDIT IN YOUR FAVOR，WHICH IS AVAILALE BY NEGOTIATION OF YOUR DRAFT（S） IN DUPLICATE AT SIGHT DRAWN ON BENEFICIARY BEARING THE CLAUSE：“DRAWN UNDER L/C NO. 01/12345 OF BANGKOK BANK LTD.，KUALA LUMPUR DATED JUNE 12，2012” ACCOMPAINED BY THE FOLLOWING DOCUMENTS：

——SIGNED INVOICE IN QUADRUPLICATE COUNTER-SIGNED BY APPLICANT.

——FULL SET OF CLEAN ON BOARD OCEAN BILLS OF LADING MADE OUT TO ORDER，ENDORSED IN BLANK，MARKED “FREIGHT COLLECT” AND NOTIFY BENEFICIARY.

——MARINE INSURANCE POLICY OR CERTIFICATE FOR FULL INVOICE VALUE PLUS 50% WITH CLAIMS PAYABLE IN NANJING IN THE SAME CURRENCY AS THE DRAFT COVERING ALL RISKS AND WAR RISKS FROM WAREHOUSE TO WAREHOUSE UP TO KUALALUMPUR INCLUDING SRCC CLAUSE AS PER PICC 1/1/1981.

——PACKING LIST IN QUADRUPLICATE.

——CERTIFICATE OF ORIGIN ISSUED BY BANK OF CHINA，NANJING.

——SHIP'S CLASSIFICATION ISSUED BY LIOYDS' IN LONDON.

COVERING：

ABOUT 300 000 YARDS OF 65% POLYESTER，35% COTTON GREY LAWN. AS PER BUYER'S ORDER NO. TH-108 DATED MAY 4，2012 TO BE DELIVERED ON TWO EQUAL SHIPMENTS DURING MAY/JUNE. ALL BANKING CHARGES OUTSIDE MALAYSIA ARE FOR THE ACCOUNT OF BENEFICIARY. SHIPMENT FROM CHINA TO PORT KELANG LATEST JULY 31，2012. PARTIAL SHIPMENTS ARE ALLOWED. TRANSSHIPMENT PROHIBITED.

WE HEREBY ENGAGE WITH DRAWERS. ENDORSERS AND BONA FIDE HOLDERS THAT DRAFTS DRAWN AND NEGOTIATED IN CONFORMITY WITH THE TERMS OF THIS CREDITWILL BE DULY HONORED ON PRESENTATION. SUBJECT TO *UCP600*

BANKGKOK BANK LTD.，KUALALUMPUR（SIGNED）

3. 实训的组织形式和要求

(1) 组织形式。

将全班学生分成小组，通过小组讨论形式完成本节实训。

(2) 实训要求。

分小组讨论国际货物买卖合同支付条款的主要内容、托收和信用证支付方式的流程和注意事项、信用证审核依据和标准。在此基础上研究以上案例和审核信用证，并将各小组的分析结果推荐代表在全班讨论时发言，在此基础上拿出自己的分析报告和信用证审核结果。

第十三章 进出口货物的检验与报关

学习要点

1. 理解商品检验、进出口报关的概念和内容；
2. 熟悉进出口商品检验条款的主要内容；
3. 掌握进出口商品的检验程序、进出口商品的报关程序以及进出口货物的税费计算。

引言

进出口商品的检验与报关是商品进出口业务中的重要一环。在货物进出口过程中，按照国家有关法律办理进出口商品检验和报关手续是国际货物交易顺利进行的重要保证。

第一节　进出口货物的检验

一、商品检验的概念及内容

（一）商品检验的概念

商品检验（Commodity Inspection）简称商检，是指在国际货物买卖过程中，由具有权威性的专业性商检机构对出口方交付的货物按照合同的规定进行品质、数量和包装等方面的鉴定，以确定其是否与合同规定相一致；同时，对某些货物，根据国家的法律或政府法令的规定进行安全、卫生、环境保护等条件的检验，以及动植物病虫害的检疫。检验的依据主要是买卖合同（包括信用证）中所规定的有关条款。

（二）商品检验的主要内容

1. 商品品质检验

品质检验亦称质量检验，是对进出口商品的品质、规格、等级等进行检验，以确定其是否符合进出口合同（包括成交样品）、标准等的规定。品质检验的手段有很多，包括感官检验、化学检验、仪器分析、物理测试、微生物学检验等。品质检验的范围很广，大体上包括外观质量检验与内在质量检验两个方面。

2. 商品数量和重量检验

数量和重量检验是指按合同规定的计量单位和计量方法对商品的数量和重量进行检验。

3. 商品包装检验

商品包装检验是根据外贸合同、标准和其他有关规定，对进出口商品的外包装和内包装以及包装标志进行检验。包装检验首先核对外包装上的商品包装标志（标记、号码等）是否与进出口贸易合同相符。对进口商品主要检验外包装是否完好无损，包装材料、方式和衬垫物等是否符合合同规定的要求。外包装检验有破损的商品，要另外进行验残，查明货损责任方以及货损程度。对出口商品的包装检验，除包装材料和包装方法必须符合合同、标准规定外，还应检验商品内外包装是否牢固、完整、干燥、清洁，是否适合长途运输和保护商品质量、数量等的习惯做法。

4. 卫生检验

卫生检验主要是对进出口食品进行检验，以确定其是否符合人类食用卫生条件，保障人民的健康和维护国家的信誉。

5. 安全性能检验

安全性能检验是根据国家规定和外贸合同、标准以及进口国的法令要求，对进出口商品有关安全性能方面的项目进行的检验，如易燃、易爆、易触电、易受毒害、易受伤害等，以保证生产使用和生命财产的安全。目前，除进出口船舶及主要船用设备材料和锅炉及压力容器的安全监督检验，根据国家规定分别由船舶检验机构和劳动部门的锅炉、压力容器安全监察机构负责监督检查外，其他进出口商品涉及安全性能方面的项目，由商检机构根据外贸合同规定和国内外的有关规定及要求进行检验，以维护人身安全和确保经济财产免遭侵害。

商品检验除上述内容外，还包括船舱检验、残损鉴定、监视装载、签封样品、签发产地证书和价值证书、委托检验等项内容。

（三）商品检验的范围

根据我国现行的法律、行政法规或国际条约、协议的规定，有一部分进出口商品及其运输工具必须经过商检机构的检验。未经检验合格的，不能出口或不能在国内销售、使用，这类商品及其运输工具的报验称为法定检验报验。

1. 进口商品法定检验范围

（1）列入《商检机构实施检验的进出口商品种类表》的进口商品。

（2）有关国际条约、协议规定须经商检机构检验的进口商品。

（3）其他法律、行政法规规定须经商检机构检验的进口商品。

2. 出口商品及其运载工具法定检验报验的范围

（1）列入《商检机构实施检验的进出口商品种类表》的出口商品。

（2）出口食品的卫生检验。

（3）贸易性出口动物产品的检疫。

（4）出口危险物品和《商检机构实施检验的进出口商品种类表》内商品包装容器的性能检验和使用鉴定。

（5）装运易腐烂变质食品出口的船舱和集装箱。

（6）有关国际条约、协议规定须经商检机构检验的出口商品。

（7）其他法律、行政法规规定须经商检机构检验的出口商品。

二、进出口货物检验条款的主要内容

检验条款是进行检验工作的依据，在国际贸易中，买卖双方应注意订好检验条款以维护双方的利益。一般来说，国际货物买卖合同中的商检条款包括下列内容：检验时间和地点的规定、检验机构、检验证书等。

（一）检验时间和地点的规定

检验时间和地点的确定，实际上关系到在何时、何地确定卖方交货的品质和数量。如何规定检验的时间和地点，关系到买卖双方的切身利益，是双方在商订检验条款时的一个核心问题。

1. 在出口国检验

（1）产地检验。由出口国的生产工厂检验人员或按照合同规定与买方验收人员一同于货物在工厂发运前进行检验。对于卖方，需承担货物离厂前的责任，而一旦检验合格，在运输途中出现的品质、数量等方面的风险则由买方负责。这是国际贸易中普遍采用的习惯做法。近年来，我国在进口重要商品和生产线一类设备时，一般都在出口国发货前，在工厂安装运转测试。凡有质量问题的，由供货厂家立即解决，此种做法已为我国商检法所肯定。

（2）装船前或装船时在装运港检验。出口货物在装运港装船前，以双方约定的商检机构验货后出具的品质、重量、数量和包装等检验证明，作为决定商品品质和重量的最后依据。这叫做“离岸品质”和“离岸重量”。所谓最后依据，是指卖方取得商检机构出具的各项检验证书时，就意味着所交货物的品质和重量与合同规定的相符，买方对此无权提出任何异议，从而否定了他对货物的复验权，除非买方能证明，货到目的地时的变质或短缺是由于卖方未能履行合同的品质、数量、包装等条款，或因货物固有的瑕疵而引起的。离岸品质和离岸重量所代表的是风险转移时的质量和重量，至于风险转移后，货物在运输途中所发生的货损，买方仍然有权向有关责任方索赔。至于装船时检验，是指用传送带或机械操作的办法进行装船的散装货，在装船的过程中抽样检验或衡量，这与装船前检验一样，也属离岸品质和离岸重量。

2. 在进口国检验

这是指在进口国的目的港或在买方营业处所检验。

（1）在目的港或目的地卸货后检验。由买卖双方约定的商检机构验货并出具检验证明作为最后依据。这就是所谓的到岸品质、到岸重量。如发现货物的品质或重量与合同规定不符而责任属于卖方时，买方可向其提出索赔或按双方事先约定处理。

（2）在买方营业处或最终用户所在地检验。对于密封包装的货物，或规格复杂、精密度高的货物，不能在使用之前开拆包装检验，或需要具备一定的检验条件和设备才能检验时可将货物运至买方营业处所或最终用户所在地进行检验，由这里的检验机构出具的品质、重量（数量）证明作为最后依据。

3. 在出口国检验、在进口国复验

目前，我国对外签订的买卖合同，多数使用的是货物在装船前进行检验，由卖方凭商检证书连同其他装运单据，进行议付货款。货物到达目的港后，再由双方约定的机构在约定期限内，对货物进行复检。如发现货物的品质或数量与合同规定不符，买方有权在规定时效内提出异议。鉴于国际贸易中的货物经常需要经过远程运输，其品质和重量在运输过程中难免会有变化，装船时和到达时两次检验结果常有出入。而这些差异的产生原因又很复杂，更何况有些货物本身会有自然损耗。因此，为避免买卖双方因两次检验结果不一致而各执一词，产生争执，可在条款中加入下述规定：

（1）凡属于船方或保险公司的责任情况下，买方不得向卖方索赔，只能向有关责任方要求赔偿。

（2）如两次检验结果的差异在一定范围之内，如 0.15%，则以出口国检验结果为准。如超出这个范围，可由双方协商解决，如不能解决，可提交第三国检验机构进行仲裁检验。

从上述做法可以看出，第三种做法实际上是介于前两种做法之间，是相对较公平合理的。

此外，国际上还有一种做法，叫做“离岸重量，到岸品质”，即把品质与重量的检验时间和地点分开的做法，这实际上也是调和买卖双方在检验问题上的矛盾的折中办法。

（二）检验机构

1. 国际检验机构

世界上的大多数主权国家一般都设有专门的检验机构，这些机构从组织的性质上来分，有官方的，有同业工会、协会或民间私人经营的，也有半官方的；从经营的业务范围来分，有综合性的、专业性的。检验机构名称也多种多样，如检验公司、公证行、公证鉴定人、实验室等。国际上著名的检验机构有：美国粮谷检验局、美国食物药品管理局、法国国家实验室检测中心、日本通商产业检查所等官方检验机构，以及瑞士日内瓦通用鉴定公司、美国保险人实验室、英国劳合氏公证行、日本海事鉴定协会等民间或社团检验机构。

2. 我国的商品检验机构

我国的商检机构原为国家出入境检验检疫局（China Inspection and Quarantine，CIQ）及其设在全国各口岸的出入境检验检疫局。该机构由原国家进出口商品检验局、卫生部卫生检疫局、农业部动植物检疫局合并而成，原各机构相应的职责也统一由出入境检验检疫局负责。“三检合一”有利于消除多部门带来的重复管理、重复检验检疫、重复收费、通关效率低、企业负担重等一系列弊端。2001 年 4 月，国家质量监督检验检疫总局（General Administration of Quality Supervision，Inspection and Quarantine of the People's Republic of China）成立，成为我国现时主管质量监督和检验检疫工作的最高行政执法机关。原国家质量技术监督局和原国家出入境检验检疫局的职能并入总局，但合并以后，检验检疫职能不变。我国检验检疫机构的职责有 3 项：对进出口商品实施法定检验检疫，办理进出口商品鉴定业务，对进出口商品的质量和检验工作实施监督管理。

（三）检验证书

经商检机构检验合格的出口商品，签发商检证书、出口放行单或在出口货物报关单上加盖商检机构放行章；经商检机构预验合格的出口商品，出具“出口商品预验结果单”或“出口商品检验换证凭单”；经商检机构检验不合格的出口商品，签发“出口商品检验不合格通知单”。

1. 放行单

填制放行单首先应填写商检机构受理检验编号，然后再填写以下各项：

（1）发货人：对外贸易合同的卖方或信用证中的受益人。

（2）输往国别或地区：是指出口商品运往的目的地国家或地区。

（3）合同号/信用证号。

（4）运输标记/批号：唛头，如无标记注明“N/M”。

（5）商品名称及规格：按合同或信用证中商品名称的全称填写，如有规格、牌号或货号的，还需列上该出口商品的规格、牌号或货号。

（6）H. S. 编码：该批出口货物应按 H. S. 编码重新细化归类的《种类表》中的编码，填写 8 位数字。

（7）包装种类、数量/重量（大写有效）：该批出口物的外包装及其数量或重量。如××木箱、××铁桶等。如需列明的其他数量，也可以填上××打、××米等。重量一般填写净重，如果是毛重或以毛作净的要加注，其数字一律大写。

（8）证明放行单的有效期：一般商品自签发之日起 60 天，鲜活类商品为两周，大写有效。

（9）备注：供商检机构需向海关作情况说明时使用。

2. 商检证书

商品检验证书是商检机构对进出口商品实施检验或鉴定后出具的证明文件。常用的检验证书有：品质检验证书、重量检验证书、数量检验证书、兽医检验证书、卫生检验证书、消毒检验证书、植物检疫证书、价值检验证书、原产地检验证书、验残检验证书、验舱检验证书等。

商品检验证书的种类虽然很多，但作用基本相同，主要有以下几点：

（1）作为买卖双方交接货物的依据。国际货物买卖中，卖方有义务保证所提供货物的质量、数（重）量、包装等与合同规定相符。因此，合同或信用证中往往规定卖方交货时须提交商检机构出具的检验证书，以证明所交货物与合同规定相符。

（2）作为索赔和理赔的依据。如合同中规定在进口国检验，或规定买方有复验权，则若经检验货物与合同规定不符，买方可凭指定检验机构出具的检验证书，向卖方提出异议和索赔。

（3）作为买卖双方结算货款的依据。在信用证支付方式下，信用证规定卖方须提交的单据中，往往包括商检证书，并对检验证书名称、内容等做出了明确规定。当卖方向银行交单，要求付款、承兑或议付货款时，必须提交符合信用证要求的商检证书。

（4）作为海关验关放行的凭证。凡属于法定检验的商品，在办理进出口清关手续时，必须提交检验机构出具的合格检验证书，海关才准予办理通关手续。

（四）订立商品检验条款应注意的事项

1. 坚持独立自主、平等互利的原则

对我国的出口商品，一般坚持均由我国商品检验机构按我国有关检验标准及规定的方法进行检验。目前，暂无统一标准的，可参照同类商品的标准或由我生产部门会同商检部门共同商定的标准及检验方法进行。同时，也不排斥对个别商品采用国外标准及方法进行检验。对我国的进口商品检验，除按合同规定办理外，也可按生产国标准或国际通用标准进行检验。

2. 明确规定出口商品复验期限及复验机构

复验时间的长短可根据商品性质及港口具体情况而定。要选择政治上对我国友好，又有一定检验业务能力的复验机构。

3. 检验条款的内容应与合同其他条款内容相衔接，不能产生矛盾

检验证书的内容要与品质、数量、包装以及信用证的内容完全相同，否则，不利于合同的履行及货款的支付。

三、进出口货物的检验程序

凡属法定检验检疫商品或合同规定需要检疫机构进行检验检疫并出具检验检疫证书的商品，对外贸易关系人均应及时提请检疫机构检验。我国进出口商品的检验程序主要包括4个环节：报检、抽样、检验和签发证书。

（一）报检

进出口报检是指对外贸易关系人向检疫机构申请检验。凡属检验范围内的进出口商品，都必须报检。

1. 出口商品的报检程序

（1）报检要求。报检人在报检时应填写规定格式的报检申请单，提供与出入境检验检疫有关的单证资料、按规定缴纳检验检疫费用；报检人申请撤销报检时，应书面说明原因，经批准后方可办理撤销手续，报检后30天内未联系检验检疫事宜的，作自动撤销报检处理；报

检人申请更改证单时，应填写更改申请单，交附有关函电等证明单据，并退还原证单，经审核同意后方可办理更改手续。品名、数（重）量、检验检疫结果、包装、发货人、收货人等重要项目更改后与合同、信用证不符的，或者更改后与法律法规不符的，均不能更改。

（2）填写“出口检验申请单”。主要内容有：

1）报检号（商检机构受理报检的编号，由商检机构受理报检人员填写）。

2）报检单位（填写报检单位全称并加盖公章或报检专用章）。

3）报检日期（报检当天日期）；存货地点（出口货物存放处的详细地址）。

4）卖方或发货人（合同上的卖方或信用证的受益人要求用中英文填写）。

5）收货人（合同上的买方或信用证的开证人）。

6）品名（按合同、信用证中所列名称填写）。

7）报检数量（按实际申请检验数量填写注明计量单位）。

8）生产部门（生产出口商品的企业名称）。

9）输往国别（出口货物的最终销售国）。

10）H. S. 编码（按《商品分类及编码协调制度》填写 8 位数字，如皮革服装的 H. S. 编码为 4203. 1000）。

11）净重/毛重（按实际申请检验净重/毛重填写，并注明计量单位名称）。

12）成交单价及总值(按出口合同或发票所列货物的成交单价和总值填写并注明货币名称)。

13）收购单价及总值（外贸经营单位向生产经营部门收购商品的人民币值）。

14）运输方式（填海运、陆运、空运、邮运、多式联运等多种运输方式之一）。

15）标记及号码（唛头，须按出口货物的报关单或明细单所列内容填写，应与实际货物运输包装所示一致）。

16）结汇方式（支付贷款的方式）。

17）出运口岸（办理报关出运的地点或口岸）。

18）商品包装情况（按实际包装填写，使用的包装材料及包装情况是否良好应加以注明，如箱装，填“纸箱包装，包装完好”）。

19）备注（如对检验证书的内容有特殊要求或有其他需要特别说明的可在此注明）。

（3）出口商品检验时应提供的单证和资料。主要有：

1）进出口货物合同或销售确认书或订单。

2）信用证及有关函电。

3）生产经营部门出具的厂检单证。

4）商检机构签发的“出口商品运输包装容器性能检验结果单”。

5）发货人委托其他单位代理报检时，应加附委托书（原件）。

6）凭样成交的应提供成交样品。

7）商检机构签发的“出口商品预验结果单”。

8）按照国家法律、行政法规规定实行卫生注册及出口质量许可证的商品，必须提供商检机构批准的注册编号或许可证编号。

9）出口危险品货物时，必须提供危险品包装容器的性能检验和使用鉴定合格证；出口锅炉、压力容器，需提供锅炉监察机构审核盖章的安全性能检验报告等。

（4）出口商品报检时应注意的事项：

1）关于出口报检的时间，要求最迟应于报关或装运出口前 10 天向商检机构申请报检。对检验周期校长的商品，如羊绒，还需增加相应抽样、检验、化验等工作的时间。

2）每份“出口检验申请单”仅限填报一批商品。

3）需签发外文证书的，有关栏目应用打字机填写相应的外文。

4）要求商检机构出具证书的，应及时向商检机构提出申请。但发现有违反我国政策法令、不合要求的，应及时向外国进口商提出修改意见。

2. 进口商品的报检程序

进口商品的报检人应在一定期限内填写“入境货物报检单”，填明申请检验鉴定项目的要求，并附合同、发票、海运提单（或铁路、航空、邮包运单）、品质证书、装箱单、接货、用货部门已验收的应附验收记录资料，向当地检疫部门申请检验。如货物有残损、短缺，还须附理货公司与轮船大副共同签署的货物残损报告单、大副批注或铁路商务记录等有关证明材料。

报检后，如发现报检单填写有误或客户修改信用证使货物数量、规格有变动时，可提出更改申请，填写“更改申请单”，说明更改事项和原因。

（二） 抽样

商检机构接受报检之后，及时派人员到货物堆存地点进行现场检验鉴定，其内容包括货物的数量、重量、包装、外观等项目。现场检验一般采取国际贸易中普遍使用的抽样法（个别特殊商品除外）。抽样时须按规定的抽样方法和一定的比例随机抽样，以便样品能代表整批商品的质量。

（三） 检验

商检机构接受报检之后，根据抽样和现场检验记录，认真研究申报的检验项目，确定检验内容。仔细核对合同（信用证）对品质、规格、包装的规定，弄清检验的依据，确定检验标准、方法，然后进行抽样检验、仪器分析检验、物理检验、感官检验、微生物检验等。

（四） 签发证书

对于出口商品，经检验检疫部门检验合格后，凭《出境货物通关单》进行通关。如合同、信用证规定由检疫部门检验出证，或国外要求签发检疫证书的，应根据规定签发所需证书。

对于进口商品，经检验检疫后签发《入境货物通关单》进行通关。凡由收货、用货单位自行验收的进口商品，如发现问题，应及时向检验检疫部门申请复验。如复验不合格，检验检疫机构即签发检疫证书，以供对外索赔。

第二节　进出口货物的报关

一、进出口报关的概念

（一） 报关的定义

从广义上讲，报关是指进出境运输工具负责人、进出口货物收发货人、进出境物品的所有人或者他们的代理人向海关办理运输工具、货物、物品进出境手续及相关手续的全过程。

其中，进出境运输工具负责人、进出口货物收发货人、进出境物品的所有人或者他们的代理人是报关行为的承担者，是报关的主体，也就是报关人。报关的对象是进出境运输工具、货物和物品。报关的内容是办理运输工具、货物和物品的进出口手续及相关海关手续。

报关，尤其是进出口货物的报关是一项十分复杂的工作，包括许多步骤和工作环节，其中按规定的内容以规定的方式向海关报告进出口货物的情况是报关工作的核心环节。因此，在实际工作中，有时我们把向海关申报也称为报关，这是狭义的报关概念。

（二） 报关单位

报关单位是指在海关注册登记或经海关批准，取得报关资格，向海关办理进出口货物报关纳税等海关事务的境内法人或其他组织。我国《海关法》将报关单位分为两大类：进出口货物收发货人（自理报关单位）和报关企业，而报关企业又可分为专业报关企业和代理报关企业。

（三） 报关期限

报关期限是指货物运到口岸后，法律规定收发货人或其代理人向海关报关的时间限制。我国《海关法》中对进出口货物的报关期限有明确的规定，而且出口货物的报关期限与进口货物的报关期限不同。

1. 出口货物的报关期限

根据《海关法》第 18 条的规定，出口货物的发货人除海关特准的以外，应当在装货的 24 小时以前，向海关申报并办理有关手续。

规定出口货物的报关期限主要是为了留给海关一定的时间，办理正常的查验和征税等手续，以维护口岸的正常货运秩序。除了需紧急发运的鲜活、维修和赶船期货物等特殊情况之外，在装货的 24 小时以内申报的货物一般暂缓受理。如果在这一规定的期限之前没有向海关申报，海关可以拒绝接受通关申报，这样，出口货物就得不到海关的检验、征税和放行，无法装货运输，从而影响运输单据的取得，甚至导致延迟装运、违反合同。因此，应该及早地向海关办理申报手续，做到准时装运。

2. 进口货物的报关期限

根据《海关法》第 18 条的规定，进口货物的报关期限为自运输工具申报进境之日起 14 日内，由收货人或其代理人向海关申报。若超过这个期限报关的，由海关征收滞报金。规定进口货物的报关期限和征收滞报金是为了运用行政手段和经济手段，促使进口货物人或其代理人及时报关，加速口岸货运，减少积压，使之早日投入生产和使用，促进国民经济的发展。

二、进出口货物的报关程序

报关工作的程序分为申报、查验、缴纳税费、放行等四个阶段。

（一） 申报

申报是办理进出口货物进出境通关手续的第一个环节，是整个进出境通关环节的基础。进出口货物的申报工作一般包括准备单证、确认货物或提取货样、正式报关、报关数据的修改或撤销等几个环节。

1. 准备单证

准备申报单证是报关员开始进行申报工作的第一步，是整个报关工作能否顺利进行的关键一步。进出口货物的收发货人及其代理人必须认真检查申报必备的单证，检查内容主要是单证是否齐全、准确、有效，单证是否一致等。

（1）基本单证。报关的基本单证包括进出口货物报关单和各类货运单证。货运单证，主要包括各类提货单或装货单或者相当于提货单或装货单的单据，如海运当中的提单（Bill of Lading）、商业发票（Commercial Invoice）、装箱单（Packing List）等。

（2）特殊单证。特殊单证主要是指进出口许可证件、加工贸易登记手册（包括电子的和纸质的）、特定减免税证明、外汇收付汇核销单证、原产地证明书、担保文件等。

（3）预备单证。预备单证主要是指贸易合同、进出口企业的有关证明文件等。对这些单证，海关在审单、征税时可能需要调阅或者收取备案。

进出口货物收发货人或其代理人应向报关员提供上述单证，报关员审核这些单证后据此填制报关单。报关单是由报关人对进出口商品的基本情况进行的说明，主要包括商品的品名、数量、价格、进出口口岸、贸易方式、成交方式、运输方式以及涉及国家管制的相关情况。

2. 确认货物或提取货样

为了确认货物，进口货物的收货人在经海关同意后，可以在申报前查看货物或者提取货样。提取货样的货物涉及动植物及其产品以及其他须依法提供检疫证明的，应当按照国家的有关法律规定，在取得主管部门签发的书面批准证明后提取。提取货样后，到场监管的海关关员与进口货物的收货人在取样记录和取样清单上签字确认。但对于进口货物在进境后，海关已经取得走私违法证据的，海关可不予其确认货物的权利。进口货物的收货人如经确认发现货物系境外错发货物，则可以终止申报程序，按照海关关于直接退运的规定，向现场海关办理直接退运手续。

3. 正式报关

海关审结电子数据报关单后，进出口货物收发货人或其代理人应当自接到海关“现场交单”或“放行交单”通知之日起 10 日内，持打印的纸质报关单，备齐规定的随附单证并签名盖章，到货物所在地海关提交书面单证并办理相关海关手续。

进出口货物收发货人或其代理人的申报自被海关接受时起，其申报的单证就产生法律效力，即进出口货物收发货人或其代理人应当向海关承担“如实申报”的法律责任。

4. 报关数据的修改或撤销

海关接受申报后，报关单证及其内容不得修改或者撤销，但有下述正当理由的，经海关同意，可以修改或者撤销申报：

（1）由于计算机、网络等方面的原因导致电子数据申报的错误。

（2）海关在办理出口货物的放行手续后，由于装运、配载等原因造成原申报货物部分或全部退关需要修改或撤销申报单证内容。

（3）发送单位或报关单位有关人员在操作或书写上的失误造成差错，但未对国家贸易管制政策、税收及海关统计指标等造成危害的。

（4）因海关审价、归类认定后需对申报数据进行修改的。

（5）根据贸易惯例先行采用暂时价格成交、实际结算时按商检品质认定或国际市场实际价格付款方式而修改的。

有正当理由要求修改申报数据或撤销申报的，应当向海关提交书面申请，经海关批准以后，可实施修改或撤销，对此情况海关一般不作违规处理。

由于进出口货物的收发货人及其代理人的申报错误构成违规的，应当接受海关相应的处罚，在接受处罚后，方可修改数据或撤销申报、重新申报。对海关已经通知要查验的进出口货物，不允许修改数据或撤销申报。对构成走私被海关没收处罚的货物，不允许再重新申报。

（二）查验

海关查验是指海关根据《海关法》确定进出口货物的性质、价格、数量、原产地、货物状况等是否与报关单上已申报的内容相符，对货物进行实际检查的行政执法行为。海关查验的方式主要有：彻底查验、抽查和外形查验。海关查验货物时，要求货物的收、发货人或其代理人必须到场，并按海关的要求负责办理货物的搬移、拆装箱和查验货物的包装等工作。海关认为必要时，可以径行开验、复验或者提取货样，货物保管人应当到场作为见证人。

（三）缴纳税费

进出口货物收发货人或其代理人将报关单及随附单证提交给货物进出境地指定海关，海关对报关单进行审核，对需要查验的货物先由海关查验，然后核对计算的税费，开具税款缴款书和收费票据。进出口货物收发货人或其代理人在规定时间内，持缴款书或收费票据向指定银行办理税费交付手续。

在试行中国电子口岸网上缴税和付费的海关，进出口货物收发货人或其代理人可以通过电子口岸接收海关发出的税款缴款书和收费票据，在网上向签有协议的银行进行电子支付税费。一旦收到银行缴款成功的信息，即可报请海关办理货物放行手续。

（四）货物的放行

海关对进出口货物的报关经过审核报关单据、查验实际货物，并依法办理了征收货物税费手续或减免税费手续后，在有关单据上签盖放行章，货物的所有人或其代理人才能提取或装运货物。此时，海关对进出口货物的监管才算结束。

另外，进出口货物因各种原因需海关特殊处理的，可向海关申请担保放行。海关对担保的范围和方式均有明确的规定。

三、进出口货物税费的计算

进出口税费是指在进出口环节中由海关依法征收的关税、消费税、增值税、船舶吨税等税费。我国进出口环节税费征纳的法律依据主要是《海关法》《中华人民共和国进出口关税条例》（以下简称《关税条例》）以及其他有关法律、行政法规。

（一）进出口税费种类

1. 关税

进口关税是指一国海关以进境货物和物品为征税对象所征收的关税，在国际贸易中，一直被各国公认为是一种重要的经济保护手段。目前，我国进口关税可分为从价税、从量税、复合税。

出口关税是一国海关以出境货物和物品为课税对象所征收的关税。为鼓励出口，世界各国一般不征收出口税或仅对少数商品征收出口税。征收出口关税的主要目的是限制、调控某些商品的过激、无序出口，特别是防止本国一些重要自然资源和原材料的出口。我国目前征收的出口关税都是从价税。

2. 进口环节税

进口货物和物品在办理海关手续放行后，进入国内流通领域，与国内货物同等对待，所以应缴纳国内税。为了简化征税手续，进口货物和物品的一些国内税依法由海关在进口环节征收。目前，由海关征收的国内税费主要有增值税、消费税两种。

3. 船舶吨税

船舶吨税是由海关在设关口岸对进出、停靠我国港口的国际航行船舶代为征收的一种使用税。征收船舶吨税的目的是用以航道设施的建设。

4. 滞纳金和滞报金

滞纳金是海关税收管理中的一种行政强制措施。在海关监督管理中，滞纳金则指应纳关税的单位或个人因在规定期限内未向海关缴纳税款而依法应缴纳的款项。按照规定，关税、进口环节增值税、消费税、船舶吨税等的纳税人或其代理人，应当自海关填发税款缴款书之日起 15 日内缴纳进口税款，逾期缴纳的，海关依法在原应纳税款的基础上，按日加收滞纳税款 0.05%的滞纳金。

根据我国《海关法》和《关税条例》的规定，逾期缴纳的进出口货物的关税、进口环节增值税、消费税、船舶吨税等，由海关按日征收 0.05%的滞纳金。滞纳金起征额为 50 元，不足 50 元的免予征收。具体计算见式（13—1）。

$$\text{关税滞纳金金额}=\text{滞纳关税税额}\times 0.05\%\times\text{滞纳天数} \tag{13—1}$$

滞报金是海关对未在法定期限内向海关申报进口货物的收发货人采取的依法加收的属经济制裁性的款项。滞报金按日计征，其起征日为规定的申报时限的次日，截止日为收货人向海关申报后，海关接受申报的日期。滞报金的日征收金额为进口货物完税价格的 0.05%。滞报金的起征点为人民币 50 元，不足 50 元的可以免征。滞报金按日计收，进口货物收发货人及其代理人向海关申报之日亦计算在内。具体计算见式（13—2）。

$$\text{进口货物滞报金金额}=\text{进口货物成交价格}\times 0.05\%\times\text{滞报天数} \tag{13—2}$$

（二）进出口税费计算

1. 进口货物完税价格的确定

进口货物完税价格的审定包括一般进口货物完税价格的审定和特殊进口货物完税价格的审定两方面的内容。

一般进口货物的完税价格，由海关以该货物的成交价格为基础审查确定，并应当包括货物运抵中华人民共和国境内输入地点起卸前的运输及其相关费用、保险费。运输及其相关费用中的“相关费用”主要是指与运输有关的费用，如装卸费、搬运费等属于广义的运费范畴内的费用。海关确定进口货物完税价格有 6 种估价方法：成交价格方法、相同货物成交价格方法、类似货物成交价格方法、倒扣价格方法、计算价格方法和合理方法。这 6 种估价方法必须依次使用，即只有在不能使用前一种估价方法的情况下，才可以顺延使用其他方法。“特殊进口货物”是指以特殊的贸易方式或交易方式进口的货物。

2. 出口货物完税价格的确定

出口货物的完税价格由海关以该货物的成交价格以及该货物运至中华人民共和国境内输出地点装载前的运输及其相关费用、保险费为基础审查确定，但其中包含的出口关税税额应当扣除。

出口货物的成交价格是指该货物出口时卖方为出口该货物应当向买方直接收取和间接收取的价款总额。出口货物的成交价格中含有支付给境外的佣金，如果单独列明，应当扣除。出口货物完税价格的计算见式（13—3）。

$$\text{出口货物完税价格}=\frac{\text{FOB 价格}}{1+\text{出口关税税率}} \tag{13—3}$$

3. 适用税率

2004 年的《中华人民共和国海关进口税则》（以下简称《进口税则》）关税税则实行新的进口税则税率栏目。进口关税税则分设最惠国税率、协定税率、特惠税率、普通税率、关税配额税率等税率。对进口货物在一定期限内可以实行暂定税率。现行进口税则的税目总数共计 7 475 个。

2004 年出口税则的税率栏仅有一个栏目，仅对 37 个税目的商品征收出口关税。对出口货物在一定期限内可以实行暂定税率。在计算出口关税时，出口暂定税率优先于出口税率执行。

4. 税费的计算公式

（1）进口关税税款的计算。

1）从价关税的计算见式（13—4）。

$$\text{进口货物应纳关税税额}=\text{完税价格}\times\text{适用的进口关税税率} \tag{13—4}$$

其中，完税价格＝CIF 价格，或者完税价格＝$\frac{\text{FOB 价格}+\text{运费}}{1+\text{保险费率}}$，或者完税价格＝$\frac{\text{CIF 价格}}{1-\text{保险费率}}$。

2）从量关税的计算见式（13—5）。

$$\text{进口货物应纳关税税额}=\text{进口货物数量}\times\text{适用的单位税额} \tag{13—5}$$

3）复合关税的计算见式（13—6）。

$$\text{进口货物应纳关税税额}=\text{完税价格}\times\text{进口关税税率}+\text{进口货物数量}\times\text{适用的单位税额} \tag{13—6}$$

（2）出口关税税款的计算见式（13—7）、式（13—3）。

$$\text{出口货物应纳关税税额}=\text{出口货物完税价格}\times\text{出口关税税率} \tag{13—7}$$

（3）进口环节增值税税款的计算。

1）应征消费税的进口货物增值税计算见式（13—8）、式（13—9）。

应纳增值税税额＝增值税组成计税价格×增值税税率　　(13—8)

增值税组成计税价格＝进口货物完税价格＋进口关税税额＋消费税税额　　(13—9)

2）不征消费税的进口货物增值税计算见式（13—10)、式（13—11)。

应纳增值税税额＝增值税组成计税价格×增值税税率　　(13—10)

增值税组成计税价格＝进口货物完税价格＋进口关税税额　　(13—11)

（4）进口环节消费税款的计算方法。

1）从价征收消费税的计算见式（13—12)、式（13—13)。

应纳消费税税额＝消费税组成计税价格×消费税从价税率　　(13—12)

$$\text{消费税组成的计税价格}=\frac{\text{进口货物完税价格}+\text{进口关税税额}}{1-\text{消费税税率}} \quad (13—13)$$

2）从量征收消费税的计算见式（13—14)。

应纳消费税税额＝进口货物数量×消费税从价税率　　(13—14)

3）复合征收消费税的计算见式（13—15)。

应纳消费税税额＝消费税组成计税价格×消费税从价税率＋进口货物数量×消费税从价税率　　(13—15)

（5）船舶吨税税款的计算见式（13—16)、式（13—17)。

应征船舶吨税＝净吨位×船舶吨税税率　　(13—16)

净吨位＝船舶有效容积×吨/立方米　　(13—17)

注意：船舶净吨位的尾数，按四舍五入原则，半吨以下的免征尾数；半吨以上的按1吨计算。

本章小结

本章主要介绍了进出口商品检验、进出口报关的基本概念及内容，分析了进出口货物检验条款的主要内容，详述了进出口货物的检验程序、进出口货物的报关程序及进出口税费的计算，并对检验报关内容进行了实训。

本章实训

1. 实训目的

了解进出口商品检验、进出口报关的基本概念及内容，掌握进出口货物检验条款、进出口货物的检验程序、进出口货物的报关程序及应该注意的问题。

2. 实训内容

（1）研究进出口商品检验的概念及检验条款的主要内容、进出口货物的检验程序。

（2）掌握进出口报关的概念、报关程序及相关注意事项。

(3) 掌握进出口税费的计算。

(4) 完成练习。

2014 年上海某汽车贸易公司从日本进口一批摩托车，成交价格折合人民币为 CIF 上海 20 万元，且经海关审定，查摩托车的适用关税税率为 34.2%，增值税率为 17%，消费税率为 10%，请计算应纳进口关税税额、进口环节增值税额、消费税额。

(5) 讨论下列案例。

【案例 13—1】

某进出口合同商品检验条款中规定，以装船地出具的商检报告为准，但在目的港交付货物时，却发现商品的品质与合同规定不符。买方经当地商检机构检验并出具的检验证书向卖方提出索赔，卖方以上述商检条款为理由拒绝理赔。问题：卖方的拒赔是否合理？

【案例 13—2】

中国某公司（买方）与美国某公司（卖方）签订了一份买卖成套机电设备的 CIF 合同。合同规定目的港为天津港，检验和索赔条款规定，买方有权在货物到达目的地后 90 天内根据商检报告提出索赔。

卖方如期发运了货物，货到天津港后，买方没有申请商检，而是委托某汽车运输公司将货物运至最终用户所在地偏僻的 N 县城，并在当地申请商检局对货物进行检验，结果发现货物有某些残损，商检证书证明残损系发货前因素所致。买方依据商检证书，要求卖方赔偿损失。双方发生争议，提交仲裁。问题：仲裁庭应如何裁决此案？

【案例 13—3】

某电视机制造厂商为生产电视机内销，通过外贸公司向 A 国订购了 100 吨卷钢、50 吨 PVC 粒子、10 吨盐酸，并委托某货运报关公司 B 办理报关手续。卷钢进口后，经检验只到货 96 吨，而且其中有 7 吨与合同规定的质量不符。与 A 方协商后，A 方答应退还 11 吨卷钢的货款，并没要求退还 7 吨质量不符的卷钢。问题：作为 B 公司的报关员，应办理哪些海关手续？（注：设国家临时决定 A 国产 PVC 粒子不准进口。）

3. 实训的组织形式和要求

(1) 组织形式。

将学生分成若干小组，以通过小组讨论形式完成本节实训。

(2) 实训要求。

分小组讨论进出口货物的检验程序、检验条款、进出口货物的报关程序及相应的注意事项，在此基础上研究案例，并将各小组的分析结果推荐代表在全班讨论时发言，在此基础上各人拿出自己的分析报告。

第十四章 合同争议的预防与处理

学习要点

1. 掌握违约及对违约后果的法律规定、合同中的索赔条款；
2. 掌握不可抗力的含义及不可抗力的法律后果、合同中的不可抗力条款；
3. 掌握仲裁的含义与特点、仲裁协议的形式与作用、仲裁条款的主要内容及合同中的仲裁条款。

引言

国际货物买卖中，买卖双方往往会因各自的权利、义务问题而引起争议，甚至导致发生仲裁、诉讼等情况。为了在合同履行中尽量减少争议，或者在发生争议时能妥善解决，以使交易得以顺利进行，在国际货物买卖合同中通常都要订立一些预防发生争议以及一旦发生争议时如何处理的条款，了解和掌握这些条款，对国际货物买卖中维护交易双方的合法权益意义重大。

第一节　索赔

一、索赔概述

（一）违约和索赔

国际货物买卖履约时间长，涉及面广，业务环节多，一旦货物在生产、收购、运输、货款支付等任何一个环节发生意外或差错，都可能给合同的顺利履行带来影响。加上国际市场变幻莫测，一方当事人往往有可能在市场行情发生不利时，不履行合同义务或不完全履行合同义务，致使另一方当事人的权利受到损害，从而导致索赔与理赔，甚至引起争议。

索赔（Claim）是指在进出口业务中因一方违反合同规定而直接或间接地给另一方造成损失，受损方向违约方提出要求损害赔偿的行为。理赔是指一方对于对方提出的索赔进行处理。索赔和理赔是一个问题的两个方面。在国际贸易中，索赔因对象不同分为 3 种：向买卖合同的当事人索赔；向保险公司索赔；向货物承运人索赔。

（二）对违约后果的法律规定

在进出口过程中，国际货物买卖合同是确定买卖双方权利义务的法律文件。任何一方违反合同规定的义务，不履约或不按合同规定履约，这就在法律上构成违约行为。违约一方应当承担继续履行、采取补救措施或者赔偿损失等违约责任。根据各国法律和国际条约的规定，不同性质的违约行为，其承担的责任是不同的。但各国法律对违约行为的性质划分及据此可以采取的补救办法，却不很一致：有的国家的法律是以合同中的交易条件的主次为依据划分的；有的国家的法律是以违约后果的轻重程度为依据划分的。例如英国的法律把违约分成违反要件（Breach of Condition）与违反担保（Breach of Warranty）两种。所谓违反要件，是指违反合同中实质性的主要约定条件，受害方有权因之解除合同并要求损害赔偿。如卖方交货的质量或数量不符合合同规定，或不按合同规定的期限交货等。所谓违反担保，通常是指违反合同的次要条件，受害方有权因之要求损害赔偿，但不能解除合同。至于买卖合同中哪些条款属于“要件”，哪些条款属于“担保”，英国的法律未作具体规定，要由法官在审理案件时，根据合同的内容和推定双方当事人的意思做出决定，因此有较大的任意性。在实际业务中，受害方有权把另一方的违反要件当做违反担保处理，即不要求解除合同，而只要求损害赔偿。英国的法律也允许当事人不把另一方的违反要件作为解除合同的理由。此外，如果买方在法律上已被视为接受了货物，并且因此而丧失了拒收货物的权利，买方就必须将对方的违反要件当做违反担保处理。

美国的法律规定，一方当事人违约，以致使另一方无法取得该交易的主要利益，则是重大违约（Material Breach）。在此情况下，受害的一方有权解除合同，并要求损害赔偿。如果一方违约，情况较为轻微，并未影响到对方在交易中取得的主要利益，则为轻微违约（Minor Breach），受害的一方只能要求损害赔偿而无权解除合同。

《中华人民共和国合同法》规定：当事人一方延迟履行合同义务或者有其他违约行为致使不能实现合同目的，对方当事人可以解除合同；当事人一方延迟履行主要债务，经催告后在合同期间内仍未履行的，对方当事人可以解除合同。《中华人民共和国合同法》又规定，合同解除后，尚未履行的，终止履行；已经履行的，根据履行的情况和合同的性质，当事人可以要求恢复原状、采取其他补救措施，并有权要求损害赔偿。按照《联合国国际货物销售合同公约》的规定，一方当事人违反合同的结果，如使另一方当事人蒙受损害，以至实际上剥夺了他根据合同规定有权期待得到的东西，即为根本性违反合同。如果一方当事人违反合同构成根本性违反合同可以宣告合同无效，并要求损害赔偿。如果违约的情况尚未达到根本性违反合同的程度，则受害方不能解除合同，只能要求损害赔偿。

（三）处理索赔应注意的问题

1. 注意索赔的有效期

索赔期限指受害的一方有权向违约方提出索赔的期限。按照法律和国际惯例受损害的一方只能在一定的索赔期限内提出索赔，否则就丧失了索赔权。索赔期限有约定与法定之分。约定的索赔期限是指买卖双方在合同中明确规定的索赔期限；法定索赔期限则是根据有关法律受害的一方有权向违约方提出索赔的期限。约定索赔期限的长短，需视进出口货物的性质、运输、检验的繁简等情况而定。法定索赔期限则较长，如《联合国国际货物销售合同公约》规定，自买方收到货物之日起两年之内。我国法律也规定，自买方收到标的物之日起两年之内。由于法定索赔期限只有在买卖合同中未约定索赔期限时才起作用，而且在法律上约定索赔期限的效力可超过法定索赔期限，因此在买卖合同中针对进出口商品的具体情况，规定合理、适当的索赔期限是十分必要的。在我国出口货物的索赔一般规定货物到达目的口岸后的 60 天以内提出。对于机器设备等大件商品，索赔期可以适当延长，有的需经过安装调试并进行检验后才能确定是否需要索赔。如在索赔期内提出有困难，可通知对方要求延长索赔期。

2. 分清责任，认准索赔对象

货物受损可能有各种原因，如果货物在保险范围内受到损失，可持有关机构出具的凭证向保险公司索赔；如果因承运人的责任造成货物损失，可由托运人向承运人索赔；如果是买卖合同的当事人违约，可依据合同规定向违约的一方提出索赔。

3. 恰当确定索赔项目和金额

索赔项目和金额，一般在合同中都有预先规定，应严格按照合同规定执行。如果在合同中没有约定损害赔偿的金额，可根据实际的损失程度向对方索赔。根据有关法律和国际贸易的实践，确定损害赔偿金额的基本原则为：

（1）赔偿金额应与因违约而遭受的包括利润在内的损失额相等。

（2）赔偿金额应与违约方在订立合同时可预料的合理损失为限。

（3）由于受损害的一方未采取合理措施使有可能减轻而未减轻的损失，应在赔偿金额中扣除。索赔时要准备好各种证件，包括提单、发票、保险单、装箱单、磅码单正本和副本、商检机构出具的货损检验证明或由承运人签字的短缺残损证明及索赔清单，并列明索赔根据和索赔金额。

4. 了解国际惯例和有关法律，认真制定索赔方案

在查明事实、备妥单证和确定索赔项目以及金额的基础上，正确运用合同条款，做到实事求是，有理有据。既不能提出过高要求，也不能影响自身的权益，以便今后更好地开

展业务往来。

二、合同中的索赔条款

买卖双方为了在索赔和理赔工作中有所依据，一般在合同中订立索赔条款。在实践中，索赔条款可根据不同的需要作不同的规定。在进出口业务中的索赔条款，通常采用的有“异议与索赔条款”和“罚金条款”两种形式。

（一）异议与索赔条款

异议与索赔条款（Discrepancy and Claim Clause）是买卖合同中规定当一方违约时，另一方提出的索赔依据、索赔时间、索赔办法和索赔金额等事项。它主要针对卖方交货质量、数量或包装不符合合同规定而订立的。

在买卖合同中规定这一条款时，也可以把商品检验连在一起订立，称为检验和索赔条款。例如：买方对于装运货物的任何索赔，必须于货物到达提单及/或运输单据所订立目的港（地）之日起 30 天内提出，并须提供卖方同意的公证机构出具的检验报告。属于保险公司、轮船公司或其他有关运输机构责任范围内的索赔，卖方不予受理。

（二）罚金条款

罚金条款（Penalty Clause）是指在合同中规定的如有一方违反合同所规定的义务，应向另一方支付约定的金额，以作为对另一方损失的赔偿，它主要适用于卖方延期交货或买方延期接货或延期付款。它的特点是预先在买卖合同中约定罚金数额或罚金的百分率。

1. 卖方延期交货的罚金条款

如卖方不能如期交货，在卖方同意由付款行从议付的货款中扣除罚金或由买方于支付货款时直接扣除罚金的条件下，买方可同意延期交货。罚金率按每 7 天收取延期交货部分总值的 0.5%，不足 7 天者按 7 天计算。但罚金不得超过延期交货部分总值的 5%。如卖方延期交货超过合同规定 10 周时，买方有权撤销合同，但卖方仍应毫不延迟地按上述规定向买方支付罚金。

2. 买方延期开立信用证的罚金条款

买方因自身原因不能按合同规定的时间开立信用证，应向卖方支付罚金。罚金按迟开证每 7 天收取信用证金额的 0.5%，不足 7 天者按 7 天计算，但罚金不得超过应开信用证金额的 5%。该法律仅作为因延期开立信用证引起的损失赔偿。

关于合同中的罚金条款，各国在法律上有不同的解释和规定。有些国家的法律对于罚金条款是给予承认和保护的。但有些国家的法律则认为，对于违约只能要求赔偿，而不能予以惩罚。如英美等国的法律把合同中的固定赔偿金额条款按其性质分为两种：一是“预定的损害赔偿”，这种赔偿金额是由当事人双方在订立合同时，根据预计未来违约造成损失而估定的；二是罚款，这种罚款是当事人为了保证合同的履行而对违约方收取的罚金。如法院认为双方当事人约定支付的金额是属于预定的损害赔偿，则不管损失金额的大小，均按合同规定的固定金额判付；反之，如属罚金，则不予承认，而是根据受损方所遭受的实际损失确定赔偿金额。

我国法律对罚金条款给予承认和保护。《中华人民共和国合同法》规定：当事人可以在合同中规定，一方违反合同时，向另一方支付一定数额的违约金，也可以约定对于违反合同时而产生的损失赔偿金额的计算方法。又规定：合同中约定的违约金，视为违反合同的损失赔偿，但是，约定的违约金过分的高于或低于违反合同所造成的损失的当事人可以请求仲裁机构或者法院予以适当的减少或增加。

第二节　不可抗力

一、不可抗力的含义

国际货物买卖合同成立后，有时客观情况会发生非当事人所能控制的重大变化，使之失去原有履行合同的基础，对此法律可以免除未履行或未完全履行合同一方对另一方的责任，这就是免责。在实践中，为防止在免责问题上产生不必要的纠纷，维护当事人各自的权益，通常在买卖合同中订立不可抗力条款。

不可抗力（Force Majeure）条款是指合同中订明如当事人一方因不可抗力不能履行合同的全部或部分义务，免除其全部或部分责任，另一方当事人不得对此要求损害赔偿。因此，不可抗力条款是一项免责条款。

目前各国的法律、法规对不可抗力的确切含义在解释上并不统一。如法国的法律称这类事件为“不可抗力”，英美法律称之为“合同落空”，德国的法律称之为“履行不可能”，《联合国国际货物销售合同公约》称之为“履行合同的障碍”。我国法律认为，不可抗力是指不能预见、不能避免并不能克服的客观情况。按《联合国国际货物销售合同公约》的解释，不可抗力是非当事人所能控制的，而且没有理由预见他在订立合同时所能考虑到或能避免或克服它或它的后果而使其不履行合同义务的障碍。尽管各国的法律，法规对不可抗力做出各自不同的解释和规定，但基本原则是一致的。一般认为构成不可抗力应具备以下条件：

（1）事件是在签订合同以后发生的。

（2）不是由于任何一方当事人的故意或过失所造成的。

（3）事故的发生及造成的后果是当事人所不能预见、无法控制、无法避免和不可克服的。

一般来说，引起不可抗力的原因主要有两种：一是自然原因引起的，如水灾、风灾、旱灾、雪灾、冰冻、地震等；二是社会原因引起的，如战争、罢工、政府禁止有关商品进出口等。至于哪些事件属于不可抗力，为避免因此而产生纠纷，对不可抗力事件的范围当事人最好在合同中约定。

不可抗力条款对买卖双方是同样适用的，只要遇到合同所规定的不可抗力事故，无论是卖方还是买方，都可以据此免除自己的责任。

二、不可抗力的法律后果

所谓不可抗力的法律后果，是指发生不可抗力事件后合同是否可以解除或变更。变更合同是指对原订立的合同的条件或内容适当地变更，包括延迟履行、替代履行、减少履行。至于什么情况下解除、什么情况下变更，应视不可抗力事件的影响程度而定，也可以由双方当事人在合同中具体加以规定。如果合同中对此没有做出明确的规定，一般的解释是：如不可抗力事故只是使合同的履行受到了暂时阻碍，则不能解除合同，只能延期履行合同。如果不可抗力事件的发生致使不能实现合同目的，使得合同履行成为不可能，则可解除合同。

三、不可抗力的通知

不可抗力事件发生后，不能履约的一方当事人要取得免责的权利，必须及时通知另一方，并提供必要的证明文件，而且在通知中应提出处理意见。《联合国国际货物销售合同公约》明确规定：不履行义务的一方必须将障碍及其对他履行义务能力的影响通知另一方。如果该项通知在不履行义务的一方已知道或理应知道此一障碍后一段合理时间内仍未为另一方收到，则他对由于另一方未收到通知而造成的损害应负赔偿责任。我国法律也规定：当事人一方因不可抗力不能履行合同的，应及时通知另一方，以减轻可能给另一方造成的损失，并且应在合理期间内提供证明。实践中，为防止争议，通常在合同的不可抗力条款中明确规定具体的通知期限。

一方收到对方关于不可抗力的通知或证明文件后，无论同意与否都应及时答复，否则，按有些国家的法律如《美国统一商法典》的规定，将被视为默认。

四、合同中的不可抗力条款

（一）不可抗力条款的内容

从法律的角度看，如果合同中没有订立不可抗力条款，一旦发生了意外事故，就会影响到合同的履行甚至引起争议。对于不可抗力，虽然每个合同规定的内容不完全相同，但一般应包括下列内容：

（1）不可抗力事故的范围。在对外商订合同时，对于哪些事故是属于不可抗力事故，往往是双方谈判中争论较多的一个问题。所以，合同必须订得明确具体、切实可行。

（2）不可抗力事故的法律后果。应规定清楚在哪些情况下可以解除合同，在哪些情况下只能变更合同及具体的解决办法。

（3）出具事故的证明机构和事故发生后通知对方的期限。应由发生不可抗力事故地区的商会或登记的公证人出具，或者由政府的主管部门签发。在我国一般由中国国际贸易促进委员会出具。发生事故后通知对方的期限，可由双方具体商定。

（二）不可抗力条款的规定方法

在我国进出口业务合同中，对不可抗力条款的规定方法一般有以下 3 种。

1. 概括式

概括式即在合同中不具体订明哪些是不可抗力事故，只作笼统规定。此种规定方法买卖双方容易因理解上的差异而产生纠纷。例如：由于不可抗力的原因，致使卖方不能全部或部分装运或延迟装运合同货物，卖方对这种不能装运或延迟装运本合同货物不负责任。但卖方必须以电报或电传通知买方，并须在 15 天内以航空挂号信件向买方提交由中国国际贸易促进委员会（中国国际商会）出具的证明此类事件的证明书。

2. 列举式

列举式即在不可抗力条款中明确规定哪些是不可抗力事故，凡未作规定的均不能作为不可抗力事故加以援引。例如，由于战争、地震、水灾、火灾、暴风雨、雪灾的原因，致使卖方不能全部或部分装运或延迟装运合同货物，卖方对这种不能装运或延迟装运本合同货物不负责任。但卖方必须以电报或电传通知买方，并须在 15 天内以航空挂号信件向买方提交由中国国际贸易促进委员会（中国国际商会）出具的证明此类事件的证明书。

3. 综合式

综合式即采用概括式和列举式综合并用的方式，既列明双方取得共识的不可抗力事故，又加上概括性的文句，以便在发生合同中未列明的意外事故时，由双方当事人共同确定是否作为不可抗力事故。可见，这种方式弥补了前两种方式的不足，既具体明确，又有一定的灵活性，比较科学和实用，是一种较好的规定方法。在我国实际业务中，采用此法居多。

例如，由于战争、地震、水灾、火灾、暴风雨、雪灾或其他不可抗力的原因，致使卖方不能全部或部分装运或延迟装运合同货物，卖方可不负责任。但卖方应立即将事件通知买方，并于事件发生后 15 天内将事件发生地政府主管当局出具的事件证明书以航空挂号邮寄交买方为证，并取得买方认可。在上述情况下，卖方仍有责任采取一切必要措施从速交货。如果事件持续超过一个星期，买方有权撤销合同。

第三节　仲裁

国际货物买卖中，买卖双方在履行合同过程中因种种原因发生争议是难以避免的。正确处理和妥善解决贸易争议，直接关系到买卖双方的切身利益。在实际业务中，发生争议时一般应首先采用友好协商方式解决。如协商得不到解决时，则分别视情况采取第三者调解，提交仲裁机构仲裁或进行司法诉讼等方式处理。

一、仲裁的含义与特点

仲裁是解决对外贸易争议的一种重要方式。仲裁（Arbitration）就是买卖双方在执行合同过程中发生争议，按照双方所签订的仲裁协议，自愿把他们之间的争议交给双方所同意的第三者进行裁决，仲裁裁决是终局的，对双方都有约束力，双方必须遵照执行。

仲裁同协商，特别是同司法诉讼相比，具有以下特点：

（1）受理争议的仲裁机构是属于社会性民间组织，不是国家政权机关，不具有强制管辖权，对争议案件的受理，以当事人自愿为基础。

（2）任何仲裁机构不受理没有仲裁协议的案件。因此，当事人必须在发生争议之前或之后订立仲裁协议。

（3）仲裁比诉讼的程序简单，处理问题比较迅速、及时，仲裁费用也较低。

（4）仲裁裁决一般是终局的，对双方当事人均有约束力。

二、仲裁协议的形式及作用

（一）仲裁协议的形式

仲裁协议是双方当事人表示愿意把他们之间的争议交付仲裁解决的一种书面协议，是仲裁机构或仲裁员受理争议案件的依据。

仲裁协议的形式有两种：一种是由双方当事人在争议发生之前订立的，表示同意把将来可能发生的争议提交仲裁解决的协议。这种协议一般都包含在合同内，在合同内称为仲裁条款。另一种是由双方当事人在争议发生之后订立的，表示同意把已经发生的争议交付仲裁的协议，这种协议称为提交仲裁的协议。根据我国国际贸易仲裁委员会的规定，仲裁协议既包括合同中的仲裁条款，也包括以其他形式（例如特别协议、往来函电）规定的协议。

（二）仲裁协议的作用

按照我国和多数国家的仲裁法的规定，仲裁协议的作用主要有以下三方面：

（1）表明双方当事人在发生争议时，自愿提交仲裁，仲裁协议约束双方当事人在协商、调解不成的情况下，只能以仲裁来解决争议，不得向法院起诉。

（2）仲裁协议是仲裁机构受理争议案件的法律依据。它使仲裁员和仲裁庭取得对有关争议案件的管辖权。

（3）仲裁协议排除了法院对有关争议案件的管辖权。

以上三方面的作用是相互联系，不可分割的，其中最重要的一点是排除法院对有关争议案件的管辖权。

三、仲裁条款的主要内容

合同中的仲裁条款一般主要包括仲裁地点、仲裁机构、仲裁程序、仲裁裁决的效力及仲裁费用负担等内容。

（一）仲裁地点

仲裁地点是仲裁条款的主要内容之一，一般可以根据不同的贸易对象，采取 3 种不同的规定办法：

（1）规定在本国进行仲裁。

（2）规定在被告所在国进行仲裁。

（3）规定在双方所同意的第三国进行仲裁。

仲裁地点的选择也是交易双方极为关心的一个问题。这是因为仲裁地点与仲裁所适用的程序法以及与合同所使用的实体法关系密切。按照许多国家法律的解释，凡属程序方面的问题，除非仲裁协议另有规定，一般都适用审判地法律，即在哪个国家仲裁，就往往适用那个国家的仲裁法规。至于确定双方当事人的权利、义务的实体法，如在合同中未规定，一般由仲裁庭根据仲裁地国家的法律予以确定。由此可见，仲裁地点不同，适用的法律可能不同，对双方当事人权利、义务的解释就会有差别。

在商订仲裁地点时，交易双方一般都力争在本国进行仲裁，这是因为当事人对本国的法律和仲裁做法比较了解和信任。如果不能争取在本国仲裁，可以根据对方国家的情况和可能，规定在被告国家进行仲裁。如果业务上有特殊的需要，也可以考虑在双方同意的第三国进行仲裁。但应考虑两个因素：一是该国与本国有正常的政治关系；二是该国的法律必须能受理双方当事人都不是该国公民的争议案件。此外，还要考虑该国仲裁机构的业务能力。

（二）仲裁机构

国际上进行仲裁的机构有两种：一种是常设的仲裁机构；另一种是临时的仲裁机构。

所谓常设仲裁机构，是指根据一国的法律或有关规定设立的，有固定的名称、地址、仲裁员设置和具备仲裁权的仲裁机构。常设的仲裁机构能为仲裁工作提供必要的服务与便利，有利于仲裁工作的开展。因此国际商事仲裁绝大多数采用机构仲裁。

世界上许多国家都有常设的仲裁机构，在外贸业务中经常遇到的有：英国伦敦仲裁院，瑞典斯德哥尔摩仲裁院，瑞士苏黎世商会仲裁院，日本国际商事仲裁协会，美国仲裁协会以及设在巴黎的国际商会仲裁院等。这些常设的仲裁机构，不少都与我国国际经济贸易仲裁委员会有业务上的联系，可以在仲裁业务方面进行合作。

我国常设的涉外仲裁机构是中国国际经济贸易仲裁委员会，又称中国国际商会仲裁院，原名是中国国际贸易促进委员会对外经济贸易仲裁委员会。隶属于中国国际贸易促进委员会（中国国际商会），仲裁委员会总会设在北京，在深圳和上海分别设有华南分会和上海分会。中国国际经济贸易仲裁委员会受理案件的范围是：国际的或涉外的争议案件；涉及中国香港特别行政区、中国澳门特别行政区或中国台湾地区的争议案件；国内争议案件。

临时仲裁机构指由双方当事人指定仲裁员组成的仲裁庭。临时仲裁庭是为审理某一具体案件而组成的，案件处理完毕后即自动解散。因此，在采用临时仲裁机构解决争议时，双方当事人需要在仲裁条款中就双方指定仲裁员的办法、人数、是否需要首席仲裁员以及采用的仲裁规则等问题做出明确规定。

（三）仲裁程序

仲裁程序是进行仲裁的过程和做法，主要包括仲裁申请、仲裁庭的组成、仲裁审理以及做出裁决。各国仲裁法和仲裁规则对仲裁程序都有明确规定。按照中国国际经济贸易仲裁委员会仲裁规则，仲裁程序包括：仲裁申请、答辩和反请求及仲裁庭的组成、审理和裁决。

1. 仲裁申请、答辩和反请求

（1）仲裁申请。申请仲裁者称为申请人，申请人在请求仲裁时应在申请中写明申请人和被申请人的名称和地址；申请人所依据的仲裁协议；申请人的要求及所依据的事实和证明。

（2）答辩和反请求。被申请人对仲裁委员会受理的案件，在收到申请人的申请书后应根据申请书提出的问题逐一进行答辩，并附上有关证明材料。如果被申请人有反请求，应当在收到仲裁申请书之日起 60 天内提出。被申请人应在反请求书中写明其要求及所依据的事实和证据，并附上申请有关的证明文件，被申请人提出反请求时，应按照仲裁规则的规定预缴仲裁费用。

2. 仲裁庭的组成

在双方当事人各自指定一名仲裁员之后（或委托仲裁委员会主任指定），仲裁委员会主任应再指定第三名仲裁员为首席仲裁员，组成仲裁庭共同审理案件。有时也可以由一名双方都可接受的仲裁员单独审理案件，如果双方都同意由一名仲裁员审理而又对人选达不成共识，则由仲裁委员会主任指定。被指定的仲裁员不能与案件有利害关系，如果被指定的仲裁员与案件有利害关系，当事人有权要求该仲裁员回避。

3. 审理

仲裁庭审理案件有两种形式：一是开庭审理；二是书面审理。仲裁案件的审理一般应开庭进行，如果双方当事人不愿开庭审理仲裁庭也认为不必开庭审理的，仲裁庭可以只依据书面文件进行审理并做出裁决。仲裁开庭审理的日期由仲裁庭所在的仲裁委员会决定，并于开庭前30日通知双方当事人。当事人有正当理由的，可以请求延期，但必须在开庭前12天向仲裁委员会提出，再由仲裁委员会转告仲裁庭。

4. 裁决

仲裁庭应当在组庭之日起9个月内做出仲裁裁决。裁决书要说明理由，由仲裁庭全体或者多数仲裁员署名，并写明做出裁决书的日期和地点。

（四）仲裁裁决的效力

仲裁裁决的效力主要是指裁决是否具有终局性，对双方当事人有无约束力，能否再向法院上诉的问题。

在我国，凡由中国国际经济贸易仲裁委员会做出的裁决都是终局性的，对双方当事人均有约束力，双方都必须执行，任何一方都不可以向法院上诉要求变更。在西方国家，对仲裁裁决一般也不允许再向法院上诉，即使上诉，法院一般也只审查程序，不审查实体，即只审查仲裁裁决在法律手续上是否有问题，而不审查仲裁裁决本身是否正确。一般来看，对仲裁裁决上诉的情况是很少的，因为仲裁不同于司法诉讼，它是在双方当事人自愿的基础上进行的，仲裁机构和仲裁员都是由双方当事人指定的，因此，双方都应当自动执行裁决。为了明确仲裁裁决的效力，避免引起复杂的上诉程序，在合同中签订仲裁条款时，应当明确规定仲裁裁决是终局的裁决，对双方当事人都有约束力，任何一方都不得向法院上诉要求变更，这样不仅排除了当事人就本案向法院起诉的权力，而且也排除了当事人向其他任何机构提出变更裁决或就本案再次提交仲裁的可能。

（五）仲裁费用

一般都规定由败诉方承担，也可在条款中明确双方各自负担的比例或规定由仲裁庭酌情决定。

四、仲裁裁决的承认与执行

从理论上来说，既然买卖双方当事人通过协议提交仲裁，双方就必须毫不迟延地自觉执行仲裁裁决。但有时也发生败诉人拒不履行仲裁裁决的情况，而仲裁庭的民间性质决定了它不具有国家强制力作后盾。在这种情况下，要使仲裁裁决得以履行，就必须向法院申请承认和强制执行。

（一）我国涉外仲裁裁决在国内的执行问题

根据《中华人民共和国民事诉讼法》第259条的规定，经中华人民共和国涉外仲裁机构裁决的，当事人不得向人民法院起诉，一方当事人不履行仲裁裁决的，对方当事人可以向被申请人住所地或者财产所在地的中级人民法院申请执行。据此，对于我国涉外仲裁机构（中国国际经济贸易仲裁委员会，中国海事仲裁委员会）做出的涉外仲裁裁决的一方当事人不自动履行时，另一方当事人应申请强制执行，而不管被执行人是中方还是外方。当然，执行的前提应当是被执行人在住所地有足够的财产，否则就无法强制执行。

（二）我国涉外仲裁裁决在国外的执行问题

我国涉外仲裁机构所做出的裁决，如果被执行人是外国公司并且在中国境内没有财产，应当由当事人直接向有管辖权的外国法院申请承认和执行。所谓“有管辖权的外国法院”指的是被执行人的财产所在地法院。

（三）外国仲裁裁决在中国的执行问题

对于国外仲裁机构做出的裁决，需要在中国境内强制执行的，无论败诉人是中国公司还是外国公司，只要在中国有住所地或有财产，当事人就可以直接向被执行人的住所地或财产所在地的中级人民法院申请执行。人民法院按照我国缔结或者参加的国际条约办理，或按照互惠原则办理。

（四）涉外仲裁裁决的不予执行问题

根据《中华人民共和国民事诉讼法》第 260 条的规定，凡我国涉外仲裁机构做出的裁决，被申请人提出证据证明仲裁裁决有下列情形之一的，经人民法院组成合议庭审查核实，裁定不予执行。

(1) 当事人在合同中没有订有仲裁条款或者事后没有达成书面仲裁协议的。

(2) 被申请人没有得到指定仲裁员或者进行仲裁程序的通知，或者由于其他不属于被申请人负责的原因未能陈述意见的。

(3) 仲裁庭的组成或者仲裁的程序与仲裁规则不符的。

(4) 裁决的事项不属于仲裁协议的范围或者仲裁机构无权仲裁的。

另外，人民法院认定执行该裁决违背社会公共利益的，也可以裁定不予执行。

五、买卖合同中的仲裁条款

中国国际经济贸易仲裁委员会根据我国进出口公司签订仲裁条款的实际做法，适当参照国际上通行的规定，提出下列 3 种格式供参考。

（一）规定在我国仲裁的条款

凡因执行本合同所发生的或与本合同有关的争议，双方应通过友好协商解决，如果协商不能解决，应提交中国国际经济贸易仲裁委员会，根据该委员会的仲裁规则进行仲裁，仲裁裁决是终局性的，对双方均有约束力。

（二）规定在被申请一方所在国的仲裁条款

凡因执行本合同发生或与本合同有关的一切争议，双方应通过友好协商解决；如果协商不能解决，应提交仲裁。仲裁在被申请一方所在国进行。如在中国，由中国国际经济贸易仲裁委员会根据该委员会的仲裁规则进行仲裁。如在××国，由××（仲裁机构）根据该仲裁机构的仲裁规则进行仲裁。仲裁裁决是终局的，对双方都有约束力。

（三）规定在双方同意的第三国仲裁的条款

凡因执行本合同所产生的或与本合同有关的一切争议，双方应通过友好协商解决；如果协商不能解决，应提交××（国）××（地）××（仲裁机构），根据该仲裁机构的仲裁规则进行仲裁。仲裁裁决是终局的，对双方都有约束力。

本章小结

本章主要介绍了合同中的索赔条款、不可抗力的含义及条款、仲裁的含义与特点及合同中的仲裁条款，目的是使学生掌握合同争议的预防与处理。

本章实训

1. 实训目的

了解合同中的索赔条款、不可抗力条款、仲裁条款等，使学生掌握合同争议的预防与处理。

2. 实训内容

(1) 研究合同中的索赔条款。

(2) 了解不可抗力的含义及条款。

(3) 掌握仲裁的含义及合同中的仲裁条款。

(4) 讨论下列案例。

【案例 14—1】

我国某进出口公司向欧洲出口大豆 500 吨，USD300.00/吨鹿特丹。合同规定任何一方违反合同，应支付另一方违约金 2 万美元。装运期将近时，由于美洲大豆产区出现灾害天气，世界大豆市场价格猛涨，CIF 鹿特丹价涨到 USD450.00/吨。于是中方仅发运 300 吨，希望以赔偿违约金 2 万美元了结此案。但是买方不同意。问题：买方能向中方索赔的金额应是多少？

【案例 14—2】

我某外贸公司以 CIF 鹿特丹向荷兰客户出口食品 1 000 箱，即期信用证付款，货物装运后，凭已装船清洁提单和已投保一切险和战争险的保险单，向银行收妥货款，货到目的港后经进口人复验发现下列情况：该批货物共有 10 个批号，抽查 20 箱，发现其中 2 个批号涉及 200 箱内含沙门氏细菌超过进口国标准；有 15 箱货物外表情况良好，但每箱内货物短少 10 千克。问题：进口人应分别向谁索赔？并说明理由。

【案例 14—3】

1993 年我某外贸公司与某外商签订一笔按 FOB 价的进口合同，后因中东战争苏伊士运河封锁，我方所派船只好绕道好望角，以至未能如期到目的港接货，于是卖方以我未按期接货为由，要求我赔偿其仓储费等。问题：我方应如何处理？

【案例 14—4】

某年 9 月土耳其一商人以 CIF 条件售给英商一批蚕豆，合同规定 10 月交货，不料土耳其政府于当年 10 月 20 日宣布禁止蚕豆出口，自宣布日起 10 日内生效执行，土耳其商人以不可抗力事故为由要求解约。问题：此说法可否成立？

【案例 14—5】

我方某公司从法国某贸易公司进口国际通用标准的化肥一批，7 月起分批装运。合同签署后国际市场该种商品的价格猛涨，高出合同价 20%，6 月 25 日对方来电，称其所属一家化肥厂在生产过程中发生爆炸，工厂全部被毁，要求援引合同中的不可抗力条款解除合同。问题：我方应如何处理？

【案例 14—6】

某年 10 月我国某外贸公司同外商签订了一份农产品进口合同，交货期为当年 12 月，由于当年 7，8 月间该国产区遭受旱灾，农产品严重减产，出口人不能依约交货，于是以不可抗力为由，向我方提出解除合同的要求。问题：我方应如何处理？

【案例 14—7】

我国某进出口公司出口货物一批，合同中明确规定一旦在履约过程中发生争议，如友好协商不能解决，即将争议提交中国国际经济贸易仲裁委员会在北京进行仲裁。后来，双方就商品的品质发生争议，对方在其所在地法院起诉我方，法院也发来了传票，传我方公司出庭应诉。问题：我方应如何处理？

3. 实训的组织形式和要求

（1）组织形式。

将全班学生分成小组，以通过小组讨论形式完成本节实训。

（2）实训要求。

分小组讨论合同中索赔条款、处理索赔应该注意的问题、不可抗力条款、仲裁条款等，将各小组的分析结果推荐代表在全班讨论时发言，在此基础上各人拿出自己的分析报告。

第十五章 交易磋商与订立合同

学习要点

1. 掌握国际货物买卖的一般程序；
2. 了解交易前准备主要工作内容；
3. 掌握交易磋商、询盘、发盘、还盘和接受的概念、发盘和接受生效的条件及相关法律规定。

引言

交易磋商的主要过程是：建立业务关系、询盘、发盘、还盘和接受。交易磋商的结果是确定合同条款，订立合同。在国际贸易中，交易磋商占有十分重要的地位，因为它是贸易合同订立的基础。按现代国际贸易有关法律，一项有效发盘经对方有效接受，合同即告成立。因此，交易磋商的过程有时就是订立合同的过程，没有交易磋商就没有合同。交易磋商工作的好坏，直接影响合同的签订及以后的履行，关系双方的经济利益，必须认真对待。

第一节 国际货物买卖的一般程序

商品进出口业务是研究国家间商品交换的具体过程的学科，它是具有涉外活动特点的实践性很强的综合性应用科学，涉及国际贸易理论与政策、国际贸易法律与惯例、国际金融、国际运输和保险等学科的基本知识及具体运用。国际间商品交换的具体过程，从一个国家的角度看，体现在进口和出口业务活动的各个环节。无论是出口还是进口，其工作环节有很多，而且各环节之间又密切联系。但归纳起来，一般分为交易前准备阶段、交易磋商阶段和履行合同 3 个基本阶段。

一、交易前准备

交易前准备（Preparation before Business）是指在洽谈交易前，为了正确贯彻外贸政策，完成进出口任务，提高交易的成功率，交易者必须在思想上、物质上和组织上为谈判进行充分的准备工作。其中主要包括商品的可行性调查研究、交易对象的选择确定、制定进出口商品经营方案等工作。

二、交易磋商

交易磋商（Business Negotiation）是指买卖双方就买卖商品的有关条件进行协商，以期达成交易的过程。交易磋商一般包括询盘、发盘、还盘和接受（Acceptance）4 个环节，其中发盘和接受是达成交易不可缺少的两个环节。

贸易磋商的内容包括商品的品名、品质、数量、包装、价格、货物交付条件和方式、货运保险及险别、支付条件、货物的检验、索赔、不可抗力和仲裁等。磋商既可以当面洽谈或电话协商，又可以通过信函、电报、电传等书面形式进行。当买卖双方磋商取得一致意见后，交易即告达成，合同即告成立，双方即可签订书面合同。合同是交易双方当事人在交接货物、收付货款和解决争议等方面的权利和义务的具体体现，也是买卖双方履行合同的依据和调整双方经济关系的法律文件。

三、履行合同

履行合同（Processing Sale Contract）是指买卖双方根据所签订合同的内容和规定，各自履行自己的责任和义务，从而实现货物和资金按约定方式的转移。在履约过程中，由于环节多、程序繁杂、市场情况又多变等因素，一方稍有不慎，就可能使另一方违反合同规定，即构成违约行为。这样不仅影响合同的履行，而且违约方还要承担赔偿对方损失的法律责任。由于履行合同过程所包含的内容较多，也较为复杂，相关问题我们将在第十六章介绍。

我国出口合同，大多按 CFR 或 CIF 贸易条件成交。作为卖方，履行出口合同的工作一般包括货、证、船、款 4 个工作环节。其中货包括备货和报验；证包括催证、审证和改证；船包括租船订舱、报关、商检、保险和装运等；款即制单结汇，缮制发票、运单、保险单、产地证明书、普惠制单据、检验证书、装箱单以及汇票等出口单据。如果履行合同时有一方违反合同，而造成另一方受损，还要进行索赔和理赔工作。

在我国进口合同中，大多数以 FOB 价格条件成交。因此，作为买方，在履行进口合同时，一般包括以下工作程序：开立信用证、租船订舱、办理保险、审单付款、报关、接货和拨交、检验、索赔等。

出口贸易的一般业务程序简图见图 15—1。

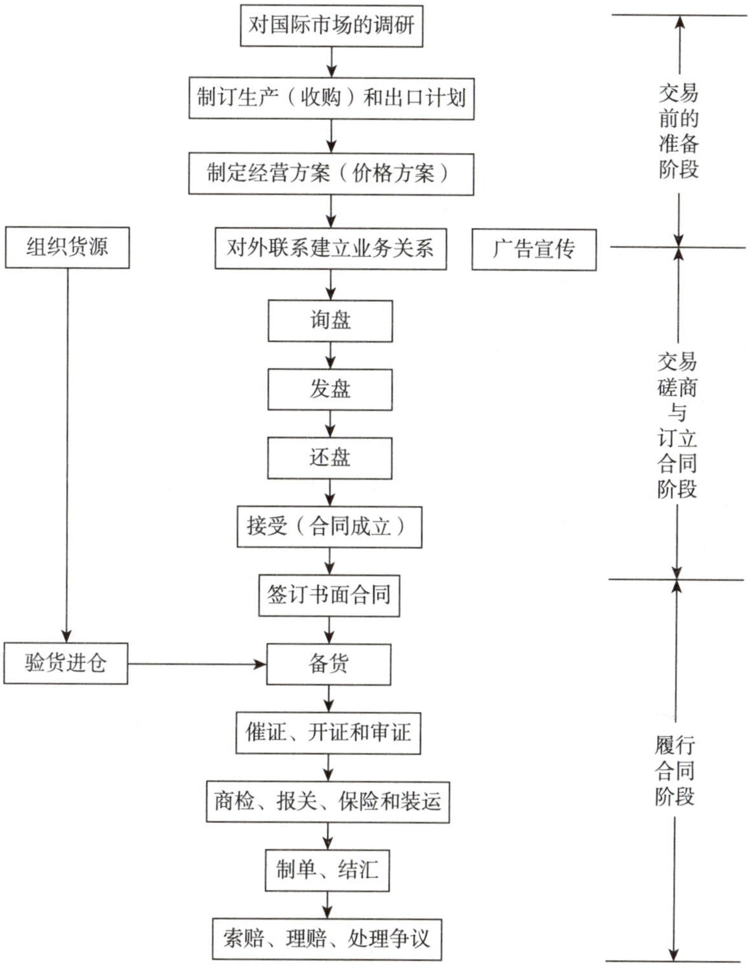

图 15—1　出口贸易的一般业务程序简图

第二节　交易前准备

交易前准备工作主要包括：选配经贸洽谈人员、选择目标市场、选择交易对象、建立和发展客户关系、制定进出口商品经营方案、新产品的研制和广告宣传等。

一、选配经贸洽谈人员

为了保证洽商交易的顺利进行，事先应选配精明能干的洽谈人员，尤其是对某些大宗交易或内容复杂的交易，因事关重大，更应组织一个强干的谈判班子。在这个谈判班子中，应当包括熟悉商务、技术、法律和财务方面的人员，他们要掌握洽谈技巧，善于应战和应变，并善于谋求一致。因为有较高素质的洽谈人员，是确保洽谈成功的关键。

二、选择目标市场

在洽商交易之前，必须加强对国外市场的调查研究，诸如通过各种途径广泛了解市场供求状况、价格动态、各国有关进出口政策、法规、措施和贸易习惯做法，以便从中择优选定适当的目标市场，并合理地确定市场布局。对国外市场进行调研的主要内容，应包括下列几个方面。

（一）对市场进出口商品品种质量的调研

在国外同一市场上，销售着各国同类的商品，它们的市场占有率各不相同，这与商品的品质、规格、花色品种，包装装潢是否适应市场需要等有着密切关系。我们应摸清这些不同品种对市场的适销情况，特别要研究市场畅销品种的特点，以便主动积极适应市场的需要，扩大出口。同时，还要了解国外产品技术的先进程度、工艺程度和使用效能，以便货比三家，进口最需要的、价格最合适的商品。

（二）对市场供求关系的调研

国际商品市场的供求关系是经常变化的，影响供求关系变动的因素很多，如生产周期、产品销售周期、消费习惯、消费水平、质量需求等，我们应根据市场供求变动的规律，并结合商品供应的可能和进口的实际需要，选择最适当的销售或采购市场。

（三）对国际商品市场价格的调研

国际市场价格除围绕着商品价值上下波动外，还经常受到诸如经济周期、通货膨胀、垄断与竞争、投机活动、自然灾害、季节变动等社会的、经济的和自然的多种因素的影响。我们必须具体分析这些因素对价格的影响，并根据价格变动趋势，选择在最有利的市场推销商品和采购物资。

三、选择交易对象

在交易之前，对客户的资信情况要进行全面调查、分类排队，进而选出成交可能性最大的合适的客户。对客户的资信调查的主要内容包括：

（1）支付能力：主要是了解客户的财力，其中包括注册资本的大小、营业额的大小、潜在资本、资本负债和借贷能力等。

（2）客户背景：主要指客户的政治经济背景及其对我们的态度。凡愿意在平等互利原则的前提下同我们进行友好往来、贸易合作的客户，我们都应积极与他们交往。

（3）经营范围：主要指企业经营的品种、经营业务的范围、合作还是独资经营以及是否同我国做过交易等。

（4）经营能力：主要指客户的活动能力、购销渠道。联系网络、贸易关系和经营做法等。

（5）经营作风：主要指企业经营的作风和客户的商业信誉、商业道德、服务态度和公共关系水平等。

应当指出的是，在选择客户时，既要注意巩固老客户，也要积极物色新客户，以便在广阔的国际市场上，形成一个广泛的有基础和有活力的客户群。了解客户的途径很多，可以通过实际业务的接触和交往活动，从中考察客户；可以通过举办交易会、展览会、技术交流会、学术讨论会主动接触客户和进行了解；可以通过有关国家的商会、银行、咨询公司和各国民间贸易组织了解客户；也可以从国内外有关专业性报刊和各种行业名录物色潜在客户。通过这些途径在对客户有所了解的基础上，从中挑选出最合适的成交对象。

四、制定进出口商品经营方案

为了更有效地做好交易前的准备工作，使对外交易有所依据，一般都需事先制定经营方案，保证经营意图的贯彻和实施。

不同的进出口商品所制定的经营方案是不同的，经营方案的内容及其繁简程度也不一。现将出口商品经营方案和进口商品经营方案分别介绍如下。

（一）出口商品经营方案

对于大宗商品或重点推销的商品通常是逐个制定出口商品经营方案；对其他一般商品可以按商品大类制定经营方案；对中小商品，则仅制定内容较为简单的价格方案。主要内容大致包括下列几方面：

(1) 货源情况。其中包括国内生产能力，可供出口的数量以及出口商品的品质、规格和包装等情况。

(2) 国外市场情况。主要包括国外市场需求情况和价格变动趋势。

(3) 出口经营情况。其中包括出口成本，创汇率、盈亏率的情况，并提出经营的具体意见和安排。

(4) 推销计划和措施。包括分国别和地区按品种、数量或金额列明推销的计划进度；按推销计划采取的措施，如对客户的利用、贸易方式、收汇方式的运用、价格佣金和折扣的掌握等。

（二）进口商品经营方案

进口商品经营方案是对外洽商交易，采购商品和安排进口业务的依据。其主要内容大致包括下列几方面：

(1) 进口商品数量的掌握。根据国内需要的轻重缓急和国外市场的具体情况，适当安排订货数量和进度，在保证满足国内需要的情况下，争取在有利的时机成交，既要防止前松后紧，又要避免过分集中，从而杜绝饥不择食和盲目订购的情况出现。

(2) 采购市场的安排。根据国别（地区）政策和国外市场条件，合理安排进口国别（地区），既要选择对我们有利的市场，又不宜过分集中在某一市场，力争使采购市场的布局合理。

(3) 交易对象的选择。要选择资信好、经营能力强并对我们友好的客户作为成交对象，为了减少中间环节和节约外汇，一般应向厂家直接采购。在直接采购确有困难的情况下，也可通过中间代理商订购。由于各厂家的产品质量和成交条件不尽相同，订购时应反复比较和权衡利弊，从中选择对我们最有利的成交对象。

(4) 进口商品价格的掌握。根据国际市场近期价格，并结合采购意图，拟定出价格掌握的幅度，以作为洽商交易的依据。在价格的掌握上，既要防止价格偏高，又要避免价格偏低，因为出价偏高，会造成经济损失，浪费国家外汇；出价偏低，则又完不成采购任务，找不到合适的卖主。一般中小贸易商不需要制定经营方案时，往往都制定价格方案，以利于对价格的掌握。

(5) 贸易方式的运用。通过何种贸易方式进口，应根据采购的数量、品种，贸易习惯做法等酌情掌握。例如，有的可以通过招标方式采购，有的可按补偿贸易或易货方式进口，更多的是采用一般的单边进口方式订购。在经营方案中，对贸易方式的运用问题，一般应提出原则性意见，以利于安排进口。

(6) 交易条件的掌握。交易条件应根据商品品种，特点、进口地区、成交对象和经营意图，在平等互利的基础上酌情确定和灵活掌握。

第三节　交易磋商与订立合同

交易磋商是国际贸易中一个不可缺少的、很重要的环节，且是订立合同的基础，没有磋商就没有合同。在现实的国际贸易中，我们会发现，交易磋商的过程，实际上就是订立合同的过程，因为按国际贸易惯例，一项有效发盘一旦经对方有效接受，这时合同就已经成立，而后来的签订合同工作实际上只是对合同成立的一种证明。因此，交易磋商工作的好坏，直接决定了合同是否成立，影响到合同的履行，它关系到双方的经济利益，必须认真对待。

交易磋商在形式上可分为口头和书面两种。口头磋商主要是指在谈判桌上面对面的谈判，如参加各种交易会、洽谈会以及贸易小组出访、邀请客户来华洽谈交易等。另外，还包括双方通过电话进行的交易磋商。口头磋商方式由于是面对面的直接交流，便于了解对方的诚意和态度，以便有针对性地采取对策，并可根据进展情况及时调整策略，争取达到预期的目的。这对于谈判内容复杂、涉及问题多的交易尤为适合。书面磋商是指通过信件、电报、电传等通信方式来洽谈交易，随着现代通信技术的发展，书面洽谈也越来越简便易行，而且费用与前者相比要低廉一些。它是日常业务中的通常做法。通过口头洽谈和书面磋商，双方在交易条件方面达成协议后，即可制作正式书面合同。

交易磋商的内容，涉及拟签订的买卖合同的各项条款，其中包括品名、品质、数量、包装、价格、装运、保险、支付以及商检、索赔、仲裁和不可抗力等。从理论上讲只有就以上条款逐一达成一致意见，才能充分体现“契约自由”的原则。然而，在实际业务中，并非每次洽商都需要把这些条款一一列出、逐条商讨。这是因为，在普通的商品交易中，一般都使用固定格式的合同，而上述条款中的商检、索赔、仲裁、不可抗力等通常作为一般交易条件印就在合同中，只要对方没有异议，就不必逐条重新协商，这些条件也就成为双方进行交易的基础。在许多老客户之间，事先已就“一般交易条件”达成协议，或者双方在长期的交易过程中已经形成一些习惯做法，或者双方已订有长期的贸易协议。在这些情况下，也不需要在每笔交易中对各项条款一一重新协商。这对于缩短洽商时间和节约费用开支，都是有益的。

交易磋商的程序可概括为 4 个步骤：询盘（邀请发盘）、发盘、还盘和接受。其中，只有发盘和接受是每笔交易必不可少的两个基本环节和法律步骤。

一、询盘

询盘（Enquiry）又称询价，是准备购买或出售商品的人向对方探询该商品的成交条件，故又称邀请发盘。询盘是为了试探对方对交易的诚意和了解其对交易条件的意见。其内容可以涉及价格、规格、品质、数量、包装、交货期以及索取样品、商品目录等，而多数是询问价格，所以，通常将询盘称作询价。询盘可由买方发出，也可由卖方发出。可采用口头方式，亦可采用书面方式。书面方式包括书信、电报、电传外，还常采用询价单进行询盘。用书信询盘时，除了说明要询问的内容外，一般还带有礼貌性的客套语言以及对交易内容的宣传，以达到诱使对方发盘的目的。电报、电传询盘由于传递速度快，在业务中采用较多。但是用电报、电传询盘，文字要简洁明了，开门见山。以下为两则电报询盘的实例。

【例 15—1】我们对印花衬衫布料感兴趣，请航邮给我们该商品的目录、样本和必要的资料，以使我们了解你们商品的质量和工艺。（We are interested in printed shining and shall be pleased to receive from you by airmail catalogues, sample books and all necessary information regarding These Roods so as to acquaint us with the quality and workmanship of your supplies.）

【例 15—2】拟订购红豆 2 000 吨，请电告最低价格和产地。（Bookable 2 000M/T Red Beans. Please Cable Lowest Price and Origin.）

询盘对买卖双方都无法律上的约束力，也不是每笔交易的必经程序，其特点是语气委婉，用词也不肯定。

在询盘时，通常使用下列词句：

拟订……请……对……感兴趣，请……

Bookable… please… Interested in… please…

请报价……请电告我们……

Please quote… or please offer… Please cable us…

在现实贸易磋商中，询盘多是提出内容不肯定或附有保留条件的建议。这种建议对于发盘人没有约束力，它只是起到邀请对方发盘的作用。在业务中往往是卖方货源尚未落实提出的条件带有不确定性，或者为争取较好的价格，同一批货向两个以上客户邀请递盘，以便择优成交。也有的是买方为了探询市场情况和便于进行比价，同时向多家供货商提出发盘的邀请。

二、发盘

发盘（Offer）又称发价或报价，在合同法中称为要约，是订立合同的一种肯定表示。《联合国国际货物销售合同公约》规定："凡向一个或一个以上的特定的人提出的订立合同的建议，如果其内容十分确定并且表明发盘人有在其发盘一旦得到接受就受其约束的意思，即构成发盘。"

发盘既是商业行为，又是法律行为。发盘可以是应对方的邀请发盘做出的答复，也可以是在没有邀请的情况下直接发出。发盘多由卖方发出，这种发盘称作售货发盘（Selling Offer)，也可以是由买方发出，称作购货发盘或递盘（Buying Offer or Bid)。下面是电报发盘的实例。

【例 15—3】今天早上我们回电，向贵方发盘 250 吨手拣的、去壳且不分等级的花生仁，每吨净价人民币 1 800 元 CFR 哥本哈根或其他欧洲主要港口，装船期 10 月或 11 月。

此实盘以我方9月25日前收到为准。(We call back this morning, offering you 250 tons of groundnuts, hand-picked, shelled and upgraded at RMB￥1 800 net per ton CFR Copenhagen or any other European Main Port for shipment during October/November. This offer is firm, subject to the receipt of reply by us before September 25th.)

(一) 发盘应具备的条件

1. 向一个或一个以上特定的人提出

大多数国家的法律规定，一项要约必须发给特定的人，特定的人是指有名有姓的公司或个人。商业广告不是向一个或一个以上的特定的人发出的，因此它不能看作一项有效的发盘，而只是发盘的邀请。《联合国国际货物销售合同公约》第14条第2款规定，凡不是向一个或一个以上特定的人提出建议，仅应视为发盘邀请，而不是一项发盘。但对于悬赏广告（声明对完成一定行为的人给予报酬的广告），英、美、法一般认为是公开的发盘。

2. 发盘的内容必须十分确定

所谓十分确定，是指在订立合同的建议中应至少包括以下3项内容：

(1) 标明货物的名称。

(2) 明示或默示地规定货物的数量或规定数量的方法。

(3) 明示或默示地规定货物的价格或规定确定价格的方法。

只要包括了上述三项条件（货物、数量、价格），而且在后两项条件中，可以只规定如何确定方法，从形式上看已构成一项确定的发盘。在我国对外贸易业务中，一般要求在发盘中列明商品名称、品质或规格、数量、包装、价格等主要条件。这样，一旦对方接受，便可据以作详细的书面合同。

3. 表明在得到受盘人接受时即受约束的意思

这是构成一项发盘的前提，发盘是订立合同的建议，这个意思应体现在发盘之中。如果发盘人只就某些交易条件的建议同对方进行磋商，或者发盘人意思表示不清楚、不肯定、不明确，就不能证明要约人有在要约被接受时，订立合同的意愿，这种意思表示就不能视为是一项发盘。

在实际工作中，发盘人表示肯定的订立合同意思的形式是多种多样的，可以通过电报、电传、信件等书面形式，也可采取面对面谈判、电话等口头形式。发盘人在作出上述意思表示后，实际上把成立合同的决定权给了受盘人，只要受盘人有效地接受发盘的内容，合同即告成立，无须再经过发盘人的确认。这正是发盘与发盘邀请的主要区别。发盘邀请是为了邀请对方向自己提出要约，其本身不构成要约。例如我国进出口公司经常使用的“询价单”(Inquiry)、“价格表”(Price List)、“商品目录”(Catalogue)等均属于发盘邀请。因此报价单制作应当慎重，如果报价十分明确肯定，有时可构成发盘。

4. 送达受盘人发盘于送达受盘人时才生效

在通常情况下，发盘人常使用以下发盘术语：发盘（Offer）、实盘（Firm Offer）、递盘（Bid）、供应（Supply）、订购（Booking or Order）等。

(二) 发盘的有效期

在通常情况下，发盘都具体规定了一个有效期，作为发盘人受其约束的期限和受盘人接受的有效期。若未具体规定有效期，则受盘人应在合理时间内接受才有效。对于口头发盘，除双方另有约定外，发盘的有效期在谈话结束时终止。

发盘有效期的规定办法主要有：

1. 规定最迟接受的期限

【例 15—4】兹报实盘，以我方时间 10 月 3 日下午 5 时以前答复为有效。（We offer you firm subject to reply by 5pm our time October 3.）

【例 15—5】兹报实盘，以我方 5 月 30 日以前复到为准。（We give you firm offer, subject to reply here by US before May 30th.）

2. 规定一段接受的期限

【例 15—6】此发盘有效期为 3 天。(The offer is firm for 3 days. Or This offer is valid for three days.)

【例 15—7】兹报实盘，以自本日起一周内你方复到为准。（We give you firm offer, subject to your reply here within one week from today.）

3. 不作明确规定或仅作笼统规定

在实际业务中，常用的有以下几种。

【例 15—8】发盘……速复。(Offer… reply immediately.)

【例 15—9】发盘……尽快复。(Offer… reply as soon as possible.)

【例 15—10】发盘……即复。(Offer… reply promptly.)

如何才能说出“迅速”“尽快”“立即”等时间长短，各国法律并无明确规定或解释。因此，为了避免买卖双方对发盘有效期的时间理解不一而引起的纠纷，最好避免使用这种笼统的规定方法。

（三）发盘的撤回和撤销

发盘在未生效前，即发盘在未被送达受盘人之前，可以被撤回（Withdrawal)。但撤回的通知必须在发盘到达受盘人之前或同时到达受盘人。《联合国国际货物销售合同公约》第 15 条第 1 款规定：“发价于送达被发价人时生效”。同条第 2 款规定：“一项发价，即使是不可撤销的，也得予撤回，如果撤回的通知于发价送达被发价人之前或同时送达被发价人”。这充分说明发盘可以被撤回，但有前提条件，即发盘人要用更快的通信方式使撤回的通知赶在发盘到达受盘人之前或起码与之同时到达。

发盘的撤销（Revocation）是指发盘人在发盘已到受盘人之后，即发盘已生效，将该项发盘取消。发盘能否被撤销，各国法律规定有较大的分歧。

1. 英美法系

认为发盘在受盘人表示接受之前，即使发盘中规定了有效期，发盘人可随时撤销发盘或变更其内容。

2. 大陆法系

认为在发盘有效期内，发盘人不得撤销其发盘。

3.《联合国国际货物销售合同公约》

认为在发盘生效之后，但受盘人尚未表示接受之前的这段时间里，只要发盘人及时将撤销通知送达受盘人，可撤销其发盘。一旦受盘人接受发盘，则发盘人无权撤销发盘，此外，在下列两种情况下发盘一旦生效，则不得撤销：

（1）发盘中写明了发盘有效期，或以其他方式表明发盘是不可撤销的。

（2）受盘人有理由信赖该发盘是不可撤销的，并本着对该发盘的信赖采取了行动。

以上规定表明，发盘在一定条件下可以撤销，而在一定条件下又不得撤销。发盘可撤销的条件是在受盘人发出接受通知之前将撤销的通知传达到受盘人。发盘不可撤销的条件，一是发盘中明确规定了接受的有效时限，或者虽未规定时限，但在发盘中使用了“不可撤销”的字眼，如 Firm、Irrevocable 等，那么在合理时间内也不得撤销。二是受盘人从主观上相信该发盘是不可撤销的，并且在客观上采取了与交易有关的行动，如寻找用户，组织货源等，这时，发盘人也不得撤销，因为这种情况下，发盘人再撤销发盘会造成较严重的后果。

（四） 发盘的终止

《联合国国际货物销售合同公约》规定：“一项发盘，即使是不可撤销的发盘，应于拒绝该发盘的通知送达发盘人时终止。”发盘的终止，通常有以下几种情况：

（1）过了发盘规定的有效期。

（2）被受盘人拒绝或还盘。

（3）在被接受之前，发盘人对发盘进行有效的撤销。

（4）不可抗力事件造成发盘失效或发盘人丧失行为能力、死亡、法人破产等，从而造成发盘失效。

三、还盘

还盘（Counter Offer）又称还价，在民法上称为反要约，是指受盘人不同意或不完全同意发盘人提出的条件，并对原发盘做出修改或变更。还盘可以用口头方式或者书面方式表达出来，一般与发盘采用的方式相符。还盘既可针对商品价格，也可针对交易的其他条件如支付方式、交货时间等。在进行还盘时，可用“还盘”字样，也可不用。下例是关于花生仁的还盘实例：

【例 15—11】50 吨花生仁，2015 年收获的大路货，每吨人民币 2 550 元 CIF 鹿特丹，其他条件按照贵方 8 月 22 日信件内容。（50 tons of groundnut kernels FAQ 2015 crop at RMB￥2 550 per M/T CIF Rotterdam，other Terms as per your letter of August 22th.）

在通常的贸易谈判中，一方在发盘中提出的条件与对方能够接受的条件不完全吻合的情况是经常发生的。特别是大宗交易中，很少有一方一发盘即被对方无条件全部接受的情况。所以，虽然从法律上讲，还盘并非交易磋商的基本环节，就是说，交易的达成可以不经过还盘这一环节，然而，在实际业务中，还盘的情况还是很多的。而且，通过还盘，还有利于获取商品优惠价格、拖延谈判时间、等待成交时机。因此，在实际交易中，有时往往要经过多次还盘，才最后达成协议、订立合同。

需要注意的是，还盘是对发盘的拒绝。还盘一经做出，原发盘即失去效力，发盘人不再受其约束。一项还盘等于是受盘人向原发盘人提出的一项新的发盘。还盘做出后，还盘的一方与原发盘的发盘人在地位上发生了变化。还盘者由原来的受盘人变成新发盘的发盘人，而原发盘的发盘人则变成了新发盘的受盘人。新受盘人有权针对还盘的内容进行考虑，决定接受、拒绝或是再还盘。

四、接受

所谓接受（Acceptance），是指受盘人接到对方的发盘或还盘后，同意对方提出的条件，愿意与对方达成交易，并及时以声明或行为表示出来。接受在法律上称为承诺。接受如同发盘一样，既属于商业行为，也属于法律行为。接受产生的重要法律后果是交易达成、合同成立。下面是接受的实例。

【例 15—12】我们接受贵方上述货物的还盘。（We accept your counter offer for the goods mentioned goods.）

（一）构成接受的条件

1. 由特定的受盘人做出

特定的人是指发盘中规定的特定人或是被他授权的代理人。这与发盘的第一项条件相呼应。由第三者做出的接受，不能视为有效的接受，只能看作是一项新的发盘。

2. 由受盘人表示出来

接受必须由受盘人以口头、书面或实际行动等方式表示出来。

《联合国国际货物销售合同公约》第 18 条规定："受盘人声明或做出其他行为表示同意一项发盘，即为接受，缄默或不行动本身不等于接受。"受盘人采取行动，如交运货物或开立信用证等均可以认为是接受。

3. 在发盘的有效期内送达发盘人

发盘中规定有效期具有双重意义：一方面约束发盘人，即发盘人在有效期内不得任意撤销或修改发盘的内容；另一方面约束受盘人，即受盘人只有在有效期内做出接受，才有法律效力。如果发盘未规定有效期，则应在合理时间内接受方为有效。

对于迟到的接受，发盘人将不受其约束，不具有法律效力。但下列两种情况的迟到接受，《联合国国际货物销售合同公约》第 21 条规定仍具有效力：

（1）如果发盘人毫不迟延地用口头或书面形式将表示同意的意思通知受盘人。

（2）如果载有逾期接受的信件或其他书面文件表明，它是在传递正常时能及时送达发盘人的情况下寄发的，则该项逾期接受具有接受的效力，除非发盘人毫不迟延地用口头或书面通知受盘人，他认为他的发盘已经失效。

因此，对于迟到的接受，决定该项接受是否有效的主动权在发盘人。这同时也提醒我们，发盘人在接到逾期接受的信件时不能不予理睬，如果它是邮递延误而导致的逾期，则此项发盘仍有可能有效，故发盘人如不想该发盘有效，则必须即时加以否定，以阻止其生效。

4. 接受的内容必须与发盘相符

受盘人必须无条件地完全接受发盘的条件，即应像镜子一样照出发盘的内容。对于任何的添加、限制或其他更改的接受，不能构成有效的接受，只能视为还盘。但《联合国国际货物销售合同公约》对发盘条件的添加或变更分成了实质性变更和非实质性变更两种。

对于实质性变更，《联合国国际货物销售合同公约》第 19 条第 3 款规定：有关货物价格、付款、货物质量和数量、交货地点和时间、一方当事人对另一方当事人的赔偿责任范围或解决争端等的添加或不同条件，均视为实质上变更发盘的条件。因此，实质性变更，构成还盘。

而对于非实质性变更，《联合国国际货物销售合同公约》第19条第2款规定：“对发盘表示接受但载有添加或不同条件的答复，如所载有添加或不同条件在实质上并不变更该项发盘的条件，除发盘人在不过分迟延的期间内以口头或书面通知反对其间的差异外，仍构成接受。如发盘人不做出这种反对，合同的条件就以该项发盘的条件及接受通知内所载的更改为准。”因此，非实质性变更，并不影响接受的法律效力。

【例15—13】A拟出售一架飞机给B，A在发盘中说：“确认出售一架马德拉水陆两用飞机（各项交易条件）……请电汇五千英镑。”B立即复电说：“确认你方来电，我购买马德拉水陆两用飞机一架，各项交易条件按照你电报所规定的条件，我已汇交贵方开户银行五千英镑，该款在你交货前代你方保管，请确认自本电之日起，30天内交货。”但A未作任何答复，并把这架飞机以更高的价钱卖给第三者，事后双方发生了争论。该项合同是否成立？为什么？

本例A与B之间的合同并未成立。因为B的接受并非是有效的接受。首先B在接受中改变了付款条件。因为A在发盘中规定：“请电汇五千英镑。”但B在接受中变为：“我已汇交贵方开户银行五千英镑，该款在你交货前代你方保管。”这一变更应视为付款条件的实质性变更。其次，B在接受通知中又添加了“自本电之日起，30天内交货”的新交货条件，也属于实质性变更。对于实质性变更的接受，只构成新的还盘。因此本案中A与B之间的合同并不能成立。

在通常情况下，表示接受的术语有：接受（Accept or Entertain）、确认（Confirm）、同意（Agree）。

（二）接受的方式

《联合国国际货物销售合同公约》第18条第1款规定：受盘人声明或做出其他行为表示同意一项发盘，即为接受，沉默或不行动本身不等于接受。根据这项规定，可见接受必须用声明或行为表示出来。声明包括口头和书面两种方式。一般来说，发盘人如果以口头发盘，受盘人应以口头表示接受；发盘人如果以书面形式发盘，受盘人也应以书面形式来表示接受。一般来说，受盘人应该用等同于发盘或比发盘更快捷的方式来做出接受。在实际工作中有：函来函复、电来电复、函来电复、电报来电传复的说法就是这一原则的真实写照。

除了以口头或书面声明的方式接受外，还可以行为表示接受。《联合国国际货物销售合同公约》第18条第3款对这一问题作了解释：如果根据该项发盘或者依照当事人之间确立的习惯做法或惯例，受盘人可以做出某种行为，例如与发运货物或支付货款有关的行为，来表示同意，这说明只要发盘中有规定，或者当事双方之间有习惯做法或惯例，受盘人即可不以声明而以行为来表示接受。比如，买方在发盘中提出交易条件，卖方同意其条件并及时发运货物。或者买方同意卖方在发盘中提出的交易条件并随即支付货款或开出信用证。上述做法主要是为了争速度、抢时间，它改变了国际贸易中传统的先经过磋商达成协议，订立合同，而后再履行合同的做法。但这种做法在有些国家是不适用的，原因是目前世界上还是有些国家法律明文规定要求以书面形式订立合同方有效，这就排除了以行为表示接受的做法。

（三）接受生效的时间

接受应于何时生效，各国合同法有较大分歧。

英美法系的国家采用“投邮生效原则”，即在发盘规定的有效期内，接受通知一经投邮或交给电报局发出，就立即生效。

大陆法系的国家采用“到达生效原则”，即表示接受的通知在发盘的有效期内送达到发盘人时才生效。

《联合国国际货物销售合同公约》采用的是大陆法系的立场，即采用“到达生效原则”。因为由受盘人承担传递的风险比由发盘人承担更合理，因为是受盘人选择的通信方式，他知道该方式是否容易出现特别的风险或延误，他应能采取最有效的措施以确保接受送达目的地。

（四）接受的撤回或修改

由于《联合国国际货物销售合同公约》和大陆法系国家采用的是“到达生效原则”，因而接受通知发出后在一定条件下可以撤回。该条件是：撤回的通知先于原接受通知或与原接受通知同时送达发盘人，则接受可以撤回或修改。对于英美法系国家由于采用“投邮生效原则”，故接受通知一经投邮，合同就立即成立，因此就不存在接受的撤回或修改问题了。接受通知一经到达发盘人，则不能撤销。

本章小结

本章主要介绍国际货物买卖的一般程序和交易前准备主要工作内容，分析了交易磋商与订立合同的含义、询盘、发盘、还盘和接受的概念、生效的条件及相关法律规定。目的是使学生通过认识交易磋商在国际贸易中所占的重要地位和交易磋商对订立合同的重要影响，掌握国际贸易合同订立的相关知识，为学习相关课程打下基础，提高学生从事国际贸易实际工作的能力。

本章实训

1. 实训目的

了解交易前的准备、交易磋商与订立合同的一般程序，掌握国际货物买卖合同有效成立的判断标准。

2. 实训内容

（1）熟悉国际货物买卖的基本程序。

（2）掌握交易前准备的内容。

（3）练习交易磋商与订立合同的业务。

（4）讨论下列案例。

【案例 15—1】

A 向 B 发盘，发盘中说“供应 50 台计算机、每台 1 500 美元 CIF 中国香港订立合同后 2 个月内装船，以不可撤销 L/C 付款、请复电”。B 收到发盘后，立即复电：“我接受你的发盘，在订立合同后立即装船”。但A未作任何答复。问题：双方合同是否成立？

【案例15—2】

我C公司于2013年7月16日收到法国巴黎D公司发盘：“马口铁500吨，每吨545美元CFR中国口岸，8月装运，即期信用证支付，限20日复到有效”。我方于17日复电：“若单价为500美元CFR中国口岸可接受500吨马口铁，履约中如有争议，在中国仲裁。”法国D公司当日复电“市场坚挺，价格不能减，仲裁条件可接受，速复”。此时马口铁价格确实趋涨。我方于19日复电“接受你16日发盘，信用证已由中国银行开出，请确认”。但法国D公司未确认并退回信用证。问题：(1) 合同是否成立？(2) 我方有无失误？并说明理由。

【案例15—3】

A在2月17日上午用航空信件形式邮出一份发盘给B。发盘中规定B在2月25日前答复有效。但A又于2月17日下午发出撤回发盘的通知（用电报）。该通知于2月18日上午到达B；而2月25日B才收到那封发盘的航空信。由于B考虑到该商品价格对其有利，所以立即做出接受，并用电报发出接受通知。问题：合同能否成立？为什么？

【案例15—4】

德国建筑商A于2013年8月底与美国生产商B联系，要求美国生产商B向其报4万吨钢缆的价格，并明确告诉美国生产商B，此次报价是为了计算向某项工程的投标，投标将于同年10月1日开始进行，10月10日便可得知投标结果。同年9月10日，美国生产商B向德国建筑商A发出正式要约，要约中条件完整，但要约中既没有规定承诺期限，也没有注明要约是可撤销的。同年9月中旬起，国际市场钢缆的价格猛涨，在此种情况下，美国生产商B于10月2日向德国建筑商A发出撤销其9月10日要约的传真。同年10月10日，当德国建筑商A得知自己已中标的消息后，仍立即向美国生产商B发去传真，对9月10日要约表示承诺。此后，美国生产商B争辩他已于10月2日撤销了要约，因此合同不能成立。双方就合同是否有效成立发生了纠纷。问题：本案涉及的主要法律问题是，要约是否已被撤销，从而德国建筑商A与美国生产商B之间的买卖钢缆的合同是否有效成立？

【案例15—5】

中国香港A商行于10月20日来电向上海B公司发盘出售木材一批，发盘中列明各项必要条件，但未规定有效期限。B公司于当天（20日）收到来电，经研究后，于22日上午11时正向上海电报局交发对上述发盘表示接受的电报，该电报于22日下午1时正送达中国香港A商行。在此期间因木材价格上涨，中国香港A商行于22日上午9时15分向中国香港电报局交发电报，其电文如下：“由于木材价格上涨，我10月20日电发盘撤销。”A商行的电报于22日上午11时20分送达B公司。问题：(1) 根据有关国际贸易法律，A公司是否已成功地撤销了10月20日的发盘？为什么？(2) A公司与B公司之间是否已成立了合同？为什么？

3. 实训的组织形式和要求

(1) 组织形式。

将全班学生分成小组，以通过小组讨论形式完成本节实训。

(2) 实训要求。

分小组讨论国际货物买卖的基本程序、交易前准备的内容、交易磋商与订立合同的程序。重点研究案例，并将各小组的分析结果推荐代表在全班讨论时发言，在此基础上各人拿出自己的案例分析报告。

第十六章

国际贸易合同的履行

学习要点

1. 了解进出口合同履行的一般程序，掌握进出口合同的履行必要环节，尤其是出口业务流程及注意事项；
2. 了解主要进出口结付汇单据的种类，掌握各种单据的缮制，能够正确、顺利地履行进出口合同以及进行相关案例分析。

引言

在国际贸易中，买卖双方通过洽商交易达成协议后，按国际贸易的一般习惯做法，大都需要签订一定格式的书面合同，以作为约束双方的法律依据。在交易双方所订立的买卖合同中，都规定了合同双方当事人的权利和义务。由于交易对象、成交条件及所选用的惯例不同，每份合同中规定的当事人的基本义务却是相同的。《联合国国际货物销售合同公约》规定：卖方的基本义务是，按合同和公约规定交付货物，移交与货物有关的各项单据并转移货物的所有权；买方的基本义务是，按合同和公约规定支付货款和收取货物。

国际货物买卖合同是对买卖双方具有法律约束力的文件，合同一旦成立，买卖双方均应按照合同规定履行自己的义务，以不同交易条件订立的合同，履行合同的程序也各不相同。

第一节 出口合同的履行

在我国出口贸易中，多数按 CIF 贸易术语条件成交合同，并按信用证支付方式收款，履行这种出口合同，涉及面广，工作环节多，手续繁杂，且影响履行的因素很多，为了提高履约率，各出口企业必须加强同有关部门的协作与配合，力求把各项工作做到精确细致，尽量避免出现脱节情况，做到环环扣紧，井然有序。

履行出口合同的程序，一般包括备货、催证、审证、改证、租船、订舱、报关、报验、保险、装船、制单、结汇等工作环节。在这些工作环节中，以货（备货）、证（催证、审证和改证）、船（租船）、款（制单结汇）4 个环节的工作最为重要。只有做好这些环节的工作，才能防止出现“有货无证”“有证无货”“有货无船”“有船无货”“单证不符”或违反装运期等情况。根据我国对外贸易长期实践经验，履行出口合同时，应做好下述各环节的工作。

一、备货与报验

备货工作是指卖方根据出口合同的规定，按时、按质、按量地准备好应交的货物，并做好申请报验和领证工作。

（一）备货

备货是进出口公司根据合同和信用证规定，向生产加工及仓储部门下达联系单（有些公司称其为加工通知单或信用证分析单等）要求有关部门按联系单的要求，对应交的货物进行清点、加工整理、刷制运输标志以及办理申报检验和领证等项工作。在备货过程中，应注意的问题有：货物的品质、规格应保证与合同规定一致；货物的数量应满足合同和信用证的要求并适当留有余地；货物的包装、运输标志应保护商品和适应运输的要求。另外，备货时间也应合理安排，以利于船货衔接。

（二）报验

凡属国家规定，或合同规定必须经中国进出口商品检验局检验出证的商品，在货物备齐后，应向商品检验局申请检验，只有取得商检局发给合格的检验证书，海关才准放行。

凡经检验不合格的货物，一律不得出口。

申请报验时，应填制“出口报验申请单”，向商检局办理申请报验手续，该申请单的内容一般包括品名、规格、数量或重量、包装和产地等项。在提交申请单时，应随附合同和信用证副本等有关文件，供商检局检验和发证时作参考。

当货物经检验合格，商检局发给检验合格证书，出口企业应在检验证规定的有效期内将货物装运出口，如在规定的有效期内不能装运出口，应向商检局申请展期，并由商检局进行复验，复验合格后，才准予出口。

二、催证、审证和改证

当采用信用证为支付方式时，出口商为了维护自己的权益，必须做好对信用证的掌握、管理和使用，这包括催证、审证和改证。

（一）催证

在出口合同中，买方应严格按照合同的规定按时开立信用证，这是卖方履约的前提。但在实际业务中，有时国外进口商在遇到市场发生变化或资金发生短缺的情况时，往往会拖延开证。对此，我们应催促对方迅速办理开证手续。必要时，也可请我国驻外机构或有关银行协助代为催证。

（二）审证

信用证是依据合同开立的，信用证内容应该是与合同条款一致的。但在实践中，由于种种因素，如工作的疏忽、电文传递的错误、贸易习惯的不同、市场行情的变化等，往往会出现开立的信用证条款与合同规定不符。为确保收汇安全和合同顺利执行，我们应该依据合同进行认真的核对与审查。

在实际业务中，通常是由银行和进出口公司共同承担审证任务。其中，银行着重审核开证行的政治背景、资信能力、付款责任和索汇路线等方面的内容；进出口公司则着重审核信用证内容与买卖合同是否一致。

1. 银行审核的重点

（1）从政策上审核。来证各项内容应该符合我国的政治与经济方针政策，不得有歧视性内容，否则应根据具体情况向有关方交涉。

（2）开证行资信的审核。为了保证安全收汇，对开证行所在国家的政治经济情况、开证行的资信，以及经营作风等必须进行审查，对于资信不佳的银行，应酌情采取适当措施。

（3）对信用证的性质和开证行付款责任的审核。来证不应标明“可撤销”的字样，同时在证内载有开证行保证付款的文句。对有些国家的来证，虽然注明有“不可撤销”的字样，但在证内对开证行付款责任方面加列“限制性”条款或“保留”条件的条款，受益人必须特别注意，必要时应要求对方进行修改。

2. 出口公司审核的要点

（1）对信用证本身说明的审核。这其中包括信用证金额应与合同金额相一致。如合同订有溢短装条款，信用证金额亦应包括溢短装部分的金额。信用证金额中单价与总值要填写正确。来证所采用的货币应与合同规定相一致。

（2）对信用证有关货物记载的审核。证中有关商品名称、规格、数量、包装、单价等项内容必须和合同规定相符，特别是要注意有无特殊条件。另外，还应注意对装运期、装卸港口、运输方式、可否分批装运转船等内容的审查。

（3）对单据的审核。单据中主要包括商业发票、提单、保险单等。对于来证中要求提供的单据种类和份数及填制方法等，要进行仔细审核，如发现有不正常规定，例如要求商业发票或产地证明须由国外第三者签证等字样，都应慎重对待。

（4）对信用证有关时间说明的审核。装运期必须与合同规定一致，如国外来证晚，无法按期装运，应及时电请国外买方延展装运期限。信用证有效期一般应与装运期有一定的合理间隔，以便在装运货物后有足够时间办理制单结汇工作。关于信用证的到期地点，通常要求规定在中国境内到期。

（三）改证

在审证过程中如发现信用证内容与合同规定不符，应区别问题的性质，分别同有关部门研究，做出妥善的处理。一般来说，如发现我方不能接受的条款，应及时提请开证人修改，在同一信用证上如有多处需要修改的，应当一次提出。对信用证中可改可不改的，或经过适当努力可以办到而并不造成损失的，则可酌情处理。对通知行转来的修改通知书内容，如经审核不能接受时，就及时表示拒绝。如一份修改通知书中包括多项内容，只能全部接受或全部拒绝，不能只接受其中一部分，而拒绝另一部分。如下例：

（1）装运日期和有效日期的延展：（Shipment and validity extended to 31 March 2015 and 15 April 2015 respectively.）

（2）金额与货物数量之增减：[L/C increased（decreased）by（USD 10 000.00）to USD60 000.00 and quantity Of commodities increased（decreased）by 100 metric tons to 600 metric tons.]

三、租船订舱与保险

进出口公司在出运货物之前，须做好租船订舱，办理出口报关、投保等工作。

（一）租船订舱

按 CIF 或 CFR 条件成交时，卖方应及时办理租船订舱工作。如系大宗货物，需要办理租船手续；如系一般杂货则需洽订舱位。各外贸公司洽订舱位需要填写托运单（Shipping Note），船方根据托运单内容，并结合航线、船期和舱位情况，如认为可以承运，即在托运单上签单，留存一份，退回托运人一份。船公司或其代理人在接受托运人的托运申请之后，即发给托运人装货单（Shipping Order），凭以办理装船手续。货物装船以后，船长或大副则应该签发收货单，即大副收据（Mate's Receipt）作为货物已装妥的临时收据，托运人凭此收据即可向船公司或其代理人交付运费并换取正式提单。

（二）报关

出口货物在装船运之前，需向海关办理报关手续。出口货物办理报关时，必须填写出口货物报关单，必要时还需要提供出口合同副本、发票、装箱单、重量单、商品检验证书，以及其他有关证件。海关查验有关单据后，即在装货单上盖章放行，凭以装船出口。

（三）投保

凡是按 CIF 价格成交的出口合同，卖方在装船前，须及时向保险公司办理投保手续，填制投保单。出口商品的投保手续，一般都是逐笔办理的，投保人在投保时，应将货物名称、保额、运输路线、运输工具、开航日期、投保险别等一一列明。保险公司接受投保后，即签发保险单或保险凭证。

四、制单结汇

出口货物装船之后，出口公司即应按信用证的规定，正确缮制各种单据，在信用证规定的交单有效期内，递交银行办理议付结汇手续，这个过程称为制单结汇。在出口业务中，制单结汇是一个非常重要的环节。在制单过程中，银行对这些单据审核无误后，才向出口方支付货款。即相符交单，才能取得货款。根据《UCP600》的定义："相符交单"指与信用证条款、本惯例的相关适用条款以及国际标准银行实务一致的交单。因此，制单的好坏直接关系到出口方能否安全及时收汇。

（一）结汇办法

在我国出口业务中，使用议付信用证比较多。对于这种信用证的出口结汇办法，主要有 3 种：收妥结汇、定期结汇和买单结汇。

1. 收妥结汇

又称先收后结，是指出口地银行收到受益人提交的单据，经审核确认与信用证条款规定相符后，将单据寄给国外付款行索偿，待付款行将外汇划给出口地银行后，该行再按当日外汇牌价结算成人民币交付给受益人。

2. 定期结汇

是指出口地银行在收到受益人提交的单据经审核无误后，将单据寄给国外银行索偿，并自交单日起在事先规定期限内将货款外汇结算成人民币贷记受益人账户或交付给受益人。此项期限视不同国家地区，根据银行索汇邮程的时间长短分别确定。

3. 买单结汇

又称出口押汇或议付，是议付行在审核单据后确认受益人所交单据符合信用证条款规定的情况下，按信用证的条款买人受益人的汇票和（或）单据，按照票面金额扣除从议付日到估计收到票款之日的利息，将净数按议付日人民币市场汇价折算成人民币，付给信用证的受益人。出口押汇是真正意义上的议付。根据《UCP600》的规定，"议付"指"指定银行在相符交单下，在其应获偿付的银行工作日当天或之前向受益人预付或者同意预付款项，从而购买汇票（其付款人为指定银行以外的其他银行）及（或）单据的行为"。因此，银行如仅仅审核单据而不付出对价不能构成议付。如前所述，"买单结汇"是议付行向信用证受益人提供了资金融通，有利于扩大出口业务。在实际业务中，由于主客观原因，发生单证不符的情形是难以完全避免的。

（二）单证不符的业务处理

在实际业务中，单证不符情况时有发生。如果交单行发现不符点，首先争取时间修改单据，使其与信用证和其他惯例相符。如果来不及修改，视具体情况，通常议付行对不符点单据有以下几种处理方法。

1. 表提

表提是指议付行把不符点列在寄单函上，征求开证行意见，由开证行接洽申请人是否付款，接到肯定答复后，议付行即行议付；如果申请人不予接受，开证行退单，议付行照样退单给收益人。表提一般适用于单证不符点并不严重或虽然是实质性不符，但事先已经进口商确认可以接受的情形。

2. 电提

电提又称电报提出，即在单证不符情况下，议付行暂不向开证行寄单，而是用电传通知开证行单据不符，如开证行同意付款，再行议付并寄单，若不同意，受益人及早收回单据，设法改正。

3. 跟单托收

如出现单、证不符，议付行不愿用表提或电提方式征询开证行的意见，在此种情况下，信用证就会彻底失效。出口企业只能采用托收方式，委托银行寄单代收货款。

至于国外开证行提出的不符点，处理则不同。我们知道对于包含有不符点的单据拒付是国际惯例赋予开证行的权利。信用证是开证行有条件的付款承诺，只要单证相符，开证行必须付款，但一旦单据有不符点，开证行有权向提交单据的一方提出不符点而解除自己的付款责任，这也是开证行保护自己的一种做法。拒付后将不符点提示给开证申请人，作为受益人应该做到如下几点：

（1）认真审核不符点。审核不符点是否成立，要求审核者通晓国际惯例，并有丰富的国际结算经验和熟练的技巧，对此公司可以咨询银行。一般来说，审核不符点包括以下内容：

1）以国际惯例和国际标准银行惯例为依据，看开证行所提的不符点是否成立。

2）看开证行提出不符点的前提是否满足。根据国际惯例，开证行提出不符点有以下要求：①在合理的时间内提出不符点，即在开证行收到单据次日起算的 7 个工作日之内向单据的提示者提出不符点；②无延迟地以电信方式，如做不到，须以其他快捷方式将不符点通知提示者；③不符点必须一次性提出，即如第一次所提不符点不成立，即使单据还存在实质性不符点，开证行也无权再次提出；④在通知不符点的同时，必须说明单据代为保管听候处理，或径退交单者。以上条件必须同时满足，如有一项条件开证行未做到，开证行便无权声称单据有不符点而拒付。

（2）研究是否可以换单。根据国际惯例，如果单据确实存在不符点，开证行并已就此提出拒付，只要受益人改正的单据在信用证规定的有效期和议付期内提交到指定银行，且新提交的单据没有新的不符点，则视为单据不存在不符点，开证行必须付款。

（3）密切关注货物下落。在信用证业务中，相关各方处理的是单据，而不是与货物有关的货物或服务，所以《UCP600》规定，银行拒付后必须要么持单听候指示，要么将单据径退交单者，也即是说开证行拒付后不经受益人或议付行同意，不得擅自向开证申请人放单，否则其必须付款。另外，关注货物下落还可以了解到开证申请人是否已凭开证行的提货担保提取货物。

（4）积极与开证申请人洽谈。

（5）降价或另寻买主。如果不符点确实是成立的，且货物质量有缺陷，要降价和积极联系新的买主。

（6）退单退货。在开证行提出实质性不符点、拒付行为又很规范、与客户交涉不力、寻找新买主而不得的情况下，就只有退单退货一条路了。

五、出口收汇核销和出口退税

外汇核销与出口退税是保证出口企业取得预期经济效益的关键。

（一）出口收汇核销

出口收汇核销是指对每笔出口收汇进行跟踪，直到收回外汇为止。我国从 1995 年 7 月开始采取事后监督与事前监督并举的方式，将外汇管理局、银行、税务、海关及出口企业有机地结合起来，防止出口单位高报出口价格骗税的行为。

根据国务院建设“中国电子口岸”的文件精神，由海关总署、外经贸部、国家税务总局、国家工商行政管理局、国家外汇管理局、国家出入境检验检疫局、信息产业部等部门联合开发建设的电子口岸部分联网应用项目已于 2001 年 6 月在全国推广。电子口岸通过联网的方式，为外管局、海关、税务等有关部门和进出口企业提供口岸业务综合服务。通过电子口岸的出口收汇系统和企业管理系统，企业可以在网上向有关管理部门申领核销单、办理核销单交单以及挂失等系列操作。

“中国电子口岸”管理系统的出口收汇流程及相关业务如下：

（1）上网领单。用企业操作员卡在网上申领核销单。领单数量依据外管局原核销系统记录的可发单数量，发给企业核销单，即企业领单数不能超过原系统记录的可发单数，由企业核销员到外管局领取新版核销单。

（2）口岸备案。由企业操作员在网上输入口岸代码，进行企业备案。

（3）出口交单。在办理核销之前，操作员在网上进行交单。

（4）收汇核销。在网上交单后，到外管局办理书面核销。核销需要出口收汇核销单、报关单、收汇水单及出口发票等单据。即期业务在 90 天内办理核销；远期业务必须提交出口合同，在外管局办理远期收汇备案。丢失空白核销单在网上及外管局同时挂失，破损的核销单必须到外管局注销。若逾期未收汇，出口单位应及时向外汇管理局以书面形式申报逾期未收汇的原因，由外汇管理局视情况处理。2012 年，国家外汇管理局、海关总署和国家税务总局联合颁布《关于货物贸易外汇管理制度改革的公告》（国家外汇管理局公告 2012 年第 1 号），决定自 2012 年 8 月 1 日起在全国范围内实施货物贸易外汇管理制度改革，并相应调整出口报关流程、简化出口退税凭证，出口外汇核销手续将彻底废除。

（二）出口退税

出口退税是指一个国家为了扶持和鼓励本国商品出口，将所征税款退还给出口商的一种制度。出口退税是提高货物的国际竞争能力，符合税收立法及避免国际双重征税的有力措施。我国也实行出口退税政策。对出口的已纳税产品，在报关离境后，将其在生产环节已纳的消费税、增值税退还给出口企业，使企业及时收回投入经营的流动资金，加速资金周转，降低出口成本，提高企业经济效益。

1. 退税的基本条件

必须是报关离境的出口货物；必须是财务上做出口销售处理的货物；必须是属于增值税、消费税征税范围的货物。

2. 退税凭证

（1）增值税专用发票（税额抵扣联）或普通发票。

（2）税收（出口货物专用）缴款书或“出口货物完税分割单”。

（3）出口销售发票和销售明细账。

（4）出口货物报关单（出口退税联）。

（5）出口收汇核销单（出口退税专用）。

3. 退税程序

出口企业设专职或兼职办理出口退税人员，按月填报出口货物退（免）税申请书，并提供有关凭证，先报外经贸主管部门稽查签章后，再报国税局进出口税收管理分局办理退税。目前，出口报关单、出口收汇核销单、出口税收缴款书已经全国联网，缺少其中一个信息，即不能退税。

第二节　进口合同的履行

我国进口货物，大多数是按 FOB 条件并采用信用证付款方式成交，按此条件签订的进口合同，其履行的一般程序包括：开立信用证、租船订舱、接运货物、办理货运保险、审单付款、报关提货、验收与拨交货物和办理索赔等。现分别加以介绍和说明。

一、开立信用证

买方开立信用证是履行合同的前提条件，因此，签订进口合同后，应按合同规定办理开证手续。如合同规定在收到卖方货物备妥通知或在卖方确定装运期后开证，我们应在接到上述通知后及时开证；如合同规定在卖方领到出口许可证或支付履约保证金后开证，我们应在收到对方已领到许可证的通知，或银行告知履约保证金已收讫后开证。买方向银行办理开证手续时，必须按合同内容填写开证申请书，银行则按开证申请书内容开立信用证，因此，信用证内容是以合同为依据开立的，它与合同内容应当一致。

卖方收到信用证后，如提出修改信用证的请求，经我方同意后，即可向银行办理改证手续。最常见的修改内容有：展延装运期和信用证有效期、变更装运港口等。

开立信用证应该注意的问题：

（1）信用证的内容必须符合进口合同的规定。

（2）信用证的开证时间应该按照合同规定办理。

（3）单据条款要明确，文字要力求完整、准确。

二、派船接运货物

按 FOB 条件签订进口合同时，应由买方安排船舶，如买方自己没有船舶，则应负责租船订舱或委托租船代理办理租船订舱手续。当办妥租船订舱手续后，应及时将船名及船期通知卖方，以便卖方备货装船，避免出现船等货的情况。

买方备妥船后，应做好催装工作，随时掌握卖方备货情况和船舶动态，催促卖方做好装船准备工作。对于数量大或重要的进口货物，必要时，可请我驻外机构就地协助了解和督促对方履约。国外装船后，卖方应及时向我方发出装船通知，以便我方及时办理保险和接货等项工作。

三、办理货运保险

在 FOB 或 CFR 交货条件下的进口合同，保险由买方办理。由于同中国人民保险公司签订了预约保险合同，其中对各种货物应保的险别作了具体规定，故投保手续比较简便。

按照预约保险合同的规定，所有按 FOB 及 CFR 条件进口货物的保险，都由保险公司承保。因此，当我方进口货物并收到国外装运通知后，应及时将船名、提单名、开航日期、装运港、目的港以及货物的名称和数量等内容通知中国人民保险公司，办妥投保手续。保险公司即按预约保险合同的规定对货物负自动承保的责任。

四、审单与付汇

银行收到国外寄来的汇票及单据后，对照信用证的规定，核对单据的份数和内容。如内容无误，即由银行对国外付款。同时进出口公司用人民币按照国家规定的有关折算的牌价向银行买汇赎单。进出口公司凭银行出具的“付款通知书”向用货部门进行结算。如审核国外单据发现证、单不符时，应做出适当处理。处理办法很多，例如：停止对外付款；相符部分付款，不符部分拒付；货到检验合格后再付款；凭卖方或议付行出具担保付款；要求国外改正；在付款的同时，提出保留索赔权等。

五、报关、验收和拨交

（一）报关提货

进口货物到货后，由进出口公司或委托外贸运输公司根据进口单据填写“进口货物报关单”向海关申请，并随附发票、提单及保险单。如属法定检验的进口商品，还须随附商品检验证书。货、证经海关查验无误，才能放行。

（二）验收和拨交货物

进口货物运达港口卸货时，港务局要进行卸货核对。如发现短缺，应及时填制“短卸报告”交由船方签认，并根据短缺情况向船方提出保留索赔权的书面声明。卸货时如发现残损，货物应存放于海关指定仓库，待保险公司会同商检局检验后做出处理。

在办完上述手续后，进出口公司可自行或委托货运代理提取货物并拨交给订货部门。货运代理通知订货部门在目的地办理收货手续，同时，通知进出口公司代理手续已办理完毕。

六、进口索赔

进口商品常因品质、数量、包装等不符合合同的规定，而需向有关方面提出索赔。根据造成损失原因的不同，进口索赔的对象主要有 3 个方面：向卖方索赔，向轮船公司索赔，向保险公司索赔。

（一）向卖方索赔

凡属下列情况，都应向卖方索赔。如：原装数量不足；货物的品质、规格与合同规定不符；包装不良导致货物受损；未按期交物或拒不交货等。

（二）向轮船公司索赔

凡是下列情况，都应该向轮船公司索赔。如：货物数量少于提单所载数量；提单是清洁提单，而货物是残缺的，并属于船方过失所致；货物所受的损失，根据租船合约有关条款应由船方负责的等。

（三）向保险公司索赔

凡属下列情况者，均可以向保险公司索赔。如：由于自然灾害、意外事故或运输中其他事故的发生使货物受损，且属于承保险别范围以内的；凡属轮船公司不予赔偿或赔偿金额不足以抵补损失的部分，且属于承保险别范围以内的。

在进口业务中，办理对外索赔时，应该注意以下事项：

1. 索赔证据

对外索赔需要提供的证件，首先应制备索赔清单，随附商检局签发的商检证书、发票、装箱单、提单副本。其次，对不同的索赔对象还要附有关证件（具体内容见教材其他章节内容）。

2. 索赔金额

索赔金额除受损商品的价值之外，有关的费用也可以提出。

3. 索赔期限

索赔必须在合同的索赔有效期限内提出，过期无效。若商检工作可能需要更长的时间，可以向对方要求延长索赔期限。

4. 关于卖方的理赔责任

进口货物发生损失，除属于轮船公司及保险公司的赔偿责任外，如属卖方必须直接承担的责任，应直接向卖方要求赔偿，防止卖方制造借口来推卸理赔责任。

第三节　主要进出口单据

一、主要进出口操作单据

（一）报验单

报验单也称检验申请单，是指根据我国商检法规定，针对法定检验的进出口货物向指定商检机关填制和申报货物检验的申请单。其内容一般包括品名、规格、数量（或重量）、包装、产地等项。如需有外文译文时，应注意使中、外文内容一致。

在填制和提交“出口检验申请单”时，要注意按一种商品，一次出运，两个收货人为一批，填写一张出口检验申请单。一般还应附上合同和信用证副本等有关凭据，供商检局检验和发证时参考。

在填写和提交“进口检验申请单”时，国内外贸企业一般应随附货物买卖合同、国外发票、提单、装箱单、重量明细单、质量保证书和国外检验证书等资料。

（二）报关单

报关单是向海关申报进出口货物，供海关验关估税和放行的法定单据，也是海关对进出口货物统计的原始资料。根据货物进出口的情况，又分为《出口货物报关单》和《进口货物报关单》。其主要填写项目为：经营单位、贸易性质、贸易国别（地区）、原产国别（地区）、货名、规格及货号、成交价格、数量等。

出口货物报关单综合了出口发票有关货物的各项记载和托运单上运输事项的记载，此外还设有“海关统计商品编号”和“离岸价格”等栏目，前一栏目须按《中华人民共和国海关统计商品目录》的规定填制，后一栏目须将不同价格条件、不同币种的出口金额减除运费、保险费、佣金和折扣等，以 FOB 净额按国家外汇管理局核定的各种货币对美元统一折算率折算后填报，以利于海关统计汇总。

在提交进出口货物报关单时，一般还须按规定随附如下文件或单证：进出口许可证或批准文件、进出口货物提货单、装货单或运单；进出口货物发票、进出口货物装箱单、减税、免税或免验的证明文件，必要时还须附上货物买卖合同、产地证明等有关单证。

（三）投保单

投保单是进出口企业向保险公司对运输货物进行投保的申请书，也是保险公司据以出立保险单的凭证，保险公司在收到投保单后即缮制保险单。

投保单一般在逐笔投保方式下采用。进出口企业在投保单中要填制的内容包括货物名称、运输标志、包装及数量、保险金额、保险险别、运输工具、开航日期、提单号等。

（四）货物托运单

货物在办理运输过程中需要缮制托运单据，不同运输方式或运输工具使用不同格式的托运单。现分别介绍如下。

1. 海运托运单

出口企业填写托运单（Booking Note，B/N），作为订舱依据。所谓托运单，是指托运人（发货人）根据买卖合同或信用证条款内容填写的向承运人（货运服务机构、船公司或装运港的船方代理人）办理货物托运的单证。

承运人根据托运单内容，并结合船舶的航线、挂靠港、船期和舱位等条件考虑，认为合适后，即接受这一托运，并在托运单上签章，留存一份，退回托运人一份。至此，订舱手续即告完成，运输合同即告成立。

货运服务机构、船公司或其代理人在接受托运人的托运单证后，即发给托运人装货单（Shipping Order，S/O）。装货单俗称下货纸，其作用有三：第一，通知托运人货物已备妥××航次××船，及装货日期，让其备货装船；第二，便于托运人向海关办理出口申报手续，海关凭此验放货物；第三，作为命令船长接受该批货物装船的通知。

海洋运输按运输工具不同有两种运输方式：一种是传统的散货运输；另一种是现代化的集装箱运输。海运托运单又根据这两种不同运输方式分为以下两种：

（1）散货运输托运单。是在装货单（Shipping Order）和大副收据（Mate's Receipt）基础上发展而成的一种多功能单据，一套 12 联。其内容包括目的港、运输标志、件数和包装式样、货名、运费到付或运费预付、重量、尺码、可否转船、可否分批、装运期和有效期等。

（2）集装箱货物托运单。是指集装箱运输专用出口单证。标准格式一套共 12 联，性质与散装运输托运单相同，此套单据的核心是装货单和场站收据（Dock Receipt），其内容与散装运输托运单基本相同。

2. 陆运托运单

陆运托运单指陆上火车运输主要分沪港联运和国际联运。两者都纳入货运代理人，如外运公司的货运代理业务范围。为简化工作，各出口单位一般以发票代托运单，但发票上必须加注必要的项目，如编号、装运期、有效期、可否分批等，并随附出口报关单、出口收汇核销单、出仓（提货）单等报运的有关单证。

3. 空运托运单

中国民用航空局制定有统一的国际货物托运书（Shipper's Letter of Instruction），其内容与海运托运单大同小异，与陆运托运单类似。

（五） 大副收据

在海运中，货物装船之后，即由船长或大副签发收货单，也被称为大副收据。收货单是船公司签发给托运人的表明货物已装船的临时收据，托运人凭收货单向外轮代理公司交付运费并换取正式提单。收货单上如有大副批注，则在换取提单时，将该项大副批注转注在提单上。

（六） 出口收汇核销单

1991 年 1 月 1 日起，我国实施出口收汇核销制度，即对出口货物实行“跟踪结汇”，出口收汇核销单是“跟踪结汇”的管理手段。进出口企业在货物出口前应事先向当地外汇管理局申请领取出口收汇核销单。出口企业应如实填写有关货物出口的情况，货物报关验放后，海关在核销单上盖章，并与报关单上盖有“放行”图章的一联一起退出口单位，由出口单位附发票等文件送当地外汇管理部门备案。待收汇后，在结汇水单或收账通知单上填写核销单号码，向外汇管理部门销案。自 2012 年 8 月 2 日起出口外汇核销手续彻底废除。

（七） 出口货物退税单

即出口货物报关单中的退税专用联，格式与出口货物报关单完全相同，但纸张为黄色，通关时由海关盖章表示货物业已出口，出口单位可凭此联作为证明，按规定时期向主管退税的税务机关，申请退还本批出口货物所征纳过的产品税或增值税。

二、主要进出口结付汇单据

国际贸易出口履约中对结汇单据总的要求是：正确、完整、及时、简明和整洁。

现对几种主要结汇单据及制单时应注意的问题，扼要介绍如下。

（一） 汇票

汇票（Bill of Exchange）的作用和内容已在第十二章中作了介绍，这里仅介绍缮制汇票时应注意的问题。

1. 付款人

采用信用证支付方式时，汇票的付款人应按信用证的规定填写，如来证没有具体规定付款人名称，一般可理解为付款人是开证行。如果是采取托收方式，一般汇票的付款人是进口商。

2. 收款人

除个别情况另有规定外，无论是信用证付款方式，还是其他付款方式，如托收，汇票的收款人一般作成凭指示抬头（Pay to Order），由收款银行指示将该货款打入出口公司的银行账号。

3. 开具汇票的依据

开具汇票的依据，作为出票条款的内容，一般指的是开具汇票的具体原因。如属于信用证方式付款的凭证之一，应按照来证的规定文句填写。如信用证内没有规定具体文句，可在汇票上注明开证行名称、地点、信用证号码及开证日期。如属于托收方式下付款的凭证之一，则应在汇票上注明有关合同号码等。

汇票一般开具一式两份，两份具有同等效力，其中一份付讫，另一份自动失效。

（二）发票

1. 主要的发票种类

我国进出口贸易中使用的发票主要有商业发票、海关发票、形式发票、领事发票及厂商发票等。

（1）商业发票。

商业发票（Commercial Invoice）是卖方开立的载有货物名称、数量、价格等内容的清单，作为买卖双方交接货物和结算货款的主要单证，也是进出口报关完税必不可少的单证之一。我国各进出口公司的商业发票没有统一格式，但主要项目基本相同，其中包括：发票编号、开票日期、数量、包装、单价、总值和支付方式等项内容。

商业发票是出口商对所装运货物的情况进行详细描述，并凭以向买方收取货款的一种价目总清单，是全套进出口单据的核心。商业发票使进口商对货物的品名、规格、单价、数量、总价等能够有一个全面的了解，并凭以对货物进行验收与核对。同时，商业发票也是进出口商记账、收付汇、进出口报关及海关统计的依据。在不需要出具汇票时，还可以作为买方支付货款的依据。

（2）海关发票。

海关发票（Customs Invoice）是根据某些国家海关的规定，由出口商填制的供进口商凭以报关用的特定格式的发票。同时也供进口国海关核定货物原产地，以采取不同的国别政策。

（3）形式发票。

形式发票（Proforma Invoice）是出口商向进口商发出的有关货物名称、规格、单价等内容的非正式的参考性发票，供进口商申请进口批汇之用。它只能算是一种简式合同，不能用于托收和议付。

（4）领事发票。

领事发票（Consular Invoice）是拉美、菲律宾等国为了解进口货物的原产地、货物有无倾销等情况而制定的，由进口国驻出口国领事签证的发票，作为征收进口关税的前提，同时也作为领事馆的经费来源。

（5）厂商发票。

厂商发票（Manufacturer's Invoice）是进口国为确定出口商有无倾销行为，以及为了进行海关估价、核税和征收反倾销税，而由出口货物的制造厂商所出具的，以本国货币计算的，用来证明出口国国内市场出厂价的发票。

2. 制作商业发票时应注意的问题

（1）出口商名称及地址。信用证中一般表示为“BENEFICIARY：××”。通常出口商名称及地址都已事先印好。

（2）单据名称。商业发票上应明确标明“INVOICE”（发票）或“COMMERCIAL INVOICE”（商业发票）字样。

（3）发票抬头。除信用证有其他要求之外，发票抬头一般缮制为开证申请人(Applicant)。信用证中一般表示为“FOR ACCOUNT OF ××”或“ TO THE ORDER OF ××”中“××”部分。

（4）发票号码。发票号码一般由出口商按统一规律自定。

（5）发票日期。发票日期最好不要晚于提单的出具日期。根据《UCP600》的规定，发票出具日期可以早于信用证开立日期，但必须在信用证及《UCP500》惯例规定的期限内提交。

（6）合同及信用证号码。要根据实际填写。

（7）装运港和目的港。一般只简单地表明运输路线及运输方式，如 FROM ×× TO ×× BY SEA/AIR。

（8）唛头。一般由卖方自行设计，但若合同或信用证规定了唛头，则须按规定。若无唛头，应注明“N/M”。

（9）货物描述。必须与信用证中的货物描述完全一致，必要时要照信用证原样打印，不得随意减少内容，否则有可能被银行视为不符点。但有时信用证货物描述的表述非常简单，此时按信用证打印完毕后，再按合同要求列明货物具体内容。

（10）数量。按合同标明装运货物数量，必须标明数量单位。

（11）单价、总价。对应不同货物标明相应单价，注意货币单位及数量单位。总价即实际发货金额，应与信用证规定一致，同时还应注明贸易术语。

（12）签字盖章。若信用证要求“SIGNED INVOICE”，就要求出口商签字或加盖图章；否则，按《UCP500》的规定，发票可不需签章。

（13）其他。有些国家对商业发票有特殊要求，如必须在商业发票上注明船名、重量、“无木制包装”等字样，需根据具体业务及信用证要求具体对待。

【例】商业发票的参考样式如下所示：

（三）海运提单

提单（Ocean Bill of Lading）是各项单据中最重要的单据，在制作提单的过程中，必须注意以下几个问题。

1. 提单的种类

国外来证均要求提供“清洁、已装船”提单。如来证未规定可否转船，按照银行惯例，银行可以接受转船提单或联运提单。

××工艺品进出口公司
××ARTS AND CRAFTS IMP. & EXP. CO.
301 SAN TIAO XIANG，CHAOZHOU，GUANGDONG，CHINA

COMMERCIAL INVOICE

TO：INTERATIONAL TRADING AND RE-EXPORT CO.
PO. BOX 1147. AMMAN-JORDAN

INVOICE NO：SELL001

FAX：623267

DATE：before 20100715

TEL：630353

D/C NO：DCFJOM970603

ISSUING BANK：BRITISH BANK OF THE MIDOLE EAST，JEBEL HUSSEIN，AMMAN，JORDAN

S/C NO：97ACX417

L/C NO.：202－612－1068

FROM：CHAOZHOU　　TO：AQABA　BY SEA				
MARKS	DESCRIPTION OF GOODS	QUANTITY	UNIT PRICE	AMONT
CIF AQABA JORDAN				
N/M	"EVA" SLIPPER MODEL DO27 SIZE 36—40 MODEL DO02 SIZE 30—35 ALL IN 4 ASSORTED COLOKS， LIGHT BLUE，RED， PINK AND VILLET	24 000 PAIRS 24 000 PAIRS	USD0.545/PAIRS USD0.545/PAIRS	USD3 080.00 USD13 080.00
TOTAL：48 000 PAIRS	USD 26 160.00			

ADDITIONAl CONDITIONS：
1) "MADE IN CHINA" IS STICKED ON EACH PAIR SLIPPER
2) THE CARTON SIZE ASSORTMENT IS AS FOLLOWS：
FOR SIZE 36—40：36/6，37/12，38/15，39/15，40/12，EQUAL 60 PAIRS.
FOR SIZE 30—35：30/8，31/8，32/10，33/10，34/12，35/12，EQUAL 60PAIRS.
3) ALL THE GOODS ARE OF CHINESE ORIRING. ××工艺品进出口公司
××ARTS AND CRAFTS IMP. & EXP. CO.

2. 提单的收货人

提单的收货人（Consignee），习惯上称为抬头人。在信用证或托收支付方式下，绝大多数的提单都做成"凭指定"（To Order）抬头或者"凭发货人指定"（To Order of Shipper）抬头。这种提单必须经发货人背书，才可流通转让；也有的要求做成"凭××银行指定"（To Order of ×× Bank），一般是规定凭开证行指定。

3. 提单的货物名称

提单上有关货物名称可以用概括性的商品统称，不必列出详细规格，但应注意不能与来证所规定的货物特征相抵触。

4. 提单的运费项目

如 CIF 或 CFR 条件，在提单上应注明“运费已付”(Freight Prepaid)；如成交价格为 FOB 条件，在提单上则注明“运费到付”(Freight to Collect)。除信用证内另有规定外，提单上不必列出运费的具体金额。

5. 提单上的目的港和件数

提单上的目的港和件数，原则上应和运输标志上所列的内容相一致。对于包装货物在装船过程中，如发生漏装少量件数，可在提单上运输标志件号前面加“EX”字样，以表示其中有缺件，例如：“EX NOs. 1—100”。

6. 提单的签发份数

根据《跟单信用证统一惯例》的规定，银行接受全套正本仅有一份的正本提单，或一份以上正本提单。如提单正本有几份，每份正本提单的效力是相同的，但是，只要其中一份凭以提货，其他各份立即失效。因此，合同或信用证中规定要求出口商提供“全套提单”(Full Set or Complete Set B/L)，就是指承运人在签发的提单上所注明的全部正本份数。

7. 提单的签署人

如信用证要求港到港的海运提单，银行将接受由承运人或作为承运人的具名代理或代表，或船长或作为船长的具名代理或代表签署的提单。

8. 有关装运的其他条款

买方有时限于本国法令，或为了使货物迅速到达或其他原因，在来证中加列其他装运条款，并要求出口商照办。如要求出口商提供航线证明、船籍证明、船龄证明，或者指定装运船名、指定转运港、指定用集装箱货轮等。对上述各项要求，应按照有关规定，并结合运输条件适当掌握。如属不合理的或者买方难以办到的运输条款，必须向买方提出修改信用证。

(四) 保险单

按 CIF 术语成交时，卖方应代为买方办理保险并提供保险单。保险单 (Insurance Policy) 的内容应与有关单证的内容相符。

(1) 保险单的被保险人应是信用证上的受益人，并加空白背书，便于办理保险单转让。

(2) 保险险别和保险金额应与信用证规定一致。在单据的表面上对 CIF 和 CIP 的金额能够被确定时，保险单必须表明投保最低金额。该项金额应为货物的 CIF 或 CIP 的金额加 10%，否则，银行接受的最低投保金额，应为根据信用证要求而付款、承兑或议付金额的 110%，或发票金额的 110%，以两者之中较高者为准。保险单所表明的货币，应与信用证规定的货币相符。

(3) 保险单的签发日期应当合理，在保险单上，除非表明保险责任最迟于货物装船或发运或接受监督之日起生效外，银行将拒受出单日期迟于装船或发运或接受监管时间的保险单。

（五）产地证明书

有些不使用海关发票或领事发票的国家，要求出口商提供产地证明书，以便确定进口货物应征收的税率。产地证明书一般由出口地的公证行或工商团体签发，在我国，通常由中国进出口商品检验局或中国贸促会签发。

（六）普惠制单据

普惠制是普遍优惠制的简称，普惠制的主要原则是普遍的、非歧视性的、非互惠的。新西兰、日本、加拿大和欧共体等 30 多个国家和地区给我国以普惠制待遇，凡向这些国家和地区出口的货物，须提供普惠制单据，作为对方海关减免关税的依据。对各种普惠制单据内容的填写，应符合各个项目的要求，不能填错，否则，就有可能丧失享受普惠制待遇的机会。目前使用的普惠制单据有：

（1）表格 A 产地证（GSP Certificate of Origin Form A）。适用于一般商品，由出口公司填制，并经国家出入境检验检疫局签证出具。

（2）纺织品产地证（Certificate of Origin of Textile Products）。适用于纺织品类，由中国进出口商品检验局签发。

（3）纺织品出口许可证（Export License of Textile Products）。适用于配额纺织品，限额品种控制严格，由出口地外贸主管部门签发。

（4）手工制纺织品产地证（Certificate in Regard to Handlooms, Textile Handcrafts and Traditional Textile Products of the Cottage Industry）。适用于手工制纺织品类，由国家出入境检验检疫局签发。

（5）纺织品装船证明（Shipment Certificate of Textile Products）。适用于无配额的毛呢产品，由出口地外贸主管部门签发。

（七）检验证书

各种检验证书（Inspection Certificate）是用以证明货物的品质、数量、重量和卫生条件的书面证明文件。在我国，这类证书一般由国家出入境检验检疫局出具，如合同或信用证无特别规定，也可以分不同情况，由进出口公司或生产企业出具，但应注意证书的名称及所列项目或检验结果，应与合同及信用证规定相同。

（八）装箱单和重量单

装箱单（Packing List）又称花色码单，它列明每批货物的逐件花色搭配；重量单（Weight Memo）则列明每件货物的净重和毛重，这两种单据可用来补充商业发票内容的不足，便于进口国海关检验和核对货物。

总之，履行凭信用证付款的 CIF 出口合同时，货、证、船、款 4 个基本环节是不可缺少的，但是，在履行按其他付款方式或其他贸易术语成交的出口合同时，其工作环节则有所不同。例如：在采用汇付或托收的情况下，就没有我方催证、审证和改证的工作环节；在履行 CFR 出口合同时，就没有我方负责投保的工作；在履行 FOB 出口合同时，我方既无负担租船订舱的任务，也无投保货物运输险的责任。由此可见，履行出口合同的环节和工作内容，主要取决于合同的类别及所采用的支付方式。

本章小结

本章主要介绍了履行进出口合同的程序，以及合同履行过程中应注意的事项。通过本章的学习，应该掌握进出口合同的程序：一般包括备货、催证、审证、改证、租船、订舱、报关、报验、保险、装船、制单、结汇等工作环节。在这些工作环节中，以货（备货）、证（催证、审证和改证）、船（租船、订舱）、款（制单结汇）4 个环节的工作最为重要。制单结汇是一笔交易圆满结束的最后一环，它要求业务人员认真、仔细，具有高度的责任感。

本章实训

1. 实训目的

通过案例分析和反复实训，让学生熟练掌握进出口合同履行相关环节的主要业务及操作技巧。

2. 实训内容

（1）履行进出口合同的步骤。国际贸易业务中，交易双方履行合同所承担的义务，由合同选用的贸易术语和结算方式决定。常常使用的贸易术语有 CIF、CFR、FOB，结算方式则多用 D/P 和 L/C，每种贸易术语与结算方式的结合，交易双方所承担的义务都不一样，现分别对 L/C 与 CIF、D/P 与 CIF 的组合进行对比和介绍，见表 16—1。

表 16—1　　L/C 合同与 D/P 进出口合同履行流程比较

步骤	L/C＋CIF 履约流程		D/P＋CIF 履约流程	
	出口商	进口商	出口商	进口商
1	签订外销合同		签订合同	
2	开立信用证、支付开证费和押金			
3	审核信用证			
4	签订国内购销合同		签订国内购销合同	
5	备货		备货	
6	选择货运代理托运		选择货运代理托运	
7	出口报检		出口报检	
8	到保险公司投保		到保险公司投保	
9	到海关报关	到海关报关		
10	货物装船、获取提单	货物装船、获取提单		
11	发出装船通知	发出装船通知		
12	缮制结汇单据	缮制结汇单据		

续前表

步骤	L/C+CIF 履约流程		D/P+CIF 履约流程	
	出口商	进口商	出口商	进口商
13	向出口地银行交单议付，办理结汇	审单付款，取得提单	向出口地银行交单托收	付款，取得提单
14		到船公司换提货单	到银行办理结汇	到船公司换提货单
15	到国税局办理出口退税	进口报检	到国税局办理出口退税	进口报检
16		进口报关、交税		进口报关、交税
17		提货		提货

通过两种结算方式比较，合同履行的步骤清晰易懂，托收对出口商而言，风险比信用证方式大，但对进口商有利。进口商可以节省开证费用，不用支付开证押金，有利于资金融通，因此，选用托收可以调动进口商的积极性，扩大出口量；从合同履行的角度看，便于货物及时装运，不受信用证条款的影响。

而信用证收汇安全，但进口商要缴纳开证费并向开证行支付押金；对出口商而言，安全收汇的条件是提交符合信用证条款要求的结汇单据，对单据的要求较高，履行合同比托收复杂。

（2）实训的具体步骤。

1）根据第十二章提供的外销合同和信用证为资料背景，参照上表的步骤，从备货准备开始，逐步履行出口合同。

2）自拟项目。在老师的指导下，选择一种自己熟悉的产品，先了解货源情况，获得一手商品资料；模拟注册一个出口公司，与虚拟的进口公司洽谈业务；签订合同；按步骤履行出口合同。

3）案例讨论。

【案例 16—1】

某年 10 月，某粮油食品进出口公司（买方）从某国进口了 3 000 箱冻鸡，委托某航运公司所谓的“东方”轮运输。“东方”轮在迪拜港装上全部冻鸡后，经过 35 天航行，到达上海港交货。买方在港口检查时，发现全部冻鸡解冻变质。经上海市卫生局鉴定，认为不适宜人类食用，买方损失价值 66 000 美元。

买方随后诉至法院提出索赔。诉称承运人对自己运输的货物管理不当，保管未尽其责，由此而发生的货损，应负全责。承运人辩称货物在装船之前冷藏舱设备已由当地船检局检查，船开往上海港的整个过程中，温度一直保持在$-17°\sim-12°$之间，机器正常没有损坏。货损原因在于冷却器冻塞，冷气打不进冷藏舱，是管船过失所致。根据《海牙规则》，对因船长、船员或承运人的雇用人员在驾驶和管理船舶方面的行为疏忽所致的货损，承运人可以免责。所以承运人拒不承担赔偿责任。后经查明，冻鸡变质的原因确实是冷藏机的冷却器堵塞，冷气打不进，造成舱内温度过高，引起变质。法院审理认为，承运人拒赔理由不成立，最后判决承运人赔偿买方经济损失 66 000 美元而结案。问题：承运人赔偿的原因是什么？

【案例 16—2】

一批货物由印度的马得拉斯港装船经新加坡转船运往温哥华的不列颠哥伦比亚，承运人签发了全程运输提单。在新加坡转船时，货物在码头等候装第二程时，在露天仓库受雨淋遭损。货主向承运人索赔，船方以货物不在船上而是在陆地上受损，不属于海上运输为由拒赔。问题：承运人拒赔理由是否充分？为什么？如果该货物的提单是分别由第一程和第二程船的承运人签发的，那么该批货损应由第一程船承运人，还是第二程船承运人或其他方负责赔偿？

【案例 16—3】

某公司与国外客户签订了一批合同规定按照 CIF 即期信用证支付，合同规定 11 月装运，但未规定具体开证日期，后因该商品市场价格趋降，外商便拖延开证。我方为了防止延误装运期，从 10 月中旬起多次催开信用证，终于使该商在 11 月 16 日开来了信用证。但由于该商品开证太晚，使我方安排装运困难，遂要求对方信用证的装运期和议付有效期进行修改，分别推迟一个月，但外商拒不同意，并以我方未能按期装运为由单方面宣布解除合同，我方也就此作罢。问题：我方处理是否得当，应从中吸取哪些教训？

【案例 16—4】

中国 A 公司（卖方）和德国 B 公司（买方）签订买卖合同，就 10 000 公吨彩涂镀锌钢卷达成交易。每公吨 1 000 美元 CIF 加里宁格勒，2012 年 9～10 月装船。货物分两批装运，第一批 6 000 公吨，第二批 4 000 公吨。此外，合同规定：针对数量索赔，买方需在货到口岸卸货之日起 30 天内提出。针对品质索赔，买方需在货到口岸卸货之日起 45 天内提出。

双方签约后，德国 B 公司又将合同项下货物转售给在俄罗斯加里宁格勒的俄罗斯 C 公司。

2012 年 10 月 1 日，俄罗斯 C 公司在加里宁格勒收到了第一批货物 6 000 公吨。

2012 年 11 月 1 日，俄罗斯 C 公司在加里宁格勒收到了第二批货物 4 000 公吨。

但 C 公司声称：已经收到的第一批货物存在品质缺陷，故拒绝接受第二批货物。德国 B 公司只能将已运抵加里宁格勒的第二批货物暂时存仓，后转售俄罗斯 D 公司。

2012 年 12 月 1 日，德国 B 公司分别造访了俄罗斯 C 公司和俄罗斯 D 公司，对前后两批钢卷进行现场调查并拍照取样，并将现场调查结果转寄中国 A 公司。调查结果指出：钢卷存在聚酯涂层缺陷、锯齿问题等品质缺陷。

2013 年 1 月 1 日，德国 B 公司通知中国 A 公司称，俄罗斯 C 公司和俄罗斯 D 公司要求就品质缺陷降价 20%，否则将拒收货物。经与两家公司谈判，德国 B 公司接受了降价 20%的请求。为此，德国 B 公司向中国 A 公司提出索赔，要求中国 A 公司承担其降价损失。

问题：卖方是否应接受买方提出的品质索赔？请从法律及业务等角度予以评论，并给出依据。

3. 实训的组织形式和要求

（1）组织形式。

1）将学生分成若干小组，每组选择一个商品，收集产品资料。

2）安排 3～4 个组的学生扮演出口商，3～4 个组的学生扮演进口商，用英文进行询盘、发盘、还盘和接受等模拟交易磋商。

3）双方签订进出口合同，开始备货、商检和报关等一系列合同的履行。

4）根据合同使用的CIF贸易术语、L/C支付方式，缮制结汇单据，送银行议付，重复训练，直到学生基本掌握合同履行的步骤和方法。

5）进出口商之间交换角色，应尽可能地多做业务，熟练掌握进出口合同履行的相关环节的主要业务及操作技巧。

（2）实训要求。

1）制作出口合同履行示意图。

2）签订合同。

3）每组的往来函电以及合同和单据保留存档，作为考核成绩的依据。

4）小组讨论案例，并派代表发言。

第十七章 国际贸易方式

学习要点

1. 知晓各种贸易方式的基本内容、运行过程和相应的适用条件；
2. 掌握各种贸易方式的特点和差异；
3. 能够在法律和各种贸易方式的层面上处理相应的协议与条款。

引言

随着国际贸易的发展，贸易方式从传统到现代经历了很大变化，尤其是电子商务，通过电子信息技术、互联网技术和现代通信技术，实现整个交易过程的电子化，而无须依靠纸质文件、单据的传输。电子商务的迅猛发展，对传统国际贸易活动的影响将会是十分深远的。它既为国际贸易带来了前所未有的挑战，也提供了十分难得的发展机遇。灵活运用各种不同的贸易方式，有利于促进对外贸易的发展。本章阐述的是除逐笔售定外的其他贸易方式。

第一节　一般传统贸易方式

一、经销与代理

（一）经销与代理的概念及性质

1. 经销

经销（Distributorship）是指出口企业与国外经销商达成书面协议，在约定的经销期限和地区范围，利用经销商就地推销某种商品的一种方式。经销有一般经销和独家经销之分。

在一般经销方式下，出口企业根据经销协议向国外经销商提供在一定地区、一定时期内经营某项（或某几项）商品的销售权，经销商则有义务维护出口企业的利益，必要时，还要对经销商品组织技术服务、进行宣传推广，而出口企业也需向经销商提供种种帮助。经销商虽享有经销权，在购货上能得到一些优惠，但没有专营权利，出口企业可以在同一地区指定几个经销商。

凡出口企业授予经销商在约定期限、约定地区对约定商品有独家经销专营权的，就是独家经销。独家经销（Exclusive Sales or Exclusive Distributorship），在我国又习惯称为包销，是指我出口企业与国外一个客户或几个客户组成的集团即独家经销商（Exclusive Distributor）达成书面协议，由前者把某一种商品或某一类商品给予后者在约定地区和一定期限内独家经营的权利。出口商（即供货人）通过订立独家经销协议与国外客户（即独家经销商）建立一种长期稳定的购销关系，从而稳定市场、扩大销售。独家经销商以自己的名义购进货物，在规定的区域内享有对货物的独家经营权，自担风险进行货物的转售。因此，独家经销业务的当事人之间是一种买卖关系。

2. 代理

代理（Agency）是以委托人为一方，委托独立的代理人为另一方，在约定的时间和地区内，以委托人的名义与资金从事业务活动，并由委托人直接负责由此而产生的权利与义务。按委托人授权的大小，国际贸易中的代理可分为：总代理、独家代理和一般代理。

总代理（General Agent）指委托人在指定地区的全权代表，他有权代表委托人从事一般商务活动和某些非商务性的事务。独家代理（Sole Agent or Exclusive Agent）指在指定地区和期限内单独代表委托人行为，从事代理协议中规定的有关业务的代理人。委托人在该地区内不得委托其他代理人。而一般代理又被称为佣金代理（Commission Agent），是指在同一地区和期限内委托人可同时委派几个代理人代表委托人行为，代理人不享有独家经营权。代理按行业性质和职责分类，又分为销售代理、购货代理、运输代理、保险代理、广告代理、诉讼代理等多种类型。

（二）独家经销与独家代理的区别

独家经销与独家代理的做法，均能在一定程度上起到扩大销售渠道、减少自相竞争的作用，但存在以下主要区别：

(1) 独家经销的卖方与独家经销人之间是买卖关系；而独家代理的委托人与代理人之间的关系是委托代理关系。

(2) 独家经销人自担风险，自负盈亏；而独家代理则不承担市场经营风险。

(3) 独家经销人自购自销，自行承担履行购货合同规定的义务；而独家代理人招揽客户、介绍业务、收取佣金，合同的履行则由实际卖主和买主负责履行。

（三）经销与代理协议的主要内容

1. 经销协议的主要内容

经销协议是供货人和经销人订立的确立双方法律关系的契约。我国在实际业务中一般只原则性地在协议中规定双方当事人的权利义务和一般交易条件，以后每批货的交付要依据经销协议订立具体买卖合同，明确价格、数量、交货期甚至支付方式等具体交易条件。

通常，经销协议主要包括以下内容：经销商品的范围、经销地区、经销数量或金额、作价方法、经销商的其他义务以及经销期限等。

经销期限即协议的有效期，可规定为签字生效起一年或若干年。一般还要规定延期条款和终止条款，明确协议到期时如何继续延长以及在什么情况下可以解除协议。除上述主要内容外，还应规定不可抗力及仲裁条款等一般交易条件，其规定方法与一般买卖合同大致相同。

2. 代理协议的主要内容

由双方当事人按契约自由的原则，根据双方的合意加以规定。销售代理协议主要包括以下内容：代理的商品和地区、代理人的权利与义务、委托人的权利与义务以及佣金的支付。

二、招标/投标和拍卖

招标/投标和拍卖是国际和国内贸易中两种常见的方式，买卖双方并不直接进行交易磋商。招标/投标是卖主之间的竞争，拍卖是买主之间的竞争。标的公开，竞争公平，成交迅速，是这两种方式的特点。

（一）招标/投标的含义及特点

1. 招标/投标的含义

招标和投标是一种贸易方式的两个方面。招标（Invitation to Tender）是指招标人（买方）发出招标通知，说明拟采购的商品名称、规格、数量及其他条件，邀请投标人（卖方）在规定的时间、地点按照一定的程序进行投标的行为。投标（Submission of Tender）是指投标人（卖方）应招标人的邀请，按照招标的要求和条件，在规定的时间内向招标人递价，争取中标的行为。

2. 招标/投标的特点

与其他贸易方式相比，招标/投标具有明显的特点：

(1) 招标方式下，投标人是按照招标人规定的时间、地点和条件进行的一次性报盘。这种报盘是对投标人有约束力的法律行为，一旦投标人违约，招标人可要求得到补偿。

(2) 招标/投标属于竞卖方式，即一个买方面对多个卖方。卖方之间的竞争使买方在价格及其他条件上有较多的比较和选择，从而在一定程度上保证了采购商品的最佳质量。

（二）招标/投标的基本做法

商品采购中的招标/投标业务，基本上包括 4 个步骤，即招标、投标、开标和签约。

1. 招标

国际招标有公开招标和非公开招标两种。公开招标是指招标人在国内外报纸、杂志上发布招标通告，使所有合法的投标者都有机会参与竞争，这种做法又称为无限竞争性招标。公开招标通常要对投标人进行资格预审。非公开招标又称选择性招标，是指招标人不公开发布招标通告，只是根据以往的业务关系和情报资料或由咨询公司提供的投标者的情况，向少数客户发出招标通知，这种做法也称为有限竞争性招标。非公开招标多用于购买技术要求高的专业性设备或成套设备，应邀参加投标的通常是经验丰富、技术装备优良、在该行业中享有一定声誉的企业。招标在法律上是一项邀请发盘。

2. 投标

投标人首先要取得招标文件，认真分析研究之后，编制投标书。投标书实质上是一项有效期至规定开标日期为止的发盘，内容必须十分明确，中标后与招标人签订合同所要包含的重要内容应全部列入。投标书应在投标截止日期之前送达招标人或其指定的收件人，逾期无效。按照一般的惯例，投标人在投标截止日期之前可以提出标书书面修改或撤回。

3. 开标

开标有公开开标和不公开开标两种方式，招标人应在招标通告中对开标方式做出规定。公开开标是指招标人在规定的时间和地点当众启封投标书，宣读内容。投标人都可参加，监视开标。不公开开标则是由招标人自行开标和评标，选定中标人，投标人不参加。开标后，招标人进行权衡比较，即评标，以选择最有利者为中标人。如果招标人认为所有的投标均不理想，可宣布招标失败。

4. 签约

招标人选定中标人之后，要向其发出中标通知书，约定双方签约的时间和地点。中标人签约时要提交履约保证金，用以担保中标人将遵照合同履行义务。

（三）拍卖的含义、特点及做法

1. 拍卖的含义

拍卖（Auction）是指由专营拍卖业务的拍卖行接受货主的委托，在一定时间和地点，按照一定的章程和规则，以公开叫价竞购的方法，最后由拍卖人把货物卖给出价最高的买主的一种现货交易方式。

2. 拍卖的特点

国际货物的拍卖具有以下特点：

(1) 拍卖是一种公开竞买的现货交易。拍卖开始前，买主可以查看货物，拍卖开始后，买主当场出价、公开竞买、拍卖主持人代表货主选择交易对象。成交后，买主即可付款提货。

(2) 拍卖是在一定的机构内有组织地进行的。拍卖一般都是由拍卖行定期组织，集中在一定时间和地点，买卖某种特定商品。也有由货主临时组织的拍卖会。

(3) 拍卖具有自己独特的法律和规章。拍卖不同于一般的进出口交易。在交易磋商的程序和方式、合同的成立和履行等问题上，都有其特殊的规定。拍卖行也各有其不同的章程和规则。

3. 拍卖的基本做法

拍卖业务的一般程序可分为以下 3 个阶段：

(1) 准备阶段。参加拍卖的货主先要把货物运到拍卖地点，委托拍卖行进行挑选和分批，编印目录并招揽买主。参加拍卖的买主可以在规定的时间内到仓库查看货物。

(2) 正式拍卖。正式拍卖是指在规定的时间和地点，按照拍卖目录规定的次序，逐笔喊价成交。拍卖按出价方法的不同，可以分为以下 3 种：

1) 增价拍卖。这是一种最常见的拍卖方式，拍卖人按照拍卖目录规定的顺序，宣布预定的货物起叫价，由竞买者按规定的增价额度竞相加价，当主持人认为无人再出更高价格时，即以击槌方式宣布成交，将货物卖给出价最高的买主。

2) 减价拍卖。又称荷兰式拍卖 (Dutch Auction)，是由拍卖人先宣布最高价，无人接受就逐渐降低叫价，直到有竞买者认为已降到可以接受的价格，并以规定的方式表示接受时为止。以上两种方法都是公开竞买并当场成交。

3) 密封递价拍卖。又称招标式拍卖，具体做法是由拍卖人公布每批商品的具体情况和拍卖条件，然后由买主在规定的时间内将自己的出价递交拍卖人，再由拍卖人选择条件最适合的达成交易。这种方式已失去了公开竞买的性质，采用这一方式，拍卖人不一定接受最高的递价，还要考虑其他因素。

拍卖过程中，买主在正式拍卖时的每一次叫价，都是一项要约，拍卖行一旦接受，交易即告达成。

(3) 成交与交货。拍卖成交后，买主即在成交确认书上签字，以现汇支付货款，在规定的期限内按仓库交货条件到指定仓库提货。

三、寄售和展卖

(一) 寄售的含义、性质和特点

1. 寄售的含义

寄售 (Consignment) 是一种委托代售的贸易方式，寄售人 (Consignor) 先将准备销售的货物运往国外寄售地，委托当地代销人 (Consignee) 按照寄售协议规定的条件代为销售后，再由代销人向货主结算货款。寄售商品的作价方法有 4 种：(1) 规定最低限价；(2) 随行就市；(3) 售前经寄售人同意；(4) 规定结算价格。

2. 寄售的性质

寄售是按双方签订的协议进行的，寄售人和代销人之间不是买卖关系，而是委托与受托关系，寄售协议属于信托合同性质。代销人也是一个赚取佣金的受托人，其权利义务与代理人相似，但又有区别。最主要的区别是代理人在从事授权范围内的事务时，可以用委托人的名义，也可以用自己的名义，但代销人只能用自己的名义处理信托合同中规定的事务，而且受托人同第三方从事的法律行为不能直接对委托人发生效力。由此可见，寄售既不同于经销，又与一般的代理业务有区别。

3. 寄售的特点

寄售与正常的出口销售相比，具有以下特点：

(1) 寄售人与代销人是委托代售关系。代销人只能根据寄售人的指示代为处置货物，在货物售出前所有权仍属寄售人。

(2) 寄售是由寄售人先将货物运至寄售地，然后再寻找买主，因此，它是凭实物进行的现货交易。

(3) 寄售方式下，代销人不承担任何风险和费用，货物售出前的一切风险和费用均由寄售人承担。

(二) 展卖

1. 展卖的含义与做法

展卖（Fairs and Sales）是把出口商品的展览与推销有机结合起来，边展边销，以销为主。一般都是以展览会、博览会以及其他交易会等形式进行的。

2. 展卖的基本特点

见货成交，展销结合，成交过分集中，客户容易压价，容易暴露货源和供应等信息，展卖不是对所有的货物都适用。

3. 我国开展的展卖方式

(1) 国际博览会。

(2) 中国出口商品交易会。

4. 开展展卖业务应注意的问题

(1) 正确选择展卖商品。如规格复杂、性能多变的货物以及日用消费品等。参展时，要选择具有竞争力的产品，品种要多，档次要全。

(2) 选择合适的展卖地点。要选择人流、物流、资金流量大，交易比较集中，市场潜力比较大的集散地作为展卖地点。

(3) 选择适当的展卖时机。

(4) 做好宣传工作。

(5) 选择好合作的客户。

四、商品期货交易

现代期货交易起源于19世纪后期的美国，目前已在世界范围得到普遍发展。

(一) 期货交易的含义及特点

1. 期货交易的含义

期货交易（Futures Trading）又称期货合同交易，是在商品交易所早期的实物交易的基础上发展起来的。期货合同交易只是期货合同本身的买卖，交易结果是交付或取得买进或卖出同等数量的期货合同的价格差额。

2. 期货交易的特点

期货交易与现货交易有明显的区别。现货交易，无论是即期交货还是远期交货，交易双方都必须交付实际货物，转移货物所有权；而期货交易买卖的是标准期货合同，必须在商品交易所内进行，一般不涉及货物的实际交割，只需在期货合同到期前平仓。所谓平仓或称对冲是指在期货合同到期前，交易者做一笔方向相反、交割月份和数量相同的期货交易，从而解除其实物交割的义务。

期货交易的特点可以概括为：

（1）以标准期货合同作为交易的标的。标准合同是由各商品交易所制定的。商品的品质、规格、数量以及其他交易条件都是统一拟定的，买卖双方只需洽定价格、交货期和合同数目。

（2）特殊的清算制度。商品交易所内买卖的期货合同由清算所进行统一交割、对冲和结算。清算所既是所有期货合同的买方，也是所有期货合同的卖方。交易双方分别与清算所建立法律关系。

（3）严格的保证金制度。清算所要求每个会员必须开立一个保证金账户，在开始建立期货交易时，按交易金额的一定百分比缴纳初始保证金。以后每天交易结束后，清算所都按当日结算价格核算盈亏，如果亏损超过规定的百分比，清算所即要求追加保证金。该会员须在次日交易开盘前缴纳追加保证金，否则清算所有权停止该会员的交易。

（二）套期保值

套期保值又音译为“海琴”（Hedging）。套期保值的通常做法是在卖出或买入实际货物的同时，在期货市场上买入或卖出同等数量的期货。套期保值者一般是从事实物交易的经营者和生产者。套期保值之所以能转移现货价格波动的风险，是因为同一商品的实物价格与期货价格变化的趋势是基本一致的。在购入（卖出）现货的同时出售（买入）期货，这样在现货市场和期货市场上作等量相反的交易，必然会出现一亏一盈的情况，套期保值者正是希望这样以盈补亏。

套期保值基本上有两种方式：一种称为卖期保值（Selling Hedge），通常是经营者买进一批实物，为避免因价格下跌遭受损失而在交易所预售同等数量的期货合同，进行保值。另一种保值方法称为买期保值（Buying Hedge）。经营者卖出一笔日后交货的实物，为避免交货时该商品价格上涨，在交易所买人期货来弥补损失。

（三）投机交易

在期货交易中，投机者是利用“纸合同”作为筹码，通过买进卖出的手段，从价格的涨落中取得差额利润。他根据自己对期货市场价格走势的预测，在预计价格上涨时，买进期货合同，即所谓买空或多头（Long Position）；在估计价格下跌时，抛出期货合同，即所谓卖空或空头（Short Position）。等到价格与预期变化方向一致时，便抓住时机对冲，获取两次交易的差额。投机者在这样的贱买贵卖中通常要承担很大的风险。

第二节　加工贸易

所谓加工贸易（Processing Trade），是指一国的企业利用自己的设备和生产能力，对来自国外的原材料、零部件或元器件进行加工、制造或装配，然后再将产品运往国外销售的贸易做法。加工贸易分为进料加工和来料加工两种。二者的共同点是“两头在外”，即原料来自国外，成品又销往国外。

一、来料加工

（一）来料加工的含义

在我国又称为对外加工装配业务，是指由外商提供一定的原材料、零部件、元器件，由我方按对方的要求进行加工装配，成品交由对方处置，我方按照约定收取工缴费作为报酬。

（二）来料加工合同的主要内容

来料加工合同包括3部分：约首部分、正文部分和约尾部分。约首和约尾主要说明订约双方的名称、订约宗旨、订约时间、合同的效力、有效期限、终止及变更办法等问题。正文部分是合同的核心部分，具体规定双方的权利义务。在商谈合同的主要条款时，应注意下列问题：

（1）对来料来件的规定。在合同中要明确规定来料来件的质量、数量要求和到货时间。

（2）对成品质量的规定。外商为了保证成品在国际市场的销路，对成品的质量要求比较严格，因此我方在签订合同时必须从自身的技术水平和生产能力出发，妥善规定，以免交付成品时发生困难。

（3）关于耗料率和残次品率的规定。耗料率又称原材料消耗定额，是指每单位成品消耗愿材料的数额。残次品率是指不合格产品在全部成品中的比率。这两个指标如定得过高，则委托方必然要增加成本，减少成品的收入；如定得过低，则承接方难以完成。

（4）关于工缴费结算的规定。工缴费是直接涉及合同双方利益关系的核心问题。来料加工业务中的工缴费结算办法有两种：一是来料、来件和成品均不作价、单收加工费，由对方在我方交付成品后通过信用证或汇付方式向我方支付；二是对来料、来件和成品分别作价，两者之间的差额即为工缴费。采用这种方式，我方应坚持先收后付的原则，以免垫付外汇。

（5）对运输和保险的规定。来料加工业务涉及两段运输：原料运进和成品运出。须在合同中明确规定由谁承担有关的运输责任和费用。涉及的保险包括两段运输险以及货物加工期间存仓的财产险。从法律上讲，保险应归委托方负责。但从实际业务过程看，由承接方投保较为方便。

此外，来料加工合同还应订立工业产权的保证、不可抗力和仲裁等预防性条款。

二、进料加工

（一）进料加工的定义

进料加工贸易是指我方用外汇购买进口的原材料、辅料、零部件、元器件、配套件、包装物料等，经加工成品或半成品后再外销出口的交易形式。

（二）进料加工贸易的形式

在实际工作中，进料加工主要有两种形式：自行加工和委托加工。

1. 自行加工

它是指有进出口经营权的生产企业进口料件后，利用本企业的生产条件进行加工，生产出成品后复出口的业务。自行加工形式是生产企业进料加工贸易的最主要形式。

2. 委托加工

委托加工是有进出口经营权的生产企业进口料件后，以委托加工形式拨交本单位其他独立核算的加工厂或本单位外的其他生产企业加工，加工成品收回后自营出口，并向受托方支付加工费的一种形式。

（三）进料加工贸易的方式

目前，我国进料加工的品种主要是生产纺织品、橡胶、塑料制品、食品、轻工、工艺品、电子产品等所需要的原材料、辅料及一些元件、部件等。进料加工的主要方式有：

（1）预先进口原料、辅料，然后找买主，签订出口合同，一般称为“备料加工贸易”。

（2）先签订出口合同，然后根据需要进口原料。

（3）在签订进口原料、辅料合同的同时，相应地签订产品的出口合同，这通常称为“对口合同”。

（4）使用客户原料，在国外注册我国商标，由专门客户负责宣传、推销。一般称“对口进料加工”。

另外，与进料加工相反的出料加工也在我国有了一定的发展。出料加工贸易指将我国的原料出口到国外，用国外先进的技术和设备，完成生产过程中的某些环节的加工，然后再输入国内，由我国完成最后的生产程序，生产出来的制成品再出口或在国内市场销售。

（四）进料加工贸易要注意的事项

1. 搞好国际市场的调研

进料加工贸易的特点之一是其对国际市场的严重依赖性，它的整个贸易过程的起点和终点都在国际市场，即“两头在外”，国际市场的瞬息万变会给国内加工企业的生产带来很大影响。因此，从事进料加工贸易的企业一定要注意搞好国际市场的调研，并根据国际市场的变化安排生产。

2. 加强企业管理，增强企业的国际竞争力

要加强企业的资金管理，加快“进料—加工—出口”的生产循环，加速资金的周转，使有限的外汇资金发挥较大的作用，取得较大的经济效益。要加强成本管理，提高劳动力的素质，使企业的管理水平达到国际水平。

3. 搞好政策扶持，以利于进料加工贸易的进行

从事进料加工贸易的企业亏损的原因之一，就是政策性亏损。例如，由于汇率调整，人民币与外汇的比价下浮时，用于进口的外汇贷款增加，利息也相应增加，对进料加工贸易周期较长的企业无疑将增加支出成本。同时，以人民币计算的进口成本增加，因此进口物资生产的商品，有关环节的相应税负也会加重，这些都导致出口成本增加，有可能使出口收不抵支，造成亏损。其他如进料加工贸易的资金问题、外汇收入分成问题等，国家都应作政策扶持。

（五）进料加工与来料加工的区别

来料加工业务不属于货物买卖。因为原料和成品的所有权始终属于委托方，并未发生转移，我方只提供劳务并收取约定的工缴费。因此，可以说来料加工属于劳务贸易的范畴，是以商品为载体的劳务出口。来料加工与进料加工方式都是两头在外的加工贸易方

式，但两者又有明显的不同：

（1）来料加工在加工过程中未发生所有权的转移，原料运进和成品运出属于同一笔交易，原料供应者即是成品接受者；而在进料加工中，原料进口和成品出口是两笔不同的交易，发生了所有权的转移，原料供应者和成品购买者之间也没有必然的联系。

（2）在来料加工中，我方不承担销售风险，不负盈亏，只收取工缴费；而在进料加工中，我方是赚取从原料到成品的附加价值，要自筹资金、自寻销路、自担风险、自负盈亏。

三、对销贸易

（一）对销贸易的含义和特点

对销贸易（Counter Trade）是指在互惠的前提下，由两个或两个以上的贸易方达成协议，规定一方的进口产品可以部分或者全部以相对的出口产品来支付。

对销贸易不同于单边进出口，实质上是进口和出口相结合的方式。一方商品或劳务的出口必须以进口为条件，体现了互惠的特点，即相互提供出口机会。但这种以进口抵补出口的贸易方式又不是易货的简单重复，它常常伴随着借贷资本甚至商品资本化的运动。

（二）对销贸易的种类

对销贸易有多种形式，但归纳起来基本有 4 种，即易货贸易（Barter Trade）、反购或互购（Counter Purchase）、补偿贸易（Compensation Trade）和转手贸易（Switch Trade）。下面阐述前三种。

1. 易货贸易

易货有狭义的易货和广义的易货之分。狭义的易货是纯粹的以货换货方式，不用货币支付。现代的易货贸易即所谓广义的易货，都是采用比较灵活的方式，双方将货值记账，相互抵冲，或通过对开信用证来结算货款。需要说明的是，这种做法仍是以货换货，而非现汇交易。

2. 反购或互购

所谓反购或互购是指出口方在出售货物给进口商时，承诺在规定的期限内向进口方购买一定数量或金额的商品。互购贸易涉及两个既独立又相互联系的合同，每个合同都以货币支付，金额不要求等值。

3. 补偿贸易

补偿贸易是在信贷的基础上，一方进口机器设备或技术，不用现汇支付，而以产品或劳务分期全额或部分偿还价款的一种贸易做法。补偿贸易是一种通过商品交易起到利用外资作用的交易方式。补偿贸易区别于其他贸易方式的根本特点是：

（1）补偿贸易必须是在信贷的基础上进行的。

（2）设备供应方必须承诺承担回购产品或劳务的义务。

第三节　国际电子商务

电子商务的迅猛发展，对传统国际贸易活动的影响将会是十分深远的。它既为国际贸易带来了前所未有的挑战，也提供了十分难得的发展机遇。如何面对时代的挑战与机遇，成为国际贸易发展的新课题。

一、电子商务的含义

电子商务就是通过电子信息技术、网络互联技术和现代通信技术，使得交易涉及的各方当事人借助电子方式联系，而无须依靠纸质文件、单据的传递，实现整个交易过程的电子化。目前所说的电子商务一般包括以下 5 个方面的活动：

（1）通过国际互联网进行的任何与商务有关的活动；

（2）通过增值网络进行的电子交易，如电子数据交换系统 EDI（Electronic Data Interchange）；

（3）通过电子公告牌进行的采购交易；

（4）在线服务；

（5）通过连接企业计算机网络发生的各种商务活动等。

原来普遍采用的如纸质信函、电话、电传、传真、电视购物、邮购等活动属于传统贸易方式，而目前的企业内部信息网络的建立与运用、电子邮件往来、互联网浏览和信息收集、网站的建立、网上交易等都属于电子商务。

二、电子商务的分类

电子商务可以有以下几种不同的分类方式：

（1）按商业活动运作方式可将电子商务分成完全电子商务和不完全电子商务两类。

（2）按开展电子交易的信息网络范围可将电子商务分为本地电子商务、远程国内电子商务和全球电子商务 3 类。

（3）按电子商务应用服务的领域范围可将其分为企业对消费者（B2C）、企业对企业（B2B）、企业对政府机构（B2G）和消费者对消费者（C2C）4 类。

比较而言，B2C 和 B2B 两种交易方式分量最重，而 B2B 又是重中之重。

三、电子商务与国际贸易

在国际贸易中开展电子商务已成为必由之路，电子商务的媒介 Internet 是全球性的，借助计算机与网络等现代信息技术，具有高效、快速、准确、低成本、安全等特点，突破了传统贸易活动中的物质、时间、空间对贸易双方的限制，可以降低交易成本、提高工作效率、增强竞争地位。有越来越多的企业应用电子商务，这是信息化时代对商业的必然要求。另一方面，商务环境开始电子商务化。如有的国家海关规定优先处理 EDI 的电子单证，没有采用 EDI 的，海关将推迟办理清关手续，一些大型企业在选择贸易伙伴时也要求对方必须使用 EDI。电子商务成了国际贸易的通行证，给国际贸易带来了新的运作模式。

电子商务对国际贸易的影响主要表现在以下几个方面。

（一）国际贸易的运行方式及环境的变化

电子商务的出现，突破了传统的以一定地域存在为前提条件的市场环境，开辟了一个崭新的市场空间，即“虚拟市场”。在电子虚拟市场上，国际贸易业务的实现形式基本上呈现电子化、数字化、网络化和虚拟化的特点。在这种网络环境中，各国间的经贸联系与合作得以大大加强，网上订货、网上促销、网上谈判、跨国公司内部网络销售等都逐渐成为国际贸易发展的新形式。在世界电子商务迅猛发展的新形势下，以信息网络为纽带的世界经济已成为一个统一的大“市场”。

（二）国际贸易经营主体的变化

随着现代化信息技术的发展，一些专门化的信息收集与处理职能从各种不同的公司、企业或政府机构中独立出来，成为一个专门化的行业。与此同时，一些专门化的信息收集、分析、处理和提供咨询服务的公司或企业也应运而生。由于单个公司在各自的专业领域拥有核心技术，通过现代信息沟通技术将它们编制成一个公司网络，完成一个公司不能承担的市场功能，可以更加有效地向市场提供商品和服务。

（三）国际贸易交易流程的变化

电子商务使国际贸易的运作流程发生了巨大的变化。在交易前，买方通过互联网寻找自己满意的商品和服务，而卖方则可在网络上对其产品进行宣传，及时了解买方的需求，寻找合适的贸易伙伴和恰当的贸易机会；在交易中交易双方通过互联网对交易进行具体谈判，谈成后用电子文件或书面文件的形式签订合同，并通过互联网传递各种贸易单证；交易后，卖方可通过互联网提供售后服务，如发生贸易纠纷，双方还可利用互联网进行必要的磋商。

（四）国际贸易经营管理方式的变化

电子商务提供的交互式网络运行机制缔造了一种现代化的贸易服务方式，为国际贸易提供了一种信息较为完备的市场环境。它突破了传统贸易以单向物流为主的运作格局，建立了以资金流为形式、信息流为核心、商品流为主体的“三流一体”物流体系，提供了全方位、多层次、多角度的互动式商贸服务。

无纸贸易、零库存管理、网上模拟仿真购物、极低的交易成本，电子商务作为21世纪引领性的产业，得到学术界和企业界的公认，其对国民经济各个部门的影响已日益凸显。对于发展中的中国而言，相较于其他传统产业与西方发达国家的巨大差距，在电子商务的研究领域我们却是站在同一条起跑线上，这是在新的世纪让我国实现经济赶超的良机。

本章小结

本章介绍了各种贸易方式的基本内容、运行过程和相应的适用条件，各种贸易方式的特点和差异以及国际电子商务的发展和作用。通过学习，使学生了解国际贸易的过去、现在和未来发展趋势。

本章实训

1. 实训目的

了解多种贸易方式含义、运行过程和相应的适用条件以及相关案例分析。

2. 实训内容

（1）熟悉各种贸易方式的基本运行程序和注意事项。

（2）讨论下列问题并进行案例分析。

问题：什么是经销与代理？二者有什么区别？什么是商品期货交易？商品期货交易有什么特点？搞好我国的来料加工贸易应注意哪些问题？电子商务对国际贸易的发展产生了什么影响？

【案例 17—1】

我某公司与国外一公司订有包销某商品的包销协议，期限为一年。年末临近，因行情变化，包销商“包而未销”，要求退货并索赔广告宣传费用。问题：包销商有无权利提出此类要求？为什么？

【案例 17—2】

美国 A 公司与中国 B 公司签订了一份独家代理协议，指定 B 公司为 A 公司在中国的独家代理。不久，A 公司推出指定产品的改进产品，并指定中国 C 公司作该改进产品的独家代理。问题：A 公司有无这种权利？

【案例 17—3】

某公司在拍卖行经竞买获得一批精美瓷器，在商品拍卖时，拍卖条件中规定，“买方对货物的过目或不过目，卖方对商品的品质概不负责”。该公司在将这批瓷器通过公司所属商行销售时，发现有部分瓷器出现网纹，严重影响这部分商品的销售。该公司因此向拍卖行提出索赔，但遭到拍卖行的拒绝。问题：拍卖行的拒绝有道理吗？为什么？

【案例 17—4】

某贸易商于 7 月与一农场订立远期合同，购进 10 000 蒲式耳玉米，10 月交货，价格为每蒲式耳 4.30 美元。该商担心 11 月新玉米收获时市价下跌，遂即以每蒲式耳 4.50 美元买入 11 月的期货合同两份（每份 5 000 蒲式耳）。11 月，该商将购进的玉米全部转售，因新货上市，市价下跌，只售得每蒲式耳 4.20 美元，亏损 1 000 美元。而此时期货价格也趋降，由于交割期已到，无奈将两份期货合同卖出对冲，价格为每蒲式耳 4.20 美元，连同佣金 100 美元，在期货交易中亏损 3 100 美元。加上现货市场的亏损，总计亏损 4 100 美元。问题：该贸易商在以上经营活动中应吸取什么教训？

3. 实训的组织形式和要求

（1）组织形式。

将全班学生分成小组，以通过小组讨论形式完成本节实训。

（2）实训要求。

分小组讨论各种国际贸易方式的含义和程序以及实际履行中的注意事项，在此基础上研究案例，并将各小组的分析结果推荐代表在全班讨论时发言，在此基础上各人拿出自己的分析报告。